백두대간
하.늘.길.에
서다

백두대간 하늘길에 서다

초판 1쇄 인쇄 2009년 12월 7일
초판 1쇄 발행 2009년 12월 14일

지은이 최창남
사진 이호상
펴낸이 이범상
펴낸곳 (주)비전비엔피 · 애플북스

기획 편집 박승범 윤수진 박효진 김희정
영업 관리 박석형 한상철 한승훈 이미자 박철호
디자인 정정은 강진영

주소 121-865 서울시 마포구 서교동 377-26번지 1층
전화 02)338-2411 | **팩스** 02)338-2413
이메일 ekwjd11@chol.com/visioncorea@naver.com
블로그 http://blog.naver.com/visioncorea

등록번호 제313-2007-000012호
ISBN 978-89-961474-8-0 03980

· 값은 뒤표지에 있습니다.
· 잘못된 책을 구입하신 서점에서 바꿔드립니다.

백두대간
하.늘.길.에
최창남 지음 | 이호상 사진
서다

머중글
열리고 이어져야 하는 길

    2008년은 오롯이 산과 함께 보냈다. 백두대간을 걸었다. 5월 20일 새벽 하늘을 여는 문인 개천문(開天門)을 통해 지리산 최고봉 천왕봉에 올랐다가 10월 16일 노을 깃드는 저녁 진부령으로 내려섰다. 산길은 끊어지지 않고 이어져 있었지만 더 이상 나아갈 수 없었다. 거의 5개월만의 일이었다. 준비하고 정리하고 글 쓴 시간들을 더하면 일 년을 산과 함께 보냈다. 관악산 정상도 올라보지 못한 나 같은 초보자로서는 참으로 감당하기 힘든 시간이었다. 그러나 행복한 시간이었다. 아름다운 숲길 지나며 살아온 날들의 아픔을 씻기도 하고 끊임없이 이어진 산줄기 바라보며 살아갈 날들에 대한 설렘으로 들뜨기도 했다. 참으로 아름다운 시간들이었다. 다시 한 번 그 길을 걷고 싶다.

    산에서 내려선 지 아홉 달이 지났다. 해가 바뀌었다. 세월을 운운할 만한 긴 시간이라고 할 수는 없지만 지나온 산행을 잊기에는 충분한 시간이었다. 그러나 나는 산에서 내려온 내내 산에서 떠나지 못하고 있었다. 이 글을 쓰는 이 순간에도 백두대간을 떠나지 못하고 있다. 백두대간이 내게 전한 말들 때문이다. 산길 지날 때마다 수많은 이야기들이 들려왔다. 깊은 골짜기에서 불어오는 바람에 실려 오기도 하고 나뭇잎 펄럭이며 수런거리는 소리들을 통해 들려오기도 하고 산길마다 흐드러지게 피어 있던 가슴 시리도록 아름답던 야생화들을 통해 전해지기도 했다. 마음 깊이 젖어들었다. 산행을 마치고 그 말들을 잊으려고 했지만 잊히지 않았다. 시간이 지날수록 오히려 또렷해졌다. 마치 오랜 세월 잊고 내버려두었던 숙제처럼 시간이 지날수록 점점 무겁게 다가왔다. 그 말들이 의미하는 것이 무엇인지 명확하고 또렷해졌다.

그것은 닫힌 길은 열려야 하고 끊어진 길은 이어져야 한다는 것이었다. 일본인 지리학자 고토 분지로(小藤文次郎)에 의해 잘못 명명된 산맥체계를 바로 잡아야 한다는 것이었다. 이 땅에서 살아온 우리의 조상들이 하늘길이라고 생각했던 백두대간을 이 땅에 몸 붙이고 살아가는 모든 사람에게 온전히 돌려주어야 한다는 것이었다.

산행을 시작하기 전에는 말할 것도 없고 산행을 마친 후에도 나는 고토 분지로가 명명한 산맥체계가 우리나라의 지질을 바탕으로 분석한 과학적인 분석이라고 믿고 있었다. 많은 자료들에서 그렇게 말하고 있었고 학교에서도 그렇게 가르치고 있기에 아무런 의심 없이 믿고 있었다. 그러나 이것은 사실이 아니었다. 고토 분지로의 분석은 과학적 견해라고 받아들일 수 없을 정도로 근거가 부족하다는 것이 2004년에 이미 과학적으로 증명되어 있었다. 나는 이러한 사실을 산행을 마치고서도 여러 달이 지난 올 봄이 돼서야 비로소 알게 되었다. 과문하고 게으른 탓이다.

'우리산맥바로세우기 포럼' 창립 기념세미나에서 발표된 〈우리나라 산맥체계의 문제점과 과제-DEM을 이용한 지형분석을 중심으로)에 의해 고토 분지로가 지질을 바탕으로 산맥을 분석하고 나누었다는 주장은 근거가 없음이 밝혀졌다. 지질을 분석해본 결과 지질학적 동질성이 없다는 것이다. 한마디로 과학적 근거가 없는 엉터리였던 것이다. 사실 고토 분지로에 대한 비판은 이전에도 있었다. 1945년 독일 학자 라우텐자흐(Lautensach)는 고토 분지로의 한반도 산맥체계는 지질학적 증거가 뒷받침되고 있지 않다고 이미 지적했다.

사정이 이러한데도 우리는 아직도 고토 분지로의 산맥체계를 그대로 학교에서 이 나라의 미래를 책임질 우리 아이들에게 가르치고 있다. 아직도 시정되지 않고 있다. 상식적으로 생각해보아도 말이 안 되는 일이다. 조선총독부의 명을 받은 고토 분지로는 14개월 동안 두 번에 나누어 조선의 산을 조사한 끝에 1903년 〈조선 산악론〉을 발표했다. 백 년도 넘은 일이다. 과학 발전의 관점에서 보면 옛날 아주 먼 옛날이라고 해도 조금도 지나치지 않을 정도로 오래전이다. 장비도 원시적이고 신통치 않았던 당시 불과 14개월 조사한 것을 백 년도 넘은 지금까지 과학적이라고 믿으며 학교에서 그대로 가르치고 있다. 참으로 이런 상황을 받아들이기 어렵다. 이해되지 않는다.

고토 분지로에 의해 조선의 전통적인 산악론은 폐기되었다. 이 땅을 하나의 유기체로 보던 인문지리학적 관점은 폐기되었다. 1대간(백두대간), 1정간(장백정간), 13정맥(낙남정맥, 청북정맥, 청남정맥, 해서정맥, 임진북예성남정맥, 한북정맥, 낙동정맥, 한남금북정맥, 한남정맥, 금북정맥, 금남호남정맥, 금남정맥, 호남정맥)으로 나뉘어 하나의 산줄기로 인식되었던 한국의 산하는 모든 지형적 연관성을 상실한 채 찢겨지고 나뉘어졌다. 한줄기 속에서 하나로 흐르던 산들은 아무런 관련이 없는 별개의 산으로 쪼개졌다. 백두대간조차도 그 의미를 잃고 아무런 지형적 연관성이 없는 여러 개의 산맥들로 나뉘어졌다. 민족의 영산이라는 백두산의 의미도 자연스럽게 사라졌다. 그저 이 땅에서 가장 높은 산일뿐이었다. 어이없는 일이다. 가당치 않은 일이다. 부끄럽다. 그나마 조금 위로되는 것은 최근 백두대간에 대한 자료집이 만들어져 참고 교재로 사용되고 있다는 것이다. 얼마나 효율적으로 사용되고 올바로 가르치고 있는지는 모르겠지만 말이다.

우리 민족에게 백두대간은 그저 그런 산길이 아니었다. 그저 높은 산들 이어진 산줄기가 아니었다. 생명 허락하고 몸 붙여 살아갈 수 있도록 은총 베풀어 준 신성한 하늘이었다. 마루금은 하늘길이었다. 하늘이었다. 생명의 원천이었다. 신앙의 대상이었다. 그래서 백두대간 마루금으로 들어가려면 하늘을 여는 문인 개천문(開天門)을 지나 하늘의 봉우리인 천왕봉에 올라야 했던 것이다. 그리고 산길을 잇고 이어 '가장 큰 지혜를 주는 산'인 민족의 영산 백두산 하늘못 천지 까지 이어져 있는 것이다.

백두대간의 시작과 끝이 '하늘'에 닿아 있고 '깨달음과 지혜'를 담고 있다는 것은 우리의 선조들이 백두대간을 그저 높은 산들 이어져 있는 산줄기가 아니라 하늘의 세계로 인식했음을 명확하게 보여준다. 선조들이 백두대간을 하늘길로 생각한 것은 백두대간 마루금이 하늘에 가까이 있었기 때문이 아니다. 백두대간이 모든 생명들 몸 기대어 살아갈 수 있는 땅과 물과 지혜를 베풀었기 때문이다. 백두대간은 1정간, 13정맥과 수많은 지맥(支脈), 기맥(岐脈)들을 이 땅에 풀어놓았을 뿐 아니라 열 개의 큰 강을 품어 흐르게 함으로써 수많은 생명들 깃들어 살아갈 수 있도록 품어주었던 것이다. 생명과 생명을 영위할 수 있는 삶을 준 것이다. 그러니 우리의 선조들이 백두대간을 하늘에 속한 신성한 산줄기이자 하늘길로 생각한 것은 너무도 당연한 일이다.

    그러니 말이다. 그래서 하는 말이다. 백두대간은 온전히 사람들에게 돌려져야만 한다. 이 땅에 몸 붙이고 살아가는 사람이라면 누구나 이 하늘길을 자유롭게 걸을 수 있어야 한다. 닫힌 길은 마땅히 열려야 하고 끊어진 길은 마땅히 이어져야 한다. 그러나 애석하게도 이 길은 곳곳이 끊어져 있고 막혀 있다. 석회석 광산이 있는 자병산은 이미 산 자체가 사라져 대간길은 끊어졌고 채석장이 있는 금산 역시 파헤쳐져 산의 형체를 알아보기 어렵게 되었다. 그뿐인가. 백두대간 마루금 곳곳은 국가 시설물이나 고랭지 채소밭, 송전탑, 도로, 무덤 등으로 인해 끊어지거나 막혀 있다. 어디 그뿐인가. 길은 있으나 갈 수 없는 곳도 많다. 국립공원 관리공단이 입산을 통제하고 있기 때문이다.

    백두대간 남한구간은 지리산 천왕봉에서 설악산 향로봉까지 도상거리 684킬로미터이다. 이 구간을 산림청과 국립공원 관리공단이 나누어 관리하고 있다. 일반 지역 437킬로미터는 산림청이 관리하고 국립공원 247킬로미터는 국립공원 관리공단이 관리한다. 국립공원 관리공단은 이 가운데 95킬로미터를 비법정 탐방로로 지정하여 입산을 통제하고 있다. 산림생태계의 보호를 위한 조치이다.

산림생태계를 보호하고 숲을 지키는 것은 매우 중요한 일이다. 더욱이 백두대간은 한반도의 핵심 생태축이니 온전히 보존되어야 하는 것은 당연한 일이다. 그러나 동시에 간과하지 말아야 할 사실이 있다. 앞서 말했듯이 백두대간은 단순히 산줄기가 아니다. 우리 민족에게 있어서 백두대간은 삶의 원천이요 신앙의 대상이었던 것이다. 그러므로 백두대간은 이 땅에서 살아가는 사람들에게 마땅히 돌려져야 한다. 자유롭게 마루금을 걸으며 이 땅을 자랑스럽게 다시 느낄 수 있어야 한다.

사람 지날 수 있도록 산길을 열면서도 산림생태계를 보호할 방법이 없을까? 사람과 자연이 조화롭게 살아갈 수 있는 방법이 없을까?

사람도 자연의 일부이다. 자연이 품고 키워낸 생명이다. 그러므로 사람의 탐욕을 위해서 자연을 일방적으로 파괴해서도 안 되지만 자연을 지킨다고 사람을 무조건 배제하고 배척해서도 안 된다. 서로를 배제하지 않고 조화를 이루어야 한다. 산림생태계의 보호는 몇 사람이나 몇몇 단체의 노력만으로 되는 것이 아니다. 산을 사랑하는 수많은 사람들과 함께해야 한다. 몇몇 단체의 힘만으로는 산림생태계의 실질적이고 주요한 파괴자인 국가와 자본의 폭력을 효과적으로 막아낼 수 없다. 산을 사랑하는 사람들이 많아지고 그들의 의식이 높아질 때에만 비로소 산을 지킬 수 있는 것이다. 물론 사람이 많이 다니면 다닐수록 산길은 훼손되고 산림생태계는 손상을 입을 가능성이 높다. 그러나 산림생태계 파괴의 주범은 우리 모두가 알고 있듯이 산을 사랑하여 산으로 들어가려는 사람들이 아니다. 산림생태계 파괴의 주범은 산림의 중요성을 알지 못하고 생태적 관점을 올바로 지니지 못한 국가의 정책과 이익만을 추구하는 자본의 폭력이다.

백두대간은 피를 철철 흘리고 있다고 말해도 될 만큼 이미 손상을 입고 있다. 지리산의 생태계를 단절시킨 성삼재 도로와 양수발전소, 덕유산국립공원에 들어선, 스키장과 골프장 등의 대규모 위락시설을 갖춘 무주 리조트, 지금은 중단되었으나 속리산국립공원 내에 들어설 예정이었던 온천, 민족의 영산이라고 할 수 있는 태백산에 들어선 대규모 폭격 훈련장인 한미 합동 공군훈련장, 희귀식물이 많은 생태계의 보고로 알려진 자병산의 한라시멘트 석회광산, 약 200~300평의 숲을 갈아엎어야 1기를 세울 수 있다는, 줄 지어 늘어선 송전탑, 수많은 희귀식물과 법정보호식물, 천연기념물들이 살아가고 있는 천연림보호구역인 점봉산에 들어선 양수댐, 해당 지역의 자연경관과 생태를 고려하지 않고 개설되고 있는 임업도로 등 이루 헤아릴 수 없이 많다. 바로 이런 문제들이 한반도 생태계의 핵심축인 백두대간을 심각하게 훼손하고 있는 주범들이다.

이것이 오늘 우리의 현실이다. 백두대간을 걷는 이들로 인해 산림생태계가 파괴되고 있는 것이 아니다. 오히려 그들과 함께 생태적 고려 없이 시행되는 국가의 정책과 자본의 폭력에 맞서 싸워야 한다. 그들을 백두대간 산림생태계를 파괴하는 주범으로 인식하는 태도를 버리고 한반도의 핵심 생태축인 백두대간을 보존하기 위한 운동을 그들과 함께 적극적으로 전개해야 한다. 산림생태계를 보호한다는 명분으로 무조건 길을 막는 것은 너무 소극적인 방법이다. 무책임해 보일 정도이다.

나는 국립공원 관리공단의 산림생태계를 보존하려는 의지와 노력에 진심으로 경의를 표한다. 다만 산을 사랑하는 이들과 함께 노력해주기를 바란다. 산을 사랑하는 사람들에게 백두대간 하늘길을 열어주기 바란다. 사람 지나며 손상을 입히는 부분들이 있다면 그 손상을 최소화시킬 수 있는 방법을 찾을 수 있으리라고 생각한다. 소백산국립공원의 손상되있던 숲과 초지가 트레일을 설치한 후 아름답게 복원되고 있는 것처럼 말이다. 백두대간을 활짝 열고도 산림생태계가 잘 보존되고 있는 것처럼 말이다. 미국 동부지역의 등뼈인 아팔라치안산맥이 아팔라치안 트레일을 열고도 산림생태계를 온전하고 풍성하게 보존하고 있는 것처럼 말이다.

산을 지키고 숲을 지키려고 애쓰는 모든 분들에게 감사의 마음 전한다.

막혔던 길이 열리고 끊어졌던 길이 이어진다면 다시 백두대간 하늘길로 들어서고 싶다. 다시 걷고 싶다. 비 내리는 숲을 다시 지나고 싶고 구름과 함께 산등성을 넘고 싶다. 구름과 함께 걸으며 사람 사는 세상 기웃거리고 싶고 바람 따라 흐르며 마음의 말을 전하고 싶다. 바람 부는 날 숲의 수런거림을 듣고 싶고 아득하기만 하던 산줄기 바라보며 다시 한 번 마음길 따라 걷고 싶다. 야생화 흐드러지게 핀 산길 걸으며 아집으로 가득 찬 마음을 내려놓고 싶다. 그리하여 막혔던 길 열리고 끊어졌던 길 이어진 것처럼 막히고 끊어진 우리의 마음도 열리고 이어지기를 간절히 소망하고 싶다.

 백두산에서 지리산까지 하나로 흘러내린 산줄기를 걸을 수 있는 날이 오기를 바란다.

 산길에서 만난 분들과 이 책을 통해 만나게 될 모든 분들에게 깊은 감사 전한다. 이 책을 내기까지 수고해주신 분들에게 감사의 마음 전한다.

 모두에게 그리움 전한다.

2009년 7월

한강변에서 최창남 두 손 모아

여는글
지리산으로 가다

　지리산으로 들어가는 날이라는 것을 알고 있는 것일까? 이 땅의 등줄기인 백두대간으로 들어가는 날이라는 것을 알기라도 한 것일까?

　지난 밤 내리던 많은 비는 아침이 되자 말끔히 그쳐 있었다. 햇살 따스하고 하늘 맑았다. 설레는 마음 다잡으며 부지런히 짐을 꾸려 해 저물기 전 집을 나서자 바람 불었다. 점점 세차게 불어왔다. 집 앞 공원에 있는 화단의 풀들이 바람에 이리저리 쏠리며 몸 뒤집고 있었다. 냇가의 작은 물고기들이 은빛 배를 뒤집으며 유영을 하고 있는 것 같았다. 출렁이며 부서지는 은빛 물결 같기도 했다.

　'지리산 깊은 숲의 풀들도 이렇게 바람에 쏠리고 있을까? 이 땅 한반도를 품어 있게 한 백두대간의 남쪽 끝자락에 자리한 크고 깊은 산 지리산의 나무들도 이렇게 흔들리고 있을까? 숲도 이렇게 흔들리고 있을까? 그 흔들림마다 오랜 세월 누구에게도 전할 수 없어 가슴 깊이 묻어두었던 이야기들이 묻어나고 있을까?'

　오후부터 불어온 바람은 좀처럼 잦아들지 않았다. 차는 바람 사이를 지나 낮게 드리운 하늘 아래 저 남도를 향하고 있었다. 하늘이 낮아진 탓이었을까. 지리산으로 가는 길은 멀게만 느껴졌다. 낯설게 다가왔다. 몇 차례 다녀 익숙한 길이었지만 매우 낯설게 느껴졌다. 모든 것이 낯설었다. 5월과는 어울리지 않는 유달리 검고 낮게 드리운 하늘도 그러했고 간간이 창틈으로 들어오는 한여름처럼 무거운 바람도 그러했다. 지나던 고속도로의 익숙한 풍경들도 낯선 땅을 지나는 듯 생경했고 밥을 먹을 때에도 설익은 생쌀을 씹는 듯 입 안이 서걱거렸다.

지리산으로 내려가는 동안 나는 이 정체 모를 낯섦에 사로잡혀 있었다.

'왜 이럴까? 이 낯섦은 무엇 때문일까? 어디서 온 것일까?'

내가 이 낯섦의 정체를 깨닫는 데에는 그리 많은 시간이 걸리지 않았다. 지리산에 다다랐을 때 나는 아주 분명하게 이 낯섦의 정체를 깨달을 수 있었다. 그것은 백두대간을 잃어버린 채 살아온 지난 오십 여 년에 대한 부끄러움과 자괴감 때문이었다. 이 땅 이 나라를 사랑하며 살아온 지난 오십 여 년의 세월 동안 그 이름을 단 한 번도 들어본 적이 없는 우리 땅 우리 산 백두대간에 대한 부끄러움 때문이었다. 지리산을 일본인 지리학자 고토 분지로(小藤文次郎)가 지어준 소백산맥의 한쪽 끝에 있는 그저 그런 산으로만 알고 있었다는 사실에 대한 자괴감 때문이었다. 이 땅에 뿌리 내리고 살아온 이 민족 오천 년의 역사를 이야기 하고 수천 년 몸 기대어 살아온 민초들의 삶을 말하고 공동체와 삶에 대해 말하고 산과 숲의 중요성에 대해 말하고 생명의 소중함에 대해 말하면서도 그 모든 것을 품어 있게 한 백두대간을 철저히 잃어버린 채 살아왔던 지난 세월의 부끄러움 때문이었다.

'나는 참으로 백두대간을 걸을 자격이 있는 것일까? 백두대간이 나를 받아들여줄까?'

나는 백두대간으로 찾아들며 설렘에 앞서 낯설고 두려웠다.

'왜 이렇게까지 되었을까? 어쩌다 이 지경에 이르렀을까? 극일(克日)에 대해 수도 없이 이야기하면서도 어떻게 이런 일이 지금도 그대로 받아들여지고 있을까? 어떻게 아직도 가르치고 배우고 있을까?'

고토 분지로! 잊을 수 없는 이름이다. 지질학자였던 고토 분지로는 일제 강점기 조선총독부의 명을 받아 14개월간의 연구 조사 끝에 1903년 〈조선 산악론〉을 발표했다. 이 연구 조사의 목적은 효과적인 자원 침탈이었다. 그는 이 목적에 맞게 이 땅의 산악체계를 지질을 중심으로 가르고 쪼개었다. 그 결과 이 땅을 하나의 유기체로 보던 인문지리학적 관점은 폐기되었다. 1대간(백두대간), 1정간(장백정간), 13정맥(낙남정맥, 청북정맥, 청남정맥, 해서정맥, 임진북예성남정맥, 한북정맥, 낙동정맥, 한남금북정맥, 한남정맥, 금북정맥, 금남호남정맥, 금남정맥, 호남정맥)으로 나뉘어져 하나의 유기체로 인식되었던 한국의 산하는 모든 지형적 연관성을 상실한 채 찢겨지고 나뉘어졌다. 한줄기 속에서 하나로 흐르던 산들이 모두 아무런 관련이 없는 별개의 산으로 쪼개졌다. 백두대간조차도 그 의미를 잃고 아무런 지형적 연관성이 없는 여러 개의 산맥들로 나뉘어졌다. 이 땅에서 교육을 받은 사람들이라면 학교를 다니기 시작할 때부터 외우느라 고생했던 산맥들이 바로 그것이다. 고토 분지로에 의해 나뉘고 붙여진 이름들이다. 마천령산맥, 함경산맥, 낭림산맥, 강남산맥, 적유령산맥, 묘향산맥, 언진산맥, 멸악산맥, 마식령산맥, 광주산맥, 태백산맥, 차령산맥, 소백산맥, 노령산맥 등이 그것들이다. 고토 분지로가 〈조선 산악론〉을 발표한 지 백 년이 훨씬 지나고 일제강점기로부터 해방된 지 53년이 지난 2008년 8월인 지금도 이 땅의 학생들은 일제 총독부에 의해 만들어진 산맥의 이름들을 그대로 배우고 있다. 참으로 부끄럽고 부끄러운 일이다. 슬픈 일이다.

이런 부끄러움과 자괴감이었으리라. 결코 낯설 수 없는 우리 땅 우리 산을 가면서도 이토록 낯선 느낌을 떨쳐버릴 수 없는 것이 말이다.

차는 깊어진 어둠 속으로 익숙하게 나아갔다. 차창 밖으로 드리운 깊어진 밤하늘에 보름달이 보였다. 유달리 창백해 보였다. 구름과 바람 사이로 간간이 별이 빛나고 있었다.

이미 어둠 깃든 차 안은 조용했다. 모두들 잠들었거나 나처럼 이런 저런 상념에 잠겨 있으리라.

지리산이 보였다. 어둠 속의 지리산은 두 팔을 활짝 벌리고 맞아주는 어머니의 품처럼 따스하고 넓어 보였다. 그러나 유년 시절 헤어졌던 어머니를 수십 년이 지난 후 만날 때와 같은 낯섦과 서먹함도 있었다.

이런 설렘과 낯섦의 감정에 동시에 젖어들 수 있다니……

차가 지리산의 숙소에 도착했을 때 지리산의 깊은 골만큼이나 밤은 깊어 있었다. 산행에 대한 가벼운 점검을 하고 이야기를 나눈 후 잠자리에 들었다. 자정이 훌쩍 넘어 있었다.

산을 지나는 바람에 창이 흔들렸다. 산이 깊은 탓에 바람 또한 깊은 소리를 냈다. 바람 때문인지 산은 밤 내내 '웅~ 우웅~' 울었고 숲은 '쏴아~ 쏴아~'

흔들렸다. 그 소리가 마치 깊은 밤 먼바다에서 들려오는 파도 소리 같기도 하고 이 땅에서 쓰러져 간 수많은 생명들의 아우성 같기도 했다.

눈을 떴다. 이른 새벽이었다. 5시 30분부터 산행을 시작할 예정이었다. 이 땅을 품어 있게 한 백두대간을 향한 첫 발걸음을 떼는 새벽이었다. 백두대간 1625킬로미터를 향해 첫 발을 떼는 날이었다. 남쪽구간 도상거리 약 690킬로미터, 실제거리 약 1000킬로미터를 향해 우리의 몸과 마음을 맡기는 첫날이었다. 산길이 아니라 마음길 따라 걸어야 하는 산행 떠나는 첫새벽이었다. 마음길 따라 백두대간으로 들어가는 첫날이었다.

'마음길 따라 걸으면 백두대간의 마음을 느낄 수 있을까? 그 오랜 세월 품고 있었던 수많은 이야기들의 울림을 느낄 수 있을까?'

그 밤 산도 설레었는지 밤 내내 요란했다. 창도 덜컹거렸다. 낮게 드리운 검은 하늘과 잠 못 이룬 밤 사이로 별 총총했다. 원인 모를 그리움 가득한 밤이었다.

CONTENTS

마중글 • 열리고 이어져야 하는 길 04
여는글 • 지리산으로 가다 013

1 천왕봉에서 정령치까지
천왕봉, 그 문으로 들어가다 023 • 백두대간에서의 첫 밤 034
노고단으로 가는 길 046 • 끝나지 않는 길 057

2 정령치에서 육십령까지
60번 지방도로를 지나며 071 • 비 내리는 숲에서 083
회백색의 굴참나무 숲을 지나다 092 • 육십령으로 가는 길 102

3 육십령에서 소사고개까지
덕유산에 머물다 112 • 산은 걸은 만큼 다가오고 125
소사마을을 떠나다 133

4 소사고개에서 괘방령까지
부항령 가는 길 145 • 우두령으로 내려서다 154
산줄기는 괘방령에서 허리를 낮추고 165

5 괘방령에서 신의터재까지
하늘길을 걷다 177 • 윗왕실재로 가다 190
하늘길은 신의터재를 지나고 199

6 신의터재에서 늘재까지
넓은잎잔꽃풀 핀 길을 따라 211 • 세속이 떠난 산은 세속에 머물고 221
천왕봉은 강을 품어 흐르고 231 • 늘재는 걸음을 늘이고 240

7 늘재에서 이화령까지
청화산 남겨두고 251 • 희양산 가는 길에서 262
지나온 길 마음에 품고 273 • 조령산 마음에 담고 282

8 이화령에서 하늘재까지
조령산은 길을 열고 293
하늘재에 서다 304

9 하늘재에서 저수령까지
눈물샘에 마음 씻고 317 • 황장산으로 들어가다 328
산과 함께 걷다 339

10	저수령에서 마구령까지	도솔봉에서 바라보다 353 • 연화세계를 만나다 361 비로(毘盧)의 세계에 머물다 369 • 고치령을 지나다 379
11	마구령에서 화방재까지	선달산 지나며 391 • 태백의 품으로 들어서다 400 태백산에서 하늘을 보다 410
12	화방재에서 댓재까지	산줄기 저 홀로 흐르고 425 • 세 개의 강 흐르다 435 댓재로 내려서다 444
13	댓재에서 삽답령까지	무심(無心)의 아름다움을 만나다 455 • 백두대간은 허리가 잘리고 464 석병산에 올라 그리워하다 474
14	삽답령에서 닭목재까지	화란봉에 서다 485
15	닭목재에서 구룡령까지	대관령을 지나다 495 • 안개 속에서 산을 만나다 504 오대산의 품에 들다 514
16	청화산, 구룡령에서 한계령까지	청화산은 맑은 기운을 품고 527 • 조침령 지나며 534 점봉산에 마음 내려놓고 542
17	한계령에서 진부령까지	설악(雪嶽)에 들다 557 • 황철봉을 그리워하다 568 길은 진부령에서 머물고 579

닫는글 • 백두대간, 하늘길에 서다 590
배웅글 • 프레시안 연재를 시작하며 598

천왕봉에서 정령치까지

(2008년 5월 20일~5월 22일)

첫왕봉에서 청량치까지

천왕봉, 그 문으로 들어가다

\# 산행 첫날 1

눈을 떴다. 방 안은 아직 어두웠다. 고개를 돌려 창밖을 보니 지난밤 내린 어둠이 아직 남아 있었다. 밤 내내 요란하던 코고는 소리는 잦아들어 있었다. 어린 시절 마당을 가로질러 들려오던 아버지의 코고는 소리처럼 아득하기만 했다. 시계를 보았다. 4시 25분이었다. 조용히 일어났다. 아직 기상시간까지는 5분이 남아 있었다. 창 너머로 산들 보였다. 어둠 속에서 산들은 웅크리고 앉아 새벽 미명을 맞고 있었다. 빛들이 첩첩한 산들 저 너머에서 오고 있는 듯 능선을 따라 어슴푸레 빛이 깃들고 있었다.

'그래, 이제 지리산으로 들어가는구나. 이 땅의 모든 생명을 품어 살아가게 하고 있는 백두대간으로 들어가는구나.'

새벽 방 안은 첫 산행 준비로 어수선함과 분주함과 서투름으로 가득했다. 나는 지난밤 점검했던 배낭을 다시 꾸렸다. 배낭은 며칠 동안 입을 옷과 산행에 필요한 기본적인 장비들 그리고 나무사전과 일기수첩 등으로 팽팽했다. 정리하고 돌아서면 빠뜨린 것이 있어 다시 정리를 해야만 했다. 모든 것이 서툴렀다. 무엇을 꾸려야 할지, 어떻게 꾸려야 할지, 짐은 어떻게 나누어야 할지 모든 것이 익숙하지 않았다.

'이렇게까지 서투르다니……!'

이런 서투름은 지나온 내 삶이 숲과 산, 백두대간과 얼마나 상관없었는지를 말해주는 뚜렷한 흔적이었다. 씁쓸했다. 피식 웃음이 나왔다. 백두대간으로 들어가는 의미 깊은 첫새벽에 어울리지 않는 웃음이었다. '웃음조차도 서투르구나' 하는 생각에 다시 웃음이 나왔다. 어제 오후 가슴속에 있던 낯섦이 아직 남아 있는 듯 내 모습이 스스로 낯설기도 했다.

'이런 서투름에 익숙해지는 것으로부터 산행은 시작되는구나.'

그러나 이런 서투름 때문에 희망을 품게 되기도 했다. 사실 서투름이란 새로운 희망을 향해 새 발걸음을 떼었다는 것을 의미하는 것이다. 서투름이란 곧 익숙해질 것이라는 의미를 내포하고 있다. 그런 의미에서 보면 서투름이란 익숙함과 같은 의미의 말이다.

장엄한 지혜의 산

가벼운 아침식사를 마친 후 배낭을 메고 민박집을 나서자 지리산의 아침이 나를 기다리고 있었다. 깊은 골에서부터 불어온 찬바람이 능선을 타고 내려와 맑고 시원한 기운을 내려놓았다. 공기는 가슴 시리도록 차고 맑았다. 산 아래 세상에서 묻혀 온 마음의 때가 모두 씻겨지는 듯했다. 봉우리마다 운무 가득 피어올라 산은 장엄했고 바람과 운무 사이로 간간이 보이는 봉우리들은 신비롭기만 했다. 그 봉우리들 뒤로 첩첩이 산들 이어져 그저 잊을 수 없는 유년 시절의 기억들처럼 아스라하고 아득하기만 했다.

'저 봉우리들 너머에 천왕봉이 있으리라. 저 아스라한 능선을 넘어 선 곳에 백두대간으로 들어가는 문인 천왕봉이 있으리라.'

높이 1915미터인 천왕봉은 남쪽으로 내려 뻗은 백두대간의 줄기 중 가장 높은 산이다. 하늘과 가장 가까운 산이다. 북쪽이든 남쪽이든 백두대간의 문은 하늘과 가장 가까운 곳에 있다. 백두대간으로 들어가는 길은 하늘과 가장 가까운 곳에 있다. 거기서 수백 수천 년 우리를 기다리고 있었던 것이다.

이 땅에서 하늘과 가장 가까운 곳에 백두대간으로 들어가는 문이 있다는 것은 아무나 백두대간으로 들어설 수 없다고 말하고 있는 것인지도 모른다. 하늘이 이 땅에 전해준 지혜를 얻은 자들만이 들어갈 자격이 있다고 말하고 있는 것인지도 모른다. 지혜를 구하고 지키는 자들만이 백두대간으로 들어설 수 있다는 무언의 가르침인지도 모른다.

그래서인가. 천왕봉에 이르는 동쪽 문은 '하늘을 여는 문'인 개천문^(開天門, '개선문'이라는 이름도 있다)이고 남서쪽 문이 '하늘을 오르는 문'인 통천문^(通天門)인 것이 말이다. 그렇게 개천문을 지나고 통천문으로 들어서야만 천왕봉으로 들어설 수 있었던 것이다. 하늘길인 백두대간으로 들어설 수 있었던 것이다. 적어도 옛사람들의 생각에는 말이다. 그래서 이 산의 이름을 '지혜의 산, 깨달음의 산'이라

는 의미가 담긴 지리산(智利山, 智異山, 智理山)으로 부르게 되었는지도 모르겠다.

백두산이 흘러내려와 이룬 산이라 해서 두류산(頭流山)이라고도 부르는 지리산은 큰 크기 때문인지 아니면 지혜로움을 가르치려는 마음의 넉넉함 때문인지 여러 가지 이름을 지니고 있다.

지리산의 본래 이름은 지리산(智利山)이다. 대지문수사리보살(大智文殊師利菩薩)에서 '지(智)' 자와 '리(利)' 자를 따온 것이다. 중생을 제도하기 위해 현신한 문수보살의 지혜가 있는 산이라는 의미이다. 그 지혜를 얻은 산이라는 의미이다. 그런 의미가 계승되고 재해석되어 지리산(智異山)이라고 불리기도 하고 지리산(智理山)이라고 불리기도 한 것이다. '지혜로운 이인이 많이 있는 산'이라는 뜻이기도 하고 '어리석은 사람이 머물면 지혜로워지는 산'이라는 의미이기도 하다. 근본적으로는 서로 뜻이 통하는 비슷한 의미의 이름들이다. 어리석은 사람이라도 머물면 지혜로워지고 그렇게 지혜로워진 사람이 많아지면 지혜로운 이인이 많아지는 것은 자명한 일이기 때문이다.

'지혜의 산, 지리산이 가르치려고 했던 지혜는 무엇일까?'

이제 겨우 산으로 들어가고 있는 나 같은 사람이야 그 깊은 뜻을 알 수 없는 일이다. 그러나 사실 지혜란 특별한 것이 아니다. 지혜란 일상 속에서 만나는 모든 존재를 존중하는 마음이며 행동이다. 지혜란 '나와 다른 것을 있는 그대로 인정하고 받아들이는 것'이다. 그럼으로써 '함께 살아가는 것'이다. 숲처럼 말이다. 나무는 나무대로, 풀은 풀대로, 꽃은 꽃대로, 벌레는 벌레대로, 미생물은 미생물대로, 계곡은 계곡대로, 시냇물은 시냇물대로, 바람은 바람대로, 비는 비대로, 빛은 빛대로 모두 제 모습 그대로 살아갈 때에만 숲이 풍성해지고 아름다워지는 것처럼 말이다.

숲에서는 사람 사는 세상과 달리 다르다는 것은 아름다운 일이다. 환영받는다. 산 아래 사람 사는 세상이야 나와 다른 것을 용납하지 못하여 편 가르고 서로를 해치고 때론 죽이기까지 하지만 산속 숲 세상에서는 다르다. 나와 다른 것이 아름다운 것이다. 나와 다른 것들이 많을수록 좋다. 많을수록 숲은 더 풍성해지고 아름다워진다. 모두 함께 살아갈 공동체가 더 커지고 좋아진다. 함께 살아가는 공존의 삶이 가능해진다.

'지리산을 지나면 나도 이런 지혜를 얻을 수 있을까? 백두대간으로 들어가면 우리도 이런 지혜를 깨달을 수 있을까?'

▲▲ 지리산으로 들어가다.
▲ 함께 살아가는 숲

아침이 밝아오고 있었다. 지리산의 맑은 기운 탓인지 내려오는 내내 가슴 가득했던 낯섦은 사라지고 없었다. 설렜다. 모두들 둘러서서 몸을 풀었다.

'드디어 오늘 백두대간을 여는 문인 천왕봉으로 올라가는구나. 지리산으로 들어가는구나.'

나는 모두의 손길을 느끼며 외

쳤다.

"백두!"

"사랑합시다!"

모두들 힘찬 목소리로 외쳤다.

▌천왕봉에 올라서다

산행이 시작되었다. 백두대간을 향해, 지리산을 향해, 천왕봉을 향해 첫발을 내딛었다.

숲으로 들어서자 나뭇잎들은 팔랑이고 숲은 출렁이고 있었다. 바람이었다. 깊은 골에서 불어오는 바람이 산을 타고 내려오며 우리를 맞았다. 5월의 지리산은 싱싱함과 푸르름으로 눈부셨다. 낮은 철교를 지나 합수목에 이르렀을 때 팀을 나누었다. 황서식 촬영감독이 이끄는 촬영팀과 헤어졌다. 그들은 백두대간이 품고 있는 아름다운 숲을 카메라에 담기 위해 숲으로 갔고 우리는 백두대간을 향해 산으로 들어갔다.

천왕봉을 향했다. 길은 끊어질 듯 끊임없이 이어졌다. 바람은 숲 사이로 난 길들을 열어주었고 우리는 그 길을 통해 산으로 들어갔다. 망바위에서 바라본 산은 이미 울울창창하여 어디가 어디인지 분간조차 할 수 없었다. 그저 부는 바람 타고 들려오는 출렁이는 나뭇잎의 수런거리는 이야기들을 들을 뿐이었다. 그렇게 나뭇잎 수런거리는 소리들을 뒤에 남겨두고 길 따라 올랐다. 문창대 지나고 세 번이나 불탔다는 법계사 지나자 하늘을 여는 문인 개천문이 보였다. 바튼 숨 내뱉으며 산길 오르다 보니 어느새 하늘로 들어가고 있었다. 개천문을 지나자 길이 더욱 가팔라졌다. 숨이 턱까지 차올랐다. 눈앞에 작은 샘이 나타났다. 남강의 발원지인 천왕샘이다. 구원이었다. 나는 몸을 바닥에 닿을 듯이 뉘여 물을 받아 마셨다. 맑은 물줄기가 온몸으로 흘러들었다. 가쁜 숨이 가라앉았

▲ 개천문으로 들어서다

다. 몸 가벼워지고 마음 깨끗해지는 듯했다.

'이 물은 어디에서부터 흘러오는 것일까?'

이렇게 작은 샘에서 졸졸졸 흘러내리는 물이 덕천강을 따라 흐르다 남강을 이루고 다시 낙동강으로 흘러드는 것이다. 이렇게 작은 물방울 하나하나가 남강이 되고 낙동강이 되는 것이다.

흐르는 물줄기를 바라보며 상념에 젖어든 내 등 뒤로 아름다운 새소리가 들려왔다. 그 소리가 얼마나 아름다운지 가슴이 저려왔다.

'어떤 새일까……? 알 수 없다. 산을 지나면서도 모르는 것이 너무나 많다.'

천왕샘물로 목을 축이고 나니 천왕봉이 지척이었다. 가파른 바위 길을 조심스레 헤치며 천왕봉을 올랐다. '이제 다 왔으니 힘을 내라'는 말이 들려왔다. 우리를 이끌었던 한문희 대장은 벌써 올라 있었고 후미에서 나를 격려하며 산행하던 김남균 대장은 여전히 내 뒤에 서 있었다.

'천왕봉이다!'

나는 소리 없이 외쳤다. '지리산 천왕봉'이라는 글자가 눈에 들어왔다. 내 가슴은 쏟아질 것 같은 숨결만큼이나 벅차올랐다. 이 땅에 태어나 처음으로 천왕봉에 올라서는 순간이었다. 백두대간의 남쪽 문인 천왕봉에 들어선 것이다. 가슴 떨리는 벅찬 순간이었다. 나는 거칠게 쏟아지는 숨결 가라앉히며 지나온 길 내려 보았다. 사방을 둘러보았다. 장엄한 세계가 펼쳐 있었다.

골은 골을 부르고 뫼는 뫼를 불러 어디가 뫼고 어디가 골인지 알 수 없었다. 그뿐인가. 산은 산을 불러 산들은 켜켜이 쌓이고 첩첩이 늘어서 그 끝이 어디인지도 알 수 없었다. 그저 그 산들이 이어져 이곳까지 닿아 있다는 것을 알 수 있을 뿐이었다. 그렇게 이어져 있는 능선을 따라 백두대간길로 나아가야 한다는 것을 알 수 있을 뿐이었다. 알 수 있는 것은 그것뿐이었다. 바람이 어디에 머물고 있는지, 어디서부터 불어오고 어디로 가는지도 알 수 없었다. 아무것도 알고 있는 것이 없었다. 내가 가야 할 길조차도 알지 못하고 있었다. 그저 길이 이끄는 대로 나아갈 뿐이었다.

'이렇게 아름다운 땅에서…… 이렇게 장엄한 땅에서……'

바람이 불어왔다. 천왕봉을 오르느라 흘린 땀방울들과 지친 마음을 씻어 주었다.

'이렇게 아름다운 산에서 그렇게 수많은 생명들이 죽어가다니…… 그렇게 많은 생명들이 서로 죽이고 죽이다니…… 사람이란 참으로 무섭고 모진 존재이다.'

나는 이어지는 생각의 끈을 가만히 내려놓았다. 가야 할 길을 망연히 바라보았다. 길은 서쪽으로 뻗어 있었다. 그 끝에 노고단이 있었다. 그리고 그곳에서부터 길은 다시 북쪽으로 활처럼 휘며 뻗어 나가고 있었다. 보이지 않는 그 길들이 아득하기만 했다.

저녁이 오려면 아직 멀었는데 마치 노을이 오는 듯 하늘 한편이 붉어졌다.

▲ 천왕봉을 오르다

백두대간 에서의 첫 밤

산행 첫날 2

백두산에서 흘러내려온 길이 눈앞에 있었다. 백두산까지 이어져 있는 길이 눈앞에 있었다. 어찌 보면 대견해 보이기도 하고 어찌 보면 초라해 보이기도 했다. 그저 여느 동네 산에 있는 길처럼 데면데면했다. 키 작은 나무들은 바위들을 비켜 드문드문 자리하고 있었다. 점심식사를 마치고 그 데면데면한 길을 따라 나아갔다. 천왕봉을 떠나 백두대간에서의 첫 밤을 보낼 세석대피소를 향했다. 길을 따라 조금 내려가자 하늘을 오르는 문인 통천문이 나타났다. 통천문으로 들어갔다.

사람 사는 한세상에서 이런 호사가 있을까. 불과 몇 시간 동안에 '하늘을 여는 문'인 개천문으로 들어갔다가 '하늘을 오르는 문'인 통천문으로 나올 수 있었으니 말이다. 천왕봉에 머물렀던 길지 않은 시간 동안 우리는 하늘에 올라 있었던 것이다. 옛사람들은 이 땅에서 하늘에 가장 가까웠던 천왕봉을 하늘의 일부로 생각했음에 틀림없다. 개천문과 통천문을 지리산으로 오르는 초입에 두지 않고 천왕봉 바로 아래 세웠으니 말이다. 이 땅에 있는 산들 중 오직 천왕봉만이 하늘에 속한 산이었다. 그 밖의 높은 산들은 아무리 스스로 높음을 주장해도 모두 이 땅에 속한 그저 높은 산일뿐이었다. 우리는 옛사람들의 생각을 따라 하늘의 산에 이르러 마음을 씻은 후 다시 세상의 산으로 내려가고 있었다.

그러나 아무리 세상에 속한 산이라 할지라도 백두대간은 하늘의 마음을 담은 산이다. 이 땅의 수많은 생명을 품어 살리고 있으니 어찌 하늘의 마음을 담은 땅이 아니겠는가 말이다.

생명력 가득한 빈숲

길을 따라 내려가자 이제까지와는 다른 색다른 풍경이 나타났다. 제석봉 고사목지대였다. 낡은 커튼처럼 완만하게 드리워진 언덕배기 위로 불에 타 죽은 나무들이 휑뎅그렁한 모습으로 듬성듬성 서 있었다. 50년 전에는 대낮에도 어두울 정도로 울창했던 숲이다. 그렇게 제 삶 아름답게 살다가 사람들에 의해 남벌되고 도벌된 것으로도 모자라 불태워진 산이다. 그리고 이제는 나무들의 무덤이라고 불리게 된 산이다. 그 산이 제 상처들을 그대로 드러내고 있었다. 가슴 아팠다. 그러나 그 상처들은 동시에 처연한 아름다움을 지니고 있었다. 자연은 불에 탄 깊은 상흔들을 아름답게 변화시키고 있었다.

자연이란 참으로 위대하다. 생명이란 참으로 위대한 것이다. 잠시도 쉬지 않고 새로운 생명 보듬고 키워내 아름다운 언덕을 만들어내니 말이다. 그리하여 불에 탄 그 모습 그대로 오랜 세월 외롭게 서 있는 나무들을 위로하고 있는 것이다.

　울타리에 몸 기대어 나무들을 가까이 바라보니 나무들은 지난 세월을 잊은 듯 웃고 있는 것 같았다. 제석봉 고사목지대는 더 이상 나무들의 무덤이 아니었다. 더 이상 빈숲이 아니었다. 생명력 충만한 아름다운 숲으로 변해가고 있었다. 아니, 이미 아름다운 숲이었다.

　얕은 바람인데도 불어온 바람에 언덕을 덮은 낮은 풀잎들이 일렁이고 출렁였다. 언덕 곳곳에 자리한 키 작은 관목들도 흔들렸다. 짧은 가지 흔들리는 그 모습이 마치 제 모습 잊힐까 저어하여 '나도 여기 있다'고 손 내밀며 몸짓하는 것 같았다. 내게 손짓하며 부르는 것 같았다. 그 모습들이 가슴에 감겨왔다. 뭉클했다. 아픔 깊었던 만큼 깊은 그리움 품게 하는 곳이었다. 잠시 걸음 멈추고 전망대에 기대어 서자 능선 넘어온 바람이 시원했다. 나는 뭉클한 가슴 안은 채 생명력 가득 차오르는 빈숲 바라보며 쓸쓸했다.

　쓸쓸함을 뒤로 하고 조금씩 무서워져가는 발걸음을 재촉했다. 아직 가야할 길이 많이 남아 있었다. 연하봉과 삼신봉을 지나야 했고 촛대봉에 오른 후 세석고원을 지나야 했다. 세석고원의 끝에 세석대피소가 있었다.

▲ 고사목 지대

세석고원 가는 길

연하봉을 향해 발걸음을 재촉했다. 가는 길 곁에 가문비나무 저 홀로 서 있었다. 오랜 세월 그렇게 저 혼자 서 있는 듯했다. 나는 홀린 듯 바라보았다. 틀림없는 가문비나무였다. 가벼운 흥분이 나를 사로잡았다.

'가문비나무를 이곳에서 만나다니……'

나는 지리산으로 들어오며 가문비나무를 어디서 만날 수 있을지 은근히 궁금해 하고 있었다. 기대하고 있었다. 만나기를 소망하던 그 가문비나무가 마치 나를 기다리고 있었다는 듯 전혀 예기치 못한 곳에서 내 앞에 나타났다.

나는 가볍게 설레는 마음을 가라앉히며 신범섭 촬영감독을 기다렸다. '왜 촬영감독이 되었느냐?'는 내 질문에 '하' 자 한 글자를 빼먹어서 그렇게 됐다고 말하던 그다. 그 대답을 이해하지 못해 의아한 표정을 짓자 이렇게 말해주었다.

"아, 글쎄. 시골에서 올라와 영화를 해야겠다고 생각하고 충무로로 갔는데…… 면접을 보는데…… 면접관이 '야, 너 뭐 하려고 왔어? 뭐 하고 싶어?' 하고 묻기에 '배우 하러 왔어요'라고 대답해야 하는데 당황해서 '배우~러 왔어요'라고 대답했지 뭐예요. 그러자 면접관이 '그래? 그럼 너 촬영 배워' 하는 바람에 촬영부에 속했지요. 그래서 촬영을 배우게 됐어요."

그 이야기를 들으며 나는 쓰러졌다. '이러다 정말 배꼽이 빠지는 것이 아닐까' 하는 걱정이 될 정도로 웃었다. 나는 '하' 자 한 글자를 빼먹는 바람에 훌륭한 촬영감독이 된 신 감독을 기다려 가문비나무를 그의 카메라에 담았다.

"이 나무가 가문비나무에요. 카메라에 찬찬히 잘 담아두세요. 멋있게요."
"이 나무가 중요한 나무에요?"
어느새 카메라를 꺼내 들고 촬영을 시작하며 신 감독이 내게 물었다.

"지리산의 가문비나무는 백두산과 지리산이 대간길로 이어져 있음을 보여주는 증거예요. 가문비나무는 고산지대에 사는 나무로 아주 오랜 옛날 이 땅에서는 백두산에만 있었거든요. 그런데 빙하기에 가문비나무의 씨앗들이 빙하에 묻어 내려온 것이지요. 그러니 지리산의 가문비나무는 백두대간이 하나로 이어진 한반도의 생명의 통로라는 것을 보여주는 나무지요. 마치 토양의 영양 상태를 알게 해주는 지표식물처럼 백두대간이 한반도의 생명의 통로임을 말해주는 지표나무인 셈이지요. 매우 중요한 나무에요. 그 중요성에 비해서 너무 푸대접을 받고 있는 것 같아요."

이야기를 하며 조금은 우스운 생각이 들었다. 제대로 대접을 받지 못하는 것이 어디 가문비나무뿐이랴 하는 생각 때문이었다. 어찌 생각하면 사람도 제대로 대접받지 못하는 세상에서 가문비나무가 제대로 대접받기를 바라는 것은 사치스런 생각인지도 모른다.

가는 길 따라 붉은 철쭉 피어 있었다. 오는 길에 간간이 보이던 철쭉꽃들은 세석고원이 가까워져서인지 많이 보이기 시작했다. 붉은 철쭉꽃들 사이로 나아갔다. 연하봉을 지나고 삼신봉을 넘어 촛대봉으로 올랐다. 가쁜 숨으로 가슴은 터질 듯했고 몸은 지칠 대로 지쳐 있었다. 걷는 것이 점점 힘들어졌다. 오후 3시 15분이었다. 가쁜 숨 내쉬며 바라보니 세석산장이 눈앞에 있는 듯 보였다. 낙동강 남쪽으로 흐른다고 해서 이름 붙여진 낙남정맥이 시작하는 영신봉도 보였다. 해발 1651미터 지리산 영신봉에서부터 낙동강 남쪽을 가로지르며 김해 분성산까지 약 299킬로미터를 흘러간 산줄기가 바로 한반도 13정맥 중 하나인 낙남정맥이다.

물감을 뿌려놓은 것 같은 산들이 영신봉으로부터 물 흐르듯 이어져 내리고 있었다. 어떤 봉우리는 흐르는 물줄기를

▲ 세석고원을 향하다

따라 흐르는 자그마한 흙더미 같기도 하고 어떤 봉우리는 그저 하늘에 떠 있는 듯했다. 또 어떤 봉우리들은 그것이 산인지 구름인지 구별조차 할 수 없었다.

나는 물 흐르듯 이어져 내리고 있는 산줄기들을 바라보며 망연했다.

바람은 점점 세차게 불어왔다. 땀 식으며 조금씩 추워졌다. 모두들 자신의 일을 하느라 바빴다. 신 감독과 캐나다에서 촬영 공부를 하고 돌아온 촬영기사 안도현은 촬영에 몰두하고 있었고 사진작가 이호상 역시 사진 찍는 일에 마음 빼앗기고 있었다.

첫 산행의 설렘에도 불구하고 피로는 이미 깊어져 있었다. 서둘러 세석고원으로 내려갔다. 구상나무와 200종의 키 작은 나무들이 자라고 있는 30만 평

의 드넓은 세석고원으로 내려갔다. 5월 말부터 6월 사이에 피는 붉은 철쭉으로 유명한 세석고원으로 내려갔다. 과거 이데올로기가 지배하던 해방정국의 시대 이현상의 남부군이 토벌대에 포위되어 몰살당했던 피비린내 나던 역사의 현장인 세석고원으로 내려갔다.

세석고원은 말없이 우리를 맞아주었다. 지나는 길 사이로 떨어진 철쭉 꽃잎들이 간간이 흩날리고 있었다.

잠들지 못한 첫 밤

"수고하셨습니다. 괜찮으세요?"

먼저 세석대피소에 도착해 있던 한문희 대장이 반갑게 맞아주었다.

마침내 세석대피소에 도착했다. 오후 5시 52분이었다. 하늘에는 조금씩 노을 아름답게 깃들고 있었다. 앞서 도착한 일행들은 저녁식사 준비를 하고 있었다. 몇 안 되는 식탁은 우리보다 앞서 온 등산객들이 차지하고 있었다. 우리는 바닥에 둘러 앉아 조리를 하고 식사를 했다. 밥과 꽁치 김치찌개에 소주를 곁들인 저녁이었다. 식탁은 없었지만 환상적인 저녁식사였다.

식사를 마치고 뒷정리를 하는 사이 나는 잠자리를 점검하러 대피소로 들어갔다. 접수창구로 가 예약번호와 이름을 대니 직원이 억양 없는 목소리로 말을 건넸다. 그러나 나는 그의 말을 이해하지 못해 멀뚱히 바라만 봤다. 그저 어리벙벙했다. 사실 그가 한 말은 아주 간단했다.

"2호실 95번부터 100번까지 쓰시면 돼요."

이것이 전부였다. 그러나 나는 이 말을 이해하지 못했다. 그의 간단한 말을 알아듣지 못한 것은 경제 규모가 세계 10위 안에 드는 대한민국 국립공원의 숙소가 군대막사 같으리라고는 감히 상상하지 못했기 때문이다. 그런 기본적인 사항도 전혀 알지 못한 채 나는 산으로 들어온 것이다. 하긴 누굴 탓하겠는가.

세석대피소는 군대막사처럼 한 공간에 나란히 누워 자게 되어 있었다. 수용인원이 190명이나 되었다. 그날 밤은 산불방지기간이 끝난 직후여서 그랬던지 거의 다 찬 것 같았다. 나는 한 사람에 2장씩 12장의 담요를 빌려 자리에 갖다놓았다. 잠시 후 씻기 위해 나갔다. 잠자리는 불편하지만 하루 종일 땀을 흘렸으니 씻기라도 해야 제대로 잠잘 수 있을 것 같았다. 그러나 제대로 씻을 곳도 없었다. 대피소에서 약 100미터쯤 내려간 곳에 졸졸 나오는 물이 있었지만 사람들이 많은 탓인지 설거지하기에도 순서가 오지 않았다. 겨우 양치질만 간단하게 하고 숙소로 발걸음을 돌릴 수밖에 없었다. 땀으로 절은 몸에서는 쉰 냄새가 났다.

'그래도 명색이 국립공원의 숙박시설인데 외국의 국립공원들처럼 호텔급의 시설은 없어도 최소한 씻을 수 있는 세면시설은 있어야 하는 것은 아닌가. 화장실도 깨끗하게 관리해야 하는 것이 아닌가. 적어도 실내에 조리할 수 있는 조리장과 식탁 정도는 제대로 마련되어 있어야 하는 것이 아닌가. 이렇게 많은 땀을 흘리고 나서도 씻을 수 없다면 산이 좋아 산에 들어온 사람들이라고 할지라도 어떻게 계속해서 산행을 즐길 수 있단 말인가.'

이런저런 많은 생각들로 마음 어수선한 채 자리에 누웠다. 저녁 9시였다. 불이 꺼졌다. 소등시간이었다. 불이 꺼지자 사람들은 산행에 피곤했던 탓인지 거짓말처럼 잠들었다. 모두들 잠든 밤이었지만 대피소는 조용하지 않았다. 여전히 시끄러웠다. 오고 가는 사람들의 발자국소리, 두런거리는 말소리, 누군가를 부르는 소리, 누군가를 향한 외침 등 다양한 소리들이 문 밖에서 들려왔다. 문 바깥쪽만 시끄러웠던 것은 아니다. 문 안도 요란했다. 마치 전쟁이 일어난 듯 공사를 하는 듯 요란했다. 국군의 날에나 볼 수 있는 탱크들이 열을 지어 지나가는 소리도 들려오고 60밀리미터 박격포 소리도 들려왔다. 수십 정의 자동화기도 동시에 불을 뿜고 있었다. 그뿐인가. 다른 쪽에서는 도로공사를 하는지 불도저 지나는 소리, 도로를 깨부수는 소리, 자동차 시동 거는 소리, 트럭 지나는 소리, 부딪히는 소리 등 온갖 소리들로 시끄러웠다. 지친 나를 위로라도 하려는 듯 간간이 '삐익~ 삐엑~' 하는 새소리 비슷한 소리도 들려왔다. 헤어진 누군가를 찾는지 간절히 외쳐 부르는 목소리도 들려왔고 도저히 알아들을 수 없는 중얼거림도 들려왔다. 대피소에서 잠들어 있던 이들의 코고는 소리였다. 잠꼬대였다.

나는 잠들지 못했다. 잠잘 수 없었다.

설렘으로 들어온 백두대간의 첫날밤은 잠들지 못한 밤이었다. 땀에 절어 쉰내 나는 몸으로 전쟁터와 같은 코고는 소리에 포위된 밤이었다. 나는 백두대간으로 들어오며 맞게 될 첫 밤을 설렘으로 기다렸었다.

'짙은 어둠이 내린 깊고 넉넉한 지리산에서 나는 무엇을 만나고 느끼게

될 것인가?'

이런 생각으로 가슴 설렜다. 그러나 지리산에서의 첫 밤은 이런 설렘을 송두리째 앗아갔다. 백두대간으로 들어온 첫날의 설렘과, 천왕봉에서의 감동과, 제석봉 고사목지대에서의 그리움과, 가문비나무를 만났을 때의 흥분도 모두 다 사라져버린 듯했다.

나는 밤새 잠들지 못했다. 간간이 뒤척이며 자려 애쓰다 결국 일어나 앉았다. 새벽 3시였다. 시원한 밤바람이 땀에 절어 있는 몸을 씻어주었고 지친 마음을 일깨워주었다.

하늘을 바라보았다. 무심한 듯 하늘엔 별 총총했다.

노고단 으로 가는 길

 산행 둘째 날

산은 아직 어둠 속에 있었다. 잠들어 있는 듯했다. 어슴푸레하게 보이는 능선 위로 별들 총총했다. 별들 바라보았다. 첫새벽 별자리가 아름다웠다. 별자리를 눈으로 따라갔다. 북극성, 북두칠성, 카시오페이아 정도만을 찾을 수 있을 뿐이었다. 전갈자리, 사자자리 등 기억나는 이름들이 있었지만 찾을 수 없었다. 유년시절부터 밤하늘을 바라보았지만 별자리에 대해 아는 것이라고는 거의 없었다.

'이렇게 모르고 살아도 되는 것일까? 제 생각 제 일에만 빠져 이렇게 무심하게 살아가도 되는 것일까?'

세석고원을 타고 넘어온 서늘한 바람은 지난밤 더위에 들뜬 몸을 식혀주었고 신새벽의 차디찬 공기는 밤새 남아 있던 땀을 닦아주었다.

헤드라이트를 모자에 부착하고 샘으로 향했다. 헤드라이트를 켜니 환해졌다. 길이 보였다. 동그란 모양의 불빛이 닿는 곳까지만 보였다. 불빛이 미치지 못하는 곳에 있는 것들은 전혀 보이지 않았다. 원래 그런 법이다. 어둠에 익숙해지기만 하면 어둠 속에서도 모든 것을 볼 수 있지만 불을 켜면 모든 것을 볼 수 없다. 불빛 닿는 곳까지만 볼 수 있다. 어린 시절 이런 사실을 잘 알고 있었으면서도 밤길 갈 때면 늘 손전등을 들고 다녔다. 모든 것을 보지 못하는 것보다 보는 것을 더 두려워했던 것 같다. 보는 것이 더 무서웠던 모양이다.

강아지 한 마리가 샘까지 따라왔다. 정겨운 마음에 손짓했지만 더 이상 가까이 다가서지 않았다. 샘에는 강아지와 나뿐이었다. 새벽의 여유를 충분히 즐기고 누릴 수 있었다. 느긋하게 양치질하고 세면했다. 강아지는 돌아가는 길 내내 따라왔다. 대피소에 도착할 즈음 능선 너머로 날이 밝아오기 시작했다.

영신봉, 칠선봉

누룽지로 간단히 아침식사를 했다. 산행을 시작했다. 환자가 있었는지 헬기가 내려오고 있었다. 내려앉는 헬기를 뒤로 하고 노고단을 향해 힘차게 발걸음을 옮겼다. 아침 6시였다. 도상거리 20.4킬로미터를 가야 하는 긴 하루였다.

싱그러운 아침 숲을 느낄 사이도 없이 20분 만에 낙남정맥이 시작되는 해발 1691.9미터의 영신봉에 도착했다.

"이 영신봉은 매우 중요한 곳입니다. 낙남정맥이 시작되는 곳이기도 하지만 이곳이 바로 삼파수이기 때문입니다. 이곳에서 물길이 세 갈래로 나뉘지요. 낙동강, 섬진강, 금강으로 나뉘어 흘러듭니다."

"그러니까 이곳이 꼭짓점인 셈이네요."

"그렇지요. 그렇지만 제 생각에는 삼파수만 중요한 것이 아닙니다. 백두대간 전체가 모두 중요합니다. 왜냐하면 백두대간의 산줄기와 마루금은 모든 강의 원천이기 때문입니다. 빗물이 떨어져 나뉘는 첫 지점이 바로 마루금이라는 말씀입니다."

그렇다. 마루금으로 떨어진 빗방울들은 어느 방향으로 흘러드느냐에 따라 하나 되어 흐를 물줄기가 결정된다. 우리나라에서 세 번째로 긴 강인 513.5킬로미터의 낙동강으로 흘러들 수도 있고 오래전 왜적이 침입했을 때 두꺼비가 울었다는 225킬로미터의 섬진강으로 흘러들 수도 있고 낙동강의 제1지류이기도 한 189킬로미터의 남강으로 흘러들 수도 있다.

칠선봉을 향했다. 높이 1576미터의 높은 산이다. 날은 그지없이 맑았다. 숲 싱그러웠고 아침 햇살 부드러웠다. 따스한 햇살이 나뭇가지 사이로 스며들고 있었다. 아침의 눈부신 햇살과 조화를 이룬 숲은 눈부셨다. 아름다웠다. 따스한 햇살 비춘 곳에 어린 참나무 자라고 있었다. 신갈나무였다. 큰 소나무 아래서 몸을 한껏 웅크리고 제 날이 오기를 기다리고 있었다. 참나무는 소나무 다음으로 숲의 주인이 되는 나무이다. 혹독한 환경에서도 잘 자라 선구목이라고 부르는 소나무가 가장 먼저 숲을 이루지만 그다음의 숲을 지배하는 것은 참나무이다. 어린 신갈나무는 그것을 이미 잘 알고 있는 듯했다. 큰 소나무 아래 느긋하게 자리 잡아 1000년의 긴 세월을 살아갈 준비를 하고 있는 것 같았다.

숲의 천이(遷移)다. 소나무가 참나무에게 자리를 양보하고 참나무가 서어나무 등에게 자리를 내어주는 것이다.

숲은 살아 있다. 숲은 늘 변화한다. 사람들이 그것을 보지 못하고 인식하지 못하고 느끼지 못할 뿐이다. 숲에서 죽어 있는 것은 아무것도 없다. 숲에서는 죽음이란 아무런 의미를 갖지 못한다. 주검조차도 이미 주검이 아니다. 살아 있음이다. 왜냐하면 숲에서는 죽는 그 순간 다른 생명으로 되살아나고 있기 때문이다. 죽음과 동시에 분해되어 흙으로 돌아가는 나무들처럼 말이다. 벌레들처럼 말이다. 육신을 지니고 있는 생명들은 모두 이 자연의 원리에서 벗어날 수 없다. 사람도 그러하다. 지금 내 몸을 이루고 있는 생명의 요소들이 아마도 20~30년 후에

▲ 숲을 지나다

는 어느 나무속으로 들어가 있을지 모르는 일이다. 지금 내 몸을 이루고 있는 생명의 요소들이 50여 년 전에는 어느 나무의 몸속에 있었을지도 모르는 것처럼 말이다.

　칠선봉 지나 덕평봉에 오르니 바른재가 눈앞이었다. 벽소령에 이르러 지친 다리를 잠시 쉰 후 내쳐 지리산 남쪽 자락의 최고봉인 1115미터의 형제봉에 올랐다. 우뚝 솟은 봉우리가 우애 깊은 형제의 모습과 비슷하다고 해서 붙은 이름이었다. 형제의 우애를 시기해서였을까? 아니면 그리움 때문이었을까? 형

천왕봉에서 장터목까지

제봉의 철쭉이 더욱 붉어 보였다. 정상에 앉으니 말라 죽은 고사목 보였다. 눈앞에 있는 것은 고사목인데 고사목은 보이지 않고 지나온 길만 눈에 어른거렸다. 참으로 힘든 길이었다. 노고단까지는 아직도 12.6킬로미터나 남아 있었다. 내 몸은 이미 지쳐가고 있었다. 물을 보충하고 식사를 하며 쉴 수 있는 연하천대피소까지는 한 시간은 더 가야 했다.

연하천, 화개재

삼각고지를 지나 연하천대피소에 도착했을 때 나는 더 이상 걷기 힘들었다. 백두대간 종주를 위해 나름대로 체력훈련을 했지만 처음으로 하는 긴 산행을 몸은 견디지 못하고 있었다. 지난밤 잠을 자지 못한 것도 치명적이었다. 일행들이 점심을 준비하는 동안에도 아무것도 거들지 못했다. 내 몸 가누는 것만으로도 힘들었다.

식사와 휴식 덕분에 몸이 많이 가벼워져 있었다. 나는 숲 사이로 난 길을 따라 들어갔다. 명선봉 지나 토끼봉으로 가는 길에 나란히 서 있는 소나무 두 그루를 만났다.

"김남균 대장님, 저 소나무들을 보세요. 두 그루 소나무가 서로를 향해서는 가지를 뻗지 않았지요? 가지를 바깥쪽으로만 뻗었지요?"

"그러네요. 왜 저런 것이에요?"

"가지를 뻗기에는 공간이 좁아서 그렇지요. 가지를 뻗으면 상대방이 다치니까 가지를 뻗지 않는 거예요. 상대가 가지를 뻗으면 자신도 다치지요. 서로 가지를 뻗으면 결국은 둘 다 죽게 되지요. 너 죽고 나 죽는 것이죠. 그러니 서로를 향해서는 가지를 뻗지 않는 것입니다. 나무들이 참 지혜롭죠? 자기가 살기 위해서는 가지를 뻗을 작은 공간도 아쉬운 법인데 나무들은 저 공간을 비워두고 있는 거예요. 비어 있는 저 공간이 나무들의 생명의 공간인 셈이지요."

"정말 그러네요."

"사람 사는 세상도 마찬가지지요. 저 나무들처럼 서로를 살리는 관계가 올바로 이루어지려면 빈 공간이 있어야 하는데 현실은 대부분 그렇지 못하지요. 제 생각만 하고 욕심을 채우기 일쑤지요. 다른 사람이 다치거나 심한 경우에는 죽을 수도 있는데 말이에요. 다른 사람의 생각이나 삶을 있는 그대로 받아들일 생명의 공간을 우리들은 지니고 있지 못한 경우가 너무 많아요. 사람들은 나무에게서 정말 많은 것을 배워야 해요."

▲ 소나무 두 그루

우리는 한동안 말없이 걷기만 했다. 김 대장은 앞서 나눈 소나무 이야기에 마음을 두고 있는 것 같았고 나는 조금이라도 체력을 보존하기 위해 말을 아끼고 있었다. 다리는 점점 물 먹은 솜처럼 무거워졌다. 다리를 들어 올리는 것도 힘들어지기 시작했다.

멀리 보기에도 단아하고 아름다웠다. 화개재로 들어가는 길이었다. 들어갈수록 길은 아늑하고 포근했다. 곳곳에 자리한 거대하고 기묘한 모양의 바위들과 바위틈에 자리 잡은 소나무들 우아했고 듬성듬성 자리 잡은 키 작은 관목들도 아름다웠다. 조릿대 늘어선 길도 편안함을 주었다. 걸을 때마다 얼굴과 몸에 부딪히는 조릿대 잎의 촉감이 살가웠다. 그리움 전하는 듯했고 사랑 나누는 듯했다. 아름다운 길이었다. 그 길의 끝에 화개장터로 유명한 화개재가 있었다. 완만한 능선의 계단을 따라 내려가자 작은 공원처럼 잘 가꾸어진 화개재가 보였다.

화개재에 들어서자 잘 가꾸어진 탓인지 마음 편안해졌다. 안온한 느낌이었다.

▲ 살가웠던 산죽길

새로운 기운이 온몸으로 들어오는 것 같았다. 시간여유가 없었지만 우리는 화개재에 오래 머물며 휴식을 느긋하게 즐겼다. 산행 중이라는 것을 잠시 잊고 편안히 쉬었다. 이 휴식 덕분에 나는 삼도봉 가는 길에 있는 594계단을 오를 수 있었다. 물론 심장이 터져나갈 듯 힘들었지만 말이다. 밭은 숨을 뱉으며 겨우겨우 삼도봉을 지나 노루목에 도착했을 때 전영갑 감독과 우주환 대장을 만났다. 우리를 기다리고 있었다. 웃으며 반갑게 맞았다. 그들 뒤로 해 기울고 있었다. 노을 지고 있었다.

드디어 노고단

뉘엿뉘엿 해 저무는 저녁 하늘의 붉은 노을이었다. 너무나 아름다웠다. 몸은 열에 들뜨고 땀은 비 오듯 쏟아지고 있는데도 가슴 시려왔다. 시리도록 아름다웠다. 붉은 노을이었다. 오랜 세월 수많은 생명들의 죽음을 지켜본 붉은 철쭉보다 더 붉어 보였다. 수많은 주검 위에 핀 붉디붉은 철쭉보다 더욱 붉고 붉어 보였다. 눈물이 났다.

"너무나 아름답지요?"

우리는 모두 한동안 붉은 노을을 바라보며 그렇게 앉아 있었다.

"자 너무 늦어지기 전에 준비합시다."

노고단으로 나아갔다. 헤드라이트를 머리에 착용했다. 산은 어둠 속으로 잠겨 들고 있었다. 임걸령을 지나 돼지령에 이르렀을 때는 한 걸음도 뗄 수 없을 정도로 지쳐 있었다. 앞서 간 일행들은 이미 노고단대피소에 도착해 있었다. 나는 이미 걷지 못했다. 그저 다리를 들어 한 발자국씩 옮겨놓고 있을 뿐이었다. 숲은 완전히 어둠 속에 잠겼고 달빛 괴괴한 밤이었다. 김 대장의 무전기에서는 한 대장의 걱정이 담긴 목소리가 여전히 들려오고 있었다.

"김 대장! 오고 있지? 바로 따라 붙었지?"

무전기 소리가 강 건너에서 들려오는 노랫소리처럼 아스라했다. 김 대장

은 힘겹게 발걸음을 떼고 있는 나와 함께 걸었다. 내가 한 걸음 나가면 그도 한 걸음 나갔다. 내가 멈추면 그도 멈추었다. 한 걸음도 나가지 않았다. 그렇게 한 걸음 한 걸음 더욱 깊어진 어둠 속으로 한참이나 들어갔을 때 한 대장의 모습이 보였다. 노고단이었다. 천신의 딸인 산신 선도성모의 이야기가 옛날 신라시대 때부터 전해 내려오고 있다는 노고단이었다.

"다 왔습니다. 수고하셨습니다."

"그래요? 정말 다 왔어요?"

눈물 나올 것 같았다. 행여 눈물 나올까 저어하여 하늘 보니 괴괴하던 달빛이 구름에 가렸는지 보이지 않았다. 돌탑이 희미하게 보였다. 대피소로 내려갔다. 다듬어지지 않은 돌들이 깔려 있었다. 그 길을 내려가는 것이 산 하나를 넘는 것보다 힘들었다. 고통스러웠다. 한 걸음 떼고 쉬고 한 걸음 떼고 쉬며 내려가다 보니 불빛 보였다. 노고단대피소의 불빛이었다. 정말 도착한 것이었다.

모두들 밖에서 기다리고 있었다. 내가 들어서자 박수를 치며 환호했다. 황서식 감독이 앞서 나오며 나를 받아 안았다. 황 감독의 눈이 글썽거리고 있었다.

"형님, 다 왔어요. 정말 다 왔어요. 잘했어요. 나는 형님이 해낼 줄 알았어요."

니는 배낭을 넘겨주며 고맙다고 말했던 것 같다.

소주가 너무 맛나고 모든 것이 너무 그리운 밤이었다.

나도 지난밤 만난 다른 산꾼들처럼 코를 골며 정신없이 잠에 빠져든 밤이었다.

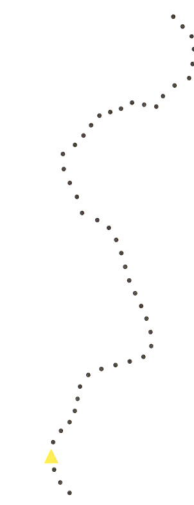

#산행 셋째 날

나뭇잎 들여다보았다. 저마다 잎 둘레에 영롱한 물방울들을 달고 있었다.

'사람 사는 세상에 저렇게 아름다운 것이 또 있을까!'

내 모습, 마음 그리고 영혼까지도 비출 것 같았다. 맑고 투명했다. 나무는 지난밤 흙으로부터 받아들인 물을 다시 하늘로 돌려보내고 있었다. 증산작용이었다.

'저렇게 아름다운 모습도 햇살 비치면 사라지겠지.'

아쉬움에 손 내밀어 나뭇잎 만지자 잎 둘레에 달려 있던 물방울들 후드득 소리를 내며 떨어졌다. 손은 이내 젖어들었지만 물방울의 맑은 기운이 전해졌는지 정신이 맑아졌다. 몸도 가뿐해지는 것 같았다. 수면과 휴식으로 인해 피로가 많이 풀려 있었지만 아침 산책 내내 몸은 무거웠다.

삼한시대의 흔적

노고단 대피소의 아침은 탁 트인 시야 탓인지 시원하고 산뜻했다. 숲도 싱그러웠다. 지난 저녁 힘들게 내려왔던 돌길 바라보니 빛바랜 옛날 사진을 보는 듯 아득하기만 했다. 아주 오래전 일처럼 느껴졌다. 슬그머니 웃음 지었다.

산행 준비를 마치자 한 대장이 여느 때처럼 산행에 대해 말했다.

"오늘 산행은 만복대구간입니다. 종석대, 성삼재, 작은 고리봉을 지나 만복대에 올랐다가 정령치와 큰고리봉을 거쳐 고기리까지 갈 예정입니다. 오늘도 안전하고 즐거운 산행이 되시기 바랍니다."

말이 끝나자마자 나는 큰 소리로 외쳤다.

"백두!"

모두들 더 큰 소리로 외쳤다.

"사랑합시다!"

대피소에서 함께 밤을 보냈던 다른 등산객들이 우리의 구호에 놀란 듯 쳐다보았다.

산행을 시작했다. 백두대간 종주 산행의 첫 주 마지막 날이었다. 우리 모습을 열심히 카메라에 담고 있는 황 감독을 뒤에 남겨두고 숲 사이로 난 길로 들어갔다.

성삼재로 가는 길은 잘 닦여 있었다. 40분 정도 걷자 성삼재에 도착했다.

"이곳이 성삼재입니다. 옛날 삼한시대에 마한의 왕이 성이 다른 세 명의 장군에게 지키게 했다고 해서 붙은 이름입니다. 그리고 휴게소를 등지고 보이는 저 골짜기가 달궁마을로 이어지는 곳입니다. 달궁마을은……"

'달궁마을이 여기 있구나. 이쪽으로 내려가면 달궁마을에 갈 수 있구나.'

지리산은 오랜 옛날인 삼한시대의 흔적을 많이 지니고 있다. 성삼재도 그 중의 하나였다. 그 옛날 변한과 진한에게 쫓기던 마한의 왕은 지리산으로 들어와 성을 쌓고 여러 장군들을 보내 군사적 요충지를 지키게 했다. 지금도 사용하고 있는 지명들 속에는 당시의 정황들이 그대로 담겨 있다. 여덟 명의 장수를 보내 지키게 한 곳은 팔랑치, 황장군을 보내 지킨 곳은 황영재, 성이 다른 세 명의 장수를 보내 지킨 곳은 성삼재가 되었다.

당시 마한 왕조가 쌓았던 성의 흔적들은 지금도 많이 남아 있다. 만복대에서 정령치, 고리봉을 지나 여원재에 이르는 능선 곳곳에 남아 있다. 기원전 78년에 쌓았던 옛사람들의 흔적들이 아직도 그대로 남아 무심한 우리들의 곁을 지키고 있었던 것이다.

▲ 성삼재 가는 길

후손들의 그런 무심함이 부끄러웠던 탓일까. 무성한 억새풀만 바람에 흔들리며 자리를 지키고 있었다. 옛사람들의 마음을 위로하는 듯했다.

'무너진 옛 성벽들을 찾아내야 하지 않을까? 그 역사를 알려야 하지 않을까? 기원전 78년 아주 오래전 이곳에서 무슨 일이 있었는지 이 시대를 살아가는 우리들에게 말해줘야 하지 않을까? 앞으로 이 땅에서 살아갈 우리의 자녀들에게, 후손들에게 전해줘야 하지 않을까?'

그 무너진 성벽들은 우리의 역사이고 정신이다. 지금도 달궁마을 주차장 바로 아래에 마한의 궁터가 남아 있다고 한다. 버려진 역사가 슬프다.

삼한의 역사는 겹겹이 쌓이고 쌓인 2000년 넘는 세월을 넘어 우리와 함께 하고 있었다. 우리가 잃어버렸던 역사가 성삼재, 황령치, 정령치와 달궁에, 지리산의 곳곳에 남아 있었던 것이다. 그렇게 남아 그들이 살아왔던 이야기를 전하고 있었다. 우리의 삶 속에 흐르고 있었다.

만복대에 오르다

섬진강을 거슬러 올라온 소금 배를 묶어놓는 고리가 있었다는 전설을 지니고 있는 높이 1248미터의 작은고리봉에 오르니 만복대가 손에 잡힐 듯 가까웠다. 잠시 걸음 멈추고 쉬었다. 3.3킬로미터가 남았다. 두 시간을 더 가야 하는 거리였다. 만복대로 향했다. 만복대로 오르는 길은 아늑하고 오붓했다. 좁은 길 사이로 늘어진 나뭇가지들은 부드러웠고 나뭇잎들은 다정했다. 그뿐인가. 빽빽이 늘어선 조릿대 사이를 지날 때에는 마치 오랜 시간 그리워했던 사랑하는 이의 손길이 닿은 듯 몸이 달뜨곤 했다. 지금도 그 길이 그립다.

"얼마 안 남았어요. 힘내세요."

내 발걸음이 눈에 띄게 느려지고 있다는 것을 느꼈는지 좀처럼 먼저 말하지 않는 김 대장이 말을 건넸다. 나는 이미 많이 지쳐 있었다. 3일 동안 계속된 산행에 몸이 견디지 못한 것이다. 몸뿐 아니라 마음도 지쳐 있었다. 나를 가장 지치게 한 것은 가파른 오르막이나 떨어지듯 내리꽂는 내리막이 아니었다. 높은 산은 더더욱 아니었다. 나를 가장 지치게 한 것은 길이 끊임없이 이어져 있다는 사실이었다. 지난 3일 동안 걸어온 이 길을 가고 또 가도 걸음을 멈출 수 없다는 현실이었다. 이 길이 결코 끝나지 않는 길이라는 것이었다.

만복대로 오르는 길은 솟아오른 젖무덤처럼 완만하고 부드러웠다. 길은 키 작은 관목들과 억새풀 사이로 나 있었다. 햇빛을 받아서인지 풀들 반짝이고 있었다. 눈부시고 시렸다. 햇살은 풀잎에 부서져 내리고 있었고 저마다 빛나는 풀잎들은 바람에 유유히 몸 누이고 있었다. 아직 가을을 만나지 못해 황금물결을 이루지 못한 억새풀들이지만 은빛으로 출렁이며 바람을 맞고 있었다. 바람이 오기 전에 먼저 눕고 바람이 지나기 전에 먼저 일어나고 있었다. 아름다움에 눈물 날 것 같았다. 산행의 피로가 말끔히 사라지는 것 같았다.

고개를 들어보니 신범섭 촬영 감독이 만복대로 올라오는 우리의 모습을 촬영하고 있었다. 사진가 이호상 역시 셔터를 눌러 대고 있었다. 그들 뒤로 벌써 만복대에 올랐던 한 대장의 모습이 보였다. 마침내 노고단과 함께 지리산의 서부를 이루고 있는 높이 1238.4미터의 만복대에 올랐다. 가쁜 숨 몰아쉬며 지나온 길 돌아보았다. 멀리 천왕봉에서부터 서쪽으로 흐르고 흘러 노고단에 다다른 산줄기가 급하게 북으로 방향을 틀어 내 앞으로 흘러들고 있었다.

'저 산들을 전부 걸어왔구나. 저렇게 많은 산들을 지나고 지나왔구나.'

지나온 길들이 참으로 아득하기만 했다. 지나온 길들 바라보는 동안 가야 할 길들에 대한 두려움은 사라지고 있었다. 끊임없이 이어져 있는 백두대간의 끝나지 않는 길은 나를 지치게 하고 절망하게 만들었지만 동시에 나를 위로하며 희망을 주고 있었던 것이다. 내가 깨닫지 못했을 뿐이었다.

멀리 반야봉도 보였다. 들르지 못해 못내 아쉬움이 남았다.

"여기서 좀 쉬겠습니다."

한대장의 목소리가 지나온 길에 머물러 있던 나를 불러 앉혔다.

지나온 길과 가야 할 길

"그런데…… 김대장! 여기 있던 돌탑이 왜 없어졌냐? 여기 틀림없이 있었지?"

"어, 정말이네요. 돌탑이 없어졌네요. 누가 무너뜨린 것 같은데요. 돌들은 깔아놓고 깨끗이 치웠잖아요."

어떤 이유였는지 모르지만 누군가 탑을 무너뜨린 것은 틀림없는 사실 같았다. 돌들이 깨끗이 치워지고 정돈되어 있었다. 의도되지 않은 사고로 무너진 것이었다면 그대로 두었거나 다시 세웠을 것이다. 탑이 무너졌다고 해서 돌들을 함부로 치울 수는 없는 일이다. 그 돌들은 그저 돌이 아니라 사람의 마음이고 정성이고 사랑이고 염원이기 때문이다. 어쩌면 어떤 이들은 그 탑에 돌 하나 올려놓기 위해 만복대에 올랐을지도 모르는 일이다.

슬픈 일이다. 수많은 사람들이 사랑하는 사람들을 위해 마음을 담아 쌓은 돌탑이 무너진 것도 슬픈 일인데 흔적조차 사라져버렸다는 것은 더더욱 슬픈 일이다. 처음 만복대를 찾는 사람이라면 이곳에 많은 사람들의 염원이 담겼던 돌탑이 있었다는 것을 어떻게 알 수 있겠는가 말이다.

▲ 만복대 오르는 길

우리는 너무 많은 것을 잃어버리고 있었다. 곁에 두고 있던 마한의 역사도 잃어버렸고 수많은 사람들의 염원이 담긴 돌탑도 잃어버렸다. 우리가 잃어버린 것이 어디 그것뿐이겠는가. 오랜 세월 백두대간도 잃어버린 채 살아왔다. 백두대간을 회복하고 되찾기 위한 노력이 진행되고 있기는 하지만 아직은 시작에 불과하다. 백두대간이 우리 민족과 역사 안에서 온전히 회복되기를 기대한다.

백두대간은 곳곳이 끊어져 있다. 석회석광산이 들어선 자병산에서도, 채석장이 들어선 금산에서도, 군사시설과 정부시설이 들어선 설악산이나 지리산 성삼재 지역에서도 마루금은 없어졌거나 끊어져 있었다. 지날 수 없었다. 자병

▲ 만복대 정상

산은 이미 산 하나가 파헤쳐져 사라져버렸고 금산은 산의 절반이 깎여 나갔다. 또한 많은 곳에서 고랭지채소밭과 과수원 등으로 길이 사라졌다.

그뿐인가. 하나로 흐르던 백두대간은 남과 북으로 허리 잘려 더 이상 지날 수 없는 땅이 되었다. 길은 끊어지지 않고 이어져 있지만 갈 수 없는 길이 되었다. 이 땅 한반도의 등줄기이자 백두산에서 지리산까지 한 번도 끊기지 않고 이어진 생명의 통로 백두대간은 더 이상 다닐 수 없는 길이 되어 있었다. 그 길을 따라 생명들이 오고 가며 하나가 되던 길은 더 이상 오고 갈 수 없는 길이 되어 가고 있었다. 산도 마루금도 무너지고 끊어져 있었다.

'무너져 내린 산들 만큼, 끊어진 마루금들 만큼 사람들의 마음길도 끊어지게 된 것은 아닐까. 소통하고 하나가 되려는 마음을 잃어버리게 된 것은 아닐까. 그래서 서로를 모습 그대로 받아들이지 못하고 싸우고 해치고 때로 죽이기까지 하는 것은 아닐까. 무너진 산 회복되고 끊어진 마루금 다시 이어진다면 끊어졌던 마음들도 다시 이어질 수 있지 않을까. 갈래갈래 찢기고 끊어진 마음길 다시 이어질 수 있지 않을까.'

이런저런 생각으로 시린 마음을 스스로 위로하고 있을 때 한 대장의 말이 들려왔다.

"원래는 고기리까지 갈 예정이었는데 모두들 지쳐 있기 때문에 오늘은 정령치에서 산행을 마치겠습니다."

모두들 얼굴이 환해졌다. 겨우 정오를 넘긴 시간이었다.

만복대 둘러보았다. 지나온 길 다시 보았다. 여전히 햇살은 풀잎에 부서져 내려 눈부셨고 억새풀은 바람 맞으며 출렁이고 있었다. 물결이 일렁이는 듯했다.

나는 그 눈부신 모습들을 바라보며 한동안 앉아 있었다. 내 마음도 억새풀과 함께 출렁거리고 있었다.

고개를 돌리자 가야 할 길이 보였다. 백두대간이었다. 끊임없이 이어져 있는 길이 거기 있었다. 끝나지 않는 길이 거기서 나를 기다리고 있었다.

정령치에서 육십령까지

(2008년 5월 27일~5월 30일)

정광치에서 목심골까지

60번 지방도로를 지나며

#산행 넷째 날

우리는 가드레일 밖 낮은 비탈에 앉아 견인차를 기다리고 있었다. 자동차 사고였다. 주행 중 타이어가 터졌다. 고속 주행 중이었다면 차가 전복될 수도 있는 아찔한 순간이었다.

낮은 비탈에는 여린 풀들 곱게 피어 있었다. 토끼풀이라는 고운 이름을 가진 클로버도 듬성듬성 피어 있었다. 세 잎 클로버들이었다. 바람에 한들거리는 모습이 한가로웠다.

'세 잎 클로버의 꽃말이 행복이라고 했지……'

토끼풀은 불어오는 바람에 여린 고개 흔들며 말을 건네고 있는 듯했다.

'지금…… 행복하세요?'

이렇게 묻고 있는 것 같았다.

나는 낮은 비탈길에 무릎 감싸고 앉아 저물어가는 해를 바라보았다. 견인차가 와서 우리를 실었다.

지난 시간들을 돌아보다

칠흑 같은 어둠 속에서 불빛 보였다. 선유민박산장이었다. 너무 늦은 도착이었다. 자정이 다 된 시간이었다. 새벽 4시에 일어나 5시부터 산행을 시작해야 했다.

한문희 대장의 말이 들려왔다.

"내일 아침 4시에 기상해서 5시에 정령치에서부터 산행을 시작하겠습니다. 큰고리봉을 지나 다시 이곳으로 내려와서 아침식사를 한 후 산행을 이어가겠습니다. 그리고 이미 들어 아시겠지만 이번 주 산행은 4일간입니다. 육십령까지 산행한 후 금요일 오후에 귀경하겠습니다."

배낭과 옷가방을 방에 들여놓고 너른 마당 한편에 놓인 평상에 앉으니 하늘에서 별이 눈부시게 쏟아지고 있었다. 눈에 별 가득했다. 언제나 그렇듯이 별들은 그 자리에 있었다. 어린 시절부터 50년 넘도록 밤하늘 보았지만 별에 대해 아는 것이 없었다. 별에 대해서만 모르는 것이 아니었다. 지리산을 지나면서도 지리산에 대해 아는 것이 없었다. 수많은 나무와 풀, 물과 바람, 구름과 하늘 그리고 무너진 성벽과 잊힌 역사를 만났지만 제대로 알고 있는 것이 아무것도 없었다. 어디 모르는 것이 그것뿐이랴. 돌이켜보면 지나온 내 삶에 대해서도 아는 것이 하나도 없었다.

'왜 그때 사랑을 택하지 못했는지…… 왜 그때 그렇게 분노하고 좌절했었는지…… 왜 그때 그처럼 어리석게도 모든 것을 다 바쳐 헌신했었는지…… 왜 그때 삶이란 신념이나 생각의 길을 가는 것이 아니라 마음길을 따라가는 것임

▲ 해를 바라보다

을 깨닫지 못했는지······'

　　하늘에 별 흐드러진 밤이었다.

　　정령치를 지나 큰 고리봉을 눈앞에 두고 일출을 보기 위해 능선에 섰다. 아침 5시 17분이었다. 안개 낀 산들이 물러설 듯 나서고 나설 듯 물러서며 춤 추고 있었다. 이른 아침 능선을 타고 넘어온 바람에 나무들 흔들리며 거칠게 숨을 몰아쉬고 있었다. 숲도 분주했다. 숲은 새들도 나뭇잎들도 저마다 아침 맞을 준비에 분주했다. 지난밤 내린 이슬을 털어내느라 날갯짓 푸드덕거리는 소리로 요란스러웠다. 우리도 아침을 맞고 있었다.

　　해가 떠올랐다.

　　붉은 진달래보다 더 붉었다. 장엄했다. 너무 장엄해서였을까, 너무 붉어서였을까. 슬퍼 보였다. 붉은 해가 정령치 위로 올라왔다. 잃어버린 역사 때문이었을까. 슬퍼 보였다.

정령치는 진한과 변한에 쫓겨 지리산으로 들어온 마한의 왕이 정씨 성을 가진 장군을 보내 지키게 한 고개라는 데서 비롯된 이름이다. 원래 이름은 정령치(鄭嶺峙)이나 지금은 정령치(正嶺峙)라고 고쳐 부르고 있다. 기원전 84년의 일이니 참으로 아득하기만 한 옛일이다.

눈부신 햇살 그대로 남겨두고 걸음 재촉하여 큰고리봉에 오르니 아스라하기만 했던 지나온 길이 선연했다. 천왕봉도 보이고 반야봉도 보였다. 그 뒤에 자리한 토끼봉도 보이고 서부 지리산의 만형이라고 할 수 있는 만복대도 보였다. 노고단도 보였다. 덕두산도 보이고 스님들의 엎어놓은 밥그릇 모양을 닮았다는 바래봉도 보였다.

길은 그렇게 이어져 있었다.

▍산길은 열려야 한다

우리는 산장으로 내려와 아침식사를 한 후 60번 지방도로를 따라 걸었다. 대간 길이었다. 백두대간 마루금을 기준으로 길을 낸 것이다. 60번 도로를 기준으로 섬진강과 낙동강이 나뉜다. 왼쪽으로 떨어지는 빗물은 섬진강으로 흘러들고 오른쪽으로 떨어지는 빗물은 낙동강으로 흘러든다. 백두대간 마루금으로 차들이 지나는 것을 보니 묘한 기분이 되었다.

"한 대장님, 이처럼 대간길에 도로가 들어서는 걸 어떻게 생각하세요?"

"글쎄요, 잘못됐지요. 그러나 사람과 사람이 사는 마을과 마을을 잇는 길이라면 어떻게 합니까? 길을 내기는 내야겠지요. 그러나 이 길이 백두대간의 마루금이라는 것을 알리는 표지판을 만들어주면 좋겠어요. 그리고 산을 다니는 사람들이 지날 수 있는 길도 도로 곁에 만들어주면 좋겠고요. 차가 많이 지나지는 않지만 도로를 걸어야 하니 위험하기도 하고요. 한 사람이 백두대간을 간다 하더라도 그 한 사람을 위해 배려해야 한다고 생각합니다."

▲ 60번 지방도로를 지나며

"옳으신 말씀입니다."

백두대간은 한반도를 품어 키운 이 땅의 등줄기이지만 백두대간을 걷는 일은 정말 쉬운 일이 아니다. 도상거리 약 690킬로미터, 실제 거리 약 1000킬로미터라는 긴 거리 때문이 아니다. 백두대간에 대한 합의된 사회적 견해가 없기 때문이기도 하고 국립공원관리공단의 출입통제 때문이기도 하다.

백두대간이 이 땅을 품어 키운 이 땅의 등줄기라는 것을 받아들인다면, 우리의 조상들이 백두대간이 품은 산들에 기대어 마을을 이루고 살아왔다는 사실을 받아들인다면, 우리 어머니와 아버지가 산으로부터 생명을 존중하고 함께 어우러져 살아가는 가치를 물려받았다는 것을 이해한다면, 우리 민족의 시조라고 하는 단군이 하늘에서 산으로 내려온 것을 받아들인다면 백두대간은 당연히 우리 민족의 자부심이고 긍지이고 정신이어야 한다.

백두대간은 이 땅에 몸 붙이고 살아가는 사람들의 자랑이고 긍지이고 정신이다. 그러므로 마땅히 백두대간은 이 땅의 사람들에게 돌려져야 한다. 이 땅의 사람들이라면 누구나 백두대간의 마루금을 지날 수 있어야 한다. 이는 이 땅에서 살아가는 우리 모두의 권리이자 의무이다.

그러나 현실은 그렇지 못하다. 이런 문제에 대한 어떠한 사회적 합의도 이루어져 있지 않기 때문이다. 생태계 보호를 위한 국립공원관리공단의 정책으로 인해 곳곳이 출입제한지역으로 묶여 있기 때문이다. 생태계를 보호하고 숲을 보호한다는 데 이의를 달 사람은 아무도 없다. 특히 산을 사랑해서 산을 다니는 사람들이라면 더욱 그럴 것이다.

생태계의 주인은 생태계에서 살아가는 모든 생명이다. 자연의 주인 역시 자연 그 자체이며 숲의 주인 또한 숲 자체일 뿐이다.

그렇다면 사람들은 무엇인가? 어디에 속해 살아가고 있는가?

사람 또한 생태계의 일원으로 살아가고 있다. 자연의 일원으로 숲의 한 부분으로 살아가고 있다. 숲과 사람은 떼어낼 수 없는 한 몸이다. 그런데 관리공단은 사람과 숲을 떼어놓는 것으로 문제를 해결하려 하고 있다. 숲과 생태계를 보호하기 위해서 말이다. 그 취지에는 공감하지만 방식은 잘못된 듯하다. 올바른 방식이 아니다.

산길은 누구에게나 개방되어야 한다. 더욱이 백두대간은 우리 민족의 자랑거리요 자긍심의 원천이 되는 이 땅의 등줄기이기 때문에 더욱 그렇다. 그렇기에 관리공단은 관리방식을 변경해야 한다. 출입을 통제하는 것만이 능사가 아니다. 이 땅의 사람들로 하여금 이 땅의 산들을 사랑하고 더 나아가 백두대간을 사랑하고 보존해야 한다는 것을 가르치기 위해서라도 막힌 산길을 열어야 한다.

산을 사랑하여 산을 다니는 사람들은 산을 파괴하는 사람들이 아니라 산을 살리는 사람들이다. 관계 당국은 생태계를 보존하고 숲을 보존하기 위한 노력을 홀로 하려고 해서는 안 된다. 이 사람들과 함께 해야 한다. 이들은 그 누구보다도 헌신적으로 산을 지키고 숲을 가꾸는 데 헌신적인 노력을 기울일 준비가 되어 있다. 이 사람들만이 아니다. 많은 국민들과 함께 해야 한다. 서로 생각을 나누고 소통하려는 노력을 끊임없이 기울여야 한다. 산과 숲을 사랑하는 국민들의 지혜와 높은 의식을 믿어야 한다. 그런 노력이 꾸준히 이루어질 때 우리의 숲은 더욱 아름답게 보존되고 풍성해질 것이다.

통안재로 내려서다

사람들이 백두대간을 그리워하듯 백두대간도 사람들이 그리웠던 것일까? 고리봉 지나며 백두대간은 몸 낮추어 길가로 내려와 있었다. 길 걸으며 나누는 우리들의 이야기가 궁금하기나 한 듯이 말이다. 그 모습 정겹고 살갑게 느껴졌다.

60번 지방도로를 벗어나 논 사이로 난 길로 접어드니 노치(蘆峙)마을이 한 눈에 들어왔다. '갈대 노(蘆)'에 '언덕 치(峙)'를 썼으니 '갈대가 많은 언덕'이라는 뜻이다. 운치 있는 이름이다. 가재마을(갈대의 전라도 사투리가 '갈재'이다. '가재'는 '갈재'의 변형으로 보인다)이라는 순우리말로 된 예쁜 이름도 갈대가 많은 데서 비롯된 것이다.

　　남원시 주천면 덕치리에 자리 잡고 있는 이 마을은 백두대간 마루금이 지나는 유일한 마을이다. 동쪽은 운봉읍, 서쪽은 주천면에 위치해 있어 한 집 안에서도 행정구역이 갈리는 곳이다. 그래서 주천 부엌에서 밥을 지어 운봉 안방에서 밥을 먹는다는 우스갯말이 있을 정도다. 이 마을에 가뭄에도 마르지 않고 홍수에도 넘치지 않는다는 노치샘이 있다. 한 모금 정성스레 마셨다. 뜨거웠던 몸이 서늘해졌다. 가슴이 차가워졌다.

　　가슴 벅찬 숨결 때문이었을까? 아니면 노치샘의 깊고 차가웠던 물맛 때문이었을까? 804미터의 수정봉 오르는 길에 신범섭 촬영감독이 담배를 끊겠다고 선언했다. 오전 10시 21분이었다. 모두 박수를 치며 격려했다. 웃었다.

　　수정봉 정상 부근의 소나무숲은 깊고 울창했다. 이성계가 왜장 아지발도를 죽였다는 황산벌이 굽어보였다. 입망치를 거쳐 고남산으로 가는 길에 해발 641미터의 높이에 세워진 합민성(合民城)을 만났다. 동학농민혁명 때 운봉 민보군의 거점이었다고 알려진 성이다. 당시 쌀을 저장해두었던 곳이리 하여 합미성(合米城)이라고도 불리는 성이다. 성은 무너져 있었다. 역사를 담고 있는 그 돌들은 돌계단이 되어 지난 시간들을 이어가고 있었다.

　　'지나는 이들을 위한 배려일까? 역사에 대한 무지일까?'

마음 서글펐다. 돌들을 만졌다. 수많은 사람들의 염원이 담겨 있는 돌들이다. 수많은 사람들의 희망을 지켜주던 성벽이었던 돌들이다. 그 염원과 희망이 아직도 남아 있는 듯 온기가 느껴졌다.

돌계단을 따라 고남산으로 향했다. 여원재의 장성 버스정류소에서 뜨거운 햇살을 피해 점심식사를 한 후 846.4미터의 고남산 다섯 봉우리를 지나 정상에 오르니 지나온 길이 눈앞에 가득했다. 한 걸음 한 걸음 지나온 길이 틀림없는데 이 산이 저 산인지 저 산이 이 산인지 그저 산이기만 했다.

▲▲ 노치마을
▲ 여원재 버스정류장에서

"그러니까 우리가 어디서부터 온 거에요?"

"고남산은 전체 지리산을 조망할 수 있는 유일한 곳입니다. 저기를 보십시오. 저곳이 반야봉입니다. 그리고 그 곁이 만복대이고 뚝 떨어지면 정령치지요. 거기서 다시 올려치면 고리봉입니다. 고리봉에서 내려오면 고기리지요. 저쪽에 식수 댐 보이시죠? 댐 바로 앞에 있는 게 수정봉입니다. 그리고 능선을 타고 이곳 고남산까지 온 것이지요."

지나고 지나온 길이 그저 첩첩했다.

"고남산은 전후좌우를 모두 조망할 수 있는 산입니다…….”

한대장의 설명이 이어지고 있었지만 바람 탓인지 더 이상 들려오지 않았다. 나는 그저 망연히 늘어선 산들을 바라보았다. 한 걸음 한 걸음 지나온 산봉우리들이 끝없이 이어져 있었다.

'저렇게 많은 산을 지나왔다니……'

마음 편안해졌다. 위로되었다.

구름조차도 맑기만 한 하늘에 저녁 오고 있었다.

통안재로 내려가는 길 뒤로 구름 지나고 있었다.

비 내리는 숲에서

#산행 다섯째 날

이른 새벽부터 내린 비가 숲을 적셨다. 대간길 마루금마다 강물 되어 흘러내리고 있었다. 비옷에 부딪히는 빗방울 소리 정겨웠다. 어린 날 듣던 뒤뜰 장독대에 떨어지던 빗방울 소리를 닮아 있었다.

'후두둑. 툭, 툭, 툭'

살아 있는 숲

숲은 그대로 바다였다. 내린 빗줄기 기화되며 피어올라 그대로 구름 되어 흘렀다. 산길 걷고 있는 것이 아니라 하늘길 걷고 있는 것 같았다. 하늘길 걷는 것이 아니라 구름 타고 흐르는 것 같았다. 모든 것이 아스라해 보였다. 그 아스라함 때문이었을까. 아주 오래전에 지나간 시간들이 마음속에 되살아났다. 지나간 순간순간들이 마치 지금 이 순간처럼 느껴졌다. 가슴 깊은 곳으로부터 아픔

일었다. 저미듯 아파왔다. 그리고 그리웠다.

숲에 드리워진 구름들은 나무들을 감싸고 있었다. 구름들 사이로 나무들 보였다. 그 모습이 구름의 정원에서 자라고 있는 나무들 같았다. 그저 구름 위에 떠 있는 작고 외로운 봉우리들 같기도 했다. 이곳이 바로 선경이라는 듯 비 내리는 숲은 말할 수 없이 아름다웠다. 그러나 나는 벗들과 함께 걸으면서도 외로웠다.

▲ 비 오는 숲길을 지니디

비 사이로 바람 지나자 숲을 덮고 있던 운무 걷혔다. 소나무들의 밑둥치마다 어린 참나무들 자라고 있었다. 비에 젖은 어린 참나무 잎들 싱그럽고 푸르렀다.

지난 가을 떨어졌던 도토리들은 제 생명을 품어 자라고 있었다. 도토리가 땅에 떨어졌다고 모두 참나무로 자라는 것은 아니다. 다람쥐나 어치의 먹이로 사라지기도 하고 그대로 썩어 없어지기도 한다. 땅에 묻힌 도토리들만 잎 틔우고 참나무로 자라나 제 삶 살아갈 기회를 얻는다. 다람쥐나 어치의 도움을 받아 땅에 묻혔다고 하더라도 모두 큰 나무로 자라는 것은 아니다. 땅 속에 깊이 묻힌 도토리들만이 수백 년의 세월을 견딜 수 있는 거대한 참나무로 자랄 수 있다. 깊이 묻히지 못한 도토리들은 발아되어 자란다고 하더라도 큰 비나 태풍을 견디지 못한다. 뿌리째 뽑혀 쓰러진다. 뿌리를 깊이 내리지 못한 때문이다.

 숲은 살아 있었다. 숲은 변하고 있었다. 숲을 지나는 이들이 알지 못할 뿐이다. 어린 참나무들은 소나무들 아래 자리를 잡고 다음 숲의 주인이 되기 위하여 기다리고 있는 것이다. 소나무들이 죽으면 참나무들이 그 자리를 차지할 것이다. 소나무 숲이 참나무 숲으로 변하는 것이다. 참나무들은 숲의 주인이 되기까지 수십 년 아니 수백 년, 어쩌면 수천 년 걸릴지도 모르는 세월을 기다리고 있는 것이다. 어디 살아 있는 것이 어린 참나무들뿐이랴. 비에 젖은 풀잎 하나까지도 모두 제 삶 살아가며 숲을 변화시키고 있는 것이다.

 생명은 잠시도 멈춰 있지 않는 법이다. 시간을 낭비하지도 않는다. 아무리 지난 겨울 혹독했다 하더라도, 아무리 폭우 쏟아지고 태풍 몰아쳤다 해도, 아무리 큰불 일어 숲을 모조리 태웠다 하더라도 아침이면 생명은 움튼다. 풀 자라고 잎 나고 꽃 핀다. 다시 숲이 이루어진다. 멈춰서 있는 것 같지만 결코 멈춰서 있는 법이 없는 시간처럼 말이다. 흐르지 않는 것 같지만 잠시도 흐름을 멈추지 않는 세월처럼 말이다.

매요마을과 타버린 숲

아침 7시 '동네 안쪽에 있는 고개'라는 의미를 지닌 통안재에서 숲으로 들어선 우리는 버들재를 지나 매요마을로 들어섰다. 오전 9시 30분이었다. '매요(梅要)'라는 마을 이름은 일찍이 사명대사가 '마을 사람들의 성품이 매화같이 순결하고 선량할 것이다'라고 말한 데서 비롯되었다고 한다. 참으로 그런지는 알 수 없지만 마을만은 모든 것이 단정하게 정돈되어 있는 듯했다. 논과 밭도 가지런하여 집들과 조화를 이루었고 마을은 산과 어울려 아늑하고 아담했다.

▲ 매요마을

비는 여전히 내리고 있었다. 마을 한편에 정자가 있었다. 백두대간 지나는 사람들을 위해 마을에서 늘 개방한다는 정자였다. 마을 사람들의 배려이리라. 고마운 일이다. 그러나 지난밤부터 줄기차게 내리는 비 때문이었는지 정자는 닫혀 있었다. 계단에 배낭을 내려놓았다. 처마 아래에 기대어 섰다. 잠시라도 비를 피할 수 있는 것만으로도 감사한 일이었다.

　더욱이 나는 휴식이 필요했다. 오른쪽 허벅지의 근육통이 벌써 와 있었다. 연이은 산행을 견디지 못해 몸 곳곳이 비명을 지르고 있었다. 에어파스 뿌리고 배낭 커버를 씌우는데 한 대장의 목소리가 들려왔다.

　"이 매요마을에서 쉬면서 막걸리 한잔씩 하는 것이 대간을 타는 사람들의 오랜 전통입니다."

　굳이 전통을 들추지 않더라도 비에 젖어 으슬으슬 추워오던 차에 잘되었다 싶었는지 한 친구가 얼른 막걸리를 사왔다. 우리는 모두 '전통이라는데……' 하고 한마디씩 거들며 막걸리를 나눠 마셨다. 비 내리는 날 처마 아래서 먹는 막걸리의 맛은 유별났다. 맛났다. 막걸리 한잔 마시는 데도 전통이 필요하다는 것을 알게 된 생애 첫날이었다.

　잠시 가늘어지던 빗줄기 다시 굵어질 무렵 우리는 고속도로와 만나는 사치재를 지나 지리산휴게소로 들어갔다. 사람들은 적지 않은 비가 내리는 날 비옷을 입고 산행을 하고 있는 우리들을 부러운 듯 무심한 듯 걱정되는 듯 바라보았다. 비옷을 벗고 배낭을 내려놓자 몸이 한결 가벼워졌다. 점심식사를 주문했다. 추어탕 다섯 그릇, 돈까스 한 접시, 간고등어 한 마리였다. 보는 것만으로도 눈부셨다. 참으로 맛나게 먹었다.

　휴식으로 인해 오른 허벅지의 통증은 잠시 잦아들었으나 걸을 때마다 뜨끔한 통증은 여전했다. 다시 에어파스를 뿌리고 진통제를 먹었다. 몸이 통증을 견딜 수 있기만을 바랐다. 여전히 비 내리고 있었다.

시리봉^(777미터) 오르는 길은 가팔랐다. 발 내디딜 때마다 오른 허벅지는 찌르듯 아파왔지만 길은 여전히 끝나지 않고 이어져 나를 기다리고 있었다. 점점 무거워지고 있는 다리를 스틱에 기대며 끝나지 않는 길을 따라 나아갔다. 때때로 바람 불어와 지친 몸을 위로해주었다. 시리봉에 가까웠을 때 새까맣게 타버린 숲이 보였다. 10여 년 전에 일어난 산불로 타버린 숲이다. 소나무 숲이었다. 소나무들이 타버린 자리에는 어느새 참나무들 자라고 있었다. 어느새 숲은 참나무 숲으로 변해 있었다. 생명의 경이로움이었다. 불 탄 나무들의 주검들 속에서 생명은 새로운 숲을 일구고 있었던 것이다.

시간의 문

시리봉 정상에서 잠시 휴식을 취한 후 복성이재를 향했다. 복성이재에 다다를 무렵 다시 무너진 성벽이 보였다. 아막산성이라고도 불리는 아막성이었다. 무너진 아막성벽 곁에는 전라북도 기념물 38호라는 입간판이 서 있었다. 그 옛날 삼국시대에 세워진 오래된 성이다. 신라와 백제가 국경 분쟁을 일으킬 때마다 치열하게 싸웠던 역사적인 성이다.

백제 무왕 3년 서기 602년 백제는 4만의 군사로 아막성을 공격했으나 전멸에 가까운 피해를 입고 패전했다. 성을 점령하지 못했다. 그

▲ 아막산성에서

러나 후일 재차 공격하여 이 성을 점령했지만 다시 신라에게 빼앗겼다. 그 후 무왕 17년에 총공격을 감행해 다시 점령했다.

허물어진 성벽 사이로 천 수백여 년 전의 이야기들이 들려오는 듯했다. 이 땅에서 죽어간 수많은 사람들의 못 다한 삶이 아직 그곳에 남아 있는 것 같았다.

'백제에서는 '아막성'으로 불리고 신라에서는 '모산성'으로 불린 이 성 주변에서 발견되고 있다는 기와조각과 백제 토기편들은 무슨 이야기를 전해주고 있을까?'

성 둘레가 약 630미터에 달하는 큰 성이다. 네모반듯하게 다듬은 돌들을 정교하게 쌓아 성벽을 쌓은 그들의 축성기술을 볼 수 있다.

'세월 탓일까? 사람들의 무심함 탓일까?'

성벽은 무너지고 성벽을 쌓았던 돌들은 허물어져 골짜기를 메우고 있었다.

참으로 묘한 기분이었다. 이제 산행을 시작한 지 두 주밖에 되지 않았는데도 역사의 숨결이 그대로 남아 있는 무너진 성벽들을 많이 볼 수 있었다. 그 높이와 험준함 때문이리라. 백두대간은 많은 성벽을 품고 있었다. 이제는 무너진 성벽이지만 말이다.

'참으로 무상하다고밖에 말 할 수 없는 세월 탓일까? 아니면 천박한 자본주의에 물든 이 시대의 몰역사성 때문일까? 지나온 우리의 삶과 역사에 대해 이토록 냉담하게 만드는 것은 무엇일까?'

허물어져 내린 돌들 조심스레 밟고 골짜기 내려오는 동안 여러 가지 생각이 지나갔다. 수백 년, 수천 년 이 땅의 숨결이고 삶이었던 역사와 아무런 상관이 없는 것처럼 살아가고 있는 나 자신의 모습, 우리들의 모습을 느끼며 아팠다. 지나온 시간들이 오늘 우리의 삶을 이루고 오늘 우리의 삶이 우리 아이들과 또 그 아이들의 아이들이 살아갈 삶으로 이어지는 것이라면 역사란 결코 잊혀서는 안 되는 것이다. 아무리 수천 년 전에 일어났던 일이라고 하더라도 역사란 언제나 오늘의 의미를 갖는 것이니 말이다. 역사란 언제나 오늘의 일이다. 오늘 우리의 생각에 영향을 주고 오늘 우리의 삶을 변화시킨다. 지나간 역사란 없다. 역사란 언제나 오늘이다. 결코 잊힐 수 없고 잊혀서도 안 되는 오늘의 일이다.

시간의 문으로 들어가는 신비한 돌길을 지나고 있는 것 같았다. 그 돌계단의 끝에 오늘의 목적지인 복성이재가 있었다. 천 수백여 년 전 쌓았던 아막산성에서 복성이재로 내려오고 있었다. 어디선가 시간의 문을 지나 시간여행을 하고 돌아오는 것 같았다. 하기야 시간여행이 별거란 말인가. 이런 것이 바로 시간여행이다.

"힘내세요. 이제 다 왔어요."

김 대장의 말이 들려왔다. 복성이재가 눈앞에 보였다. 저녁 깃드는 숲 사이로 먼저 도착한 이들의 웃음소리 들려왔다. 비 내리는 숲을 지나온 웃음소리는 아득하기만 했다.

나는 절룩이며 내리막길을 걸었다.

지나온 길 따라 숲에 어둠 내리고 있었다.

◆ 복성이재

회백색의 굴참나무 숲을 지나다

\# 산행 여섯째 날

　남겨두고 온 대간길로 들어서기 위해 다시 복성이재를 찾았다. 아침 6시 25분이었다. 복성이재라고 써 있는 이정표 곁으로 '중치 12.1킬로미터'라는 안내판이 달려 있었다. 치재, 꼬부랑재, 봉화산, 월경산, 중재를 지나고 백운산을 넘어 무령재까지 이르는 18킬로미터가 오늘 가야 할 길이었다. 산행을 위해 가볍게 몸 풀었다. 등산화의 끈을 조이고 스틱을 몸에 맞게 조정했다. 배낭을 멨다.

　수분 가득 품은 습한 바람이 지났다. 대간으로 들어서는 산길 곁의 나뭇가지에는 이 길 지난 이들이 걸어놓은 색색의 리본들이 바람에 흔들리고 있었다. 길을 찾는 데 많은 도움이 되기는 했지만 아름답지는 않았다. 숲과 어울리지 않았다. 리본에는 산악회의 이름들과 개개인의 이름이 적혀 있었다. '아무개 지나가다'라고 써 넣은 것도 있고 사진까지 새겨 넣은 것도 있었다. 산이 받아들여준 것만으로는 감사한 마음이 되지 않는 모양이었다. 백두대간을 내가 걸었다고 산을 지나는 이들에게 드러내어 말하고 싶었던 모양이다. 부질없는 짓이다.

산은 오르는 것이 아니라 들어가는 것이다. 우리가 산을 오르는 것이 아니라 산이 우리를 받아들여주는 것이다.

꽃길 따라 오르는 봉화산

어제 종일 내린 비로 숲은 젖어 있었다. 안개 가득한 새벽 숲 헤치며 키 작은 나무들 사이로 나아갔다. 신범섭 촬영감독은 금연 후 몸이 가벼워졌는지 발걸음 가벼웠고 사진가 이호상은 붉은 수건으로 머리를 동여맨 채 뛰듯 앞서 나갔다.

▼ 안개 가득한 새벽 숲

숲은 울창했고 어두웠다. 길도 좁아졌다. 숲 사이로 나 있던 좁은 길이 환해졌다. 꽃이었다.

"히야, 저게 무슨 꽃이야? 무슨 꽃이 저렇게 길을 덮었어?"

좁다란 숲길은 연한 황색의 꽃들로 덮여 있었다. 열매에 하얀 점이 점점이 박혀 있어서 보리똥나무라고도 부르는 보리수나무였다. 길 곁으로 보리수나무 연한 황색 꽃들을 가득 달고 서 있었다. 짙은 향기 숲에 가득했다.

보리수나무는 소나무나 참나무처럼 크지도 않고 장미처럼 화려한 꽃을 피우지도 않지만 늘 우리 곁에 머무는 나무다. 척박한 땅에서도 잘 자라 전국 어느 산에서나 쉽게 만날 수 있다. 꿀도 많고 향기도 좋다. 장미꽃처럼 화려하거나 국화처럼 청초하지는 않지만 흰색이나 연한 황색을 띠는 보리수꽃 또한 앙증맞게 아름답다. 어찌 보면 별을 닮았다. 다정하고 다감한 마음 품게 하는 나무이다. 정감 품게 하는 나무이다. 위로를 주는 나무이다. 잊을 수 없는 어린 시

▲ 보리수나무 길

절의 친구들처럼 마음에 남는 나무이다. 보리수나무 향기 가득한 숲길을 꽃잎 밟으며 걸었다. 마음에 향기 가득했다.

숲은 어두웠다. 참나무 숲이었다. 신갈나무로 가득했고 굴참나무도 간간이 외롭게 서 있었다. 하늘에 닿기라도 할 듯 자란 참나무들은 무성한 잎으로 하늘을 가리고 있었다. 햇빛을 숲의 다른 생명들과 나누고 싶지 않은 것 같았다. 빛을 독점해 영원히 숲의 지배자로 남고 싶은지도 모르는 일이다. 참나무가 그렇게 생각하는 것은 어찌 보면 당연한 일이다. 생명이란 어떤 것이나 자신의 삶을 충실히 누리고 싶어 하는 것이니 말이다. 자신의 생명이 영원하기를 바라는 것이니 말이다.

바람 불었던가. 무성한 신갈나무 잎 사이로 빛이 들어왔다. 어두웠던 숲이 순간 환해졌다. 투명한 빛의 줄기들이 반짝이며 숲가에 드리워져 있었다. 무성한 참나무 잎들을 뚫고 들어선 수십 가닥 빛줄기들이 저마다 빛나고 있었다. 손 뻗으면 그대로 손 안에 담길 것 같았다. 화사하고 눈부셨다. 신갈나무 잎도 햇빛을 받아 투명하게 빛나고 있었고 거칠기만 하던 껍질들도 음영을 드러내며 세월의 무게를 장엄하게 드러내고 있었다. 햇살 받은 어린 풀들도 물기 남은 여린 잎을 한들거리며 영롱하게 빛나고 있었다. 마치 저녁 햇살 받아 부서지고 있는 은빛 물결 같았다. 아름다웠다. 마음을 따스하게 만드는 아름다움이었다.

따스해진 마음 때문이었을까. 봉화산으로 올라가는 길에 꽃들 보였다. 하얗게 옹기종기 피어난 미나리냉이꽃도 있었고 하늘 향해 가지런히 꽃 피운 흰색의 촛대승마도 보였다. 꽃 달리는 모양이 수국과 같아서 목수국 또는 백당

수국이라고도 불리는 백당나무꽃도 아름답게 피어 있었다. 하얀 꽃들이 중심에 있는 무성화 주위를 빼곡히 둘러싸고 있었다. 눈부신 아름다움에 마음 또한 차분해졌다.

"수고하셨습니다. 919.8미터 봉화산 정상입니다."

봉화산 정상은 억새와 싸리나무로 가득했고 하늘은 그 위로 눈부시도록 맑았다. 푸른 하늘 아래 세상은 눈 닿는 곳마다 구름이었다. 구름은 호수에 이는 잔물결처럼 일고 산은 외롭게 떠 있었다. 마치 구름의 바다를 떠도는 외로운 조각배 같았다. 어린 시절 시냇가에서 마음을 담아 띄우던 종이배 같았다.

▲ 봉화산 정상에서

'저 봉우리들도 저마다 마음을 담고 흐르고 있을까?'

돌아보니 지나온 길이 지나는 구름 사이로 보였다. 고남산도 보였다. 고남산에 올랐던 날이 아득하기만 한데 불과 어제의 일이었다. 멀리 천왕봉도 보이고 반야봉도 보였다.

백운산이 주는 선물

바람 세찼다. 높은 뫼 넘지 못해 골짜기에 머물던 구름이 바람 타고 산을 넘고 있었다. 내 몸 에워싸며 지났다. 몸 적셨다. 지나는 구름에서 향기가 났다.

'이게 무슨 냄새일까? 꽃향기일까?'

젖은 나뭇잎 냄새였다. 오래전부터 그리웠던 고향의 냄새처럼 정겨웠다. 그 향기 따라 가야 할 것 같았다. 살아온 날들 속에서 가장 아쉽고 가장 그립고 가장 아름다웠던 시간들이 그 속에 있는 것 같았다. 나를 기다리고 있는 것만 같았다.

나의 이런 마음을 읽기라도 한 것인지 한 대장은 서둘러 길을 잡았다. 광대치로 향했다. 지난 가을 떨어진 참나무 잎들 수북하게 깔려 있었다. 밟을 때마다 푹신했다. 통증이 점점 심해지는 다리를 쉴 겸 커다란 신갈나무 둥치에 기대어 앉았다. 나뭇잎을 주웠다. 나뭇잎들은 송송 구멍 나 있었다. 분해되고 있었다. 제가 왔던 곳으로 돌아가고 있는 중이었다. 흙으로 돌아가고 있었다.

'그래, 살아 있는 모든 생명은 흙으로 돌아가는 것이지……'

나뭇잎마저도 살갑게 느껴졌다. 이 산, 이 땅, 이 흙, 이 나무, 이 나뭇잎 모두 내 살이고 몸이기도 하니 말이다. 이제 20~30년 후면 나도 이런 모습으로 있게 될테니 말이다.

▲ 조릿대 길을 따라

해발 820미터에 자리한 광대치를 지나 월경산(980미터)에 오르니 산죽이라는 다른 이름을 가지고 있는 조릿대 길이 나를 기다리고 있었다. 끝없는 듯했다. 길은 끊겨졌다가는 다시 이어지곤 했다. 족히 2킬로미터는 될 듯했다. 뺨과 손등과 몸에 무성한 잎들 스치고 부딪혔다. 싱그러웠다. 마음 가벼워지고 상쾌했다. 몸의 피로와 다리의 통증을 잊을 수 있었다.

그 덕분이었으리라. 나는 점점 심해지는 다리의 통증에도 불구하고 중재(695미터)를 지나 1278.6미터의 백운산(白雲山)에 오를 수 있었다. 백운산은 정상에 오르는 것을 쉽게 허락하지 않았다. 정상에 다다른 듯하면 굽이쳐 내렸고 다다른 듯하면 솟구쳐 올랐다. 그렇게 여러 차례 거듭하며 인내를 시험하고 마음 살핀 후에야 비로소 정상에 오르는 길을 열어주었다.

백운산은 굴참나무 숲을 품고 있었다. 두 팔 활짝 벌려 안아야 될 정도로 굵은 굴참나무들이 하늘을 가득 메우고 있었다. 굵디굵은 나무껍질들은 흰색에 가까운 회색이었다. 회백색의 아름드리 굴참나무들이 줄 지어 서 있었다. 회백색의 굴참나무들이 자라고 있는 숲은 그 빛깔 때문인지 여느 숲과 다른 느낌이었다. 신비로웠다. 마치 신화 속 세계로 들어온 듯했다. 마음 평화로웠다.

산이 주는 선물이었다. 1년에 250여 일을 흰 구름 속에 머문다는 백운산이 주는 선물이었다. 백두대간이 주는 선물이었다. 백두대간을 걷지 않았다면 도저히 만날 수 없는 은총이었다. 마음은 감사함과 즐거움과 기쁨으로 충만했다. 지나는 이 없는 숲은 고요했다.

정상에 오르자 남쪽으로는 지나온 월경산과 봉화산이 보였고 북쪽으로는 나아가야 할 깃대봉과 남덕유산이 보였다.

"백운산의 물줄기는 서쪽은 백운천을 통해 섬진강으로 흘러들고 동쪽은 옥산천을 통해 낙동강으로 흘러듭니다. 그리고 저기 보이시지요? 저기가 바로 우리가 다음 주에 갈 남덕유산입니다."

한 대장의 목소리가 들려왔다. 나는 그 소리 들으며 지리산으로부터 뻗어와 백운산으로 솟았다가 덕유산으로 흐르고 있는 백두대간을 바라 보았다. 장대하고 장엄한 이 땅의 등줄기가 거기 있었다. 나와 함께 있었다. 고개를 돌려 바라보니 1014.8미터의 깃대봉이 보였다. 걸어가야 할 길이 보였다. 발걸음 떼었다.

"먼저 갑니다."

모두들 나를 쳐다보았다. 나는 그저 웃으며 숲길로 들어섰다. 억새와 싸리나무들이 나를 기다리고 있었다. 그들도 웃는 듯 몸을 흔들었다.

▲ 굴참나무 숲
ⓒ최창남

육십령
으로
가는 길

산행 일곱째 날

아침 공기 상쾌했고 하늘 맑았다. 산행 둘째 주 마지막 날이었다. 무령재에서 육십령까지 12킬로미터에 이르는 깃대봉 구간이었다. 짧은 산행이었다. 촬영을 하며 여유 있게 산행을 하더라도 8시간 정도면 마칠 수 있는 거리였다. 집으로 돌아가는 날이었다. 그 때문인지 연일 계속된 산행에도 불구하고 모두들 발걸음이 가벼워 보였다. 누적된 피로와 여유 있는 시간 탓에 다른 날에 비해 늦게 산행이 시작됐다.

빼어나고 신묘하고 신령한 영취산을 오르다

아침 7시 50분이 되어서야 영취산(靈鷲山)을 오르기 시작했다. 숲은 젖어 있었다. 새벽이슬과 나뭇잎의 증산작용 때문이다. 숲은 고요했다. '신령 령(靈)'에 '독수리 취(鷲)' 자를 쓰는 산 이름 때문일까. 숲은 신비한 기운을 품고 있는 것 같았다. 직역하면 '신령한 독수리 산'이라는 뜻이다. 아마도 산의 영험함, 빼어남, 신묘함을 강조하고 드러내기 위해 하늘에서 가장 뛰어난 영물인 독수리를 빌려온 듯하다.

영취산은 백두대간에서 매우 중요한 산이다. 영취산은 지리산 천왕봉에서 시작된 백두대간이 봉화산, 백운산을 거쳐 육십령으로 북상하는 길에 남겨두고 떠나는 이들이 아쉬웠는지 그들을 위해 산줄기 하나를 풀어놓고 간 곳이다. 금남호남정맥이다. 금남호남정맥은 영취산 정상에서 서쪽으로 힘차게 뻗어 있다. 무령고개 지나 장안산(1,237미터)에서 무주 주화산(600미터)까지 이르는 65킬로미터에 달하는 산줄기. 한반도 13정맥의 하나로 백두대간에서 갈라져 금남

▲ 영취산을 향하다

정맥과 호남정맥을 이어주는 산줄기이기도 하다. 그뿐인가. 영취산의 물줄기는 동으로는 낙동강, 남으로는 섬진강, 북으로는 금강으로 흘러든다. 이처럼 영

취산은 이 땅의 산줄기와 물줄기를 나누는 중요한 산이다. 그러니 옛사람들이 '빼어나고 신묘하고 신령한 산'이라고 불렀던 것은 당연하다.

하나의 사회나 민족 그리고 그들이 형성한 문화를 이해하는 데 있어서 산줄기를 아는 것은 매우 중요하다. 왜냐하면 산은 강을 품고 강은 사람을 품기 때문이다. 옛날부터 사람들은 강줄기 따라 마을 이루고 살았다. 한 마을에 살며 하나의 문화를 이루었다. 그러나 거리가 가까운 마을이라고 할지라도 높은 산으로 길이 막힌 마을들은 서로 다른 문화를 형성하며 살아왔다. 경상도와 전라도의 문화가 다르듯이 말이다.

▲ 영취산에서 바라본 산줄기

산과 강만이 인류의 삶에 지대한 영향을 미친 것은 아니다. 숲 또한 많은 영향을 미쳤다. 인류는 숲으로부터 많은 선물을 받았다. 인류의 삶을 윤택하게 만드는 목재 등의 재화를 얻은 것뿐 아니라 정신의 가치를 높이는 많은 문화적 선물을 받았다. 숲과 관련된 수많은 전설과 설화 등이 그것이다. 굳이 전설과 설화를 꺼내지 않더라도 많은 사람들이 어린 시절 숲에서 뛰어놀던 기억을 소중히 여기고 있고 지금도 숲을 동경하고 있다는 것만으로도 숲이 사람들의 삶에 얼마나 소중한 것인지 쉽게 알 수 있다.

인간에게 있어 숲은 곧 문화이고 삶이다. 그런 의미에서 보면 산과 숲을 잃는다는 것은 우리의 정신을 잃는 것이다. 그러니 산과 숲, 자연이 파괴된다는 것은 우리의 삶이 파괴되는 것이다. 너무나 서서히 진행되어 잘 느끼지 못하고 있겠지만 말이다.

1075.6미터의 영취산 정상에 오르자 영취산을 설명하는 표지석과 백두대간 안내간판이 우리를 반겼다. 산행하는 곳곳에서 산림청에서 세운 안내간판을 만나 볼 수 있었다. 안내간판에는 백두대간을 표시한 우리나라 전도가 그려져 있었다.

백두대간을 되살리고 지키려는 산림청의 마음을 느낄 수 있었다. 고마운 일이다. 고마운 마음 품고 영취산 내려오는 길에 무너진 영취산성을 만났다. 삼국시대 신라 지마왕 때 신라의 침범을 막기 위해 가야에서 축성했다고 알려진 성이다. 또한 임진왜란 때 왜적과 접전한 곳으로 전해지고 있는 성이다. 1983년 12월 20일 경상남도 문화재 자료 제85호로 지정된 성이다.

▲ 백두대간 안내판
ⓒ최창남

육십령 가는 길

무너진 영취산성을 뒤로 하고 덕운봉(956미터)으로 향했다. '덕운봉 0.6킬로미터'라고 쓰인 이정표가 보였다. 논개 생가가 4.6킬로미터 남아 있다는 이정표도 있었다. 임진왜란 일어난 후 진주성 함락되고 남편 경상우도 병마절도사 최경회가 전사하자 왜군의 승전을 축하하기 위해 모인 촉석루로 나가 왜장을 껴안고 남강으로 뛰어내려 충절의 상징이 된 논개다. 옛사람의 발자취를 살펴보고 싶은 마음을 뒤로 미루고 길을 재촉했다.

덕운봉 정상에 오르니 커다란 바위 한 가운데에 커다란 소나무 한 그루 서 있었다. 바람 불어왔다. 나뭇가지에 걸려 있는 리본들이 흔들렸다.

"체력이 많이 좋아지신 것 같아요? 이제 별로 처지지 않으시는데요?"

전영갑 감독이 웃으며 말을 건넸다.

"체력이 좋아진 것은 아니고 …… 산행 요령을 조금씩 몸으로 익혀가고 있지요."

"요령이요?"

"예를 들면 이런 것이지요. 첫째, 목적지에 가야 한다는 강박관념에 사로잡히지 말고 산행을 즐기면서 해라. 둘째, 숨이 차도록 빠른 걸음으로 걷지 마라. 숨이 차지 않을 정도의 속도로, 약간 숨이 버거울 정도의 속도로 꾸준히 걸어라. 절대로 숨이 차서 걸음을 멈추고 쉬어야 하는 상황을 만들지 마라. 셋째, 오르막길을 오를 때에는 최대한 보폭을 작게 해서 규칙적으로 천천히 걸어라. 넷째, 산은 오르는 것이 아니라 들어가는 것이니 늘 겸허한 마음으로 산을 느끼며 걸어라. 이 정도입니다. 내 목표는 뒤처지지 않는 것이 아니라 낙오하지 않는 것입니다. 낙오하지 않겠습니다. 그저 천천히 따라갈 뿐……"

모두들 웃으며 격려의 박수 쳐주었다.

"이제 그만 준비합시다. 오늘 산행이 여유가 있다고 너무 오래 쉬었어요. 민령에 가서 식사하며 쉽시다."

한 대장의 말이었다.

북바위에서 산염소들을 만나 반가운 마음에 사진 찍고 나니 어제 보았던 보리수나무 꽃들이 숲길에 가득했다. 키 낮은 조릿대들이 숲처럼 바람에 흔들리고 늘어선 억새들이 춤을 추듯 펄럭이는 숲길 지나자 초원처럼 완만하게 펼쳐진 둔덕이 나왔다. 둔덕 아래가 민령이었다. 민령은 백두대간의 어느 산길이 아니라 어린 시절 방앗간집 뒤에 있던 야산 기슭처럼 안온했다. 포근했다.

▲ 북바위에서 만난 산염소들

식사를 마친 후 1014.8미터의 깃대봉에 오르니 바람 선선했다. 내려가는 길에 깃대봉 샘터에서 목을 축였다. 샘터는 우거진 숲 한쪽에 있었다. 길가에 있는데도 눈에 언뜻 띄지 않았다. 샘터가 있음을 모르고 지나는 이들은 그저 지나칠 수 있을 것 같았다. 물맛은 차고 정갈했다. 지난 며칠 동안 산행으로 지친 몸의 피로를 말끔히 씻어주었다. 영혼의 묵은 때까지 씻기는 듯했다. 샘터 곁에는 작은 팻말 서 있었다. '깃대봉 약수터를 사랑하는 사람들'이 그들의 바람과 마음을 풀어놓은 팻말이었다.

'약수터에서 목을 축이는 길손이시여!

사랑 하나 풀어 던진 약수 물에는 바람으로 일렁이는

그대 넋두리가 한 가닥 그리움으로 솟아나고 ……

우리는 한 모금의 약수 물에서 구원함이 산임을 인식합니다.

우리는 한 모금의 약수 물에서 여유로운 벗이 산임을 인식합니다.'

멋을 한껏 부려 감흥을 담은 글귀였다. 만나는 이 없는 깊은 산길에서 위로되었다.

샘터에서 목 축이고 소나무 줄기로 짜놓은 계단을 따라 내려갔다. 한참을 내려가자 숲 사이로 도로가 보였다. 가파르고 험하며 도적떼가 많아 옛날에는 이 고개를 넘으려면 60명이 모인 후에야 넘었다고 한다. 그래서 육십령이라는 이름이 붙었다고 한다. 도로로 내려서자 '육십령'이라고 쓴 큰 비가 보였다. 장수군(長水郡)이라는 커다란 입간판도 세워져 있었다.

장수는 본래 산고수장(山高水長), 즉 산이 높고 물이 긴 고장이라는 뜻이다. 그래서 이름이 장수(長水)이다. 장수에는 수분치(水分峙)가 있다. 수분치는 섬진강과 금강의 분수령(分水嶺)이라는 뜻이다. 이로 인해 지명도 '물을 나눈다'는 의미를 지닌 '수분리(水分里)'가 된 것이다. 또한 수분리에 있는 신무산(896.8미터) 북동계곡에 있는 '뜬봉샘'은 금강의 발원지로 알려져 있다. 마을의 이름 하나에도 이처럼 산과 강과 더불어 살아온 조상들의 마음가짐이 담겨 있었다. '장수군'이라는 이름에도 산은 강을 품고 강은 사람을 품어 키운다는 자연의 가르침이 담겨 있었다. 그런 가르침이 담겨 있는 곳이기 때문일까.

주차장 한편에 '백두대간 해설판'이라는 입간판이 커다랗게 서 있었다. 입간판에는 백두대간의 주요한 산들과 1대간, 1정간, 13정맥이 자세히 설명되어 있었다. 나는 따가운 햇살 아래서 오랫동안 이 땅의 산줄기들을 바라보았다. 마치 산줄기들이 꿈틀거리고 있기라도 한 것처럼 오랫동안 바라보았다.

▲▲ 육십령
▲ 백두대간 해설판
ⓒ최창남

땀이 온 몸을 적셨다. 깃대봉을 타고 내려온 바람이 따가운 햇살 사이로 불어왔다. 바람 속에서 나무 냄새가 났다.

육십령
에서
소사고개
까지

(2008년 6월 3일~6월 5일)

목신곡에서 소사고개까지

덕유산에 머물다

#산행 여덟째 날

 육십령 휴게소의 민박집에서 잠든 밤은 산행을 위해 일어난 새벽녘이 돼서야 조금 따스해졌다. 심한 감기 때문이었을까? 추운 밤이었다. 코가 꽉 막혔다. 창밖은 아직 어스름했다. 행여 잠든 이들을 깨울세라 조심스레 마당으로 나갔다.

 지난 금요일 육십령까지의 산행을 마치고 서울로 돌아간 나는 이틀 동안 정신없이 앓았다. 온몸이 맞은 듯 쑤셨고 부어올랐다. 감기는 더욱 심해졌다. 몸을 추스르지도 못한 채 산행을 위해 내려오는 길 내내 몸은 으슬으슬했다. 산행이 시작되지도 않았는데 무릎은 벌써 아팠다.

 '이번 주 산행을 잘할 수 있을까? 견뎌낼 수 있을까? 덕유산 구간은 매우 험하고 거칠다고 하던데……'

 새벽 공기 싱그러웠다. 바람 많았다. 맵고 세찼다. 옷 여몄다. 마당 한구석에 수국 피어 있었다. 흰 수국이었다. 토양의 상태에 따라 흰색, 연분홍색, 하늘색, 연보라색 등으로 변하여 그 아름다움을 한마디로 표현하기 어려운 꽃이다.

그런 변화무쌍함 때문인지 '변하기 쉬운 마음'이라는 꽃말을 가지고 있다. 새벽녘에 바라본 수국의 모습은 청초했다. 바람에 흔들리고 있었다. 그 모습 너무 여리어 품어주고 싶었다.

바람은 세찼지만 비는 내리지 않았다. 비 온다는 소식에 은근히 걱정하던 참이었다. 고마운 일이었다. 조금씩 사위가 밝아왔다. 아침 오고 있었다. 하늘 맑았다. 산을 바라보았다. 능선을 따라 흐르는지 구름은 산에 가득했다. 산 정상은 구름에 쌓여 있었다. 보이지 않았다. 수국을 닮았는지 산은 잠시도 머물지 않고 그 모습을 달리하고 있었다.

▲ 덕유산을 보다

'저 구름 속을 걷는 것이 오늘의 산행이겠구나.'

구름 속을 걷는다고 생각하니 마음의 걱정이 조금은 덜어지는 듯했다.

덕유산 종주의 험난한 첫걸음

남에서부터 오르는 백두대간 덕유산 종주는 육십령에서부터 시작한다. 덕유산과 백운산 사이에 있는 육십령은 신라 때부터 교통의 요충지였다. 그래서였는지 옛날에는 산적이 많아 이 고개를 넘으려면 60명이 모여 올라가야 했다고 한다. 산적의 무리가 꽤나 컸던 모양이다. 그런 연유로 이 고개는 육십령이라는 이름을 갖게 되었다고 전해진다. 흐른 세월 탓에 산적의 무리는 자취 없고 그들 머물던 자리에는 육십령휴게소가 들어서서 넉넉한 인심으로 산을 타는 이들을 살펴주고 있다. 오늘날에도 이 고개는 주요교통로로서의 역할을 하고 있다. 영남과 호남을 연결하는 26번 국도가 지나고 있다.

휴게소에서 아침식사를 마쳤을 때 한 대장은 산행에 대해 설명했다.

"오늘은 육십령에서 출발하여 할미봉, 장수덕유산, 남덕유산, 월성치, 삿갓봉을 지나 삿갓골재대피소까지 갈 예정입니다. 삿갓골재대피소에서 자겠습니다. 이 덕유산 구간은 산세가 거칠고 바위가 많습니다. 아주 주의를 기울여야 하는 코스들이 있습니다. 백두대간에는 난이도 A코스 구간이 다섯 군데 있는데 그중 하나가 오늘 산행에 있습니다. 모두 유의하시고 안전 산행하시기 바랍니다."

덕유산은 동서로 영호남을 나누는 큰 산이다. 주봉인 향적봉에서 남덕유산에 이르기까지 장장 100리에 걸친 산줄기는 1000미터가 넘는 봉우리를 여럿 품고 있다. 이렇게 크고 넉넉한 산이다 보니 이름도 여럿으로 나뉘어 있다. 백두대간 마루금에서는 벗어나 있지만 가장 높은 봉우리인 향적봉(1614미터) 일대는 북덕유산, 육십령에서 올라서는 남쪽 봉우리는 남덕유산(1507미터) 그리고 남덕유산의 서봉(1510미터)은 장수덕유산이라고 한다.

옛날에는 광려산(匡廬山) 또는 여산(廬山)으로 불렸던 이 산은 덕이 많고 너그러운 어머니와 같은 산이라고 하여 덕유산이란 이름을 갖게 되었다. 난리를 겪을 때 이 산으로 숨어들면 안전했다는 이야기도 전해지고 있고 이성계 장군이 이 산에서 수도할 때 수많은 맹수들에게 한 번도 해를 입은 적이 없다고 하여 덕이 넘치는 산이라는 이름을 갖게 되었다는 이야기도 전해온다.

아침 6시 25분 할미봉을 오르기 위해 숲으로 들어갔다. 언제나 그렇듯 아침 숲은 지난밤의 이야기들을 나누는 나무들의 수런거리는 소리, 나뭇잎 바람에 흔들리는 소리, 젖은 날개를 말리기 위해 푸드덕거리는 새들의 날갯짓 소리 등으로 분주했지만 그날 아침 나는 아무것도 들을 수 없었다. 할미봉으로 올라가는 길은 깎아지른 듯 가팔랐다. 너무나 가팔라 나무를 보고 숲을 느낄 여유가 없었다. 오직 발 디딜 곳을 찾기 위해 겨우 몸 놀릴 뿐이었다. 바위와 바위, 작은 돌 틈 사이로 겨우겨우 발 끼워 넣으며 조심조심 올랐다. 때로 발 디딜 곳을 찾지 못해 나무뿌리를 부여잡고 힘겹게 올랐다.

무엇인가 하나라도 붙잡을 수 있다는 것에 감사했다. 고단한 인생길을 살아가면서도 이처럼 무엇인가 하나라도 붙잡을 수 있는 것이 있다면, 누군가 한 사람이라도 기댈 만한 사람이 있다면 살아볼 만하다는 생각도 들었다. 점점 거칠어지는 숨결에 가슴은 터져버릴 것 같았지만 다른 한편으로 용기가 솟았다. 허벅지의 근육통은 벌써 찾아왔으나 개의치 않았다. 할미봉 정상에 가까웠을 때 바람 세차게 불어왔다. 불어온 바람에도 나는 위태로웠다.

　　1026미터의 할미봉 정상 일대는 온통 바위였다. 말 그대로 바위로 이루어진 봉우리였다. 절벽처럼 깎아내린 듯 매끄러운 바위들이 보기에도 위태로웠다. 위태로워 보이는 바위 곁에 겨우 앉으니 온 산에 구름 가득했다. 구름 외에는 아무것도 보이지 않았다. 그저 구름 바다만이 내 앞에 있었다.

　　덕유산 깊고 깊은 골에서 세찬 바람이 불어왔다. 바람 불어올 때마다 구름은 능선을 지나고 봉우리를 넘었다. 그때마다 산들은 모습을 드러냈다. 바람 따라 흐르는 구름들처럼 나도 흐르는 것 같았고 바람으로 인해 한 방향으로 휘어진 나뭇가지들처럼 내 몸도 휘어질 것만 같았다. 지나온 길, 지나온 산들도 보였다. 백운산, 깃대봉, 영취산 등이 보였다.

▼ 암벽을 오르다

　　할미봉을 떠났다. 백두대간의 난이도 A코스 중 하나라는 가파른 암벽이었다. 로프에 의지해 내려갔다. 두려움 때문이었는지 내려오는 동안은 허벅지의 통증을 느낄 수 없었다.

절해고도를 지나 삿갓골대피소로

서봉을 향했다. 숲 사이로 난 길

마다 온통 참나무 숲이었다. 지난 가을 떨어진 나뭇잎들 길에 가득했다. 발 내디딜 때마다 나뭇잎들이 부드럽게 감싸주었다. 나는 그 느낌을 즐기느라 천천히 아주 천천히 발걸음을 떼곤 했다. 숲은 따스하고 안온했다. 그 느낌을 어떻게 표현할 수 있을까. 그저 그 숲을 지나는 것만으로도 행복했다. 그 순간 그곳에 있다는 것만으로도 위로가 되었다. 지나온 삶의 고단함에서 벗어날 수 있었다.

꽃이 보였다. 숲길 바위 곁에 홀아비바람꽃 무리가 피어 있었다. 바람에 쓰러질 듯 하나씩 올라온 여린 꽃대가 심하게 흔들리고 있었다. 가늘고 여린 흰 꽃들이 바람에 실려 갈 듯 흔들리고 있었다. 발걸음 멈추고 지켜주어야만 할 것 같았다. 부질없는 짓이었다. 바람꽃은 바람과 친한 꽃이다. 바람꽃 종류를 통칭하는 속명 '아네모네(Anemone)'는 그리스어로 '바람의 딸'이라는 뜻이다. 그러니 꽃은 바람에 쓰러질 듯 흔들리고 있는 것이 아니라 함께 춤추며 즐겁게 한때를 보내고 있는지도 모르는 일이다. 바람이 오기를 기다리고 있었는지도 모르는 일이다. 그렇게 바람을 타며 지나는 이들을 위로하고 있는지도 모르겠다.

홀아비바람꽃을 뒤에 남겨두고 참나무 숲길을 따라 걷다 연분홍 철쭉 가득한 길을 지나니 서봉이 눈앞에 있었다. 서봉에 올랐다. 구름 가득하고 바람이 거셌다. 바람 따라 구름이 왔다. 내 몸을 어루만지며 지났다. 이내 몸이 축축해졌다. 한기가 느껴졌다. 재킷을 꺼내 입었다.

아무것도 보이지 않았다. 우리 여덟 사람은 절해고도에 갇힌 것 같았다.

가야 할 길을 바라보았다. 흐르는 구름 탓에 길이 보이지 않았다. 그러나 길은 거기 있었다. 한 걸음만 내디뎌보면 길이 거기 있음을 알 수 있다. 길이란

▲ 절해고도에 갇히다

그런 것이다. 내딛는 발걸음만큼 열리는 것이다. 한 걸음 내딛으면 한 걸음만큼 열리는 것이다.

지나는 이들 없다면 그것은 이미 길이 아니다. 있던 길도 잠시만 지나지 않으면 잡초 무성해 길이 아니게 되는 것이다. 있던 길도 사라지는 것이다.

그것이 어디 산길뿐이랴. 인생길도 그러하다. 다른 것이 있다면 산길이야 발걸음을 따라 걸으면 되지만 인생길은 마음길을 따라 걸어야 한다는 것이다.

"물이 너무 찔끔찔끔 나와요."

참샘으로 물을 뜨러 갔다 오는 신범섭 감독의 말소리가 들려왔다. 남강의 발원지인 샘이다.

서봉에서 내려와 점심식사를 했다. 한 대장이 뜯어온 참취와 나물취에 밥을 싸서 맛있게 먹었다. 고마운 자연이다. 어떤 계산도 없이 언제나 모든 것을 준다. 딱따구리 소리가 들려왔다. 그도 식사를 하려나보았다. 그 소리 정겨웠다. 잠시 앉아 듣다가 짐을 꾸렸다. 길 나섰다. 남덕유산(1507미터)으로 향했다. 남덕유산은 대간길에서 조금 벗어나 있었지만 지나칠 수는 없는 산이었다.

푸른 나뭇잎들 사이로 짙은 분홍빛 꽃송이가 보였다. 설앵초였다. 너무나 앙증맞고 사랑스러운 자태로 푸른 나뭇잎들 사이에 피어 있었다. '행운'과 '젊은 날의 슬픔'이라는 전혀 다른 의미의 꽃말을 지닌 꽃이다. 어떻게 이렇게 다른 의미의 꽃말을 지닐 수 있을까 의아했다. 어쩌면 인생의 슬픔과 행복이란 언제나 함께 오는 것인지도 모른다. 너무나 아름다워 때로 슬프게 느껴지는 꽃들처럼 말이다.

▲ 설앵초
ⓒ최창남

한동안 설앵초를 바라보았다. 그 소박하고 가녀린 아름다움 때문에 행운을 얻은 것만 같았다. 마음 따스해졌다. 떠나기 아쉬운 마음 남겨두고 남덕유산을 향하니 연분홍 철쭉 무리가 흐드러지게 피어 바람에 손 흔들며 나를 기다리고 있다.

남덕유산의 정상에 오르니 구름 조금씩 걷히고 있었다. 산자락 따라 이룬 숲이 그림처럼 펼쳐져 있었고 그 아래로 사람 사는 마을들이 멀리 보였다.

남덕유산에서 월성치로 가는 길은 경사가 급했다. 떨어지는 듯했다. 걸을 수 없을 정도로 오른 다리의 통증은 심했다. 왼 다리에만 의지해 걷다 보니 왼 무릎에도 통증이 오기 시작했다. 오직 스틱에 의지해 비탈길을 내려갔다. 숲이 나를 물끄러미 쳐다보는 듯했다. 월성치를 지나 1418미터 삿갓봉에 올랐을 때 비가 오려는지 하늘 흐려졌다. 오후 6시 12분이었다. 걸음을 서둘렀다. 비 내리기 전, 어둠 내리기 전 삿갓골재대피소에 들어가야 했다.

▲ 남덕유산 정상

사위가 조금씩 어두워지고 있었다. 조금씩 어두워지고 있는 숲에서 하얗게 빛나는 것이 보였다. 꽃이었다. 이제껏 보지 못한 꽃이었다. 태백말발도리였다. 흰색 꽃잎 다섯 장이 반짝이고 있었다. 하얀 꽃술들도 질세라 저마다 얼굴을 내밀고 있었다. 태백말발도리는 어둠 밝히는 불빛처럼 어둠 깃드는 숲에서 저 홀로 빛을 발하고 있었다. 보는 이 없어도 저 홀로 빛나고 있었다. 숲이 환해지는 것 같았다.

삿갓골재대피소로 내려섰을 때 비 내리기 시작했다.

구름 안개처럼 피어오르고 바람 거셌다. 착각이었을까? 심한 코감기 때문이었을까? 거센 바람 속에서 꽃향기가 나는 것 같았다.

나는 비를 맞으며 서 있었다. 불어온 바람은 내 몸을 어루만지며 지났고 바람 따라온 구름은 머물렀다.

어둠이 내린 깊은 숲을 따라 삿갓골대피소의 밤은 깊어갔다.

북심령에서 소사고개까지

◆ 생명이 움트다

산은 걸은 만큼 다가오고

산행 아홉째 날

지난 저녁부터 내리기 시작한 비는 밤 깊어갈수록 세차게 내렸다. 빗줄기 사이로 소리들이 들려왔다. '주르륵주르륵' 비 내리는 소리도 들려왔고 '탁탁 타다닥' 창에 부딪히는 소리도 들려왔다. 멀리서 '툭툭 투두둑' 나뭇잎에 떨어지는 둔탁한 소리도 들려왔다. 나는 잠들지 못했다. 2주일째 계속되고 있는 심한 감기로 숨 쉬기가 거북했다. 1시간 아니, 30분 아니, 10~20분 간격으로 코를 풀어야 했고 다리는 들 수도 없을 정도로 아팠다. 몸 뒤척일 때마다 양손으로 다리를 들어 움직여야 했다. 소염진통제를 먹고 멘소래담로션으로 마사지를 했지만 그저 견딜 수 있을 뿐 통증이 사라지지는 않았다.

삿갓골재대피소는 2층으로 된 현대식건물이었다. 1층에는 보일러실과 취사장이 있고 2층은 숙소였다. 숙소는 복층으로 되어 있었는데 아래층은 난방이 되었고 위층은 난방이 되지 않았다. 나는 감기 때문에 아래층에 누웠으나 곧 위층으로 올라갔다. 발에서 너무 열이나 견딜 수 없었기 때문이다. 평소에도 발에 열이 많은 체질인 나는 겨울에도 이불 밖으로 발을 내놓고 자곤 했는데 열이 나는 정도가 아니라 뜨거웠다. 너무나 후끈거려 저릴 정도였다. 새벽이 되자 몹시 추웠다. 벽과 창에서 한기가 그대로 스며들었다. 온몸 쑤시고 숨 쉬기 불편하고 몸에는 한기가 스며들고 있었으니 제대로 잠들기를 기대한다는 것이 어쩌면 이상한 일이었다.

일어나 앉았다. 새벽 3시 10분이었다. 헤드랜턴을 모자 위에 끼우고 밖으로 나갔다. 여전히 비 내리고 있었다. 많은 비였다. 불빛 사이로 빗줄기 보였고 빗줄기 사이로 어둠 속에 잠긴 산이 보였다. 대피소 옆 난간에 서서 비 내리는 골짜기를 바라보았다. 골은 그대로 숲이었다. 나무들로 가득했다. 나뭇잎과 가지에 떨어지는 빗소리가 골싸기 안에서 울리며 증쏙되고 있었다. 빗소리 깊었다. 길게 여운을 남기고 있었다. 골의 바닥이 보이지 않았다. 마치 깊이를 알 수 없는 심연을 들여다보고 있는 것 같았다. 알 수 없는 낯선 세계를 바라보고 있는 것 같았다. 낯설었다.

비 내리는 산중의 깊은 밤은 잠 못 이루고 서성이는 내 모습처럼 낯설었다.

'난 왜 여기 이렇게 있는 것일까? 왜 이 산길을 걷고 있는 것일까?'

바람 세찼다. 옷이 젖기 시작했다. 방으로 들어왔다. 빗소리 때문인지 코고는 소리도 멀리서 들려오는 듯했다. 자리에 누워 잠 청했지만 잠들지 못한 새벽이었다.

▲ 산행을 시작하다

용이 춤추는 듯한 산

아침이 왔다. 비는 그쳐 있었다. 아침식사를 누룽지탕으로 가볍게 한 후 산행을 위해 숙소를 나섰다. 하늘은 흐리고 흙은 젖어 있었다. 천지에 운무 가득했지만 대기는 차고 시원했다. 산뜻하고 깨끗했다. 몸 무거웠지만 마음 가벼웠다. 산행을 시작했다. 긴 산행이었다. 삿갓골대피소에서 무룡산, 동엽령, 백암봉, 횡경재를 지나고 지봉, 못봉, 대봉, 갈미봉을 넘어 지금은 신풍령이라고 부르는 빼재까지 18.3킬로미터에 이르는 산행이었다.

새의 청명한 울음소리가 들려왔다. 소리 맑고 밝았다. 비 그친 것이 좋은 모양이었다. 새소리 들으며 숲으로 들어갔다. 남덕유산과 북덕유산을 백두대간으로 이어주는 1,492미터의 무룡산(舞龍山)으로 나아갔다. 용이 춤을 추는 형상을 한 산이라고 해서 붙은 이름이다. 그래서였을까. 용을 숭상하는 동양의 가치관 때문이었을까. 무룡산은 '봉'이 아니라 '산'이라는 이름을 드물게 가졌다. 대체적으로 큰 산의 줄기에 속한 산들은 '봉'이란 이름을 갖는데 말이다.

숲은 운무로 가득차 있었다. 젖어 있었다. 손을 뻗어 쥐면 손에서 물이 그대로 떨어져 내릴 것만 같았다.

"명옥 씨, 동물들이 왜 숲을 떠나지 않는지 알아?"

나는 뒤에 따라오고 있는 김명옥 작가에게 물었다. 그녀는 다큐멘터리 '백두대간, 공존의 숲' 제작팀의 구성작가인데 산행은 처음이었다. 몸무게가 겨우 40여킬로그램인 야리야리한 체구의 소유자이다. 모두들 산행을 할 수 있을까 걱정했지만 적어도 나보다는 잘 걷고 있는 듯했다.

" …… "

대답 없었다. 나는 숨을 몰아쉰 후 말을 이었다.

◆ 운무 가득한 숲

"숲이 따뜻하기 때문이야. 온도 차이가 나지 않기 때문이지. 숲은 밤과 낮의 온도 차이가 5도밖에 되지 않거든. 그렇기 때문에 동물들이 적응하기 쉽지. 안정적인 삶을 유지할 수 있어. 추위나 더위에서 자신을 지키기도 쉽고 말이야."

"그런 것 같네요. 바람 부는 날에도 숲에 들어가면 바람도 불지 않고 따뜻하잖아요."

정말 그랬다. 숲은 변하지 않는 따스함으로 자신에 속한 모든 생명들을 품어 안는다. 누구 하나 절대로 편애하지 않는다. 아무리 보잘것없어 보이는 미물이라고 할지라도 결코 소홀히 대하지 않는다. 그들을 돌보며 그들의 성장을 통해서 비로소 함께 성장한다. 모든 생명체가 서로의 역할을 함으로 서로를 살리며 나무를 중심으로 살아가는 세계가 바로 숲이다.

싸리나무 군락지 지나고 연분홍 철쭉에 잠시 젖고 나니 무룡산이 지척이었다. 무룡산에 올랐다. 바람 거셌다. 세찬 바람으로 구름은 미친 듯이 산을 넘고 있었고 나무와 풀도 모두 구름 따라 흐르고 있었다. 아니 나무와 풀만이 아니라 산 전체가 흐르고 있었다. 산의 한 모퉁이에 앉은 나도 산을 따라 흘렀다.

그렇게 흐르는 구름을 따라 함께 흐르다가 무룡산을 내려와 숲길로 들어서니 구상나무 한 그루 운무 속에 외롭게 서 있었다. 괜스레 나 자신을 보는 듯 마음이 서글퍼졌다.

'다시 또 저 나무를 볼 수 있을까?'

산은 걸은 만큼 다가왔다

조금 더 길을 걷자 오래된 신갈나무숲이 보였다. 촬영팀이 숲을 찍기 위해 바쁘게 움직였다. 지난밤 내린 비로 숲이 깨끗해지자 촬영할 것이 더욱 많아진 듯했다. 촬영팀 남겨두고 나는 1320미터 동엽령으로 향했다. 참나무와 함께 싸리나무와 산죽이 반겨주었다. 가끔 백당나무가 아름다운 꽃을 피워 지친 마음 위로해주었다.

▲ 마음 위로하는 숲

동엽령 가까이 이르렀을 때 바람에 실려 구름이 몰려왔다. 구름 속으로 들어갔다. 얼굴에 작은 빗방울들이 부딪쳤다. 구름비였다. 구름비가 내리고 있었다. 나는 잠시 걸음을 멈추고 구름비를 맞았다. 정신이 맑아지는 듯했다.

동엽령을 지나고 백암봉(1490미터)에 이르렀다. 백암봉은 백두대간이 덕유산을 벗어나는 곳이다. 백암봉에서부터 백두대간은 동으로 방향을 돌려 삼봉산을 향해 뻗어나간다. 우리가 가야 할 길이었다. 덕유산의 최고봉인 1614미터의 향적봉에 그리움만 남겨둔 채 횡경재로 향했다.

산길 따라 걸었다. 큰 신갈나무 두 그루 나란히 서 있었다. 혼인목처럼 보였다. 오랜 세월 그림자처럼 나란히 살아왔기에 하나가 죽으면 따라 죽는 나무다. 오랜 나날 익숙해 있던 환경의 변화를 견디지 못하고 죽는 것이다. 나무들이란 참으로 삶에 대해 순결하다. 정직하다. 굳이 살려고 애쓰지 않는다. 죽음에 초월한 모습이다. 하기야 숲에서는 삶과 죽음의 구별이 없으니 당연한 것인지도 모른다. 어쩌면 삶과 죽음을 초월해 있는 것이 생명의 참모습인지도 모른다.

'나도 저 나무들처럼 삶과 죽음을 초월할 수 있을까?'

길은 걸은 만큼 다가오고 산은 걸은 만큼 가까워지고 있었다. 어느새 횡경재 지나고 지봉(1342.7미터)을 넘어 대봉으로 가고 있었다. 가는 길에 연리지(連理枝)와 연리목(連理木)을 만났다. 서로 다른 몸으로 태어나 살아가다 하나의 몸으로 살아가는 나무들이었다. 가지들이 맞닿은 채 살아가면 연리지이고 뿌리도 몸도 하나가 되면 연리목이다. 그 모습 때문에 사랑과 그리움의 대명사처럼 되어버린 나무들이다. 사람들이 나무들을 보면서 사랑을 연상하고 그리움을 떠올리는 것 같았다.

'못 다한 사랑이 많은 탓이리라. 미처 거두지 못한 그리움이 가슴에 가득한 탓이리라. 젊은 날 사랑을 택하지 못한 탓이리라.'

나비 한 마리 퍼덕였다. 아주 작은 어린 나비였다. 산에 들고 처음으로 나비를 보는 것 같았다.

'구름비 내리는데 어디로 가는 걸까? 아직 머물 곳을 찾지 못한 것일까? 어미를 찾지 못한 것일까?'

길을 걸으면서도 마음은 나비를 따라가고 있었다. 나비를 따라가는 사이 갈미봉(1210미터)을 넘었다. 그리고 마침내 뼈재(920미터, '신풍령'이라는 다른 이름도 있다)로 내려섰다. 사람들과 동물들의 뼈가 많이 묻혀 있는 곳이라고 해서 뼈재라는 이름을 지녔던 곳이다. 긴 산행이었다. 도상거리 18.3킬로미터, 실제거리 20킬로미터가 넘는 산행이었다. 13시간 20분을 걸었다.

산은 참으로 정직했다. 오른 만큼 내려가야 했고 내려간 만큼 올라가야 했다. 산은 언제나 걸은 만큼 다가왔다. 나는 그 사실로 인해 근육이 찢어지는 것 같은 심한 고통을 이겨낼 수 있었다. 온몸이 부서지는 것 같은 극심한 고통을 잊을 수 있었다. 때때로 깊은 숲길 걸을 때 느끼던 가슴 절절한 외로움을 이겨낼 수 있을 것 같았다. 결코 끝나지 않을 것 같은 이 길을 다 갈 수 있을 것 같았다.

늦은 오후부터 그쳤던 비가 다시 내렸다. 뼈재에도 비가 내렸다.

비 내리는 어둠 속에서 일행들이 우리를 기다리고 있었다.

소사 마을을 떠나다

#산행 열째 날

여전히 비 내리고 있었다. 이번 주 내내 우중 산행이었다. 하루도 빠짐없이 비 내렸다. 그제도 어제도 내렸고 오늘도 내리고 있었다. 모두들 산행준비에 분주했다. 안까지 젖어버린 등산화 속에 말아 넣었던 신문지를 꺼낸 후 신어보기도 했고 지난밤 말려두었던 우의를 챙기기도 했다. 그래도 오늘은 모두들 조금 여유 있는 모습이었다. 젖은 등산화를 들어 보이기도 하고 아무리 애써도 모양이 나지 않는 싸구려 우의를 펼쳐 보이기도 했다. 짧은 산행 탓이었다. 빼재에서 소사고개까지 도상거리 6.7킬로미터였다.

표고버섯된장찌개와 김치찌개로 아침식사를 마치고 마당으로 내려서자 산행에 대해 한 대장이 말했다.

"오늘은 소사고개까지입니다. 산행 거리가 짧지만 비가 오고 있으니 안전을 위해 산행 시간을 5시간으로 늘리겠습니다. 그러니 서두르지 말고 여유 있게 산행하시기 바랍니다. 그리고 호절골재에서 올려칠 때에는 전체가 암봉입니다. 삼봉산은 전부 암능이기 때문에 매우 주의해야 됩니다. 또한 소사고개로 떨어질 때도 약 70도의 급경사이니 특별히 주의를 기울여야 합니다. 미끄러지지 않도록 각별히 주의하시기 바랍니다."

우중 산행, 생각에 잠기다

우리는 지난 저녁에 내려온 빼재를 통해 다시 숲으로 들어갔다. 삼봉산(三峰山)으로 향했다. 숲은 여전히 비에 젖어 있었고 안개 가득하여 신비로웠다. 비오는 날의 산행은 맑은 날의 산행에 비해 힘들다. 시야가 좋지 않기 때문이다. 안개나 운무 등은 멀리 볼 수 없도록 시야를 가렸고 머리까지 뒤집어쓰는 우의는 좌우를 볼 수 없게 한다. 길 또한 매우 미끄럽다. 넘어지지 않도록 조심하고 소심해야 한다. 시야도 불편하고 넘어지지 않으려고 애쓰다 보니 신경이 더 많이 쓰이고 힘도 훨씬 많이 드는 것이 우중 산행이다. 그렇다고 나쁜 점만 있는 것은 아니다.

비 내리는 날의 숲은 매우 아름답다. 비 오는 날 바람까지 불면 숲은 아름다움에 신비를 더한다. 나무 사이로 피어오르는 안개를 지날 때면 다시는 돌아갈 수 없는 오랜 옛날로 돌아가는 듯도 했고 아직은 가 닿을 수 없는 먼 미래의 아름다운 시간들로 들어가는 것 같기도 했다. 그뿐인가. 비 사이로 흔들리는 나뭇잎들의 나부낌은 가슴 설레게 하고 그 부딪침은 몸 달뜨게 했다. 어디 그뿐인가. 큰 바람이라도 불어 숲 전체가 흔들리며 춤을 출 때면 그저 그 곁에 머물고 있는 것만으로도 위로되었다. 지나온 삶의 모든 어리석음들을 용서할 수 있을 것 같았다.

'나는 왜 이렇게 비 오는 날 산을 타고 있는 걸까? 나는 왜 이렇게 비 맞으며 백두대간을 타고 있는 걸까?'

산길 걸으며 이번 주 내내 마음속에 찾아드는 생각들을 떨쳐버리지 못했

▲ 삼봉산을 향하다

다. 부질없는 생각들이었다. 답이 없는 질문들이었다.

'그저 백두대간이 이 땅의 등줄기라서 걷는 것일까? 그저 이 땅의 등줄기인 백두대간을 한번 걸어보고 싶어서 걷는 것일까? 그저 백두대간을 걸어보지 않고는 이 땅을 제대로 알 수 없다는 막연한 생각에 사로잡혀서 걷는 것일까? 정말 그런 것일까? 허리 잘린 백두대간 걸으며 민족의 문제를 생각했다고 떠벌리고 싶어서일까? 그것도 아니라면 그저 백두대간을 종주했다고 자랑하고 싶어서일까?'

걷고 있는 나 자신도 알 수 없는 일이었다. 그러나 분명히 알 수 있는 것

도 있었다. 그것은 이 땅에 5000년간 몸 기대어 살아오던 우리 조상들이 이 땅을 토막 난 하나하나로서가 아니라 하나의 큰 줄기로 생각했다는 것이다. 백두산에서 뻗어 나와 낭림산, 두류산, 금강산을 만들고 오대산으로 이어지던 산줄기가 태백산에 이르러 방향을 남서쪽으로 돌려 속리산으로 흐르고 지리산으로 흘러들었다고 생각했다는 것이다. 모든 산을 하나의 산줄기로 인식한 것이다. 수백 아니 수천 개도 넘는 산을 하나의 산줄기로 본 것이다. 크고 높은 산이든 작고 낮은 산이든 모두 하나로 보았다는 것이다. 심장이 터질 것 같은 가파른 오르막길도 무릎이 뜨거워질 정도로 급경사인 내리막길도 모두 하나의 길로 보았다는 것이다.

그들은 이 모든 것을 하나로 보았다. 백두대간의 양 끝에 있는 백두산과 지리산도 한줄기 속에 있는 하나의 산으로 보았다. 백두산과 지리산이 하나이듯 이 산줄기에 기대어 사는 생명들도 모두 하나라고 생각했다. 그것이 사람이든 동물이든 나무이든 풀줄기이든 말이다. 아무리 하잘 것 없어 보이는 것일지라도 말이다.

'그들은 후일 백두대간을 걷는 이들이 그들의 이런 마음을 알게 될 것이라고 생각했을까? 그들의 마음을 느끼고 그들의 생각처럼 모두 하나가 되는 삶을 겸손하게 살아가게 될 것이라고 생각했을까? 모든 생명은 하나라는 것을 후손들이 깨닫게 될 것이라고 확신하고 있었을까?'

알 수 없는 일이었다. 비 내리는 숲길 지나며 나는 알 수 없는 것투성이였다.

'그들은 그들의 후손들이 높고 큰 산을 오르는 것에만 열광하게 될 것이라는 것을 짐작하고 있었을까? 그저 백두대간을 걸었고 또한 여러 번 걸었다는 것이 자랑이 되는 사회가 될 것이라는 것을 조금이라도 알기나 했을까?'

구름과 안개로 가득한 소금강 삼봉산

"미끄럼 주의하세요. 나무뿌리 밟지 마세요. 비에 젖은 나무뿌리는 미끄러워요."

김 대장의 말소리가 들려왔다. 고개 들어보니 삼봉산(三峰山, 1254미터)이 눈앞이었다. 호절골재를 지났다. 봉우리가 셋이라서 삼봉산이라는 이름이 붙은 이 산은 멀리서 보면 흡사 피어나는 연꽃 같은 형상이라고 한다. 생각만으로도 그 아름다움과 장엄함이 느껴지는 것 같았다. 또한 이 산은 금강산 일만 이천 봉

▼ 삼봉산 정상

우리 가운데 하나를 옮겨놓은 것 같다고 해서 소금강이라고 불릴 정도로 아름다운 산이었다.

삼봉산에 올랐다. 일봉, 이봉, 삼봉에 올랐다. 그러나 아름다운 경치를 온전히 감상할 수 없었다. 산 정상 암벽 아래 세상은 온통 구름과 안개로 가득했다. 한 대장과 김 대장은 아름다운 조망을 보여주지 못하는 것을 못내 아쉬워했다. 나 역시 삼봉산의 아름다운 조망을 감상하지 못해 아쉬웠다. 그러나 때로는 보이는 것보다 보이지 않는 것이 아름다운 법이다. 보는 것보다 보지 않는 것이 참다운 아름다움을 느낄 수 있는 법이다. 나는 삼봉산의 깊고 유장한 아름다움을 가슴에 담았다. 산을 내려왔다. 가파른 급경사였다. 얼마 지나지 않아 무릎이 뜨거워지기 시작했다. 스틱에 의지하고 나무에 기대며 내려갔다.

뒤돌아보니 삼봉산이 보였다. 현지 사람들이 덕유 삼봉산이라고 부르며 사랑하는 산이다. 삼봉산까지가 덕유산줄기이다. 덕유산을 벗어났다. 힘든 산행이었다. 덕을 지닌 산이라서 덕유산이 된 것이 아니라 산 지나는 이들이 고된 산행 견디고 인내함으로써 덕을 품게 되는 산이라서 덕유산이라는 이름이 붙

▲ 고랭지 채소밭

은 것이 아닐까 하는 생각이 들었다. 덕을 품은 자들만이 산을 지날 수 있기에 덕유산이라는 이름이 붙은 것은 아닐까 하는 생각마저 들었다. 피식 웃음이 났다. 부질없는 생각들이다. 산을 바라보았다. 어느새 구름

걷혀 있었다. 삼봉산 정상은 거의 직각으로 떨어지는 암벽이었다. 장엄한 아름다움이 거기 있었다. 그 장엄한 아름다움 위로 구름이 다시 흐르고 있었다.

산에서 내려오자 고랭지 채소밭이 보였다.

"이리로 대간길이 이어집니다."

한 대장의 말이 들려왔다.

'이 길이 대간길이라고 누가 알겠는가?'

밭에는 갓 심어놓은 배추들 자라고 있었다. 밭길 곁에 찔레꽃 피어 바람에 한들거리고 연보라색 엉겅퀴 홀로 바람을 맞고 있었다. 밭 지나자 키 낮추던 산줄기는 끊어져 있었다. 어쩔 수 없이 산줄기에서 내려와 끊어진 산줄기 가로지르니 사과밭이었다.

하나 되어 흐르던 대간길은 곳곳에서 끊어져 있었다.

소사고개에 들어서자 소사마을이라고 쓴 돌로 만든 직사각형의 이정표가 눈에 들어왔다. 정겨운 모습이었다. 백두대간 쉬어가는 곳이라는 탑선슈퍼의 광고판도 보였다. 황서식 촬영감독, 우주환 대장 등이 마치 마을사람인양 수더분한 모습으로 우리를 맞이했다.

▲ 도랑에 가득한 올챙이들
ⓒ최창남

백두대간 타는 사람들을 위해 마을에서 개방해놓는다는 수돗가에서 스틱과 등산화에 묻은 진흙을 닦았다. 진흙을 닦아내고 돌아서려는 순간 수돗가의

하수구로 흘러드는 도랑에서 무엇인가 가물거리는 것이 보였다. 다가갔다. 나무 그늘 때문인지 잘 보이지 않았다. 쪼그려 앉았다. 올챙이들이었다. 수백 아니 수천 마리의 올챙이들이 도랑에 가득했다. 도랑이지만 맑은 물 흐르는 그곳에서 생명을 틔워 자라고 있었다. 떨어진 나뭇잎 사이에도 나뭇가지 아래에도 모두 올챙이들뿐이었다. 꼬리 흔들 때마다 작은 몸 꿈틀거리며 앞으로 나아갔다. 마치 내가 어린 시절 개울가에서 물장구를 치며 놀고 있는 것 같았다. 도랑은 온통 올챙이 세상이었다. 올챙이 하나하나 모두 제 삶을 살아가는 생명 세상이었다.

나는 일행들이 모두 할 일을 마치고 마을을 떠날 때까지 올챙이들 곁에 있었다. 행복했다. 소사마을을 떠나며 바라본 삼봉산은 구름 걷혀 있었다.

하늘은 맑고 깨끗했다. 시무치게 아름다웠다.

소사고개
에서
괘방령
까지

(2008년 6월 10일~6월 12일)

소 사 고 개 에 서 해 방 촌 까 지

부항령 가는 길

#산행 열하루 째 날

어둠 내린 지 오래되었다. 무주로 들어서자 개구리 소리 요란했다. 정겨웠다. 마음 한갓졌다. 차분해졌다. 달리던 차가 멈추어 섰다. 지난 산행의 끝날 덕유삼봉산 내려와 신세졌던 민박도 하는 대덕산식당 앞이었다. 늦은 10시가 훌쩍 넘어 있었다. 순두부찌개로 맛나게 늦은 저녁식사를 한 후 민박집으로 들어왔다.

　구석진 끝 방이 내 차지였다. 방바닥이 찼다. 보일러를 올렸으니 잠시 후면 따뜻해지기 시작할 것이라는 말이 믿기지 않을 정도로 얼음장처럼 차가웠다. 짐 풀었다. 옷을 옷걸이에 걸려다 벽에 찢겨진 대자보가 붙어 있는 것을 보았다. 어느 농민회에서 MT를 왔다 간 것 같았다. 그들이 떠난 후 집주인이 떼어낸 듯 보이는 대자보는 말끔히 떨어지지 않아 군데군데 글자들이 보였다. 'TA'가 보였다. 'FTA'를 의미하는 것 같았다. 'F'가 찢겨져 나간 것이리라. 그 외에도 '농민' '협정' '전 국민' '정책적' 등의 글씨들이 보였다.

왜 그런 생각이 들었을까. 빛바랜 벽지 위에 붙어 있는 글씨들이 참으로 낯설게 느껴졌다. 왠지 서글퍼보였다. 그저 쓸쓸하게 느껴졌다. 지나온 내 세월처럼 말이다. 열심히 산다고 살았지만 아무것도 내 보일 것이 없는 내 삶처럼 말이다. 찢겨진 대자보도, 남겨진 글씨들도, 글씨를 쓴 사람들도, 백두대간 타겠다고 이 낯선 방에서 잠을 청하는 나도 제각기 수많은 이야기들을 담고 있겠지만 별로 할 말이 없는 빛바랜 벽지들을 닮아 있는 듯했다.

'이번 주 산행은 잘할 수 있을까?'

소사고개에서 괘방령까지 44.3킬로미터의 산길을 가야 했다. 특히 내일 아침에는 1248미터의 초점산을 가파르게 치고 올라야 했다. 소사고개는 해발 680미터이니 568미터를 올라가야 했다. 힘든 산행이리라. 오른 허벅지의 근육통이 오지 않기를 바랄 뿐이었다.

밤 깊어가고 있었다. 자정이 넘었다. 문짝 뒤틀려 제대로 닫히지 않은 틈을 통해 코고는 소리 넘어왔다. 자리에 누웠으나 잠 오지 않았다. 코감기는 더 심해져 있었고 곧 따뜻해질 것이라던 방은 따뜻해지지 않았다. 냉골이었다. 뒤척이다 새벽 2시가 되어 마루로 나가 동행들 틈으로 껴들었다. 따뜻했다.

끊어진 대간길 따라 삼도봉으로

눈을 뜨니 5시 50분이었다. 거의 1시간이나 늦었다. 서둘러 아침식사를 하고 경상남도 거창과 전라북도 무주를 이어주는 소사고개로 향했다. 1년 내내 미풍

불어 집집의 마루마다 깔리는 가는 모래를 거둬가 소사현(笑沙峴)이라는 이름을 갖게 되었다는 곳이다. 그렇게 미풍이 불어서일까. 전라도 사람과 경상도 사람이 서로 등 긁어주며 산다는, 듣는 것만으로도 마음 훈훈해지는 마을이었다.

늦은 산행을 시작했다. 아침 7시 25분이었다. 초점산 삼도봉(1248.7미터)을 향했다. 하늘 맑고 날씨 쾌청했다. 산으로 들어가는 길 초입은 온통 고랭지 채소밭이었다. 고랭지 채소밭 사이로 대간길은 끊어졌다 이어지기를 반복하고 있었다. 대간길은 고랭지 채소밭 사이사이로 이어져 있었다. 우리는 채소밭을 에

▲ 고랭지 채소밭을 지나는 대간길

둘러 가다가 다시 대간길을 만나곤 했다. 비닐하우스도 있었다. 비닐하우스 안에는 올겨울 김장배추로 출하될 어린 종묘들이 가득했다. 몇 걸음 더 올라가자 묘지가 보였다. 대간길은 묘지를 지나고 있었다. 아니 대간길에 묘지가 세워져

있었다. 묘지 주변에는 가드레일이 세워져 있어 통행을 막고 있었다. 산길이 아니더라도 대간길은 마을 지나며 이렇게 끊어져 있었다.

'이 모두가 백두대간을 잃어버린 탓이리라. 백두대간의 의미를 잃어버린 채 살아가고 있기 때문이리라.'

"그러니까 분명히 백두대간길에 있는 고랭지 채소밭 또는 유실수를 심어놓은 곳, 또 무분별하게 개간한 곳 등은 모두 원상회복시켜야 합니다. 물론 나라에서 백두대간을 보존하고 회복하기 위한 법률의 정비 등이 우선 앞서야 하겠지요. 보상도 하고요. 묘지 등도 이장을 해야지요."

한 대장의 말이었다. 목소리에 힘이 들어가 있었다.

"옳은 말이지요. 그럴 때가 오겠지요. 숲을 숲에게 돌려줘야 하듯이 백두대간은 백두대간에게 돌려줘야 하겠지요."

'백두대간은 백두대간에게 돌려줘야 한다'고 대답하면서 '정말 그렇다'는 생각을 하게 되었다. 정말 그렇다. 산은 산답게, 숲은 숲답게, 사람은 사람답게 살아갈 때 자연은 조화를 이루듯이 백두대간이 백두대간다워질 때 이 땅은 조화로워질 것이다.

깊은 숲으로부터 새소리 들려왔다. 숲으로 들어갔다. 숲 바닥까지 들어온 햇살로 인해 숲은 싱그럽고 화사했다. 눈부시게 빛나고 있었다. 마치 빛의 구슬들이 숲에 깔린 듯했다. 지나가는 길에 촛대승마 하얗게 피어 햇살 받고 있었다. 햇살 따가웠다. 땀이 비 오듯 쏟아졌다. 초점산 삼도봉이 눈앞에 가까웠다. 숨 고르며 뒤를 돌아보니 지나온 길 보였다.

'삶에서도 저렇게 지나온 길 뚜렷이 볼 수 있다면 좋을 텐데……'

살아온 길을 뚜렷이 볼 수만 있다면 무엇을 잘못했는지 쉽게 알 수 있을 텐데 말이다. 인생길은 산길과 달라서 지나온 길이 잘 보이지 않는다.

'초점산 삼도봉 1248m'라고 쓰인 표지석이 보였다. 돌무더기 한가운데에 세워져 있었다. 전라북도 무주와 경상북도 김천 그리고 경상남도 거창을 가른다 하여 삼도봉이라고도 불리지만 삼도를 온전히 가르고 있지는 않다. 삼도를 온전히 가르고 있는 산은 민주지산의 삼도봉이다. 남한 땅에는 삼도봉(三道峰)이 세 개나 있다. 모두 백두대간 줄기에 있다.

첫째는 지리산 서부능선에 위치한 삼도봉(1550미터)이다. 경남 하동군과 전남 구례, 전북 남원의 경계지점에 솟아 있다. 원래 이름은 낫의 날을 닮았다고 해서 '낫날봉'인데 발음이 쉽지 않아 '날라리봉'이라고 불리다 삼도봉이라는 새 이름을 부여받았다.

▲ 삼도봉 표지석

둘째는 초점산 정상인 삼도봉으로 경북, 전남, 전북을 구분 짓는다. 대덕산과 이어지는 산이다.

셋째는 민주지산(岷周之山)의 삼도봉(1177미터)으로 충북 영동과 경북 김천, 전북 무주의 경계에 솟아 있는 산이다. 정상에는 세 도시의 화합을 염원하는 대화합기념탑이 있다.

흰 개망초꽃이 붉게 물들어가는 저녁

초점산 삼도봉을 내려와 대덕산을 향했다. 키 작은 싸리나무들 위로 자신들의 사랑을 보여주려는 듯 나비 한 쌍 날고 있었다. 그 모습이 다정했다. 바람 한 점 없는데 노란 미나리아재비꽃이 저 혼자 흔들거리며 나를 보고 웃는 듯했다. 나도 웃어주었다.

▲ 대덕산을 오르다

내리막길과 오르막길이 반복되었다. 지난 3주 동안 나를 괴롭히던 오른 허벅지의 근육통은 찾아오지 않았지만 새로 신은 등산화로 인해 왼 발등이 까지고 벗겨졌다. 힘들었다.

산은 삶처럼 참으로 정직했다. 가파르게 치고 오르면 반드시 그만큼 비탈진 길을 내려와야 했다. 항상 오르는 길보다 내려오는 길이 힘들고 고통스럽다. 삶이 그러하듯이.

대덕산(1290미터) 정상에 올랐다. 옛 이름은 다락산(多樂山), 다악산(多惡山)이었다고 한다. 하나의 산 이름에 어떻게 '락(樂)'과 '악(惡)'이 동시에 쓰일 수 있는지 알 수 없는 일이다. 대덕산(大德山)이라는 이름 그대로 큰 덕으로 많은 즐거움도 많은 악함도 모두 품어 안았다는 뜻일까? 누구나 몸 기대어 살아갈 수 있도록 말이다. 아니면 모두가 지나치지 않도록 큰 덕으로 품어 안았다는 뜻일까? 알 수 없는 일이다. 더구나 이 산은 국난이나 천재지변이 생길 때마다 이주해온 사람들이 많았다고 하니 그 내력만으로도 입간판의 소개를 굳이 빌리지 않더라도 영산(靈山)임에 틀림없다. 큰 덕을 품은 산임에 틀림없다.

대덕산에서 덕산재로 향하는 길에 얼음골 약수터를 지났다. 한 모금 마시자 가슴 시원해졌다. 쏟아낸 땀이 모두 씻겨 내려가는 듯했다. 모두들 미지근해진 물병의 물을 버리고 약수터의 찬물을 받았다.

얼음골 약수터에서 지친 몸을 쉰 후 다시 길을 나선 지 오래지 않아 덕산재(664미터)에 도착했다. 덕산재를 조금 지난 숲길에서 점심식사를 했다. 나물취를 뜯어와 쌈도 싸먹었고 더덕을 캐와 더덕주도 만들어 마셨다. 진수성찬이 따로 없었다.

진수성찬 탓이었는지 모두들 걸음이 가벼워졌다. 800미터가 넘는 이름 없는 봉우리들을 연이어 넘었다. 한때 광산이었다는 폐광터도 지났다. 오래전 황폐해졌던 산은 어느새 풀잎 가득했고 꽃들 피어 있었다. 아직은 황폐한 채로 비어 있는 둔덕들이 군데군데 보였지만 그래도 아름다웠다.

자연을 파괴하는 것은 언제나 사람이다. 그리고 그것을 치료하는 것은 언제나 자연이다. 자연은 스스로 자신의 상처를 치료한다. 자연은 스스로 상처를 치료하고 회복시키는 능력을 지니고 있다. 스스로 상처를 치료하고 회복하는 능력을 가지지 못한 것은 자연이 아니라 사람이다. 나는 때로 우습다. 스스로를 치료하고 회복하는 능력을 지닌 자연을 그런 능력을 지니지 못한 인간이 보호하고 치료한다고 난리법석을 떠니 말이다. 자연은 사람뿐 아니라 모든 생명을 보듬어 안고 함께 살아갈 능력이 충분히 있다. 그런 능력을 지니지 못한 것은 자연이 아니라 인간이다. 그러니 인간이 자연을 판단하고 재단할 일이 아니다. 그저 함께 살아갈 뿐이다. 자연의 일원으로서 자연 속에서 함께 조화를 이루며 살아가면 되는 일이다.

생각을 따라 걷다 보니 어느새 부항령(090미터)으로 들어서고 있었다. 전북 무주군 무풍면과 경북 김천시 부항면을 이어주던 고개이다. 그러나 옛 정취를 잃은 채 쓸쓸했다. 지나는 사람 없이 잊힌 오솔길이 되어 있었다. 삼도봉 터널이 뚫렸기 때문이다.

▲ 개망초

도로로 내려섰다. 도로는 온통 흰 물결로 뒤덮혀 있었다. 개망초였다. 개망초꽃 하얗게 만발해 바람에 흔들리며 남실대고 있었다. 작은 꽃망울들 활짝 피우고 있었다. 만발했다.

활짝 핀 개망초꽃들 뒤로 삼도봉 터널이 보였다.

저녁 오고 있었다. 흰 개망초꽃 붉게 물들어가는 저녁이었다. 눈물 나도록 아름다웠다.

▲ 저무는 저녁

으로 내려서다

눈을 뜨니 새벽 3시 50분이었다. 4시 기상보다 10분 먼저 알람을 맞춰놓았다. 동행들보다 준비할 것이 많은 탓이다. 가볍게 몸을 푼 후 일회용 밴드를 발가락에 정성스럽게 감았다. 발톱이 시꺼멓게 죽어가고 있는 놈도 있었고 새빨갛게 부르터 있는 놈도 있었다. 만지기만 해도 쓰리고 아팠다. 양말을 두 켤레 신은 후 산행일기 공책 등을 가방에 넣었다. 짐을 다시 꾸렸다. 걸어가는 만큼 잠자리도 달라졌다. 오늘 밤 역시 걸어 다다른 곳에서 잠을 청해야 한다.

4시 30분에 가볍게 아침식사를 한 후 5시에 지난 저녁 내려온 부항령으로 향했다. 평소에도 자외선 알레르기 때문에 고생하는 나는 차 안에서 자외선 차단제를 꼼꼼히 발랐다. 백두대간 산행을 계획하며 제일 먼저 걱정되던 것이 자외선 알레르기였다. 마흔이 다 되어가던 어느 날부터 생긴 자외선 알레르기는 점점 심해져 이제는 지병이 되었다. 평생 동행하며 살아가는 친구처럼 되었다.

백수리로 "들어가다"

 차창 밖으로 아직 어둠에 잠겨 있는 산들이 보였다. 몸 움츠려 앉은 듯했다. 그 모습이 꼭 아픔을 끌어안은 이 땅을 닮은 듯했다.

 '왜 이 땅의 산들은 때로 슬프게 느껴질까?'

 알 수 없는 일이었다. 부항령에 도착했다. 5시 25분이었다. 부항령도 어둠 속에 있었다. 날씨 흐렸다. 긴 산행이 기다리고 있었다. 부항령에서 출발하여 백수리산, 박석산, 삼도봉, 삼미골재와 밀목재를 지나고 화주봉을 넘어 우두령까지 가야 하는 긴 하루였다.

▲ 백수리산으로 가다

 산으로 들어갔다. 어슴푸레 밝아오는 숲으로 들어가는 길에 개망초꽃 흐드러지게 피어 있었다. 지난 저녁 사무치도록 아름답게 보이던 꽃이 이 새벽에는 슬퍼 보였다.

　　흐린 날씨 탓이었을까. 숲은 안개 가득했다. 지나는 것만으로도 온몸이 축축하게 젖어들었다. 백수리산 1034미터) 오르는 길은 경사가 심했다. 땀이 비 오듯 했다. 가파른 오르막길을 오르면서도 그날따라 이런저런 생각 많았다. 발 디딜 곳을 찾지 못할 때마다 늘 디디고 기댈 곳이 마땅치 않았던 지나온 내 삶이 떠올랐다. 끊임없이 내게 기대오던 사람들이 떠오르기도 했다. 자신이 할 일은 제대로 하지 않으면서 끊임없이 요구하기만 하던 사람들이 생각나기도 했다.

　　산에 오르니 나보다 앞서 올랐던 일행들이 쉬고 있었다.

　　"어서 오십시오. 수고하셨습니다."

　　"최 선생님 오셨으니 이제 우리는 갑시다."

　　"삼도봉 치러 갑시다."

　　힘들게 올라오는 내게 저마다 한마디씩 건넸다. '이제 가자'는 말에 모두들 웃었다. 웃음 때문인지 몸이 가벼워지는 듯했다. 나도 웃으며 말을 건넸다.

　　"김 대장님, 왜 산을 오르는 것을 '친다'고 해요? 용어들이 과격하고 적당하지 않은 것이 많은 것 같아요. 군사적인 느낌의 용어들도 많은 것 같고. 좀 고쳤으면 좋겠어요. '산을 친다'는 말은 '산으로 들어간다'고 해야 할 것 같아요. '산을 오른다'는 말도 맞지 않는 것 같아요. '들어간다'라고 해야 할 것 같아요. '오르는 것'과 '들어가는 것'에는 큰 차이가 있어요. '오르는 것'은 산을 내가 오르는 것이지요. 산이 주인이 아니라 내가 주인이에요. 그러나 '들어가는 것'은 내가 아니라 산이 주인이지요. 잘 알고 계시듯이 산의 주인은 산이니 '들어가는 것'이 맞아요. 우리는 손님일 뿐이에요. 그러니 산의 허락을 받고 들어가는 것이지요. 산이 나를 받아들여주는 것이지요. 그런 마음가짐, 그런 생각이 중요해요. 그 외에도 고쳤으면 하는 용어들이 더 있어요. 산에서 '내려가는 것' 혹은 '나가는 것'을 '떨어진다'라고 하는데 그것도 그냥 '나간다'고 해야 할 것 같아요. 대장, 총대장이라는 호칭도 바꿨으면 좋겠어요. 말뜻으로는 그다지 틀린 말이라고 할 수 없지만 너무 권위적으로 느껴져요. 산을 사랑하고 산으로부터 배우려는 사람들의 문화가 너무 권위적인 것 같아요."

▲ 누워 있는 백수리산 표지석

김 대장은 고개를 끄덕이며 웃었고 아침부터 말이 많았던 나는 멋쩍게 웃었다.

바람 시원했다. 나는 바람 느끼며 서 있었고 김 대장은 한쪽에 누워 있던 '백두대간 백수리산 1034미터'라고 써 있는 작은 표지석을 나무 기둥에 세워 놓았다. 뉘어져 있을 때에는 편안하게만 보이던 표지석에 뭔가 알 수 없는 긴장감이 서리는 듯했다.

지나는 이들이 행여 보지 못할까 염려하는 마음 때문이리라. 그러나 마음 한편으로는 이제껏 할 일 마치고 겨우 쉬는 아이에게 해야 할 일을 일깨우며 몰아세우는 것 같아 마음 무거워지기도 했다.

이물스런 삼도화합비

다시 숲으로 걸어 들어갔다. 백당나무꽃 화사했다. 흰 꽃잎들을 무성화 주위에 가득 달고 있었다. 안개 서린 숲 사이로 보이는 백당나무꽃은 화사함에 앞서 그윽했다. 여느 때와 달리 차분한 아름다움이 느껴졌다. 기품 어려 있었다.

꽃 보고 나무 느끼며 그저 길을 따라 걸었다. 산이 열어주는 길을 따라 걸었다. 고마운 마음으로 걸었다. 길이 있다는 것은 참으로 고마운 일이다. 길이 없는 숲을 헤쳐 나가는 것은 정말 힘들다. 앞서 이 길을 지나간 이들이 만들어놓은 길이다. 고마운 마음 전한다. 그러나 아무리 길이라고 하더라도 잠시 동안만 지나지 않으면 잡초 무성해져 길이 아니게 된다. 그러니 내 걸음도 이 길을 길이게 만드는 한 걸음이다. 후일 이 길을 지나게 될 이들을 위해 길을 열어주는 의미 있는 한 걸음인 것이다.

▲ 백당나무꽃

이름 없는 산봉우리들을 지나고 박석산(1175미터)도 지났다. 돌멩이들이 많아 길이 편치 않았다. 그 때문인지 몇몇이 지도를 꺼내 남은 길을 확인하다 맥 빠져 했다. 남은 거리가 많은 탓이었다. 나는 아픈 다리를 어루만지며 슬그머니 웃었다. 살아가다 보면 계산하지 않고 그저 해야 하고 그저 걸어야 할 때가 있는 법이다. 그저 순간에 충실해야 할 때가 있는 법이다. 산길 지날 때가 꼭 그러하다. 산은 오른 만큼 반드시 내려가야 하고 길은 걸은 만큼 틀림없이 가까워지기 때문이다.

삼도봉이 가까웠을 때 김천소방소장 명의로 개설된 119비상구급함이 보였다. 반가운 마음에 열어보니 구급약은 하나도 없고 쓰레기만 있었다. 썰렁했다. 마음 씁쓸했다. 관리가 되지 않았다. 관리한다는 것이 말처럼 쉽지는 않겠지만 전형적인 전시 행정으로 오해를 받아도 할 말 없어 보였다. 좋은 마음으로 행한 일이라고 할지라도 그 마음을 유지할 수 없다면 좋은 결과를 만들기 어렵다. 마음 불편했다.

숲은 여전히 시야가 흐렸다. 안개 깊었다. 마치 긴 겨울 밤 사이 서리 내린 창문을 통해 바라보는 신새벽 같기도 했고 오랜 세월 깊이 사랑했던 사람들이 만나 사랑 나누며 토해낸 숨결들이 가득한 것 같기도 했다.

삼도봉(1176미터)에 올랐다. 11시 18분이었다. 거의 6시간이 걸렸다. 삼도봉에 오르자 삼도화합기념탑이라는 거대한 석조물이 보였다. 원래 이름은 화전봉이었으나 삼도가 만나는 지점이라는 뜻으로 삼도봉이라 불리게 된 산이다. 석조물의 하단에는 거북이 세 마리가 새겨져 있었고 그 위에 세 마리의 용이 검은 여의주를 이고 있었다. 한 대장은 탑을 한 바퀴 돌며 삼도를 다 지났다고 농담을 건넸지만 나는 농담하고 싶은 기분이 아니었다. 그 모습이 너무 산과 어울리지 않았기 때문이다.

너무 이물스러웠다. 석조물의 삼면에는 충북 영동군, 경북 금릉군, 전북 무주군이라고 맞닿아 있는 행정구역의 이름들이 새겨져 있었다. 그저 화합하면 될 것을 이렇게 산에 있는 바위 축내가며 이물스러운 석조물을 산 정상에

까지 세울 필요는 없는 일이다. 삼도가 화합하겠다는 마음과 소망은 아름다우나 그것을 이루는 방법에는 화합의 정신이 깃들어 보이지 않았다. 참으로 화합을 원한다면 그것을 염원하는 방법에도 화합과 조화의 정신이 깃들어야 하는 법이다. 그러나 이 석조물은 자연과 전혀 조화되지 않았다. 자연과의 조화와는 상관없이 자신들의 주장만 하면 된다는 것처럼 느껴졌다. 소망이 아름답다고 결과도 아름다운 것은 아니다. 해가 될 때도 많다. 그것을 이루고자 하는 방법에 정신이 깃들어 있지 못하기 때문이다. 게다가 석조물은 관리가 제대로 되지 않아 곳곳에 균열이 나 있었다. 흉한 모습이었다. 삼도의 화합을 위해 세워진 석조물이 사람들의 마음과는 달리 깨어지고 갈라진 화합을 보여주고 있는 것만 같아 안타까웠다.

▲ 삼도화합 기념탑

걷는 즐거움

한쪽으로 이정표가 보였다. 이정표에는 '현재위치 삼도봉, 석기봉 1.4킬로미터, 민주지산 4.3킬로미터, 황룡사 4.4킬로미터'라고 적혀 있었다. 석기봉과 민주지산은 한 방향으로 되어 있었다.

나는 민주지산이라는 이름을 듣는 순간부터 그 산에 가보고 싶었다. 이름 때문이었다. 혹시 민주지산의 '민주'가 민주주의의 민주(民主)가 아닐까 하는 생각 때문이었다. 수많은 무명의 산들을 대신해서 그런 이름을 얻은 것은 아닐까 하는 생각이 들기도 했기 때문이다. 하지만 민주지산이라는 이름의 뜻은 내 생각과는 전혀 달랐다.

산세가 민두름하다고 해서 '민두름산'이라고 불리던 것을 일제 때 지도를 제작하며 한자로 옮기는 과정에서 유사 한자인 민주지산으로 정했다고도 하고, 정상에 서면 덕유산에서부터 '두루두루 많은 산을 다 볼 수 있는 산'이라고 해서 '볼 민(旻)'에 '두루 주(周)'를 써서 민주지산이라고 했다고도 한다. 별로 재미없는 이름 내력이었다. 민주지산이라는 이름보다는 차라리 동국여지승람에 기록되어 있는 원래 이름인 '백운산(白雲山)'이 훨씬 좋아 보였다. 이 이름에는 산을 '인간 세상에 광명을 주는 신성한 곳'으로 여기던 옛사람들의 마음이 담겨 있으니 말이다.

신갈나무 우거진 숲 사이로 난 길을 따라 들어갔다. 서늘한 기운이 몸을 감쌌다. 삼마골재 지나고 끝이 보이지 않는 나무계단을 지나 밀목령에 이르렀다. 오후 1시 20분이었다. 밀목령은 충청북도 영동군 상촌면 물한리의 가래점

마을과, 경상북도 김천시 부항면 대야리의 대야동마을을 잇던 옛 고갯길로서 백두대간의 주능선을 가로지르고 있다. 지금은 희미한 고갯길의 흔적만 남아 있을 뿐이다.

▲ 밀목령으로 내려서다

점심을 맛나게 먹고 쉬었다. 쉰 덕분에 왼발 복숭아뼈 바로 윗부분의 통증은 조금 가라앉았다. 발을 디딜 때마다 '쨍~!' 하고 찢어지는 것 같은 통증이 정강이를 타고 가슴까지 올라오곤 했었다.

다시 산행을 시작했다. 다리의 통증 때문인지 더욱 길게 느껴지는 하루였다. 숲도 그것을 아는지 숲은 점점 울창해지고 나무들은 뒤엉켜 길을 막아서곤 했다. 앞을 볼 수 없었다. 한 걸음 나아가는 것이 힘들었다. 나뭇가지들이 얼굴을 때리곤 했다. 특히 키 높이로 자란 쇠물푸레 나뭇가지들이 얼굴을 '딱!' 하며 때릴 때는 정신이 번쩍 들었다.

'이 길도 지나던 사람이 많았을 때에는 이렇게 얽히지는 않았으리라.'

열심히 길 헤치며 나아갔다. 화주 암봉에 도착했다. 오후 4시 35분이었다. 멀리 대간길에서 벗어나 있어 지나지 못한 민주지산과 석기봉이 보였다. 지나온 삼도봉도 보였다. 삼도봉에서 내려선 곳에 있는 삼마골재도 눈에 들어왔고 보이지 않는 밀목령도 눈에 밟히는 듯 가까웠다.

'참으로 많이도 걸어왔구나. 용케도 저기서 이곳까지 걸어왔구나.'

절로 이런 생각이 들었다. 걷는 것을 잃어버리고 산 지 오래되었다. 걷는 즐거움을 되찾았다는 것만으로도 감사한 마음이 되었다.

로프에 의지해 한 사람씩 조심스럽게 암벽을 내려가니 1207미터의 석교산이 눈앞에 있는 듯 가깝게 느껴졌다. 산에 올랐다. 석교산에 오르자 기다렸다는 듯이 종일 흐리던 하늘이 맑아졌다. 오후 5시 50분이었다. 저녁 오려는 듯 하늘 한편이 기울어지기 시작했다. 서둘러 길을 나섰다.

우두령(790미터)으로 내려섰다. 저녁 8시 어둠이 내려 있었다. '백두대간 우두령'이라는 표지석이 조형물과 함께 크게 세워져 있었다. 중부지방 산림청 보은국유림관리소에서 2006년 10월 20일에 세운 것이다. 표지석의 뒷면에는 백두대간과 우두령에 대한 간단한 소개글이 있었다. 글은 이렇게 끝맺고 있었다.

"산은 우리의 삶의 터전이고 바탕이며 생명의 원천으로 백두대간을 영원

▼ 삶의 터전

히 보존하고 아끼고자 하는 마음으로 이곳에 백두대간 표지석을 세운다."

'도시에 갇혀 산을 잃어버리고 사는 사람들에게 산은 정말 삶의 터전이고 바탕일까? 그들은 산을 생명의 원천이라고 느끼고 있을까? 그렇게 생각하고 있을까? 그렇게 될 수 있을까?'

순간적으로 많은 생각들이 들었다. 사위를 둘러보았다. 어둠 깊었다. 어둠 속에 잠긴 산을 바라보았다. 짙은 어둠 속에서도 지나온 길 뚜렷이 보였다. 가슴에 새겨진 듯 뚜렷이 느껴졌다.

차를 타고 숙소인 괘방령산장으로 향했다. 어둠 속 지나는 자동차의 불빛이 가야 할 길 비추었다.

산줄기는 괘방령에서 허리를 낮추고

#산행 열사흘 째 날

산행준비를 마치고 마당으로 내려서니 아침 햇살 온화했다. 동행들 기다리며 마당 둘러보았다. 가정집으로 지으려다가 백두대간 타는 산사람들의 성화에 못 이겨 산장으로 지었다는 괘방령산장의 마당은 온통 산으로 가득했다. 지나온 부항령 표지석도 있었고 오늘 가야 할 운수봉과 여시골산 표지석도 보였다. 괘방령산장에 오면 모든 산을 두루 섭렵할 수 있다는 농담이 그럴 듯하게 들렸다.

노루 한 마리, 찔레꽃, 양말 한 짝

모두들 차에 올랐다. 우두령으로 향했다. 우두령은 충북 영동과 경북 김천을 이어주는 고갯마루이고 낙동강과 금강수계의 발원지이기도 하다. '질매재'라는 다른 이름으로도 불린다. '질매'라는 이름은 이 고개의 생김새가 마치 소 등에 짐을 싣거나 수레를 끌 때 안장처럼 얹는 '길마'와 같다고 해서 붙여진 것이다. '질매'는 '길마'의 이 고장 사투리이다.

우두령으로 가는 길에 노루 한 마리 보았다. 차 소리에 화들짝 놀란 노루가 도로를 벗어나기 위해 이리저리 뛰었지만 벗어나지 못하고 있었다. 산기슭에도 반대편에도 굵은 철조망이 설치되어 있었기 때문이다.

차 안은 걱정스런 목소리로 가득 찼다.

"저런, 저런!"

"천천히 가, 천천히 …… 노루가 지나갈 때까지 차를 세워."

노루는 한참이 지나서야 겨우 철조망 처져 있지 않은 곳을 찾아내 숲으로 들어갔다. 나도 모르게 안도의 한숨이 나왔다. 도로에서 치어 죽은 동물들의 사체를 볼 때마다 섬쩍지근한 느낌이 오래도록 남아 있었다.

'현대 문명의 상징인 도로에서 죽는 동물들의 숫자가 1년에 얼마나 될까?'

문명의 대가치고는 너무나 끔찍하다. 도로에서 죽은 동물들의 사체를 보는 것은 그다지 어려운 일이 아니다. 흔히 볼 수 있다. 많은 생명들의 주검을 담보로 건설되는 문명이 도덕적이기를 바란다는 것 자체가 어쩌면 어리석은 생각인지도 모르겠다. 생명을 존중하는 가치를 지니기를 바란다는 것 자체가 어쩌면 우스운 일인지도 모르겠다.

우두령에서 숲으로 들어갔다. '등산객 출입로'라는 작은 팻말이 붙어 있는 숲길에는 지나간 이들이 달아놓은 형형색색의 리본들이 어지럽게 달려 있었다. 숲으로 들어갔다. 지난 해 떨어진 낙엽들이 수북이 쌓여 있었다. 가을을 밟는 것 같았다. 괜스레 마음 설렜다. 능선에 오르자 하늘이 보였다. 맑았다. 푸른 하늘에 구름 한 점이 햇살처럼 길게 드리워져 있었다. 맑은 날씨 탓에 멀리 보였다. 첩첩한 산들이 끝 모르게 늘어서 있었다. 그리움의 끝이 그곳 어디쯤에 있을 것만 같았다. 길에 노란 미나리아재비꽃 피어 있었다.

첫 봉우리인 삼성산(986미터)을 지나는 길에 찔레꽃 피어 있었다. 찔레꽃 따 먹으며 엄마를 기다리던 어린 날들을 기억하고 있는 이들에게 찔레꽃은 아득한 그리움이자 설렘이었다. 슬픔이고 아픔이었다. 사랑이고 희망이었다. 따스한 어머니의 품이었다. 그래서 잊을 수 없는 아름다웠던 생의 한순간이었다. 길은 편안했다. 여정봉(1,030미터)에 올랐다. 나무 밑둥치에 기대어 있는 작은 표지판에 '여정봉'이라고 써 있었다.

▲▲ 등산객 출입로
ⓒ최창남
▲ 여정봉에서 바람재로

바람재(810미터)로 향했다. 산과 산은 이어져 있었고 골과 골은 맞닿아 있었다. 나무들은 숲을 이루어 바람이 불 때마다 술렁이며 출렁이고 있었다. 숲 전체가 출렁일 때면 산이 떠나가는 듯했다.

산허리로 구불구불 난 길이 보였다. 숲에서 나와 산허리를 따라 난 길에 서니 바람재 보였다. 바람재로 향했다. 길가 산기슭에는 낮게 쌓은 돌담 가지런했고 반대편에는 풀숲 우거져 있었다. 풀숲과 키 작은 나무들 사이로 가지런히 놓여 있는 나무계단을 따라 내려가자 바람재 표지석이 눈에 들어왔다. 표지석은 풀숲 우거진 곳에 세워져 있었다. 어쩌면 후일 풀숲이 우거졌는지도 모르겠다. 바람 많아서 바람재라는 이름을 지니게 된 바람재의 표지석에 새겨진 글씨도 바람을 닮아 멋스러웠다. 비스듬히 누워 있었다. 표지석 뒤로 보이는 하늘이 눈 시리도록 푸르렀다. 푸르기만 한 하늘 아래 첩첩한 산들도 푸르렀다. 눈부신 날이었다. 바람 많아 바람재라고 이름 붙여진 고갯마루지만 바람은 거의 불지 않았다. 나무 그늘에 앉아 쉬었다. 앉아 있는 것만으로도 곧 바람이 불어올 듯 시원해졌다. 그러나 바람은 불어오지 않았다.

▲ 바람재

형제봉(1020미터)을 향했다. 형제봉에 오르면 황악산 정상인 비로봉(1111미터)이 눈앞이었다. 형제봉으로 오르는 길에 지리산에서도 만난 적이 있는 김천 청년을 만났다. 대기업에 근무하다 사표를 내고 백두대간 종주를 시작했다는 쉽게 만나기 어려운 청년이었다. 그는 야영을 위해 텐트까지 지고 다녔다. 보는 것만으로도 지칠 정도로 배낭이 무거워 보였다. 그는 배낭을 내려놓은 채 지나온 길을 돌아 내려가고 있었다.

"어디가요?"

인사를 챙길 사이도 없이 김 대장이 물었다.

"양말을 잃어버려서요. 어딘가에 떨어뜨렸나 봐요."

그는 잰 걸음으로 뛰듯이 내려갔다.

"아니, 양말 한 짝 잃어버렸다고 이 힘든 길을 다시 내려간단 말이야?"

누군가의 목소리가 들려왔다.

산에서는 양말 한 짝, 휴지 한 조각도 소중하다. 일회용 밴드 하나도 소중하다. 산행이란 어쩌면 우리가 일상생활에서 잊고 있는 작은 것들에 대한 소중함을 배우는 시간인지도 모르겠다. 양말 한 짝, 휴지 한 조각, 일회용 밴드 하나, 길거리에 굴러다녀도 줍는 이 없는 까만 비닐봉지 하나에 이르기까지 산에서는 소중하지 않은 것이 하나도 없다. 모두 제 자리에서 제 몫을 한다. 제 몫을 하지 못하는 것은 사람뿐이다.

허리를 낮추어 내려선 고개

황악산(黃岳山. 1111미터)으로 오르는 길은 가팔랐다. 그러나 거칠지는 않았다. 학이 많이 찾아와 황학산(黃鶴山)이라는 이름도 지니고 있는 산답게 부드러웠다. 국토지리정보원에서 발행한 5만 분의 1 지도에는 '황학산'으로 표기되어 있다. 그러나 '신증동국여지승람' '대동여지도' '택리지' 같은 문헌에 '황악산'으로 적혀 있는 것을 볼 때 '황학산'은 잘못 기록된 것으로 보인다.

황악산에서 기 호흡을 공부하고 있다는 박 선생을 다시 만났다. 지난밤 우두령으로 내려설 때 만난 사람이다. 잠잘 곳을 찾는다고 하여 우리와 함께 동행했었다. 차를 타고 가는 길에 박 선생은 잠시도 가만있지 않고 끊임없이 말을 했다. 어느 산중에서 기와 호흡을 공부하는 'OO산방'을 운영하고 있다고 했고 이제는 유명해져 외국에서까지 공부하러 온다고도 했고 학생들이 많아져 시간을 낼 수 없는데 다른 선생들에게 양해를 구해 한 달 휴가를 얻어 산행을 하고 있다고도 했다. 자신의 수련 방법이 다른 사람들이 가르치는 수련 방법과 어떻게 다른지도 설명했다. 도무지 가만히 있을 줄 몰랐다. 우리 일행은 긴 산행으로 지쳐 있었건만 그는 도무지 침묵할 줄 몰랐다.

뒤에서 들려오는 이야기를 듣던 김명옥 작가가 나를 보며 피식 웃었다. 나는 작은 소리로 화답했다.

'저 친구는 입으로 기 수련을 했나봐! 조용히 할 줄을 모르네.'

김 작가는 다시 웃었다.

박 선생은 깊은 호흡으로 태산처럼 진중하게 있는 법을 알지 못하는 듯했다. 말하는 것이 아니라 듣는 것이 중요하다는 것을 깨닫고 있지 못한 듯했다. 숨이란 내쉬기 전에 먼저 들이마셔야 한다는 것을 깨닫지 못하고 있는 듯했다. 그래도 휴가를 내어 산을 다니고 있다니 다행한 일이다. 조금이라도 산의 소리를 들을 수 있다면 마음을 비울 수 있을 테니 말이다. 자신이 알고 있는 것을 재

빨리 가르쳐주고 싶은 욕망에서 벗어날 수 있을 테니 말이다. 스스로를 드러내고 싶은 욕망에서 조금이라도 자유로워질 수 있을 테니 말이다. 침묵의 언어로 말하고 있는 산으로부터 침묵하는 법을 배울 수 있을 테니 말이다.

멀리 동국제일가람(東國第一伽藍)이라는 직지사가 보였다.

직지사를 멀리 놓아둔 채 황악산을 내려갔다. 운수봉(680미터) 지나고 여시골산(620미터) 지났다. 나는 지난 3일간의 산행으로 체력의 한계를 드러내고 있었다. 괘방령으로 들어서는 완만하기 그지없는 길을 걸어가면서도 힘들었다. 부어오른 왼발에는 압박붕대가 감겨 있었고 등산화는 헐겁게 매어 있었다.

나는 절룩이며 괘방령(掛榜嶺, 357미터)으로 들어섰다. 괘방령이라는 지명은 조선시대 때 이 고개를 넘어 과거를 보러 가면 급제를 알리는 방에 붙는다 하여 붙여졌다고 한다. 시험 보러 가는데 '방에 붙는다'하니 어찌 반갑지 않겠는가 말이다. 추풍령이 국가업무 수행에 중요한 역할을 담당했던 관로였다면 괘방령은 과거시험 보러 다니던 선비들이 즐겨 넘던 과거길이며 장사꾼들이 관원들의 간섭을 피해 다니던 상로였다.

산장으로 들어서는 길목에 개망초꽃이 아름답게 피어 바람에 흔들리고 있었다.

괘방령산장이 보였다. 산장에 들어섰다. 일행들은 이미 도착해 있

▲ 괘방령산장

었다. 씻고 나서 식사를 했다. 산장 주인은 직접 기른 상추를 내놓았고 숲 촬영

을 위해 남아 있던 황서식 감독은 자장면을 만들어 내놓았다. 상다리가 부러질 정도로 푸짐한 점심상이었다.

짐을 정리해서 마당으로 나오니 키 낮은 괘방령이 눈앞에 있었다.

하늘길인 백두대간이 허리를 낮추어 사람 사는 세상으로 내려온 곳이다. 사람 사는 살림살이 걱정되어 제각기 풍성하게 살아가라고 금강과 낙동강을 품어 흐르게 한 곳이다.

나는 해발 357미터밖에 되지 않는 괘방령을 바라보았다. 밋밋하기 그지없는 고개였다. 완만한 부드러움 때문이었을까. 편안해보였다. 어머니 품 같았다. 간간이 차들 지나고 있었다. 백두대간이 허리를 낮추어 내려선 고개에서 사람들이 어울려 살아가고 있었다.

사람 좋은 산장 주인들과 아쉬운 인사를 나누고 차에 올랐다. 서울로 향했다. 저녁 8시 서울에 도착했을 때 비 내렸다. 소낙비였다. 빗방울 기분 좋게 몸에 젖어들었다. 빗줄기 속으로 들어갔다.

도시의 불빛 아래서 빗줄기들 반짝였다. 빛나고 있었다.

빗줄기 굵어지고 있었다.

괘방령에서 신의터재까지

(2008년 6월 17일~6월 19일)

해방경에서 신의 터재까지

산행 열나흘 째 날

다시 찾은 괘방령산장의 새벽은 비에 젖어 있었다. 한 주에 3~4일 걷는 산행을 시작한 지 벌써 다섯째 주를 맞았다. 산행을 할 때마다 괴롭히던 오른다리의 근육통도 조금씩 덜해졌고 산행을 마치면 무서울 정도로 온몸이 부어오르던 증상도 조금씩 가라앉고 있었다. 산행 마치고 집에 돌아가 있는 동안에도 몸은 조금씩이나마 고통을 잘 견뎌내고 있었다. 몸은 긴 산행에 조금씩 아주 서서히 적응되고 있었다.

바람 불어왔다. 빗방울이 얼굴을 스쳤다. 상쾌했다. 그 상쾌함 때문인지 '아프지 않고 잘할 수 있을까' 하는 산행에 대한 걱정이 들지 않았다. 도상거리 17.6킬로미터를 가야 했다. 괘방령에서 출발하여 가성산, 장군봉, 눌의산을 넘고 추풍령을 지나 금산에 오른 뒤 사기점고개를 거쳐 작점고개까지 가는 짧지 않은 길이었다. 우의 입었다. 많은 비는 아니었지만 가벼이 여길 만한 비도 아니었다. 장마가 본격적으로 시작되었다.

'내일은 많은 비가 뿌릴 것이라고 했지만 오늘은 비 온다는 예보가 없었는데……'

빗줄기는 괘방령을 적시고 있었다. 비록 해발 300미터의 낮은 고개이지만 백두대간 마루금이 지나는 괘방령은 금강과 낙동강의 분수령이다. 빗줄기 떨어져 북쪽으로 흐르는 물은 금강과 더불어 흐르고 남쪽으로 흘러드는 물은 낙동강과 하나 되어 흐른다. 도로를 따라 흘러내리는 물줄기 바라보았다. 지나온 곳이 다르고 흘러온 곳이 다르지만 모두 너와 나를 구별하지 않고 하나 되어 흘렀다. 다름을 탓하지 않고 하나 되어 흘렀다.

시계 보니 5시 30분이었다. 모두들 준비로 부산한 듯했다. 더불어 백두대간을 한 번이라도 걸어보겠다고 합류한 정홍모 기자(전 경기신문 편집국장)와 홍성수 기자(전 경기신문 사회부장)도 준비를 마치고 산행을 기다리고 있었다. 다소 어설픈 모습이었다. 슬그머니 웃음이 났다. 그들의 모습도, 아직 제 몸 하나 제대로 추스르지 못하면서 다른 이들의 어설픈 모습을 느끼고 있는 내 모습도 우스웠다.

구름 머물고 바람 쉴 곳 마땅찮은 추풍령으로

산행을 시작했다. 비닐하우스 지나 산으로 들어갔다. 산은 깊은 안개에 젖어 있었다. 비에 젖은 야생화들 바람에 흔들렸고 나뭇잎들 출렁였다. 산은 말이 없고 숲은 고요했다. 내리던 빗줄기도 소리 없이 그치는 듯 마는 듯했다. 우의를 벗어 배낭에 넣었다. 다시 걸음을 옮겼다.

커다란 신갈나무 보았다. 반쪽은 껍질 벗겨져 죽어 있었다. 삶과 죽음이 한 나무에 있었다. 그 모습이 너무나 자연스러웠다. 멋스러웠다. 숲에서는 삶과 죽음의 경계라는 것이 의미 없었다. 산 아래 사람 사는 세상에서는 결코 가까이 있을 수 없는, 멀리 떨어져 있는 삶과 죽음이 산에서는 한 몸 되어 있었다. 삶과 죽음이라는 생명의 영역에 대해 억지로 구분해놓은 사람들의 생각과 말은 이곳에서는 아무런 의미도 없었다.

▲ 삶과 죽음의 경계가 없는 숲

신갈나무 그대로 놓아두고 가성산^(716미터)에 오르니 바람 세찼다. 운무 가득했다. 구름 위에 떠 있는 듯했다. 하늘을 걷는 듯했다. 하늘길에 오른 듯했다. 운무 때문이었을까. 백두대간을 하늘길로 생각했던 옛사람들이 그리웠다.

나는 하늘길에 있는 가성산 표지석 곁에 앉았다. 바람 세차게 불어왔다. 온

몸 적시던 땀이 빠르게 식었다. 운무 걷혔다. 막혔던 시야 열렸다. 길이 보였다. 길을 따라 나서자 장군봉(627미터)이 지척이었다. 표지석조차 없는 장군봉을 지나며 느꼈던 아쉬움과 허전함 때문이었는지 바람에 몸 부비는 나뭇잎 소리, 풀잎 소리가 왠지 서글펐다. 그 서글픔의 정체를 알아볼 사이도 없이 눌의산(743미터)에 올랐다. 쫓아오는 이도 없는데 서둘러 걸은 길이었다. 가야 할 길이 있다는 생각이 발걸음을 재촉하고 있었다.

헬기장에 앉아 쉬며 간식을 먹었다. 정홍모 기자는 심한 무릎 통증을 호소했다. 걷기 힘들 정도로 고통스러워했다. 간단한 응급처치를 한 후 소염진통제를 주며 지난 몇 주간의 내 모습이 생각나 웃었다. 내가 왜 웃는지 이유를 알지 못하는 정 기자도 얼굴 찡그리며 함께 웃었다.

비는 완전히 그쳐 있었다. 세찬 바람에 운무 걷혔다. 뛰어나다는 주변 조망 대신 멀리 추풍령이 보였다.

◆ 추풍령에 들어서다

하늘길 백두대간은 눌의산에서 해발 200미터의 낮은 고개인 추풍령으로 이어졌다. 고속도로가 대간길을 가로 지르고 있었다. 우리는 고속도로 아래로 난 지하통로로 들어섰다. 들어서는 길목에 '백두대간의 기가 흐르는 곳 000모텔'이라는 광고판이 걸려 있었다. 외국의 어느 지명을 옮겨놓은 것 같은 모텔 이름은 아무리 보아도 백두대간과는 어울리지 않았다. 지하통로를 벗어나자 포도밭 이어졌다. 백두대간의 분수령이 으레 그렇듯 추풍령은 물이 적고 낮과 밤의 일교차가 심해 곡식보다는 과수가 잘되는 지역이었다. 논농사가 사라진 지 이미 오래였다. 온통 포도밭이었다. 대간길은 포도밭으로 가로막혀 있었다. 포도밭 가로 난 길을 따라 걸었다. 추풍령이었다. 해발 200미터의 낮은 고개여서 조선시대에는 부산과 한양을 잇는 작은 사잇길에 불과했다. 그렇게 주목받지 못하던 고개가 경부고속도로와 '추풍령'이라는 노래로 인해 다른 높은 고개들보다 분주하고 주목받는 큰 고개로 변화되었다. 경부고속도로가 백두대간을 지나는 유일한 곳이 바로 추풍령이다. 백두대간을 지난다는 생각 때문이었을까. 남상규라는 가수는 추풍령을 '구름도 자고 가고 바람도 쉬어 가는' 고개라고 노래했다. 그러나 눌의산에서 내려선 추풍령은 고개라고 하기에는 좀 멋쩍은 느낌이 들 정도로 평지에 가까웠다. 그대로 사람 사는 분주함이 고스란히 담겨 있는 마을이었다. 우리는 추풍령 표지석 앞에서 촌스럽게 단체사진을 찍은 후 '구름 머물고 바람 쉬어 갈 곳'이 마땅치 않아 보이는 낮은 고개 추풍령에 잠시 머물렀다. 바람과 구름 대신 머물며 식사를 했다.

무너진 돌산

비 온 뒤의 하늘은 푸르렀다. 끝 모르게 깊었다. 다시 길 이어갔다. 조금 나아가자 '금산 0.2킬로미터'라는 이정표가 보였다. 이정표 아래에는 '등산로 폐쇄'라고 적혀 있었다. 우리는 금산(384미터)으로 들어갔다. 폐쇄되지 않은 산길 따라 금산 깊숙이 들어갔다. 정상에 올라서니 반대편은 깎아지른 절벽이었다. 산의 북사면 절반은 사라져 있었다. 아슬아슬한 벼랑이 무간지옥처럼 넓은 입을 벌리고 있었다. 채석장 개발로 이 땅의 등줄기인 백두대간이 무너진 것이다. 우리 선조들이 하늘길이라고 믿었던 길이 거의 끊어져가고 있는 것이었다.

이 작은 돌산의 상처가 이토록 깊어진 것은 어제오늘의 일이 아니다. 일제강점기 때부터 석재를 얻기 위해 파먹어 들어갔다. 해방 후 나행히도 중단되었으나 1968년 다시 훼손되기 시작했다. 국내 굴지의 철도용 궤도자갈 생산업체인 삼동흥산이 경북 김천시와 영동군이 경계를 맞댄 추풍령 자락 금산에 채석장을 낸 것이다. 삼동흥산은 폭약으로 산의 절반을 날린 후 철도용 자갈로 사용했다. 처음에는 경부선철도에 들어갔고 나중에는 고속전철철도의 자갈로 쓰였다.

한반도를 품어 있게 한 백두대간이 헐려 철도 침목 사이에 깔리는 자갈로 쓰이고 있었다. 그저 자병산과 함께 백두대간에서 가장 심각하게 훼손된 산이라고 말하고 지나기에는 너무나 가슴 아팠다. 사람들이 살아갈 수 있도록 산과 땅과 물을 제공해준 산줄기를 사람들은 더 많은 재화를 생산하기 위해 깎고 헐어내고 있었다. 제 땅, 제 나라를 있게 한 산줄기를 작은 욕심을 채우기 위해 통

째로 무너뜨려 철도의 자갈로 팔아먹고 있었다.

'어떻게 이런 일이 있을 수 있을까? 어떻게 이런 일이 있을 수 있을까?'

마음 아팠다. 바람 불어왔다. 무너진 절반 때문인지 바람 소리 휑하고 황량했다. 마치 산이 울고 있는 것 같았다. 둘러보니 꽃들이 바람에 흔들리고 있었다. 노란 씀바귀였다. 어여뻤다. 눈물 나도록 예뻤다. 깊은 상처를 위로하는 듯 가슴 시리도록 아름다웠다. 그 곁으로 어디에서나 볼 수 있을 정도로 너무 흔해 민초들의 꽃으로 사랑받는 흰 개망초꽃들도 눈부시도록 아름답게 피어 있었다. 바람과 노니는 듯 흔들리며 춤추고 있었다.

아픈 마음 추스르며 내려오는 길에 까맣게 불탄 숲을 만났다. 오래지 않았던지 재 냄새가 아직 남아 있었다. 모두 불타 죽은 자리에 하얀 참으아리꽃들 무리지어 자라고 있었다.

'저 꽃들처럼 무너진 금산도 다시 회복될 수 있을까? 저 참으아리 꽃들처럼 끊어진 백두대간 다시 이어질 수 있을까? 끊어진 대간길 이어지면 끊어졌던 사람들의 마음들도 다시 이어질 수 있을까? 서로 미워하고 상처 입히고 죽이지 않고 하나 되어 살아갈 수 있을까?'

길을 따라 걸었다. 길은 언제나 내 앞에 있었다. 언제나 이어져 있었다. 때로 소나무 숲 사이로 휘어들고 때로 참나무 숲 사이로 숨어들어 없는 듯했지만 언제나 내 앞에 나타나곤 했다. 때로 하늘로 치솟기도 하고 때로 땅으로 꺼지기도 하여 사라진 듯 끊어진 듯했지만 길은 언제나 이어져 있었다. 내 앞에 있었다. 나는 보이지 않는 그 길 따라 때로 걷고 때로 앉아 쉬며 지나는 바람소리를 듣곤 했다. 숲이 들려주는 이야기들을 듣곤 했다. 때론 수많은 사람들의 웅성거림이 들려오는 듯했고 때론 아무런 소리도 들려오지 않았다. 침묵뿐이었다. 마치 내가 침묵의 서약을 하고 바보의 길을 가는 수도자가 된 것만 같았다.

지나는 길에 나리꽃이 홀로 피어 외로웠다.

옛날 사기를 구워 팔던 마을이 있어 사기점고개(390미터)라는 이름을 갖게 된 고개에 거의 이르렀을 때 정흥모 기자와 홍성수 기자는 더 이상 걷기 힘들 정도로 지쳐 있었다. 그들을 먼저 내려 보내고 다시 길을 이어갔다. 밀밭 지나자 작점고개(340미터, '능치재'라는 이름도 있다)가 손에 잡힐 듯 가까웠다.

작점고개에 내려서자 토끼풀이 가득했다. 그 위로 하얀 나비들이 한가롭게 날고 있었다. 그 모습이 평화로웠다.

아직 해가 남아 있었는데도 숲은 어두워지는 듯했다. 나비가 보였다. 나비는 숲으로 들어가고 우리는 숙소로 향했다. 가는 길에 금산을 다시 만났다. 무너진 북사면이 그대로 보였다. 깨끗이 절개된 피부처럼 금산은 완전히 잘려 있었다. 하늘 저편에서부터 노을 깃들기 시작했다. 붉어지고 있는 하늘 탓이었는지 금산도 붉어진 듯했다.

◆ 참으아리꽃
ⓒ최창남.
나리꽃.
기린초

선조들에게 있어 백두대간은

우리의 선조들에게 있어 백두대간은 그저 높은 산들 이어져 있는 산줄기가 아니라 생명 허락하고 살아갈 수 있도록 은총 베푼 신성한 하늘이었다. 마루금은 하늘길이었다.

선조들은 하늘이 이 땅을 열고 이 민족을 세웠다고 믿었다. 생명의 주체는 언제나 하늘이었다. 하늘이 새로운 생명을 허락하고 지혜를 베푼다고 생각했다. 그 지혜들은 산을 통해 전해졌다. 단군이 하늘에서 내려와 이 민족을 연 것도 산이었고, 수많은 성인과 도인들이 깨우침을 얻은 곳도 산이었다. 산은 생명과 지혜의 산실이었다. 그렇기에 자식들도 산에 들어가 기도함으로 얻어왔다.

산은 신성하고 밝은 깨우침을 주는 장소였다. 선조들의 이런 생각과 믿음은 산의 이름에 그대로 남아 있다. 우리나라의 산 이름에는 '백(白)'이 들어간 산이 많다. 백두대간에 있는 함양 장수 지역의 백운산(白雲山) 외에도 같은 이름을 가진 산이 100개가 넘는다. 그 외에도 문경, 괴산 지역의 백화산, 을진의 백암산, 대백시의 태백산, 영주와 단양의 소백산, 태백시의 함백산 등 헤아리기 힘들 정도로 많다. 그리고 그 산들은 그 지역의 대표적인 영산으로 정신적인 지주 역할을 한다.

'백(白)'은 '밝음'을 의미한다. '광명'을 의미한다. 즉 '지혜를 밝게 비춤'을 의미하고 '밝게 비춤'으로 '깨우침'을 준다는 뜻을 담고 있다. 이처럼 산은 사람들에게 지혜를 주는 은총의 땅이었던 것이다.

백두산(白頭山)은 '밝음, 광명, 지혜, 깨우침, 은총의 땅' 등을 상징하는 '백(白)'이 들어간 산의 가장 머리가 되는 산이다. 백두산은 글자 그대로 '밝음, 깨우침의 머리가 되는 산'이다. 참으로 민족의 영산이라고 아니 할 수 없다.

백두대간은 민족의 영산인 백두산으로부터 시작되고 있다. 백두산 하늘못인 천지(天池) 장군봉에서 시작하여 원산, 낭림산, 두류산, 금강산, 오대산, 태백산, 속리산, 장안산을 거쳐 지혜의 산인 지리산(智理山) 하늘의 봉우리 천왕봉(天王峰)에 이르러서 발걸음 멈춘다.

백두대간의 시작과 끝이 '하늘'에 닿아 있고 '깨달음과 지혜'를 담고 있다는 것은 우리의 선조들이 백두대간을 그저 높은 산들이 이어져 있는 산줄기가 아니라 하늘의 세계로 인식했음을 보여주고 있는 것이다. 최소한 하늘의 정신을 구현하는 천상세계로 인식했음에 틀림없다. 그렇기에 천왕봉을 오르려면 '하늘을 여는 문'인 개천문(開天門)이나 '하늘에 오르는 문'인 통천문(通天門)으로 들어가야 했던 것이다. 그 문으로 들어가야만 하늘길인 백두대간을 걸을 수 있었던 것이다. 마루금을 지날 수 있었던 것이다.

선조들이 백두대간을 하늘길로 생각한 것은 그저 하늘에 가까이 있었기 때문이 아니다. 백두대간이 그들과 우리 모두에게 살아갈 수 있는 땅과 물과 지혜를 베풀었기 때문이다. 그것은 하늘만이 할 수 있는 일이었다. 백두대간은 1정간, 13정맥과 수많은 지맥(支脈), 기맥(岐脈)을 이 땅에 풀어놓았을 뿐 아니라 10개의 큰 강을 품어 흐르게 함으로써 수많은 생명들이 깃들어 살아갈 수 있도록 품어주었던 것이다. 생명과 생명을 영위할 수 있는 삶을 준 것이다. 그러니 우리 선조들이 백두대간을 하늘에 속한 신성한 산줄기이자 하늘길로 생각했다고 해서 조금도 이상한 일이 아니다.

윗왕실재로
가다

산행 열닷새째 날

지난밤 내내 비 내렸다. 어제 아침 숲을 적시던 비가 오전이 지나기도 전에 그치더니 밤 되며 다시 내리기 시작했다. 많은 비 내렸다. 그칠 비가 아니었다. 본격적으로 시작된 장마가 산으로 올라온 듯했다. 산행준비를 했다. 물과 이온 음료도 챙기고 점심밥과 간식거리도 챙겼다. 사진기와 보이스레코더 그리고 전화기 등도 지퍼백에 하나씩 따로따로 넣었다. 사진 찍고 녹음할 때마다 일일이 열고 닫아야 하는 번거로움이 있지만 어쩔 수 없었다. 사진가 이호상과 신범섭 촬영감독 등도 카메라가 비에 젖지 않도록 세심한 주의를 기울였다. 우의를 입고 배낭에 커버를 씌운 후 차에 올랐다.

 어제 내려온 직점(雀店)고개로 향했다. 새 많고 유기섬 많았던 곳이기에 지어진 이름이다. 김천 어모면에서 추풍령으로 넘어가는 한적하기 그지없는 이 고개는 작점고개라는 아름다운 이름 외에도 여러 개의 다른 이름을 지니고 있다. 충북 사람들이 고개를 넘어 여덟 마지기 농사를 지었다 해서 여덟마지기고개, 고갯마루 근처에 성황당이 있다 하여 성황뎅이고개, 고갯마루 아래 능치마을에서 빌려온 능치재라는 이름도 있다.

작점고개에도 비는 내리고 있었다. 표지석 주위에 가득한 토끼풀 위로도 비는 내렸다. 지난 저녁 내려선 곳인데도 비 때문인지 낯설게 느껴졌다. 그런 낯선 느낌을 떨쳐내고 싶었던 것이었을까. 나는 여느 때보다도 큰 목소리로 외쳤다.

"백두!"

"사랑합시다!"

비오는 안개길을 걸으며

산행 시작했다. 길 이어갔다. 숲으로 들어가는 어귀의 나뭇가지에 수십 개 리본들이 달려 있었다. 바람에 펄럭였다. 때로 갈 길을 일러주기는 했지만 아름답지는 않았다. '날밤 새도 백두 간다' 등의 재미있는 이름들은 때로 지친 산행에 위로가 되기는 했고 뒤 따라오는 이들을 위해 남겨두는 아름다운 배려의 흔적이기도 하지만 아름다운 모양은 아니었다.

▲ 바람에 펄럭이는 리본들

몇 년 전 미국 여행을 할 때 애팔래치아산맥(Appalachian Moutains)의 트레일

(Trail)을 걸은 적이 있었다. 애팔래치아산맥은 미 동부의 등줄기 같은 산맥이다. 우리나라의 백두대간 같은 산줄기이다. 수많은 사람들이 종주하는 산길에서 나는 리본을 하나도 발견하지 못했다. 리본을 달 필요가 없었기 때문이다. 곳곳마다 산길을 찾기 쉽게 표시되어 있었기 때문이다. 물론 상세한 지도도 있었고 이정표도 곳곳에 설치되어 있었지만 나무에 새겨진 표시만으로도 길을 잃을 염려가 전혀 없었다. 애팔래치안 트레일을 나타내는 색은 흰색이다. 트레일을 따라 직사각형의 흰색 표시가 나무마다 일정한 간격을 두고 새겨져 있었다. 다른 트레일과 만나는 곳은 각각의 트레일마다 정해져 있는 색깔대로 가는 방향이 표시되어 있어 지도 없이도 길 잃을 염려가 전혀 없었다.

▲ 애팔래치안 트레일
ⓒ최창남

숲은 비에 젖어 있었다. 짙은 안개가 숲을 감싸고 있었다. 눈앞의 길도 아스라했다. 바람에 신갈나무 잎들 소리를 내며 펄럭였다. 작은 깃발 같았다. 그리움 향한 소리 없는 아우성 같기도 했고 오랜 세월 내려놓지 못한 마음의 조각들 같기도 했다. 생명을 향한 열정 같기도 했다. 나뭇잎 한 장 한 장이 모두 저마다의 모양으로 떨리고 흔들리고 펄럭이며 살아 움직였다. 숲은 이런 나뭇잎 한 장에 의해 이루어진다. 나뭇잎이 없다면 숲뿐 아니라 모든 생명이 존재할 수 없다. 작은 벌레도 만물의 영장이라는 사람도 살아갈 수 없다.

나뭇잎은 광합성을 한다. 자신이 살아가는 데 필요한 포도당을 얻기 위해

서다. 이를 위해 나뭇잎은 물과 탄소를 필요로 한다. 탄소는 대기 중의 이산화탄소에서 얻고 물은 뿌리를 통해 얻는다. 이 두 가지 재료가 확보되면 나뭇잎은 빛의 에너지를 이용하여 광합성(탄소동화작용)을 하여 포도당을 얻는다. 그 과정에서 생기는 자신에게 불필요한 가스를 배출한다. 그것이 산소이다. 그러니 사람들은 모두 나뭇잎들에게 절대적인 신세를 지고 있는 셈이다. 그럼에도 불구하고 사람들은 탐욕으로 인해 나무를 마구 베어내고 있으니 안타까운 일이다. 자신의 생명뿐 아니라 후손들과 이 땅에서 살아갈 모든 생명의 목숨을 앗아가는 일이다. 살인행위나 다름없는 참으로 어리석은 일이다. 슬픈 현실이다.

▲ 비에 젖은 숲을 지나다

이런저런 생각에 마음을 빼앗기다 비 내리는 아름다운 숲을 채 느낄 사이도 없이 용문산(710미터)에 올랐다. 지나온 길 기억나지 않았다. 그저 안개길 걸어온 듯했다.

무릎에 은은하게 통증이 느껴졌다. 산행 첫 주부터 나를 괴롭히던 오른 허벅지의 근육통이 차츰 사라져가자 왼 무릎이 아파오기 시작했다. 길을 떠나기 위해 모두들 내려놓았던 배낭을 메었을 때 나는 무릎보호대를 배낭에서 꺼냈다. 나로 인해 제 능력껏 산행을 즐기지 못하는 김남균 대장에게 미안한 마음이 들어 슬그머니 말을 건넸다.

"나이 들면 준비해야 할 것들이 많아지는 법이야."

김 대장은 나를 보며 웃었다. 용문산을 떠났다. 작은 통나무계단을 내려갔다. 계단 사이에 저 홀로 자란 작은 풀잎이 비를 맞고 있었다. 그 모습 애처로웠다. 그러나 희망이 있었다.

"선생님, 저 소나무 밑둥치에 왜 거품이 일어요?"

바라보니 비누거품 같은 것이 잔뜩 끼어 있었다.

"잘 모르겠는데요."

김명옥 작가가 일러주었다.

"거품벌레요. 거품을 걷어내면 벌레가 있어요."

김 대장이 희한한 벌레도 있다는 듯이 되물었다.

"거품벌레요?"

비 내리는 숲길 지나며 나는 한가로웠다. 보이는 것들을 그대로 느끼며 걸었다. 리본은 리본대로, 나뭇잎은 나뭇잎대로, 거품벌레는 거품벌레대로 보았다. 그저 산길에 나를 맡기고 걸었다. 국수봉(掬水峰, 763미터)에 올랐다. 낙동강과 금강의 분수령이 되는 산이므로 물을 움켜쥐었다는 뜻을 담아 '움켜질 국(掬)'에 '물 수(水)'를 써 국수봉이라는 이름 붙은 이 산은 웅산(熊山), 용문산(龍文山), 웅이산(熊耳山) 등의 다른 이름도 지니고 있었다.

정상에 올라섰다. 암릉이었다. 바람 세찼다. 서 있기 힘들 정도로 거세게 불어왔다. 산철쭉들이 바람에 흔들렸고 나무들 출렁거렸다. 숲은 일어서고 산은 떠나가는 듯했다. 바람 피해 숲으로 들어섰다. 바람 없었다. 숲에는 온기 남아 있어 따스했다. 모두들 나무 아래 앉아 담배 피는 동안 나는 나비를 바라보았다. 비 피할 곳을 찾지 못한 것인지, 많은 비로 인해 새로운 안식처가 필요해졌는지 알 수 없었다. 나비가 많았다.

▲ 텅 빈 교실

낯섦과 익숙함

큰재(320미터)에 내려서자 굵어진 빗방울이 금강과 낙동강의 분수령임을 알리는 입간판 위로 내리고 있었다. 상주시 공성면의 3번 국도와 영동군 모동면의 977번 지방도로를 연결하는 920번 지방도로가 백두대간의 주능선을 가로지르는 곳이다.

우리는 점심식사와 휴식을 위해 학교로 들어갔다. 백두대간 상에 있는 유일한 학교인 옥산초등학교 인성분교다. 교문 안쪽에는 1949년 11월 개교하여 597명의 학생을 배출하고 1997년 3월 폐교되었다는 내용이 적힌 교적비가 있었다. 교문 바깥쪽에는 '부산녹색연합 생태학교 백두대간교육센터'라는 간판이 달려 있었다. 그러나 그것도 지나간 어느 때 사람들의 손길이 닿았었다는 사실만을 말해주고 있을 뿐 학교 안은 황량하기만 했다. 생태학교의 흔적은 어디에도 없었다. 지금은 어느 누구도 관리하지 않는 버려진 건물일 뿐이었다. 창은 남김없이 깨지고 부서져 있었다. 나무로 된 교실 바닥도 뜯겨져 흙바닥 그대로 드러나 있었다. 칠판에는 아이들이 적어놓았을 것 같은 낙서와 알아보기 힘든 글씨들이 적혀 있었다. 이곳을 지나간 산악회 사람들의 흔적도 남아 있었다. 행사를 했는지 국민의례, 식순 등의 글씨들이 보였다. 털보산악회라는 이름도 보였다. 건물 뒤편에는 칠이 벗겨진 문마다 학년이 적힌 재래식 화장실들이 있었다. 남겨진 것들은 모두 부서져 있었다. 사뭇 쓸쓸했다. 뜯겨지고 무너진 빈 교실로 바람 지났다. 바람 따라 소리 들려왔다. 먼 시간을 넘어온 아이들 소리 같았다. 빛바랜 아우성 같았다. 소사남초등학교를 다니던 어린 시절의 교실이 생각났다. 널빤지 얼기설기 엮은 위에 루핑으로 지붕 씌운 교실이었다. 비오는 날이면 공부 할 수 없을 정도로 루핑을 때리는 빗방울 소리 요란했다. 비만 오면 얼기설기 엮인 교실 벽 틈으로 비가 들이쳐 흙바닥이었던 교실 바닥은 이내 진창이 되곤 했다. 그런 날이면 수업 멈추고 일찍 집으로 돌아갔다.

'이 교실에서 어린 날을 보낸 아이들은 지금 어디서 무엇을 하고 있을까? 소사남초등학교를 다니던 어린 시절의 친구들은 지금 어디서 무엇을 하고 있을까?'

그저 모든 것이 그리웠다. 지나간 날들이 깊을수록 그리움도 깊다.

물을 떠오고 김치를 넣어 라면을 끓였다. 커피까지 준비되어 있는 훌륭한 점심식사였다. 회룡재(340미터)를 지나 개터재(380미터)에 이르렀을 때 조금 잦아들었던 빗줄기가 다시 굵어졌다. 비 맞으며 걸었다. 낮은 재들 이어졌다. 백두대간이 아니라 동네 야산을 걷는 것만 같았다. 추풍령(200미터)에서 작점고개(340미터), 큰재(320미터), 회룡재, 개터재, 윗왕실재(400미터)까지 낮은 재들이 이어지고 있었다. 믿기지 않을 정도로 백두대간은 낮은 재들을 이어가고 있었다. 사람들 몸 부비며 사는 세상으로 내려서 있었다. 빗줄기 점점 굵어지고 있었다. 왼다리 절룩이며 윗왕실재에 내려서자 굵은 빗줄기 쏟아져 내렸다. 우리를 기다리고 있던 남권우 프로듀서가 막걸리 한 사발과 오이를 내밀며 말을 건넸다.

"괜찮으세요?"

"응, 괜찮아."

나는 산행을 하는 동안 통증에 익숙해지고 있었다. 산행 첫날을 빼고는 하루도 통증에 시달리지 않은 날이 없었다. 한동안 나를 괴롭히던 오른 허벅지 근육통이 사라지자 왼 발목 복숭아뼈 윗부분이 아파왔고 그다음에는 왼 무릎, 오른 무릎, 발가락 등 마치 제 차례를 기다리고 있었다는 듯 돌아가며 아파왔다. 안 아픈 곳이 없었다. 아픔에 대한 내구력이 생기는지 때로 '다음 주

◆ 개터재를 지나 윗왕실재로

에는 어디가 아플까?' 하고 궁금증이 일기도 했다. 나는 통증에 익숙해지고 있었다. 통증에 익숙해지는 것도 산행의 일부이다. 그렇게 통증에 익숙해지다 보면 자연스럽게 통증과 이별하게 된다. 그렇게 통증이 사라지는 것이다. 통증을 견디는 것이 아니라 다시는 통증이 오지 않는 것이다.

'익숙해진 것들과의 이별이라.'

이런 생각이 들자 슬그머니 웃음 나왔다. 산행이 여행을 닮아 있다는 생각이 들었기 때문이다. 여행이란 그야말로 익숙한 것으로부터의 떠남이다. 낯선 것들을 향해 떠나는 것이다. 그리고 설렘으로 낯선 것들을 만나 익숙해지고 다시 낯선 느낌으로 떠나왔던 곳으로 돌아가는 것이다. 산행에서 만난 통증은 여행길에서 만난 낯선 것들처럼 처음에는 낯설었지만 곧 익숙해졌다. 이런 생각들 때문이었는지 통증이 친근하게 느껴졌다. 새로운 여행지를 만날 때와 같은 설렘이 일었다. '다음 주에는 어디가 아플까?' 하고 말이다.

"한잔 안 하실래요? 추운데 한잔하시지요? 오늘 같은 날은 술이 아니라 약이에요."

남권우 프로듀서가 재차 권했다.

"그럴까? 조금만 줘!"

막걸리 잔으로 빗방울 떨어졌다. 작은 파문 일었다. 마치 여름 호수에 이는 파문처럼 매끄럽게 원이 그려지고 있었다. 작은 호수 같았다.

차에 올랐다. 차는 비 쏟아지는 어둠 속으로 미끄러지듯 들어갔다. 어둠 속에 누군가 있어 우리를 부르는 듯했다.

하늘길은 신의터재를 지나고

#산행 열엿새 날

이른 새벽에 내리던 부슬비가 산행을 시작할 무렵 그쳤다. 선선한 바람 불어왔다. 가을날 이른 아침 같았다. 바람은 서늘한 기운을 품고 있었다. 하늘도 시리도록 맑았다.

'오늘은 더 이상 비가 내리지 않겠구나.'

걸을 수 있다는 것

윗왕실재에서 신의터재까지 15킬로미터의 산행이 우리를 기다리고 있었다. 험한 구간 없는 편안한 길이었다. 상쾌하고 가벼운 산행이 되기를 바랐다. 백학산 을 향했다. 돌계단이 가지런히 놓여 있었다. 숲으로 들어가는 길이었다. 백학산을 지나 개머리재, 지기재를 거쳐 신의터재로 가는 길이었다.

발걸음 가벼웠다. 마음도 가벼웠다. 숲을 느끼며 걸었다. 이른 아침 싱그러운 숲의 기운이 몸으로 들어왔다. 걸을 수 있다는 것이 고마웠다. 숲을 걷고 있다는 것에 감사했다. 고맙고 감사한 마음 가득한 아침이었다.

걸을 수 있다는 것은 축복이다. 걷는다는 것은 몸으로 모든 존재를 만나고 느끼는 것이다. 길가에 구르는 보잘것없어 보이는 돌멩이 하나에서 풀잎 하나, 야생화 한 송이에 이르기까지 모든 존재를 몸으로 느끼고 만나는 것이다. 스치는 바람과 흐르는 구름도 몸으로 느끼며 받아들이는 것이다. 걸으면 죽었던 몸의 감각이 되살아나고 깊어진다. 숲의 작은 움직임과 꽃의 떨림까지도 느낄 수 있게 된다. 몸이 살아나는 것이다.

걷는 일은 몸만 살리는 것이 아니다. 마음도 살린다. 마음 열고 걸으면 모든 존재의 미세한 떨림까지도 더욱 분명하게 느낄 수 있다. 마음 열고 걸으면 존재하는 모든 것 그 이상의 것들을 느끼고 만나게 된다. 보이는 것 뒤에 있는 보이지 않는 것들을 느끼고 받아들이게 된다. 소통하게 된다. 걸으면 몸은 긴장에서 벗어나게 되고 마음은 갇혀 있던 생각의 틀에서 자유로워지기 때문이다. 그러므로 몸이 아니라 마음으로 걸어야 한다. 마음으로 걸으며 자신을

▲▲ 생명을 띄우다
▲ 하늘소

느끼고 존재하는 것들을 느끼는 것이다. 그럼으로써 하나가 되는 것이다. 많은 시대의 스승들과 철학자들이 산책을 즐긴 것도 이 때문이다.

그러나 현대인들은 '걷는다'는 것을 거의 잃은 채 살아간다. 제 마음과 몸으로 살아가는 삶을 잃어가고 있다. 모든 것을 기계에 의존해 살아간다. 자신이 아닌 것에 의존해 자신의 삶을 살아가고 있다. 자신의 삶을 살아가면서도 자신이 아닌 것들에게 삶의 주도권을 내준 채 살아가고 있다. 자동차가 없으면 움직일 수 없다고 생각하고 핸드폰이 없으면 아무것도 할 수 없다고 생각한다. 인터넷이 없으면 소통은 상상할 수도 없는 일이라고 생각한다. 소위 문명의 산물이라고 하는 것들이 사람의 삶을 지배하기 시작한 지 이미 오래이다. 그런 문명의 산물들이 작동을 멈추면 사람들의 삶도 멈추게 될 것이다. 어찌할 바를 모르고 멈춰 서게 될 것이다.

제 삶을 살아가면서 자신의 것이 아닌 것에 의존하며 살아가는 삶이 온전할 수는 없다. 자신의 삶에 순결하게 정직할 수는 없다. 문명과 기계의 논리가 이미 들어와 있기 때문이다. 문명과 기계를 숭상하는 가치관들이 이미 우리의 삶 전체를 지배하고 있기 때문이다. 싫어도 거부할 수 없는 왜곡된 삶의 환경에 이미 놓여 있기 때문이다. 때로 '이것은 아니다'라는 마음의 소리가 들리지만 그 소리에 따르지 못한다. 외면하게 된다. 그것을 지킬 수 있는 제 마음을 잃어버렸기 때문이다. 제 몸으로 느끼지 못하고 마음으로 받아들이지 못하는 삶이 제 마음을 지키지 못하는 것은 당연하다.

마음을 회복해야 한다. 마음의 소리를 듣기 위해서라도 마음을 회복해야 한다. 걷는 일은 마음을 회복하는 일이다. 마음을 살리는 일이다. 몸을 회복하고 마음을 자유롭게 하지 못하면 사람들은 우리에 갇힌 동물들처럼 문명의 상징인 콘크리트 빌딩에 갇힌 삶을 살아가게 될 것이다. 현대라고 불리는 오늘을 살아가는 현대인들의 슬픈 현실이다. 자화상이다.

생각을 따라 걷는 즐거움

백학산(白鶴山)에 올랐다. 산을 하얗게 덮을 정도로 백학이 내려와 앉았다고 해서 붙은 이름이다. 이제는 이름으로만 남아 찾아볼 수 없는 백학이 그리웠다. 그리움을 남겨두고 백학산 내려오는 길에 새소리 들려왔다. 맑기 그지없었다.

'저렇게 청량한 소리를 낼 수 있다니 …… 사람들도 저렇게 청량한 소리를 낼 수 있을까?'

▲ 개머리재에서 쉬다

알 수 없는 일이다. 길은 편안했다. 길마다 솔잎 수북이 쌓여 여러 날 산행에 지친 발을 부드럽게 감싸주었다. 어린 날 걷던 태강릉의 숲길이 기억났다. 그 길에도 솔잎 수북하여 마음 따뜻하게 감싸줬었다. 행복했던 날들이었다.

길은 낮아져 도로와 이어졌다. 멀리 저수지 같은 것이 보였다.

"김 대장님, 저게 저수지에요? 이런 산중에 저수지가 있어요?"

"아니요, 저수지 없는데요!"

나는 몇 걸음 채 걷기도 전에 저수지의 정체를 알 수 있었다. 비닐하우스였다. 햇살이 비닐하우스 지붕에 부서져 내리고 있었다. 멀리서 보니 그 모습이 햇살을 받아 반짝이는 수면 같았다. 부서지는 햇살에 반짝이며 일렁이는 호수 같았다. 피식 웃음이 났다.

"보이는 것이 다가 아니에요."

김 대장의 말이었다.

"그래요. 보이는 것보다 보이지 않는 것이 훨씬 많지요. 보이는 것이라고 모두 사실은 아니에요. 잘못 볼 수도 있으니까요. 잘못 보지 않았다고 하더라도, 사실일 수는 있어도 진실이 아닌 경우가 많지요. 사실과 진실은 다른 것이니까요."

길은 다시 숲으로 이어졌다. 좁은 길이었다. 덤불이 가득했다. 지나기에도 힘든 길이었다. 숲을 벗어났다. 개머리재(290미터)였다. 이 지역의 모양이 개머리를 닮았다고 해서 붙은 이름이다. 담배밭과 포도밭, 사과밭 등이 눈에 보였다. 백두대간은 허리를 낮추고 낮추어 밭과 밭 사이를 지나고 있었다.

나는 백두대간이 낮은 재를 지난다는 사실이 때로 낯설었다. 때로 장난하는 것 같은 느낌이 들기도 했다. 옛사람들이 하늘길이라고 생각했던 백두대

▼ 꿀풀

간이 하늘에서 멀리 떨어진 낮은 마을로 내려와 있다는 것이 조금은 어울리지 않는 것 같았다. 그러나 산행이 거듭되며 그런 생각은 변했다. 이처럼 낮은 마을로 내려온 백두대간이야말로 진정한 하늘길이라는 생각이 들었다. 아니 높고 낮음은 백두대간에서는 아무런 의미가 없었다. 백두대간은 하나의 산줄기이며 그 산줄기 자체가 하나의 산이다. 높고 낮음, 오름과 내림, 들어감과 나감이 모두 하나였다. 높은 산이나 낮은 산, 오르막이나 내리막, 산으로 들어가는 일과 나오는 일 등이 모두 한가지였다. 그 모든 것이 이루어져 하나의 산, 하나의 산줄기를 이루는 것이다.

'옛사람들이 백두대간을 하나의 산줄기로 인식한 것은 조화를 가르치기 위한 것이 아니었을까? 조화를 이루어야 숲이 되고 산이 되고 자연이 된다는 것을 말해주고 싶었던 것은 아닐까? 조화로운 삶을 살아가라는 가르침을 전하고 싶었던 것이 아닐까?'

숲의 질서, 산의 질서, 자연의 질서는 조화다. 조화가 깨진다는 것은 곧 질서가 무너지는 것이다.

'내 삶은 조화로웠을까?'

생각을 따라 걷는 사이 향기 그득한 밤나무 숲을 지나 지기재(260미터)로 내려서고 있었다. 오전 10시 40분이었다. 동네 뒷산에 도둑이 많이 나왔다 하여 한때 적기(賊起)재라고도 불렸던 곳이다. 그러나 지금은 마을 이름을 따 지기재라고 고쳐 부르고 있다. 잠시 쉬며 간식을 먹었다. 커피도 마셨다. 행복했다. 어제 그토록 많은 비가 왔다는 것이 믿기지 않을 정도로 하늘은 맑고 푸르렀다. 햇볕

은 강렬하고 따가웠다. 그러나 산에서 불어온 바람이 땀과 몸을 식혀주었다.

신의터재를 향해 김남균 대장과 김명옥 작가와 내가 먼저 출발했다. 김 대장은 오랜만에 앞서 걸으며 스틱을 세워 위아래로 흔들어 거미줄 걷어내며 걷고 있었다.

"그만 하세요. 손목 아파요."

"괜찮아요. 운동하는 거예요."

"앞서가니 거미줄 제거하는 것이 큰일이네요. 앞으로 선두조를 거미줄 제거조라고 불러야겠어요."

내 말에 모두들 웃었다. 웃으며 걷다 보니 신의터재(280미터)였다. 임진왜란 이전에는 신은현(新恩峴)이라고 불렀던 이 고개는 임진왜란 때 최초의 의병장이었던 김준신이 의병을 모아 큰 공을 세우고 임진년 4월 25일 순절한 후부터 신의터재로 불렸다. 일제강점기 때는 민족정기를 말살한다고 '어산재'로 개명되었으나 광복 50주년을 맞아 옛 이름을 되찾은 사연 많은 고개이다.

"수고하셨습니다. 여섯 시간도 채 안 걸렸어요. 정확하게 말하면 다섯 시간 오십 분 걸렸어요. 매우 빨라졌어요."

어제와 오늘 산행을 이끌었던 등산연합회 우주환 대장이 나를 격려했다. 나는 웃으며 말했다.

"조금 더 갈까요?"

내 말에 놀랐는지 촬영팀 안도현은 어느새 차에서 옷을 갈아입고 나왔다. 그 모습 보며 모두들 웃었다.

몸도 마음도 가벼운 산행이었다. 걷는 즐거움에 흠뻑 빠져든 산행이었다. 나는 신의터재라고 쓴 커다란 표지석에 기대어 사진을 찍었다.

맑은 오후였다. 바라본 하늘은 빨려 들어갈 듯 맑았다.

햇살이 나뭇잎을 비추었다. 나뭇잎 싱그럽게 빛났다. 잠시 동안의 이별을 아쉬워하는 듯 풀잎들 바람에 흔들렸다.

신의터재
에서
늘재
까지

(2008년 6월 24일~6월 26일)

신 의 탄 재 에 서 둘 재 까 지

넓은잎잔꽃풀 핀 길을 따라

#산행 열이레째 날

하늘 낮고 사위는 어두웠다. 검고 짙은 구름들 가득했지만 비 오지 않았다. 지난밤 창밖에서 들려오던 빗소리는 들리지 않았다. 비는 그쳐 있었다. 이른 새벽인데도 큰 비 오기 직전의 저녁 같았다. 낮고 어두운 하늘 탓이리라. 새벽 되고 아침 오고 있었지만 어둠 더 깊어질 것 같은 날씨였다.

    산을 바라보았다. 고요했다. 바람 소리조차 들리지 않았다. 낮은 하늘 아래 침묵에 잠겨 있는 산으로 들어갔다. 신의터재에서 329.6봉, 무지개산, 437.7봉, 윤지미산, 화령재를 지나 봉황산에 올랐다가 비재를 거쳐 갈령까지 가는 긴 산행이었다. 도상거리 23.3킬로미터의 짧지 않은 산행이었다.

느리게 걷는 산행

숲으로 들어갔다. 풀숲 우거지고 나무 울창해 길은 끝이 보이지 않았다. 나는 언제나 끝이 보이지 않는 길에서 위로받았다. 관악산 정상에도 오르지 못하던 체력으로 백두대간을 걷기 시작한 내게 끝이 보이지 않는 길은 구원이고 은총이었다. '언제나 이 길이 끝날까?' 하는 생각에서 벗어날 수 있었기 때문이다. 길에 마음 빼앗기지 않을 수 있었기 때문이다. 그저 숲 사이로 난 길을 따라 걸을 수 있었기 때문이다. 더 이상 걸을 수 없을 때까지 숲을 느끼고 산을 바라보며 걸을 수 있었기 때문이다.

바람 한 점 불어오지 않는 산은 아침이 오고 있음에도 고요하기만 했다. 마치 묵언수행을 하고 있는 수행자처럼 침묵 속에 있었다. 땅에서 울리는 내 발자국 소리만이 침묵을 흔들며 들려왔다. 깊은 동굴에서 울려나오는 것 같은 내 숨소리만 들려왔다. 나는 이런 깊은 고요함이 좋았다. 적막할 정도로 고요한 침묵이 좋았다. 오로지 산을 있는 그대로 느낄 수 있기 때문이다. 모든 것을 있는 그대로 느낄 수 있기

◆ 길을 따라 걷다

때문이다. 깊은 골에서 불어와 나무 사이를 지나는 바람소리, 나뭇잎 수런거리는 소리, 마른 풀잎이 서걱대는 소리, 지나는 이들에 아랑곳하지 않고 제 노래를 하는 새 소리와 냇물 흐르는 소리에 이르기까지 있는 그대로 느끼고 받아들일 수 있기 때문이다. 숲을 지나는 내 모습을 있는 그대로 느낄 수 있기 때문이다. 숲의 일부가 된 나 자신을 만날 수 있기 때문이다.

서둘러 걸어야 하는 긴 산행이었지만 나는 느리게 걸었다. 풀 만지고 꽃 느끼며 나무를 안아보기도 했다. 내가 자연을 느끼듯 자연도 나를 느낄 수 있기를 바랐다. 느림 속에서 나는 자유로웠다. 도시에서와 달리 숲에서는 언제나 자유로웠다. 평안했다. 도시에서와는 달리 내 발로 땅을 딛고 천천히 걸을 수 있었기 때문이다.

현대 문명의 상징인 도시에서의 삶은 대체로 발이 땅에서 떨어져 있다. 삶의 대부분은 허공에서 이루어진다. 허공에 뜬 채로 먹고 자고 살아간다. 고층아파트에서의 삶이 그렇다. 이동할 때에도 자동차를 타고 허공에 뜬 채로 빠르게 움직인다. 자신의 발로 걷는 것이 아니다. 이러한 삶의 형태로 인해 두 발은 퇴화되고 감각은 무뎌진다. 당연한 결과로 나 아닌 다른 것들과의 소통은 어려워진다. 조화는 깨진다. 사라진다. '빠름'과 '부유'가 도시 삶의 주요한 형태가 된 지 오래다. 부조화다. '빠름'과 '부유'가 필연적으로 불러온 부조화는 오늘 우리 삶의 자연스러운 한 형태가 되었다.

숲에서는 이런 모든 부조화로부터 벗어날 수 있었다. 숲길 홀로 걸으며 내가 혼자가 아니라는 것을 깨달을 수 있었다. 나무와 바람, 꽃과 구름, 돌과 풀,

새와 곤충이 모두 나와 함께하고 있었다. 숲 밖 세상에서와는 달리.

"야아!"

절로 탄성이 나왔다. 개망초꽃들 끝없이 펼쳐져 있었다. 국화과의 두해살이 풀인 이 풀의 꽃은 그 모양 때문에 '계란꽃'이라고도 불린다. '넓은잎잔꽃풀'이라는 어여쁘기 그지없는 이름도 있다. 이 꽃 이름이 '개망초'가 된 데에는 슬픈 사연이 있다. 우리나라가 일본의 지배 아래 들어간 1910년에 이 꽃이 유독 많이 피었다. 나라가 망할 때 눈치도 없이 여기저기 많이 핀 것이 너무나 미웠던 모양이었다. 그때부터 '망할 망(亡)' 자를 넣어 '개망초'라고 불렀다고 한다.

꽃에게는 정말 억울한 일이다. 사람들의 어리석음과 모자람을 여린 꽃이 떠안게 되었으니 말이다. 나라를 팔아먹고 지키지 못한 것은 꽃이 아니라 사람들인데 꽃에게 책임을 전가했으니 부끄러운 일이다. 예나 지금이나 제 책임 다하지 않고 남의 탓만 하는 위정자들의 모습은 똑같다. 세월이 흐르고 자연도 산도 숲도 꽃도 변했건만 그들의 모습은 변하지도 않는다. 민초들을 탓하고 꽃을 탓한다. 망한 나라 민초들의 슬프고 참담한 마음을 위로하기 위해 골마다 들판마다 흐드러지게 피어난 여린 꽃에게 나라 망한 탓을 했으니 참으로 부끄럽고 부끄러운 일이다.

이제라도 '넓은잎잔꽃풀'이라는 예쁜 이름으로 불러주면 어떨까. 아니면 그냥 '계란꽃'이라고 해도 좋을 듯싶다. 그도 아니면 '돌잔꽃'이라는 북한에서 부르는 이름도 괜찮을 듯싶다.

바람 불어왔다. 하늘에 낮게 드리웠던 검은 구름은 어느새 걷혔다. 파란 하

늘에는 흰 구름 점점이 떠 있고 하늘 아래 산 속에는 노랗고 흰 개망초꽃 흐드러져 아름다웠다. 꽃들이 바람에 흔들렸다. 물결 이는 듯했다. 숲이 흘러가는 듯했다. 나는 소박한 아름다움에 취해 한동안 꽃밭을 떠나지 못했다.

자연의 가르침

대간길에서 빗겨 서 있는 무지개산(441.4미터)을 곁에 두고 삼거리를 지나니 신갈나무 우거진 숲이었다. 숲은 생명력으로 충만했다. 죽어 흙으로 돌아가고 있는 나무들도 곳곳에 있었다. 죽음은 생명의 또 다른 모습이다. 생명의 순환이다.

'자연의 이런 가르침을 늘 수 있다면 사람들도 조금은 더 행복해질 수 있지 않을까? 숲의 이런 가르침을 받아들일 수 있다면 탐욕과 어리석음에서 벗어날 수 있지 않을까? 자신을 먼저 돌아보는 겸허함을 배울 수 있지 않을까? 서로의 다름을 이해하고 받아들이는 조화로운 사회가 될 수 있지 않을까? 그저 부자가 되기만 하면 된다는 천박한 가치관으로부터 자유로워질 수 있지 않을까?'

산길 걷는다고 해서 산길 따라 걷는 것만은 아니다. 마음길 따라 걷는 것이다. 산길 따라 걸으면 그저 산허리를 돌아 나올 뿐이지만 마음길 따라 걸으면 침묵의 언어로 말하는 숲의 소리들을 들을 수 있다. 자연의 울림을 느낄 수 있다. 눈으로 보이는 현상에만 매몰되지 않고 보이는 것들 너머에 있는 보이지 않는 것들을 볼 수 있다.

윤지미산^(538미터) 정상에 이르렀다. 정상은 참나무로 둘러쌓여 있었다. 나무들에 가로막혀 아무것도 보이지 않았다. 산에 들어가는 즐거움 중 가장 으뜸이라는 조망이 없었다. 그저 작은 재에 오른 것 같았다. 윤지미산이라는 작은 표지판이 나뭇가지에 메여 이곳이 정상임을 말해주고 있었다.

▲ 윤지미산

윤지미산의 원래 이름은 '소머리산'이었다고 한다. 언제부터인가 '윤지미산'으로 이름이 바뀌었다. 그 이름이 품고 있는 뜻이 예사롭지 않다. 이 산의 이름은 사서삼경 중 대학에 나오는 윤집걸중^(允執乞中)이라는 단어에서 나온 것으로 '인생 전반을 다 알다. 세상을 포용하다. 세상을 두루 알아맞히다'라는 의미를 내포하고 있다고 한다. 그러나 정상에 올라서도 아무것도 보이지 않는 538미터밖에 되지 않는 낮은 산이 인생을 다 알고 세상을 두루 알고 있을 것 같아 보이지 않았다. 아니 어쩌면 세상에 가까이 있는 낮은 산이기에 세상을 알고 삶을 품어 안는 산이 되었는지도 모르겠다.

숲은 때로 우리의 시야를 가린다. 바라볼 수 없게 만든다. 그럼으로써 마음을 열게 만들어준다. 마음으로 느끼고 바라보게 한다. 마음으로 보고 느끼는 방법을 가르쳐준다. 눈으로 볼 수 없는 것들을 바라보게 한다. 보이지 않는 것들의 소중함을 깨닫게 한다. 보이는 것보다 보이지 않는 것들이 훨씬 소중하다는 것을 느끼게 한다. 차를 타고 가면 반나절이면 갈 수 있는 길을 왜 며칠, 몇 달 동안 걷고 있으며 걸어야 하는지 알게 한다.

　　가파른 내리막길 조심스레 내려와 화령재로 향했다. 인삼밭 드넓게 펼쳐져 있었다. 곁으로 딸내미 시집갈 때 가구를 만들어주기 위해 심었다는 오동

▲ 드넓은 인삼밭

나무들이 있었다. 이름 없는 봉우리를 넘으니 화령재였다. 원래 이름은 화령(化寧)이었으나 지금은 화령(火嶺)으로 바뀌었다. 이렇게 이름이 바뀐 것은 시대의 가치관이 변한 탓으로 보인다. 이 지역은 삼국시대부터 삼국이 서로 차지하려고 싸움을 많이 벌인 국경지역이었다. 신라의 김유신이나 후백제의 견훤이 중요시했던 군사요충지였으며 6.25 때에도 이 지역에서 치열한 전투가 있었다. 이런 역사를 중요시하는 사람들이 생겨나며 이름에 '불 화(火)' 자를 붙인 것이 아닐까? 그런 이유로 해서 평안한 땅 화령(化寧)이 불길 끊이지 않는 봉우리인 화령(火嶺)이 된 듯하다.

아침 9시 55분. 이른 도착이었다. 한쪽에 팔각정 있었다. 이른 점심을 위해 팔각정에 올랐지만 세찬 바람에 쫓겨 내려왔다. 팔각정을 바람막이 삼아 점심 식사를 했다. 내일 산행을 위해 오늘 산행거리를 비재에서 갈령 삼거리로 늘려 잡았다. 이른 점심을 마치고 서둘러 일어났다. 세찬 바람이 등을 떠밀었다.

1300년 전 봉황이 살았다는 봉황산 정상은 샛노란 기린초가 홀로 피어 외로웠다. 날파리만 무수했다. 날파리에 쫓겨 내려왔다. 양지꽃이 피어 흔들리고 있었다. 비재⁽⁴²⁷미터⁾에 내려섰다. 고개의 생김새가 날아가는 새의 형국이어서 '비조령⁽飛鳥嶺⁾'이라고 불렸던 곳이었으나 새소리 하나 들리지 않았다.

'사람들에게 산과 숲을 빼앗긴 탓이리라.'

아스팔트 가지런히 깔린 고개에는 지나는 이들 없었다. 적막했다. 표지석은 고사하고 흔한 작은 표지판조차 없었다. 그저 도로 벽에 붉은 페인트로 '비재'라고 쓰여 있을 뿐이었다. 쓸쓸했다. 쓸쓸함 때문이었는지 서투른 글씨체가 다정하게 느껴졌다. 그 곁에 서서 사진 찍었다.

▲ 비재
ⓒ최창남

갈령⁽⁴⁴³미터⁾ 삼거리로 가기 위해 도로를 가로질렀다. 계단을 통해 숲으로 들어섰다. 산길엔 낙엽 가득했다. 비틀린 낙엽들도 있고 흙으로 돌아가고 있는 구멍 뚫린 낙엽들도 있었다. 낙엽들 사이에서 파란 여린 잎 돋아나고 있었다. 희망이 자라고 있었다. 수많은 주검 속에서 새로운 생명들이 자라고 있었다.

숲에 어둠 깃들기 시작했을 때 우리는 숲을 벗어났다. 갈령이었다.

어둠 내리고 있었다. 갈령을 지나는 49번 지방도로에 앉아 내리는 어둠을 바라보았다.

깊어가는 어둠 속에서 넓은잎잔꽃풀 몇 송이 피어 바람에 흔들리고 있었다. 희디 흰 꽃잎이 어둠 속에서 하얗게 빛나고 있었다.

▲ 대간길
　지나는
　고속도로

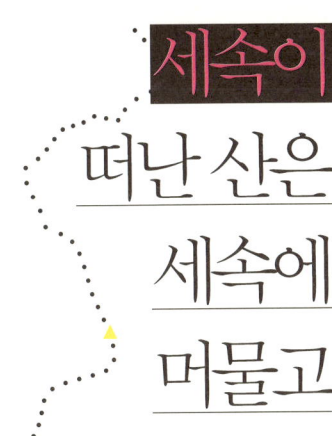

산행 열여드레째 날
1

 눈을 떴다. 방 안은 아직 어둠 속에 있었다. 창으로 불빛 들어왔다. 현관 앞에 달린 외등 불빛이었다. 물소리 들려왔다. 빗소리인가. 비 오는가. 계곡물 흐르는 소리였다. 계곡물 흐르는 소리가 꼭 빗소리처럼 들려왔다. 어젯밤에도 창 열고 손 내밀었던 기억에 슬그머니 웃음이 났다. 일어나 몸 풀었다. 온몸 뻐근했다. 도상거리 23.3킬로의 긴 산행을 견딜 준비가 되어 있지 않은 듯했다. 산행 준비를 시작했다.

 속리산으로 들어간다. 그러나 어제 저녁 내려온 갈령 삼거리에서 형제봉과 피앗재를 거쳐 천왕봉으로 들어가지 못하고 밤티재에서 문장대로 올라 천왕봉으로 갈 예정이었다. 지리산에서부터 오르던 산줄기의 방향을 잃고 반대 방향으로 산행을 하는 것이었다. 비법정탐방로이기에 단속을 피해야 한다는 등 산안내인 한문희 대장의 결정이었다. 마음 불편했다. 이 땅을 있게 한 백두대간을 걸으면서 남의 눈 피해 산행을 해야 한다는 생각에 마음 편치 않았다.

'숲을 지키고 보호하겠다는 국립공원관리공단의 취지에는 전적으로 동감하지만 꼭 이렇게 사람과 숲을 분리시키고 산길을 폐쇄하는 방법밖에 없을까?'

세속을 떠난 산에 남은 세속의 흔적

▲ 암벽을 오르다

올갱이해장국으로 아침식사를 한 후 밤티재로 향했다. 밤티재에서 산으로 들어갔다. 길은 가파르게 산을 향해 치달렸고 이번 주 산행을 이끌고 있는 등산연합회의 우주환 대장도 마음 급한 탓인지 가파른 길을 오르는 탓인지 내쳐 치달렸다. 호흡 흐트러지고 숨 차올랐다. 가쁜 숨 연신 내쉬었다. 잠시 걸음 늦추고 호흡 가다듬었다. 암벽구간이라 거추장스러울 것이라는 말에 접었던 스틱을 다시 펴 들었다. 마음도 몸도 조금은 안정되었다. 바위틈에 양지꽃 무리 아름답게 피어 거친 숨결 가라앉혀주었다. 때로 나무

사람은 자연을 필요로 한다

자연은 사람을 필요로 하지 않지만 사람은 자연을 필요로 한다. 숲과 나무는 사람이 없어도 살아갈 수 있지만 사람은 나무와 숲이 없으면 살아갈 수 없다. 그러므로 숲을 지키는 일은 아무리 강조해도 지나치지 않다. 숲에게 있어 사람은 절대적으로 필요하지 않지만 사람에게 있어 숲은 절대적으로 필요하다. 숲 없이는 살 수 없기 때문이다. 사람이 존재하고 살아가는 한 숲과 함께 살아가야 한다. 사람과 숲은 떼어 내어 생각할 수 없는 절대적 관계이다. 물론 사람은 숲을 파괴할 수도 있고 풍성하게 만들 수도 있다. 그렇기에 숲의 소중함을 알리고 지키려는 노력이 더욱 중요해진다. 사람이 숲과 상관없이 살 수 있다면 모르되 그렇지 않다면 사람은 숲과 공존하는 방법을 찾아내야만 한다. 사람은 숲을 지속적으로 살리고 숲은 사람을 살리는 공존의 관계를 만들어 나가야 한다. 사람과 숲은 공존의 관계이다. 사람이 숲을 떠나서는 살 수 없다는 가장 본질적인 사실은 숲과 사람이 공존해야 한다는 것을 말해주고 있다.

'어떻게 해야 할까? 숲을 파괴하려는 사람들로부터 숲을 지키고 더 잘 보호하기 위해 어떻게 해야 할까? 사람들이 숲의 은총을 느끼며 더 행복한 삶을 살아가게 하기 위해 어떻게 해야 할까?'

잘 모르겠다. 그러나 알 수 있는 것도 있다. 그것은 숲을 사람으로부터 분리하고 폐쇄하는 소극적인 정책만으로는 숲을 제대로 보존하고 지키고 풍성하게 할 수 없다는 것이다. 숲을 지키려고 하는 이들이 더 잘 알고 있듯이 자본은 숲을 언제든지 파괴할 수 있기 때문이다. 숲을 지키는 것은 숲을 지키려고 하는 수많은 사람들의 정신이고 마음이고 의지이기 때문이다. 모든 생명들이 숲에서 공존하듯이 생태계의 한 존재인 사람도 숲과 공존해야 한다. 숲 지나며 나무를 사랑하고 숲의 소중함을 아는 이들이 많아질수록 숲은 잘 지켜질 것이고 풍성해질 것이다. 이를 위해서 막힌 산길을 열어야 한다. 숲을 지키는 가장 훌륭한 방법은 숲을 사랑하는 사람들이 이 세상 속에서 사람의 숲을 이루게 하는 것이기 때문이다. 사람들의 마음에 먼저 나무를 심는 것이기 때문이다. 그 나무들이 자라 그들의 삶 속에서 숲을 이루게 하는 것이기 때문이다.

더욱이 백두대간의 막힌 길은 더더욱 열어야 한다. 백두대간은 단지 산길이 아니기 때문이다. 백두대간은 1정간 13정맥을 뻗어낸 이 땅의 등줄기일 뿐 아니라 열 개의 큰 강을 품어 흐르게 함으로써 이 땅을 일구게 한 삶의 근원이기 때문이다. 옛사람들에게 있어 백두대간은 단순히 산줄기가 아니다. 이 민족의 정신이요, 기상이다. 생명을 품어 살리고 키우는 하늘의 뜻이다. 그 뜻이 담긴 하늘길이다. 많은 사람들의 염원이 담긴 소망길이다. 그렇기에 백두대간은 구름을 넘어 하늘 가까이 흐르면서도 언제나 사람들의 마음으로 흘러들고 있었던 것이다. 이제는 끊어졌지만 말이다. 이제는 끊어진 길이다. 석회석을 얻고 돌을 채취하기 위해 파헤쳐지고 무너진 자병산과 금산에서 끊어졌고 지금도 백두대긴 자락에 깃들어 사는 사람들의 마음길에서도 끊어졌다. 그렇기에 끊긴 백두대간길을 아파하지 않고 막아놓은 백두대간길을 자랑스러워하는 것이다. '백두대간 종주, 과연 국토 사랑의 올바른 방법일까요?'라는 말을 아무렇지도 않게 써놓고 있는 것이다. 가슴 아픈 일이다.

'내가 사랑하는 내 나라 내 땅의 산길을 당당하고 떳떳하게 걸을 수 있는 날이 올까?'

뿌리를 잡고 때로 나뭇가지에 의지하며 바위를 올랐다. 때로 바위 틈새를 끌어 잡기도 하고 때로 밧줄에 온몸 의지하며 바위에서 바위로 나아갔다. 숨 가라앉히며 돌아보니 골에 흰 구름 가득했다. 하늘은 청명하고 맑았다. 가을 하늘 같았다.

'저 구름들이 늘 감싸고 있었겠지.'

문장대(文藏臺, 1054미터)가 눈앞에 있었다. 늘 구름 속에 묻혀 있어 예전에는 운장대(雲藏臺)라고 불렸던 문장대 곁에는 여전히 구름 머물고 있었다. 그 모습이 마치 세월을 잊은 듯 보였다. 신비함을 그대로 간직한 듯했다. 세속을 떠난 듯했다. 그러나 세속을 떠난 이 산에도 세속의 흔적은 그 이름 속에 그대로 남아 있었다. 병을 다스리기 위해 속리산을 찾은 세조가 이곳에 올라 시를 지었다 하여 문장대로 이름이 바뀌었으니 어찌 세속의 흔적이 남아 있다고 하지 않겠는가.

▲▲ 문장대
▲ 문장대에서 바라보다

안내판을 보니 이곳에 세 번 오르면 극락에 갈 수 있다는 이야기를 전설처럼 전하고 있었다. 안내판의 글귀가 마음에 남았는지 김남균 대장은 문장대에 세 번 올라 소원을 빌면 소원이 이루어진다는 말을 바람결에 전했다. 바위 사이로 놓인 철계단을 올랐다. 문장대에 오르니 사위는 그대로 허공이었다. 푸른 하늘 아래 구름만이 지나고 있었다. 산은 첩첩하여 끝을 알 수 없었고 산을 이루는 바위들은 웅혼한 자태를 드러내고 있었다. 세속의 흔적 가득한 이곳에서 세속에 초연한 모습을 보니 마치 내가 신선이 된 듯했다. 하기야 사람$^{(人)}$이 산$^{(山)}$에 들어왔으니 신선$^{(仙)}$이 되는 게 무엇이 이상하랴. 신선이 된 듯 하늘을 배경으로 사진 찍었다. 바람 불어 구름이 살처럼 흐르고 있었다.

세속(俗)을 떠나(離) 이곳(山)으로 들어오니

속리산$^{(俗離山, 1058미터)}$은 백두산에서 발원한 한반도 산줄기의 뿌리를 이루는 12종산$^{(宗山)}$ 중 하나이다. 그 빼어난 수려함으로 대한팔경에 속한 이 산은 소금강산이라는 아름다운 이름 외에도 광명산, 지명산, 미지산, 구봉산, 형제산, 자하산 등의 많은 이름들을 가지고 있다. 특히 아홉 개의 봉우리가 있다 하여 구봉산으로 많이 불렸으나 삼국시대부터 속리산으로 부르게 되었다고 한다.

766년 김제 금산사에 머물던 진표율사가 구봉산에 미륵불을 건립하라는 미륵보살의 계시를 받고 구봉산에 들어가기 위해 보은에 이르렀을 때 들판에서 밭갈이하던 소들이 무릎을 꿇고 율사를 맞았다. 이를 본 농부들이 크게 감화되어 스스로 낫으로 머리를 자르고 '세속을 떠나$^{(俗離)}$' 출가하여 진표율사의 제자가 되었다. 이후로도 많은 사람들이 세속$^{(俗)}$을 떠나$^{(離)}$ 이곳$^{(山)}$으로 들어오니 그 후로 사람들이 이 산을 속리산$^{(俗離山)}$이라고 불렀다는 이야기이다.

그 속리산을 조선 선조 때의 시인 백호 임제는 이렇게 노래했다.

 도는 사람을 멀리하지 않는데 사람은 도를 멀리하는 구나

산은 사람을 떠나지 않는데 사람이 산을 떠나는 구나

道不遠人 人遠道

山非離俗 俗離山

임제는 속리산에 은거하던 성운으로부터 3년간 가르침을 받을 때 '중용'을 800번이나 읽었다고 한다. 이 시는 중용에 나오는 공자의 말("도는 사람에서 멀지 않으나 사람이 도를 행한다면서도 사람을 멀리하면 도를 이룰 수 없다(道不遠人 人之爲道而遠人 不可爲而道)")에서 운을 빌려온 듯하다.

"산은 사람을 떠나지 않는데 사람이 산을 떠나는구나."

산이 세속을 떠난 것이 아니라 세속이 산을 떠났다는 말이다. 산의 고결함과 정갈함이 세속으로 하여금 스스로 떠나게 했다는 이야기이다. 그러나 시인 임제가 세속이 떠난 산이라고 노래한 속리산에는 세속의 흔적들이 너무나 많이 남아 있었다. 이성계가 혁명을 꿈꾸며 백일기도를 올린 곳이 이곳이고, 이방원이 왕권을 얻기 위해 형제들을 도륙하고 참회를 한 곳도 이곳이다. 또한 세조가 시를 지었다는 문장대, 세조가 지날 때 가지를 들어 올렸다는 정이품송, 세조가 목욕을 했다는 은폭(隱瀑)과, 학이 세조의 머리에 똥을 떨어뜨렸다는 학소대, 그리고 세종이 7일간 머물며 법회를 연 후 크게 기쁜 나머지 그 이름에 자

신의 기쁜 마음을 담았다는 상환암(上歡庵)에 이르기까지 세속의 흔적이 곳곳에 남아 있다. 세속이 떠난 산인 정결한 속리산에 세속의 상징인 권력의 흔적들이 곳곳에 배어 있었다.

'세속이 세속을 떠난 산을 그리워했기 때문이리라. 세속이 떠난 산이 세속을 불쌍히 여겼기 때문이리라. 그래서 세속이 떠난 산은 세속에 머물며 세속을 세속으로부터 떠나게 하려던 것이리라. 욕망과 탐욕과 어리석음으로부터 자유롭게 하려던 것이리라.'

부는 바람 따라 흐르던 구름이 내 앞에 머물려는 듯 한가로웠다. 문장대에 세 번 올라 소원을 빌면 그 소원이 이루어진다는 김 대장의 말이 생각났다. 한 번밖에 오르지 않았지만 가만히 소원 빌었다. 세속이 떠난 산에 올라 가장 세속적인 소원을 빌었다.

인생의 남은 날 동안 제 삶을 살아갈 수 있기를 빌었다. 끊어진 길들을 이어가며 제 땅을 자유롭게 걸을 수 있기를 빌었다. 어린 시절 잃어버린 사랑을 다시 할 수 있기를 빌었다. 세속이 떠났으나 세속에 머물고 있는 이 산의 마음을 배울 수 있기를 빌었다.

흐르는 구름을 따라가자 신선대가 있었다. 경업대와 입석대도 보였다. 비로자나불의 현신인 비로봉도 보였고 한남금북정맥을 힘차게 뻗어내는 천왕봉의 웅혼한 모습도 보였다.

가야 할 길 거기 있었다.

구름이 길을 따라 흐르고 있었다.

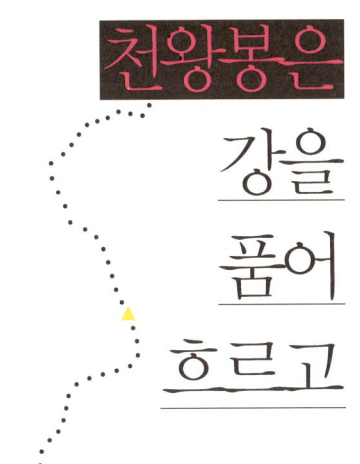

천왕봉은 강을 품어 흐르고

#산행 열여드레째 날
2

깊고 첩첩한 속리산의 산줄기들을 가슴에 담은 채 올라온 길 따라 문장대를 내려왔다. 문장대가 지척이건만 세속에 들어선 듯 번다했다. 세속이 떠난 고요한 산을 찾은 이들은 왁자지껄했고 휴게소에서 식수를 구하려던 김명옥 작가는 생수를 사라는 주인장의 말에 쫓겨 나왔다.

천왕봉으로 향하는 길

신선대^(1016미터)로 향했다. 길 잘 닦여 있었다. 거대한 바위 그대로 깎아 만든 계단이 차곡차곡 쌓인 듯 놓여 있었다. 길 편안했지만 힘들었다. 어제 산행의 피로가 채 가시기도 전에 오늘 아침 암릉을 오른 탓이었다. 신선대에 가면 맛이 환상인 빈대떡도 먹을 수 있다는 말에 힘을 얻었다. 오전 11시 6분 문수봉을 지나 신선대에 도착했다.

▲ 문장대 휴게소

　　신선대의 모습은 이름과 달리 초라했다. 그 옛날 산봉우리에 백학이 수없이 날아와 춤추고 백발이 성성한 신선들이 놀았다는 신선대지만 아무리 둘러보아도 백학이 깃들고 신선이 머물렀을 것 같지 않았다. 신선들이 놀고 있는 모습을 멀리서 보고 찾아왔었다는 고승이 본 것은 신선들이 아니라 산에 들어온 우리 같은 사람들이 아니었을까? 신선이 뭐 별것이랴. 사람$^{(人)}$이 산$^{(山)}$에 들어왔으니 신선$^{(仙)}$이 됨은 당연한 일이다.

　　신선대 휴게소에서는 기대와는 달리 아무것도 구할 수 없었다. 맛이 그만이라는 빈대떡은 물론 물도 구할 수 없었다. 주인장이 자리를 비웠기 때문이었다. 배고픔을 달래기 위해 탁자에 앉아 점심을 먹었다. 밥 먹고 나니 마음 느긋해지는 것이 아쉬운 대로 신선이 된 듯도 했다. 왁자지껄했다. 산악회에서 단체로 온 등산객들이었다. 오랜만의 산행이 즐거운 듯 모두 얼굴에 생기 넘쳤고 발걸음 가벼운 듯 보였다.

　　"안녕하세요!"

　　"좋은 산행 되세요!"

　　인사 나눴다. 점심식사 마치고 오후 산행준비를 했다. 에어파스를 꺼내 무릎에 뿌리자 산악회 일행 중 한 명이 슬그머니 내 앞에 다리를 내밀었다. 얼굴을 보니 웃고 있었다. 에어파스를 뿌려주자 또 다른 친구가 다리를 내밀었다.

이번에는 두 다리를 모두 내밀었다. 에어파스를 뿌려주자 물을 건넸다. 자연스럽게 물물교환이 이루어졌다. 반가움 뒤로하고 천왕봉 향했다. 가는 길에 입석대와 상고석문을 지났다.

천왕봉과 입석대와 상고석문은 모두 8봉, 8대, 8석문 중 하나들이다. 속리산의 절경은 8봉, 8대, 8석문으로 대표된다. 8봉은 천왕봉, 비로봉, 길상봉, 문수봉, 보현봉, 관음봉, 묘봉과 수정봉이고 8대는 문장대, 입석대, 신선대, 경업대, 배석대, 학소대, 봉황대, 산호대다. 그리고 8석문은 내석문, 외석문, 상환석문, 상고석문, 상고외석문, 비로석문, 금강석문, 추래석문이다. 8봉, 8대, 8석문은 모두 '8'에 맞추어져 있다.

▲ 숲 사이로 길이 열리고

'왜 속리산의 수많은 절경들 중 여덟 개만을 골라 이름 지었을까?'

그것은 불교의 실천 수행인 8정도(八正道)에서 의미를 빌려온 것이다. 8정도

수행하여 열반에 들듯이 8석문 지나 8대에 올랐다가 8봉의 너른 품에 안기면 그대로 부처님 품에 안긴 듯 깨달음을 얻으리라는 바람이 담겨 있는 것이다. 이 산과 맺은 불교의 오랜 인연이 남겨놓은 가르침이리라.

임경업 장군이 7년간 수도한 후 신통력을 얻어 세웠다는 전설이 서려 있는 입석대(1033미터)를 지나자 조릿대가 군락을 이루고 있었다. 커다란 돌문인 상고석문이 보였다. 법주사를 지을 때 천왕봉에서 벤 소나무들을 저장해두었던 창고가 바로 상고이고 석문은 말 그대로 상고로 들어가는 돌문이라는 뜻이다.

비로봉(1032미터)을 지났다. '비로'는 인도 말 '비로자나불'을 줄인 말이다. '몸의 빛, 지혜의 빛이 두루 비치어 가득하다는 뜻'으로 '부처의 진신'을 일컫는 말이자 '광명'을 의미하는 말이다.

그 때문이었을까. 지혜의 빛이 비치는 은총을 입은 탓이었을까? 천왕봉으로 가는 길에 수백 년은 족히 넘었을 아름드리 참나무들 유난스레 많았다. 숲은 그윽했으며 나무들은 우람했다. 세월을 넘느라 거무튀튀해진 너른 바위들에는 이끼들 빼곡히 덮여 있었다. 깊은 숲이었다. 지혜의 숲에 들어온 듯했다. 나뭇잎들 사이로 하늘 보였다. 구름 한가롭게 흐르는 맑은 하늘이었다.

천왕봉이 품은 산줄기와 강줄기

세속이 떠난 산인 속리산의 최고봉 천왕봉(天王峰, 1058미터)에 올랐다. 표지석이 보였다. 표지석에는 '천황봉(天皇峰)'이라고 적혀 있었다. 고산자 김정호의 '대동지지'와 '대동여지도'에는 정확하게 '천왕봉'으로 기록되어 있다. 1911년 5월 일본 육군참모본부에서 만든 한국지형도에도 '천왕봉'으로 적혀 있다. 그러나 1918년 일본총독부에서 만든 지도(근세한국 오만의 일 지도)부터는 '천황봉'으로 표기되었다. 조선이 일본의 식민지이며 천황의 땅이라는 것을 드러내기 위해 왜곡한 것으로 보인다. 이런 이유로 2007년 12월 중앙지명위원회는 '천황봉'을 '천왕봉'으로 바꾸었고 국토지리정보원이 지명 변경을 고시했으나 아직 속리산의 정상에는 뚜렷하게 '천황봉'이라고 적혀 있었다. 행여 일제강점기를 그리워하는 이들이 있다면 모를까 심히 부끄럽고 부끄러운 일이다. 하루 속히 바로 잡히기 바란다.

우리나라 12종산 중 하나이며 백두대간의 근간을 이루는 속리산 최고봉 천왕봉은 한남금북정맥(漢南錦北正脈)을 품어 뻗어내고 있다. 한남금북정맥은 한강과 금강을 나누는 분수령으로 이 봉우리에서부터 일가를 이루어 말티고개, 선도산, 상당산성, 좌구산, 보현산을 지나 칠현산에서 끝난다. 칠현산에서 한남금북정맥은 한남정맥과 금북정맥이 갈라진다. 한강 유역과 경기 서해안 지역을 나누는 한남정맥(漢南正脈)은 칠현산 북쪽 2킬로미터 지점에 있는 칠장산에서 시작되어 백운산, 보개산, 수원 광교산, 안양 수리산을 넘으며 김포평야의 낮은 등성이와 들판을 누비다 계양산, 가현산을 지나 강화도 앞 문수산성까지 산줄

▲ 천황봉이라 적힌 표지석

기를 뻗었다. 또한 금북정맥(錦北正脈)은 한남정맥과 헤어진 후 칠현산, 안성 서운산, 천안 흑성산, 아산 광덕산, 청양 일월산, 예산 수덕산을 지나 예산 가야산에서 멈칫거리다가 성왕산, 백화산을 거쳐 태안반도로 들어가 반도의 끝 안흥진까지 줄기를 뻗고 있다. 천왕봉은 백두대간에서 뻗어나간 13정맥 중 세 개의 정맥을 품고 있는 것이다.

천왕봉이 품고 있는 것이 어디 산줄기뿐이랴.

천왕봉은 세 개의 큰 강 품어 흐르게 하고 있다. 천왕봉 표지석에는 이곳이 조선의 3대 명수인 삼파수와 충주 달천수와 한강 우통수 중 삼파수의 발원지라고 적혀 있다. 삼파수(三波水)란 이곳에 내리는 빗물이 세 갈래로 나뉘어 흘러든다는 뜻이다. 천왕봉의 동쪽으로 흘러내린 물은 낙동강을 살찌우고 남쪽으로 흘러내린 물은 금강과 하나 되며 서쪽으로 흘러든 물

은 남한강으로 흐르며 강 유역에 사는 생명들을 살리는 것이다. 천왕봉은 이처럼 남한강과 낙동강과 금강이라는 큰 강에 물을 대며 흐르게 하고 있다. 그러니 이 강줄기에 기대어 살아가는 모든 생명들은 천왕봉에게 큰 신세를 지고 있다고 해도 지나친 말이 아니다.

이처럼 천왕봉은 매우 중요한 봉우리임에도 불구하고 사람들의 무관심으로 인해 아직도 제 이름을 찾지 못하고 있다. 슬프고 가슴 아픈 일이다.

'사람들은 자신들이 이 땅에 이렇게 많은 신세를 지고 있다는 사실을 알고 있을까? 강을 품어 흐르게 하는 산의 고마움을 알고 있을까? 천왕봉이 세 개의 큰 강줄기를 품어 흐르게 하고 있다는 것을 알고 있을까? 지계(地界)와 수계(水界)를 나누는 산줄기의 의미를 알고 있을까?'

산줄기 바라보았다. 천왕봉에서 바라본 산줄기는 너무나 깊고 첩첩하여 깊이를 알 수 없었다. 그저 아득하기만 했다. 천왕봉을 내려와 형제봉(832미터)으로 향했다. 천왕봉에서 느끼던 아득함 때문이었는지 바닥난 체력 때문이었는지 가는 길이 무겁기만 했다.

피앗재 지나 형제봉에 도착했을 때 노을 지고 있었다. 저녁 6시 45분이었다. 지친 몸 부추겨 형제봉에 올라 속리산을 바라보았다. 저마다 솟은 봉우리들이 조화를 이루고 있었다. 저 혼자 지나치게 솟은 봉우리는 없었다. 문장대에서 천왕봉까지 솟은 봉우리와 이어진 능선들은 어느 한 봉우리에 속하지 않고 서로 어울려 하나의 봉우리, 하나의 능선을 이루고 있었다. 조화롭고 아름다웠다. 옛사람들이 속리산을 구봉산이라고 즐겨 부른 이유를 알 것만 같았다. 그것은 단지 아홉 개의 봉우리가 늘어서 있는 정경을 말하고 있는 것이 아니라 늘어선 아홉 개의 봉우리가 절묘하게 어울려 하나의 산이 되었다는 감탄에서 붙여진 이름이었을 것이다. 형제봉에서 바라보는 속리산은 그렇게 아름다웠다. 각각의 봉우리와 능선은 굽이치고 불러 세워 하나 되어 흐르고 있었다.

바위에 노란 양지꽃이 피어 있었다. 아름다웠다. 그러나 애틋했다.

숲은 이미 어두웠다. 헤드랜턴을 켰다. 불빛 닿는 곳 외에는 아무것도 보이지 않았다. 불빛에 이끌려 걸어야 한다는 사실이 답답했다. 불을 껐다. 잠시 시간이 지나자 어렴풋하게 길이 보였다. 길을 따라 걸었다. 믿음이 필요했다.

▲ 양지꽃

산길 믿으며 조심스레 걸었다. 어느새 갈령이었다. 깊은 어둠에 쌓여 있었다.

산행을 마쳤다. 저녁식사를 하기 위해 지친 몸을 차에 실었다. 차는 어둠을 밀어내며 나아갔다. 비 내리기 시작했다. 소나기였다. 자동차의 불빛 속에서 빗줄기는 빛을 발하고 있었다. 창을 조금 열었다. 시원한 바람이 얼굴을 스쳤다. 열린 창틈으로 들어온 빗방울이 얼굴에 부딪혔다. 시원하고 차가웠다. 지친 몸과 함께 눌어붙었던 정신이 돌아오는 듯했다.

하늘 보니 빛바랜 달은 검은 구름 속으로 숨은 듯 보이지 않았다. 비 그치지 않고 내려 몸 적시고 마음으로 젖어들었다.

밤 깊어가며 몸은 가라앉고 마음은 깊어지고 있었다.

늘재는
걸음을
늘이고

산행 열아흐레째 날

주인 없는 집에서 맞는 아침이라고 특별히 다르지 않았다. 모든 것이 하루 전과 같았다. 여전히 별은 새벽하늘에서 빛났고 계곡에는 맑은 물줄기가 콸콸 소리 내며 흐르고 있었다. 우리는 주인 없는 식당으로 들어가 아침식사를 하고 산행준비를 했다.

소나무식당민박집의 안주인은 석공 일을 하는 바깥주인과 낚시를 갔다. 아무리 지난밤 첫인사를 하고 짧은 정이라도 나누었다지만 낯선 이들에게 식당과 집을 그대로 맡겨놓고 길을 떠나는 건 참으로 쉬운 일이 아니다. 도시에서는 생각하기조차 힘든 일이다.

세속이 떠난 산자락에 깃들어 사는 동안 마음에 깃들었던 세속의 묵은 때가 다 씻긴 것일까. 사람(人)이 골(谷)에 들면 그것이 바로 세속(俗)이거늘 이곳은 사람이 든 골인데도 세속을 벗어난 모양이었다. 그 마음이 산을 지나는 바람처럼 초연하고 산처럼 의연했다.

여섯째 주 산행의 마지막 날이었다. 모두들 지쳐 있었다. 돌덩이가 달려 있는 듯 몸은 무겁기만 했다. 움직일 때마다 온몸 쑤셔왔다. 지난 이틀의 산행 탓도 있겠지만 지난 여섯 주 동안의 거듭된 산행으로 피로가 누적된 탓이리라. 산행으로 단련되어 있지 못한 몸은 일주일에 3일씩 이어지는 산행을 감당하지 못했다. 그저 겨우겨우 견디며 버티고 있을 뿐이었다.

▲ 마음을 내려놓고

긴 산행이 기다리고 있었다. 밤티재에서 버리기미재까지 가는 17.3킬로미터의 짧지 않은 거리였다. 게다가 꽤나 험한 산으로 알려져 있는 청화산(984미터)과 대야산(930.7미터)을 넘어야 했다.

'과연 산행을 잘 마칠 수 있을까?'

마음 한구석 잦아드는 염려를 산자락에 내려놓고 산으로 들어갔다.

바보의 길

나무 사이로 난 길 찾아 들며 가파른 산길 올랐다. 가쁜 숨 몰아쉬며 바라본 하늘은 티 한 점 없이 맑았다. 골은 숲이 토해내는 안개로 가득했다. 안개는 구름처럼 피어올라 그대로 운무가 되었다. 운무 피어 오른 골과 골은 서로를 부르며 일어나 부둥켜안은 듯 산줄기는 그대로 선경이었다. 마음 내려놓을 수만 있다면 그곳에 내려놓고 싶었다.

이른 아침 산줄기는 선경이었지만 산을 지나는 이들은 고생이었다. 지친 몸에 배탈까지 났다. 지난 저녁에 먹은 자연산 버섯 탓인 듯싶었다. 마음 아팠다. 아침부터 배탈로 고생하는 이들이 측은해 마음 아팠고 식당 주인아주머니의 친절이 좋은 결과를 보지 못해 못내 아쉬웠고 우리 몸에 가장 맞아야 할 자연산 버섯을 먹고 소화시키지 못하는 우리의 몸이 슬펐다. 자연과 가장 가까이 있어야 할 우리 몸은 어느새 자연과 멀리 떨어져 있었다. 인스턴트 음식에 적응되고 길들어져 있었다. 여러가지로 아쉬움 남는 아침이었다. 한 명씩 숲으로 들어가 볼일을 보는 사이 나는 계속 걸었다.

숲은 아름다웠다. 눈길 닿는 곳마다 나무들 가득했다. 이 숲에는 소나무 가득했고 저 숲에는 참나무 가득했다. 소나무와 참나무들 함께 숲을 이룬 곳도 있었다. 아름드리나무들은 없었지만 오랜 세월 견뎌온 나무들이 저마다 세월의 깊이를 드러내며 숲에 깊음을 더하고 있었다. 지나는 이들 없는 숲은 적막하리만치 고요했다. 밤티재와 늘재 사이에 자리한 숲은 깊었다. 산길마다 여러해 전부터 떨어진 낙엽들이 두텁게 덮여 있었다. 마른 낙엽들 모두 부스러지지 않은 채 제 모양을 지니고 있었다.

발길에 밟히고 채이지 않은 탓이리라.

산자락 넘어온 바람은 마른 잎 주위를 서성이다 제 갈 길로 갔다. 숲은 고요하고 산은 침묵 속에 있었다. 그 깊은 고요함 때문이었을까. 그 깊은 침묵 때문이었을까. 그저 숲을 지날 때에는 들리지 않던 소리들이 들려왔다.

'백두대간을 걷는다고 백두대간을 잃어버리지 않는 것은 아니에요. 걸으면 걸을수록 백두대간을 잃어버리는 이들도 있지요. 그저 산길을 걷는 이들도 있지요. 그저 산꾼이 되어버린 이들도 있지요.'

마음의 소리였을까? 알 수 없었다. 들려오는 소리에 마음 기울였다.

'백두대간 걷는 의미를 깨달을 수 있을까? 그 마음 오래도록 지킬 수 있을까? 산의 깊은 고요함과 침묵 속에서 들려오는 소리를 오늘처럼 다시 들을 수 있을까? 들려오는 소리를 온전히 들을 수 있도록 마음을 고요하게 지킬 수 있을까?'

여러 생각들이 마음 따라 일어났다. 메아리 이는 듯 깊은 곳에서 울려나고 있었다. 중세 신비주의자들 일부가 행했던 '바보의 길'이라는 수련과정이 불현듯 떠올랐다. 그 과정에 들어간 이들은 입문한 이후 알게 된 자연과 우주의 놀라운 비밀들, 삶의 모든 비밀들을 말하지 않아야 했다. 침묵해야 했다. 그 과정에서 가르치는 지혜 중 가장 훌륭한 지혜는 침묵의 지혜였다. 아는 것을 말하지 않는 지혜였다. 말하는 것이 아니라 듣는 것이 참다운 지혜임을 가르쳤다.

성경이든 불경이든 인류역사의 모든 지혜서들은 말하는 자들이 아니라 듣는 자들에 의해 기록되었다는 것은 그다지 새로운 이야기가 아니다. 말하는 자가 아니라 듣는 자가 살아나는 것이다. 말하는 지혜가 아니라 듣는 지혜가 참으로 중요한 것이다. 오늘 우리에게도 이 지혜가 필요하다. 오늘 우리 사회에도 이 지혜가 절실히 필요하다.

'침묵하는 이 산도 바보의 길에 들어서 있는 것이 아닐까?'

정신없이 이어지는 생각을 따라가다 피식 웃음이 났다. 산이 바보의 길에 들어섰을 리는 없는 일이다. 사람이 때로 분별을 잃을 뿐이다.

잘못 들어선 길

▲ 함께 걷다

발소리 들려왔다. 곁눈질로 바라보니 김남균 대장과 김명옥 작가였다. 나와 함께 계속 걸어왔을 텐데 잠시 잊고 있었던 모양이다. 괜스레 저 혼자 미안한 마음 숨기느라 김남균 대장에게 말을 건넸다.

"아니 한 시간이나 한 시간 반이면 충분히 간다던 늘재는 왜 안 나와요? 벌써 두 시간이 넘었어요. 두 시간이 뭐야 세 시간이 다 되어가는 것 같은데!"

"그러게요, 천천히 가고 계세요."

김 대장이 뒤로 쳐졌다. 우리는 앞서 간 선두 조의 발걸음을 쫓아 좁은 숲길로 들어갔다. 길은 때로 산허리를 아슬아슬하게 감아 돌았고 때로 경사 심한 비탈길을 타고 올랐으며 때로는 커다란 바위를 지나기도 했다. 늘 저희들끼리 내뺀다고 해서 '빼 조'라고 부르는 선두 조는 어디까지 갔는지 아무리 걸어도 보이지 않았다.

"아무래도 잘못된 것 같아요. 길을 잘못 든 게 아닌가 싶어요."

김 작가의 말이었다. 정말 그런 모양이었다. 전화가 왔다. 김 대장이었다. 길을 잘못 들었으니 더 이상 진행하지 말고 그 자리에서 우 대장을 기다리라는 전언이었다. 나무 둥치에 기대어 앉았다. 지친 몸 쉬었다. 그만 걷고 싶었다.

'여기가 어디쯤일까.'

알 수 없었다. 알 수 없는 길을 걸어왔다. 어디로 가는지도 모르고 걷고 있었다. 어디로 가는지도 모르고 걸어온 것이 꼭 우리 삶을 닮았다는 생각에 헛웃음이 났다. 발소리들이 들려왔다. 우 대장과 선두 조가 돌아온 것이었다.

우리는 백악산 가는 길에 들어서 있었다. 백악산이 눈앞이었다. 거의 두 시간을 걸어왔다. 오전 11시가 다 되어가고 있었다. 늘재를 지나 청화산 정상에 있어야 할 시간에 우리는 백악산 자락을 서성이고 있었다.

'그만 걷자고 말해볼까? 오늘은 산행을 여기서 마치자고 말해볼까?'

하고 망설였다. 우 대장이 먼저 말을 꺼냈다.

"오늘은 산행을 여기서 마쳐야 하겠습니다. 더 이상 진행하기가 어렵겠습니다. 산에 오르면 저녁 전에 내려올 곳이 마땅치 않아서요."

모두 만세 불렀다. 물론 속으로 불렀다. 바람 상쾌했다.

"늘재가 우리 걸음도 늘인 모양이에요. 길을 잘못 드는 일이 다 벌어지고 말이에요."

늘재란 길게 늘어진 고개라는 뜻이다. 그 뜻에 비추어 한 말이었다. 정말 그런 것인지도 모르는 일이다. 지친 몸 쉬어가라고 말이다. 욕심내어 애써 가지 말고 마음과 몸 회복한 후에 산을 느끼고 즐기며 천천히 걸어가라고 말이다.

늘재로 향했다. 마음은 가벼웠지만 발걸음은 여전히 무거웠다. 길은 가깝지 않았다. 멀었다. 오랜 시간 다른 길로 접어든 탓이다. 그래도 고마운 일이었다. 인생길과 달리 돌아갈 수 있으니 말이다.

나뭇잎들 길에 수북했다. 여러 해 동안 떨어진 잎들이다. 마른 잎들이다. 이 마른 잎들은 밟힐 때마다 바스러지며 사각사각 소리를 냈다. 발걸음 멈추었다. 어린 싹이 깊은 숲길에 저 홀로 피어 여린 잎을 내고 있었다. 아름다웠다. 생

▲ 청화산을 바라보며 내려오다

명이 주는 아름다움이었다. 몸 설레고 마음 달떴다. 눈물 날 것만 같았다.

숲을 벗어나니 햇살이 따가웠다. 뙤약볕이었다. 도로를 따라 내려갔다. 차에 올랐다.

소나무민박식당으로 돌아와 계곡 옆 돌탁자에 앉아 식사를 했다. 오후 산행이 없는 탓인지 모두들 식사를 많이 했다. 갑작스레 비 내렸다. 소나기였다. 우박이 섞여 있었다. 6월 말에 우박이라니. 모두들 늘어놓은 그릇과 배낭을 옮기느라 요란했다. 소나기 그치고 햇볕 났다.

걸음 늘여놓은 늘재가 마음도 늘여놓은 듯 이래저래 분주한 중에도 마음 편안한 산행이었다.

계곡 흐르는 물소리 맑고 시원했다.

늘재에서 이화령까지

(2008년 7월 15일~7월 18일)

늘재에서 이화령까지

청화산

남겨두고

#산행 스무째 날

숲은 여름 깊어 있었다. 나뭇잎들은 짙푸르고 가지들은 무성했으며 큰 비와 바람을 이겨낸 나무들은 듬직해져 있었다. 숲은 햇볕 들지 못할 정도로 깊은 그늘 드리워 울울창창했다. 끝 모를 울창함 속으로 새벽은 안개처럼 스며들고 있었다. 새벽 숲 안개 그득하여 길은 보이지 않았고 숲 지나는 이들은 풀잎과 나뭇잎에 몸 적시며 숲으로 들어갔다. 새벽 숲의 안개가 조금씩 걷혀갈 무렵 몸을 적시던 숲은 마음으로 젖어들었다.

두 주일만의 종주 산행이었다. 지난 두 주일 다큐멘터리 '백두대간 공존의 숲' 촬영을 했다. 다시 지리산으로 들어갔다. 지리산에서 백두산까지 이어지는 하늘길의 처음인 지리산으로 들어갔다. 정령치와 노고단에서 촬영을 했다. 노고단에 올라 눈길을 따라 나 있는 백두대간 길을 바라보았다. 망연히 바라보다 노고단을 내려와 중산리로 향했다. 다음날 새벽 천왕봉의 일출을 만나기 위해서였다.

바람에 흔들린 나뭇가지 서로 몸 부딪히며 '차르르 차르르 탁탁탁탁' 소리를 내던 밤, 하늘에 별 가득하여 바람 따라 출렁일 것만 같던 밤, 별빛이 산길에 내려와 가는 길을 비춰주던 밤이었다. 별빛 부여잡고 천왕봉을 향했다. 숲은 고요하고 깊었다. 깊은 적막은 오랜 벗처럼 곁에 머물러 살가웠고 발자국 소리는 산을 돌아 울려나는 듯 멀었다. 작은 철교를 지나 합수목에서 잠시 쉬었다. 어둠은 깊었고 밤 숲은 서늘했다. 서늘한 기운이 잠 못 이룬 밤의 몽롱한 정신을 일깨웠다.

▲ 붉은 해가 떠오르다

하늘길로 들어서기 위한 첫 관문인 개천문을 눈앞에 두고 쉬었다. 배낭을 내려놓고 바위에 몸 기대었다. 하늘의 별 부서져 쏟아지고 있었다. 산 중에 별 가득했다. 산길마다 별 빛났고 나뭇가지에도 별이 내려 있었다. 한 별 한 별 모두 제 빛 잃어버리지 않고 빛나고 있었다. 영롱했다. 눈부셨다. 아름다웠다.

별빛은 촛불을 닮아 있었다. 지난 6월 서울시청 앞 광장과 거리를 가득 메웠던 촛불을 닮아 있었다. 아니 그 촛불들이 별빛을 닮았던 것인지도 모르겠다. 그 촛불들도 이 별빛처럼 아름다웠고 영롱하고 눈부셨다. 별은 깊은 산중에서 빛나고 촛불은 산 아래 사람 사는 세상에서 빛났다.

"참 아름답지요?"

나와 함께 후미에서 산행을 하고 있던 한 대장이 말을 건넸다. 나는 그 물음에 대답을 하지 못했다. 별빛의 아름다움 때문이었는지 촛불의 영롱함 때문이었는지 알 수 없었지만 눈물이 났다. 동트기 전 이른 새벽의 깊은 산속에서 별빛 바라보며 눈물 흘렸다. 어둠이 눈물을 가려주었다. 산중에 가득한 별빛이 눈물을 덮어주었다.

천왕봉에 올랐다. 새벽 5시 10분이었다. 아직 해는 떠오르지 않았다. 많은 사람들이 일출을 기다리고 있었다. 지난밤 세석대피소나 장터목대피소에서 잔 사람들이었다. 3대에 걸친 조상님들의 공덕이 있어야 볼 수 있다는 지리산 일출이다. 구름은 지난밤 채 나누지 못한 사랑이 아쉬웠던지 중봉을 애무하듯 타고 넘었고 저편 산등성 넘어 하늘은 붉었다.

해가 떠오르기 시작했다. 붉은 기운이 하늘에 점점 차오르자 붉은 해가 허공에서 튀어나오듯 불쑥 솟아올랐다. 장관이었다. 모든 사람들이 그 황홀한 광경에 탄성을 질렀다. 붉은 기운이 하늘을 덮었다. 그 황홀한 광경을 보며 나는 홀로 조용했다. 침묵했다. 마음 한구석이 서럽고 아팠다. 서글펐다. 너무 아름다웠기 때문이었을까. 너무 붉었기 때문이었을까. 그 붉은 아름다움이 이곳에서 흘린 수많은 사람들의 피눈물 같기도 하고 핏빛 같기도 했다. 하늘길이었고 생명의 땅이었던 이곳 지리산을 적신 눈물이었던 것 같기도 했다.

지나치게 붉은 기운 탓이었을까. 너무 아름다운 탓이었을까.

그렇게 아픈 새벽이었다.

나뭇잎 한 장을 만나기 위해 옛길을 돌아

산행은 버리미기재에서 시작했다. 늘재에서 버리미기재로 가야 했으나 비법정 탐방로가 있다는 이유와, 산행이 힘들다는 이유로 버리미기재에서 늘재 쪽으로 방향을 바꾼 것이다. 산길마저도 제 뜻대로 다닐 수 없고 촛불도 제 마음대로 켤 수 없는 세상이 되어 있었다. 고단한 삶에서 하늘을 향한 염원으로 바라보고 걸었던 하늘길을 막아서고, 건강하게 살겠다는 간절한 소망을 담은 촛불을 힘으로 끄는 세상이 되어 있었다. 가슴 아팠다. 버리미기재라는 슬픈 이름만큼이나 마음이 시리고 아팠다.

'버리미기'는 '보리먹이'가 변형된 말로 '보리나 지어먹던' 궁벽한 곳이라는 뜻이다. 다른 견해도 있다. '빌어 먹이다'의 경상도 사투리에서 비롯한 지명이라는 것이다. 어느 주장을 취하든 '버리미기'라는 지명에는 산골에 불 놓아 마련한 손바닥만 한 밭뙈기에 목숨을 의지하던 화전민들의 애달픈 삶이 그대로 담겨 있다.

안개에 젖어 있던 숲에 햇살 깃들고 있었다. 숲을 감싸고 있던 안개는 빠르게 사라지고 있었다. 안개 그득하여 보이지 않던 길이 보이기 시작했다. 그 길 따라 걸었다. 밧줄에 의지해 암벽을 오르고 내리는 내내 아주 오래전 버리미기재에 살았던 이들에 대한 생각이 마음에서 떠나지 않았다.

'그들은 나뭇잎 한 장이 숲을 이루듯이 한 사람 한 사람 세상을 이루며 살았으리라. 그들의 마음이 꺾이고 소망이 꺾인 듯했지만 그 마음으로부터 세상이 이루어지고 소망으로부터 세상에 빛이 들어왔으리라.'

▲ 암벽을 오르다

"숲은 이런 마르고 비틀린 나뭇잎 한 장에서 시작되지요. 나뭇잎 한 장의 광합성을 통해 나무는 자라고 나무들 또한 자신의 생존에 직접적으로 필요 없는 나뭇잎들을 생산하지요. 벌레들이나 다른 생명들에게 먹이로 내주기 위해서죠. 그 나뭇잎을 먹기 위해 벌레와 곤충이 모여들어요. 벌레와 곤충을 먹기 위해 새들이 깃들고요. 숲은 이렇게 이루어지지요. 거대한 숲도 보잘것없어 보이는 나뭇잎 한 장으로부터 이루어지지요."

지난주 이른 새벽 천왕봉에서의 촬영이 생각났다. 나는 다큐멘터리 '백두대간 공존의 숲'을 찍기 위해 숲으로 들어가는 마음을 묻는 전영갑 감독의 물음에 대답했다.

나뭇잎 한 장을 만나기 위해 숲으로 들어간다고 말했다. 나뭇잎 한 장으로부터 시작된 함께 살아가는 모든 생명의 관계들을 살펴보기 위해 숲으로 들어간다고 말했다. 다른 것이 아름다운 숲의 공존을 살펴보기 위해 숲으로 들어간다고 말했다. 서로 다르기 때문에 공존할 수 있는 숲의 가르침을 배울 수 있기를 소망하며 들어간다고 말했다.

걸음은 어느새 곰넘이재를 지나 불란치재에 이르렀다. 종이에 '불란치재 510미터'라고 써 코팅한 안내판이 나뭇가지에 걸려 있었다. 그 모습이 초라했다. 오늘날 불란치재의 모습을 그대로 보는 듯했다.

불란치재의 옛 이름은 불한령(弗寒嶺)이다. '춥지 않은 고개'라는 의미이다. 대야산과 장성봉에 가로막히고 촛대봉과 곰넘이봉 사이의 깊은 계곡에 자리하고 있어 한겨울 찬바람에도 포근하다고 하여 불한령으로 불린 것으로 생각된다. 버리미기재를 넘는 922번 2차선 포장도로가 개설되기 전까지는 문경의 가은읍 완장리와 충북 괴산의 청천면 관평리를 잇는 길로 통행량이 제법 많던 고개이다. 그러나 교통이 발달하면서 불란치재는 버리기미재에게 922번 포장도로를 넘겨주고 지금은 쓰이지 않는 옛길이 되었다.

▲ 불란치재
ⓒ최창남

옛길의 흔적만 있을 뿐 지나는 이가 거의 없는 옛길이었다. 걸어 다니던 시대에서 자동차를 타고 다니는 시대로 바뀌며 잊힌 길이 된 것이다. 이렇게 깊은 산중에도 문명에 의해 잊히고 사라져가는 것들이 있었다. 다만 우리가 모르고 있을 뿐이다.

불란치재에서 산행에 지친 몸을 쉬었다.

"하늘에서 우리를 내려다본다면 얼마나 우습겠어요? '저놈들 도대체 뭐 하는 짓이냐? 가던 방향으로 계속 갈 것이지 어제는 우르르 올라오더니 오늘은 또 우르르 내려가고 왔다 갔다 하니 도대체 뭐 하는 짓인지 알 수 없어'라고 하지 않겠어요?"

내 말에 모두들 헤벌쭉 웃었다. 나도 덩달아 헤벌쭉 웃었다.

가문저수지에 마음 한 조각 남겨두고

다시 길을 이어갔다. 촛대봉 지나고 촛대재 지나자 암벽이 거듭 길을 막았다. 밧줄에 의지해 암벽을 올랐다. 밧줄에는 미끄러지지 않도록 촘촘히 매듭이 매어 있었다. 밧줄 오르며 '삶에도 이런 매듭이 있다면 얼마나 좋을까?' 하는 실없는 생각이 들었다.

기묘하면서도 장엄한 느낌을 주는 암봉을 오르자 대야산(930.7미터) 정상이었다. 산은 첩첩하고 끝을 알 수 없었다. 바람 한 점 없었다. 바람 지나는 소리조차 들리지 않았다. 허공을 치고 오른 거대한 암봉은 무서울 정도로 고요했다. 암봉은 치솟는 듯 흘러내리는 듯 형체를 알 수 없었다. 이 거대한 암봉도 바람처럼 구름처럼 흐르려는지 그 형체를 보여주지 않았다.

대야산은 거대한 바위들과 숲이 어우러진 절경을 품고 있었다. 그 기묘하고 절묘한 아름다움 때문이었을까. 산림청은 '2002년 세계 산의 해'를 맞아 대야산을 문경의 다른 산들인 주흘산, 황장산, 희양산과 함께 한국 100대 명산에 그 이름을 올려놓았다.

대야산에서 내려와 밀재에서 점심식사를 하고 고모령을 지나니 조항산(951미터)이 지척이었다. 조항산에 오르니 백두대간 조항산이라고 쓴 표지석 곁 풀숲에 기린초 피어 외로웠다.

오후부터 흐려지던 하늘에는 검은 구름이 두텁게 드리워 있었다. 산줄기는 끝없이 이어져 있었다. 산은 머물러 있지 않았다. 흐르고 있었다. 구름처럼 흐르고 바람처럼 흐르고 있었다. 내리는 빗줄기처럼 물줄기 되어 흐르고 있는 듯했다. 짙게 드리운 검은 구름과 흐르는 산줄기 사이에 있는 바위의 갈라진 틈에서 양지꽃 몇 송이가 자라고 있었다. '사랑스러움'이라는 꽃말답게 아름답고 사랑스러웠다. 산행의 피곤함이 사라지는 듯했다.

검은 구름 짙게 드리우더니 빗방울 떨어지기 시작했다. 사위는 어두워진 하늘 탓인지 급격히 어두워졌다. 서둘러 산을 내려가 청화산(984미터)을 향했다. 청화산에 다다랐을 때 한문희 대장은 산행을 중지시켰다. 지친 몸으로 비오는 날 밤 암릉이 많은 청화산을 넘기 어렵다는 이유였다.

청화산 남겨두고 산에서 내려오는 길은 멀고도 길었다. 눈앞에 보이던 저수지는 걷고 걸어도 나타나지 않았고 겨우 이르러서는 저수지를 돌아 나가느라 또 한참을 걸어야 했다. 저수지는 듬성듬성 바닥을 드러내고 있었다. 잡풀 무성했다. 가문저수지의 수면에 노을 비치었다. 무성한 잡풀 탓이었을까. 빛바랜 낡은 옷처럼 노을도 바랜 듯했다. 검은 구름 탓이었을까. 노을도 탁한 듯했다. 그도 아니면 지친 내 몸과 마음 탓이었을까. 노을이 어둠과 함께 내리는 듯했다.

청화산 남겨두고 오는 마음이 허전해서였을까. 끝나지 않는 저수지 길이 무료해서였을까. 노래를 부르고 있었다. 아주 오래전 사랑했던 노래이다. 오랜 날들 동안 잊고 있던 노래이다. 하종오의 시에 이건용이 가락을 붙인 '그렇지요'라는 노래다.

> 올 때쯤이면 오겠지요 그렇지요
> 생사람으로 아니 온다면 죽은 사람으로 오겠지요 그렇지요 그렇지요
> 이 땅에 남는 길은 이 땅에 남는 길은 삶과 죽음 삶과 죽음
> 삶과 죽음 한꺼번에 삶과 죽음 한꺼번에 있으니
> 살아 있으면 보겠지요 그렇지요 그렇지요 그렇지요
>
> 올 때쯤이면 오겠지요 그렇지요
> 생사람으로 아니온다면 죽은 사람으로 오겠지요 그렇지요 그렇지요
> 죽어도 이 땅에만 죽어도 이 땅에만 묻힌다면 묻힌다면
> 무덤으로 이 산 저 산 무덤으로 이 산 저 산 바라보며
> 서로 만나보겠지요 그렇지요 그렇지요 그렇지요
> 올 때쯤이면 오겠지요 그렇지요

생사람으로 아니 온다면 죽은 사람으로 오겠지요 그렇지요 그렇지요

더구나 살아가고 더구나 살아가고 있다면야 있다면야

이 사연 저 사연 이 사연 저 사연 가슴으로

나눌 날이 오겠지요 그렇지요 그렇지요 그렇지요

청화산 남겨두고 오는 길 가문저수지에 마음 한 조각 남겨두려는 듯 오랜 날 마음에만 있던 노래들을 불렀다.

청화산 맑은 기운에 마음을 씻어내고 싶은 저녁이었다.

▲ 청화산
남겨두고

희양산
가는 길에서

#산행 스무하루째 날

　이른 아침 버리미기재에는 바람 불었다. 구름 흐르는 하늘은 맑고 푸르러 버리미기재는 그 이름이 품고 있던 슬픈 사연들을 잊은 듯했다. 불 놓아 마련한 손바닥만 한 밭뙈기에 목숨 의지하던 궁벽한 화전민들의 삶의 흔적도, 빌어먹으며 하루하루 연명해야 했던 이들의 아프고 가슴 절절한 사연은 어디에서도 느낄 수 없었다.

　깊어가는 여름을 따라 숲도 깊어갔다. 푸르른 나뭇잎들은 아침 햇살 받아 빛나고 있었다. 높은 나뭇가지에 달린 나뭇잎들은 햇살 받아 투명하게 빛나고 있었다. 수맥이 그대로 보였다. 기공도 보이는 듯했다. 나뭇잎들 사이로 맑은 하늘이 보였다. 눈 시렸다.

　숲 사이로 길이 나 있었다. 숲으로 들어갔다. 장성봉(915.3미터)을 향했다. 오늘 산행의 첫 목적지인 높은 산이었다. 몸은 이미 무거웠다. 오늘 산행은 쉽지 않았다. 해발 1000미터가 넘지 않는 산이라고 하지만 산세가 험하고 가팔랐다.

장성봉에서 내려선 후 막장봉(887미터)과 악희봉(845미터) 갈림길을 지나 은티재에서 숨 고르고 주치봉(683미터)과 구왕봉(877미터)을 넘어야 했다. 지친 몸을 지름티재에서 추스른 후 다시 거대한 암봉으로 이루어진 희양산(998미터)을 넘어 차가 올 수 있는 곳까지 한 시간 반 정도를 더 내려가야 했다.

장성봉에 오르다

장성산 정상에 채 이르기도 전에 몸은 완전히 땀으로 젖었다. 6시 55분이었다. 발걸음 멈추고 가쁜 숨 몰아쉬었다. 돌아보니 골마다 운무 가득했다. 흐르고 있었다. 바람 따라 흐르는지 운무 따라 흐르는지 알 수 없었다. 어떤 것들은 서로를 불러 세우며 앞 다투어 흘렀고 어떤 것들은 올올이 흩어지며 하늘로 오르고 있었다. 골짜기 가득 메우며 흐르는 운무로 인해 어떤 봉우리는 외로운 섬처럼 쓸쓸했고 어떤 봉우리는 어린 시절 냇가에 띄우던 종이배처럼 위태롭게 보이기도 했다. 그러나 아름다웠다. 신비로웠다.

그 아름다움에 감탄한 한문희 대장의 말이 들려왔다.

"선계가 따로 없습니다. 이곳이 바로 신선이 사는 세상이 아니고 무엇이겠습니까!"

'신선이 사는 세상이 따로 있을까? 사람 사는 세상 또한 아주 오랜 옛날에는 그러했을 것을 …… 사람이 그것을 알지 못하고 있었을 뿐 …… 사람 사는 세상이라고 어찌 처음에는 이 산과 골짜기처럼 아름답지 않았을까? 신비롭지

않았을까? 사람들이 제 욕심에 마음을 빼앗겨 그 아름다움과 신비로움을 보지 못하고 알지 못해 지키지 못한 것일 뿐 …… 이 아름다운 산중도 제 마음 지키지 못하는 사람들이 지나다 보면 언젠가는 사람 사는 세상처럼 아름다움을 잃어가겠지……'

바람 불어왔다. 몸의 열기가 조금씩 가라앉고 있었다. 아래로 문경시가 보였다. 돌아보니 지나온 길 아득했다. 헬기장도 보였다. 그 뒤로 곰넘이봉 보이고 촛대봉 보였다. 멀리 대야산과 할미봉도 보였다. 먼 길이었다. 그 먼 길 따라 그리움 일었다.

"저기 보이는 것이 시루봉입니다. 그리고 능선을 따라 가시다 보면 저기 솟은 봉우리 보이시지요? 조항산입니다."

"우리가 저 산들을 다 넘어온 것인가요?"

"네, 그리고 그 뒤에 보이는 산이 우리가 남겨두고 온 청화산입니다."

지나온 길 망연히 바라보았다.

'저렇게 많은 산들을 지나왔구나. 저렇게 끊임없이 이어져 있는 산길을 한 걸음 한 걸음 걸어왔구나'

감동이었다. 놀라웠다. 신비로운 느낌마저 들었다. 한 걸음씩 걸어 저 산들을 넘고 길을 지나온 것이다. 지나온 길이 살가웠다.

백두대간의 허리를 떠받치고 있는 장성봉에 올랐다. 백두대간이라는 지리 인식이 정립되지 않았더라면 사람 사는 세상에 알려지지 않았을 산이다. 숨어 있던 산이다. 북에서 남진하던 백두대간이 희양산에서 서쪽으로 꺾여 악희봉으로 솟구친 후 거의 직각으로 꺾여 남쪽의 대야산으로 치닫기 위해 달려가는 중간쯤에 장성산은 솟아 있다.

'그 웅장한 모습이 마치 거대한 만리장성의 일부를 보는 것 같았으리라. 그래서 장성봉이라는 이름을 얻게 되었으리라.'

장성봉을 명산이라고 하는 이유는 단순히 백두대간의 허리를 받치고 있는 산이기 때문이 아니다. 많은 산을 거느리는 깊은 산이기 때문이다. 장성봉

▲▲ 장성봉
▲ 악희봉
촛대바위

을 중심으로 북쪽 악희봉에서 시계방향으로 구왕봉(898미터), 희양산(998미터), 애기암봉(731미터), 둔덕산(970미터), 대야산(930.7미터), 군자산(910미터) 등이 원을 그린 듯 에워싸 깊은 산의 풍모를 지니고 있기 때문이다.

장성산에 올라 쉬었다. 바람을 따라 숲이 '쏴아 쏴아' 파도소리를 내며 흔들렸다. 출렁였다. 내 몸도 출렁이는 듯했다. 누군가 '나중에 백두대간 종주를 다시 하게 될까요?' 하고 물었다. 누군가를 정해놓고 하는 질문이 아니었다. 모두에게 묻는 것이었다. 누군가 대답했다. '또 와야지요.' 한 대장이 끼어들었다. '세 번은 걸어야 길이 보이지요.' 나는 그저 웃었다.

잠시 멈추었던 길을 다시 이었다. 막장봉 전망대에서 잠시 쉬며 조망을 즐

기다 악희봉 갈림길을 향했다. 악희봉은 막장봉처럼 대간길에서 벗어나 있었다. 아름다운 조망을 즐기기 위해 배낭을 내려놓고 악희봉으로 향했다. 당당히 선 촛대바위 외로웠다. 정상에 오르니 바람 세차게 불어 지친 마음 위로하고 몸 어루만져주었다. 바람에 몸 맡기며 첩첩한 산줄기 바라보았다. 바람 따라 산줄기도 나뭇잎처럼 출렁이는 것 같았다. 하늘에 구름 많았다. 그러나 푸르렀다.

점심 먹은 후 은티재를 지났다. 은티재는 백두대간이 구왕봉과 희양산으로 치솟아 오르기 전 잠시 몸 낮추어 생명 품고 가르침을 베푼 곳이다. 그리하여 마을을 이루게 하고 산문을 열어준 곳이다. 고갯마루의 왼편에는 은티마을이 있고 오른편 봉암용곡에는 봉암사가 있다.

주치봉에서 구왕봉(898미터)으로 오르는 길은 가팔랐다. 지증대사가 봉암사를 세울 때 연못에 살던 용들이 쫓겨나 이 봉우리에서 살았다고 한다. 그래서 구룡봉이라는 다른 이름도 지니고 있는 산이다. 그 이름 때문인지 가파른 길이 이어졌다. 숨 가빴다. 구왕봉에서 뚝 떨어지는 듯 내려서자 지름티재였다. 잠시 앉아 가쁜 숨 가라앉혔다. 바람에 몸 맡겼다.

알 수 없는 울타리

지름티재에서 희양산으로 오르는 길에 나무울타리가 촘촘히 쳐져 있었다. 조계종의 특별수도원이라고 할 수 있는 봉암사에서 쳐놓은 것이다. 수행도량인 봉암사의 참선과 정진수행에 방해받지 않기 위한 조치인 듯했다. 산 지나는 이들이 있으면 수행에 방해가 될 것을 염려하는 마음이었다.

봉암사가 한국 불교에서 차지하는 비중은 매우 크다. 봉암사는 한국 선불교를 대표하는 사찰이다. 그러므로 봉암사를 빼놓고는 한국 불교를 말할 수 없다고 해도 지나친 말이 아니다. 희양산문으로 불리는 봉암사가 한국 불교에서 이처럼 중요한 자리를 차지하는 데에는 크게 두 가지 이유가 있다. 하나는 희양산문이 신라 헌강왕 5년(879년) 지증대사가 창건한 이래 한국 불교를 이끌어온 9산선문의 하나이기 때문이고 다른 하나는 1947년 한국 불교를 새롭게 혁신한

▲ 삶과 죽음

'봉암사 결사'가 이루어진 곳이기 때문이다. 봉암사 결사는 성철 스님을 중심으로 청담, 자운, 향곡, 월산, 혜암, 법전 등의 스님들에 의해 주도되었다. 결사의 가장 핵심적인 정신은 "오직 부처님 법대로만 살자"는 것이다. 진리란 원래 간결하고 간명하다고 했던가. 결사의 정신 또한 간결하고 간명하다.

불법에 어긋나는 불공과 천도재를 지내지 않게 된 것도, 스님들의 붉은 가사가 괴색으로 바뀐 것도 이때부터다. 또한 '일일부작(一日不作) 일일불식(一日不食)'의 정신을 생활화한 것도 이때이다. 수좌 자신이 나무 하고 물 긷고 밭 갈고 탁발하며 그 생활을 정착시켰고 하루 밭을 갈지 않으면 밥을 먹지 않는 노동과 청빈의 정신을 진작시켰다. 이러한 봉암사 결사의 정신이 일제강점기를 지나며 만신창이가 된 한국 불교를 새롭게 한 것이다. 다시 말해서 희양산문의 정신이 한국 불교계를 살렸다고 해도 과언이 아니다. 그러니 봉암사는 오늘날 한국 불교계의 사리와 같은 존재라고 해도 결코 지나친 말이 아닐 것이다.

한국 불교계에서 차지하는 봉암사의 이러한 위상을 볼 때 봉암사는 존중되어야 마땅하다. 그러나 지증대사가 '하늘이 내린 땅'이라고 했던 용암계곡을 품고 있는 희양산으로 중생들이 들어가는 것을 막는 것이 봉암사 결사 정신과 어떻게 합치되는지 이해하기 어렵다. 봉암사(鳳巖寺)라는 이름의 뜻처럼 봉황이 나래를 펴고 나는 것처럼 거대한 바위들이 웅장하고 아름답게 펼쳐 있는 희양산으로 사람들이 들어서는 것을 막는 것이 봉암사 결사 정신에 어떻게 합치되는지 나 같은 어리석은 중생은 이해할 수 없다.

알 수 없는 일이 어디 그뿐이랴. 12종산 중의 하나인 속리산에 자리 잡은 법주사에서 산으로 들어가는 이들에게 입장료를 받는 것 또한 부처님의 가르침에 어떻게 부합되는 것인지, 봉암사 결사 정신과 어떻게 합치되는지 참으로 알 수 없다. 마음을 닦고자 산을 찾는 이들 앞에 울타리를 치고 막아선 후 강제로 돈을 받는 사찰이 어디 법주사뿐이랴. 법주사만을 탓할 일이 아니다. 불교를 사랑하는 한 사람의 종교인으로 참으로 가슴 아프다. 사람들의 마음에 부처님의 법을 심어주는 대신 분노와 원망을 쌓게 하고 있으니 말이다. 부처님의 가르침에도 어긋나고 봉암사 결사의 정신과도 정반대되는 행동이라 아니할 수 없다.

나는 전문산악인은 아니지만 봉암사에 간절한 마음으로 부탁한다. 지름티재에 쳐놓은 울타리를 걷기 바란다. 희양산으로 들어서는 길을 막지 않기 바란다. 스님들의 정진에 방해가 되지 않는 범위 내에서라도 백두대간길을 열어주기 바란다. 백두대간은 한국 불교의 것도 아니고 사찰의 것은 더욱 아니기 때문이다. 백두대간은 이 땅의 민초들의 염원이 담긴 하늘길이다. 부처님의 뜻이 담긴 생명길이라고 해도 지나친 말이 아니다. 그런 길을 어찌 스님들이 가로 막겠는가 말이다. 두 손 가지런히 모아 부탁드린다.

▼ 나무 뿌리를 잡고

울타리를 돌아 희양산을 향했다. 울타리 아래로 기어들거나 넘는 것은 마음이 불편했다. 산을 오르기 시작했다. 가팔랐다. 숨은 턱에 차오르고 다리는 후들거렸다. 거대한 암봉으로 이루어진 정상을 앞두고 암벽을 타고 올랐다. 올려다보니 아득했다. 온몸에 힘이 하나도 없었다. 로

프를 단단히 부여잡았다. 암벽을 디딜 때마다 발바닥에서 탄탄한 느낌이 전해 왔다. 거대한 바위에서 전해지는 단단함 같은 것이었다. 그 단단함은 나를 위로하고 편안하게 했다. 정상에 올랐다. 그러나 위엄과 아름다움을 동시에 지니고 있다는 희양산의 빼어난 전망을 즐기지 못했다. 몸도 마음도 지쳐 있었다. 그저 부는 바람에 몸을 맡길 뿐이었다. 그렇게 머물렀다가 산을 내려왔다.

　산성 터에 머물러 쉬었다. 은티마을로 향했다. 울창한 숲은 아름다웠고 깊은 계곡은 맑은 물을 품어 흘려보내고 있었으나 지나는 이는 마음 내려놓을 곳 찾지 못하고 빈 발걸음만 내딛고 있었다. 저녁 오고 있었다. 숲은 어두워지고 있었다. 나는 한 걸음 내딛는 것조차 힘들었다. 몇 걸음 걷다 쉬고를 반복하며 내려갔다. 거대한 바위들이 차곡차곡 쌓여 있는 모습이 꼭 떡을 쌓아놓은 것 같다고 해서 이름 붙은 시루떡바위도 어둠을 핑계 삼아 보는 듯 마는 듯 지나쳤다. 어둠 깃들고 있었다. 깊어지는 어둠 따라 맑은 물 흐르는 소리도 깊어졌다.

　숲 사이로 멀리 자동차 불빛이 보였다. 반가운 마음이었다.

　은티산장으로 향했다.

　돌아보니 어둠이 불빛을 따라 오고 있었다.

지나온 길 마음에 품고

#산행 스무이틀 날

　이우릿재에 올랐다. 산과 산이 만나고 고을과 고을이 만나고 길과 길이 만나고 사람과 사람이 만나는 곳이 고개이건만 새벽의 고갯마루는 고요하기만 했다. 굽이치는 물줄기처럼 흐르던 산줄기 잠시 숨 고르고 고을과 고을 지나던 이들도 쉬어가던 고갯마루, 사람들의 수많은 이야기들이 남아 있는 고갯마루는 옛 영화가 그저 꿈인 듯 적막했다.

　　산행준비를 시작했다. 모두들 지친 탓인지 여느 날과 달리 산행준비가 길었다. 산행준비를 앞서 마치고 잠시 고갯길로 들어섰다. 깊어가는 여름 새벽 숲의 고요함이 몸으로 젖어드는 듯했다. 이른 시간 탓인지 새소리도 들리지 않았다. 바람도 없었다. 모든 것이 정지해 있는 듯했다. 깊은 정적 사이로 아침이 밝아오고 있었다.

이우릿재란?

이우릿재란 이화령의 옛 이름으로 경북 문경과 충북 괴산을 잇는 고개이다. 이화현으로 불리던 옛날에는 통행이 적은 자그마한 고갯길이었다. 그러나 1925년 일제에 의해 신작로가 열리면서 중부와 영남을 잇는 큰길이 되었다. 사람의 역사처럼 길의 역사도 바뀌었다. 중부와 영남을 잇는 길도 변화되었다. 신라와 고려시대에는 하늘재가 고개로서의 역할을 감당했고 조선시대에는 조령이 그 역할을 감당하던 것을 근대에 들어서는 이화령으로 이름이 바뀐 이우릿재가 감당하게 된 것이다. '조선세종실록'과 '동국여지승람' 등의 기록에 의하면 분명히 '이화현'이라 표기되어 있던 이름이 '이화령'으로 불리게 된 것은 조선총독부에 의해서이다. 조선총독부는 1914~1918년에 걸쳐 '근세 한국 오만분의일 지형도'를 제작했다. 이 지형도에서부터 '이화현(伊火峴)'은 '이화령(梨花嶺)'으로 표기되었다. 우리말로 풀면 '배꽃고개'라는 아름답고 정겨운 이름이다. 그러나 원래 이름과는 아무런 관련이 없다. 그런 것을 지금까지 그대로 답습하여 쓰고 있는 것이다. 그런데 최근 이 고개가 이우릿재라는 옛 이름을 찾았다. 문경시가 2007년 '이화령'이라는 지명을 폐기하고 '이우릿재'라는 우리 고유의 이름을 되살린 것이다. 일제에 의해 인위적으로 만들어진 이름을 버리고 오랜 세월 우리 조상들이 걸어 넘으며 마음에 담아 부르던 이름을 찾은 것이다. 고마운 일이다.

산행은 지난밤 쓰러질 듯 내려온 희양산성터에서 시작하지 못하고 아우릿재에서 시작되었다. 희양산성터로 오르는 시간이 너무 많이 걸리기 때문이었다. 탈진해 있는 나의 체력을 배려한 선택이었다. 고마운 일이나 마음이 편치 않았다.

어리석은 길

숲으로 들어갔다. 여름을 따라 깊어지고 있는 숲은 짙었고 물기 가득해 지나는 것만으로도 온몸이 젖어들었다. 안개 가득하여 서리 내린 듯했다. 지난밤 숲이 토해낸 수분들이다. 하늘에서 내려와 깊은 땅속을 흐르고 흐르다가 나무뿌리를 만나 줄기타고 오르다 나뭇잎에 이르러 다시 하늘로 돌아가고 있는 것이다. 많은 사람 지나던 고갯마루에만 깊은 사연이 묻혀 있는 것은 아니다. 나무줄기를 타고 올라 다시 하늘로 돌아가는 작은 물방울 하나에도 하늘 지나고 땅속 흐르며 묻어둔 가슴 깊은 이야기들이 있다. 깊은 사연을 지닌 것이 어디 물방울뿐이랴. 어린 풀포기 하나, 나뭇잎 하나, 나무 한 그루에서 숲길을 지나는 사람들에게 이르기까지 깊은 사연을 마음에 묻어두지 않은 것이 없다. 그런 마음들 때문이었을까. 지난 이틀 지나온 산길과 달리 길은 부드러웠고 숲은 온화했다. 모든 것을 품어 안듯 속삭이듯 안온했다.

조봉(鳥峰, 673미터)에 올랐다. 조각된 듯 보이는 각종 기암괴석의 바위만물상들이 새의 부리처럼 뾰족한 형태를 이루고 있다 하여 조봉산이라는 이름을 얻은 산이다. 좁은 길을 걸었다. 길 곁에 쭉쭉 뻗은 일본 잎갈나무가 가지런하고 갈참나무 시원했다. 모든 것이 잘 어우러진 듯 조화롭고 평온했다. 마음 한편에서 두려움을 일게 하던 암릉들은 모두 어디론가 사라져버리고 없었다.

▲ 물기 가득한 숲

숲의 일부가 되어 나무 한 그루처럼 풀잎처럼 길을 걸었다. 조봉에서 30분 정도 걸었을까. 황학산(912.8미터)으로 들어섰다. 참나무 가득한 산자락에는 풀 또한 가득하여 온통 푸르기만 했다. 좀 더 숲으로 걸어 들어가니 길을 가로질러 작은 물길 흐르고 있었다. 어젯밤 내린 비로 숨어 있던 물길이 드러나 있었다. 산자분수령(山自分水嶺)이라는 말이 무색한 순간이었다. 백두대간 마루금을 물길이 가로지르고 있었다. 물길에 의해 대간길이 끊어져 있었다.

"원래 대간길은 저 위쪽으로 돌아가야 하는데 사람들이 편하고 가까운 길을 쫓아 산허리로 다니다 보니 마루금은 사라지고 다른 길이 생겼어요. 그러다 보니 이렇게 물길을 건너는 일이 생겼네요."

'가깝고 편한 길을 찾으려면 어찌 대간길을 걷겠는가?'

참으로 부질없는 일이다. 그저 백두대간을 걸었다는 제 자랑에 마음 빼앗겨 산길을 찾는 이들이나 할 만한 짓이다.

'어찌 길 아닌 길을 가며 길을 걸었다고 하겠는가? 어찌 하늘길은 저편에 있는데 제 멋대로 길을 만들어 하늘길을 걸었다고 말할 수 있겠는가?'

참으로 어리석고 어리석은 일이다. 그저 제 욕심에 산길을 다닐 뿐 마음길 밟아보지 못한 이들이다. 제 탐심에 마음 닫히고 귀 막혀 산의 소리를 듣지 못하는 이들이다.

한 대장은 대간길을 찾겠다고 풀숲을 서성였다. 지나는 이들 없는 대간길은 수풀 우거져 길 아니게 되었고 산 지나는 이들의 발걸음을 따라 산허리에 길이 새로 열린 것이다. 지나는 이들이 많은 탓인지 길은 가지런하고 함초롬히 닦여 있었다. 길이란 그런 것이다. 지나는 이들 없으면 있던 길도 수풀 우거져 없어지는 것이다. 지나는 이들 있으면 수풀 우거져 길 아닌 곳에도 길이 열리는 것이다. 하지만 백두대간은 다르다. 백두대간은 사람 지나며 만들어놓은 길이 아니라 하늘이 만들어놓은 하늘길이기 때문이다. 물줄기 그 길을 따라 나뉘고 산과 숲이 일어나는 생명길이기 때문이다. 사람이 낸 길이 아니다.

경북 문경시 문경읍과 충북 괴산군 연풍면 경계에 있는 황학산은 백두대간의 중추를 이루고 있지만 바로 곁에 있는 큰 산 백화산(1063.5미터)에 가려 잘 알려져 있지 않은 산이다. 지나는 이들이 많지 않은 탓이었을까. 산은 풍성한 숲을 키우고 있었다. 산마루에 펼쳐진 큰 억새밭과 참나무 숲길과 영혼을 자유롭게 할 만큼 아름답고 호젓한 산길은 마음을 내려놓을 만큼 지나는 이들을 따스하게 품어주었다. 깊은 평온을 주는 산이다.

평온함으로 지친 몸 위로받으며 길을 걷다 보니 백화산이었다. 남으로 뻗어 내려오던 백두대간이 아우릿재에서 잠시 몸을 낮춘 후 속리산을 향해 치달리기 전에 솟구친 산이다. 백화산 정상은 산과 들을 한눈에 볼 수 있다는 말과 달리 무성한 나뭇잎에 가려 아무것도 볼 수 없었다. 그저 작은 표지석 초라하게 있을 뿐이었다. 마주치는 사람이 거의 없는 산행에서 제 이름을 얌전하게 달고 있는 표지석이라도 만나니 반가웠다.

▲▲ 황학산 표지석
▲ 백화산 표지석

운이 좋은 날이었는지 사람도 만났다. 부부인 듯 연인인 듯 다정했다. 반가운 마음에 인사 나누니 허물없이 빵을 건넸다. 고마운 마음에 나누어 먹었다. 사람 좋은 웃음 지으며 그들은 산을 내려갔고 우리는 평전치로 향했다. 1866년 병인박해 당시 대원군의 박해를 피해 가톨릭 신자들이 지친 몸을 숨겼다는 곳이다. 그 옛날에는 첩첩산중 천혜의 은신처였다. 평전치 지나며 쉬었다.

점심식사를 한 후 산행을 이어갔다. 고사리밭등이라고 부르는 사다리재 지나고 곰틀재 지나니 이만봉^(989미터)이 지척이었다.

무너져 내린 산성

몸은 땀으로 절었다. 온몸에서 쉰내가 풀풀 났다. 배낭이고 옷이고 나지 않는 곳이 없었다. 코를 대고 냄새를 맡자 썩은 내가 코를 찔렀다.

"이야, 냄새 한번 정말 대단하구나!"

모두들 제 냄새 맡으며 웃었다. 임진왜란 때 2만여 가구가 이 산골짜기로 피난을 왔기에 이만봉이라는 이름을 얻게 되었다는 봉우리에 올랐다. 오른편으로 정상의 바위지대가 떡시루를 거꾸로 엎어놓은 것 같다고 해서 이름 붙여진 시루봉^(876.2미터)이 보였다.

앞선 일행들이 머물던 자리에 앉았다. 배낭을 내려놓고 쉬었다. 체력은 이미 고갈되어 겨우 발걸음을 떼고 있을 뿐이었다. 바람도 야박한 날이었다.

바람이 잔물결 일듯 불어왔다. 지친 마음 씻고 땀 식히기에는 충분했다. 한낮 오후의 열기는 뜨거웠으나 숲은 고요했다. 새소리 들려왔다. 그 고요함 속에서 잔잔한 바람에 흔들리는 나뭇잎들과 나무들, 여린 풀잎들과 거대한 바위들, 파란 하늘과 흐르는 흰 구름들 그리고 새소리가 그림 같았다. 수백, 수천, 수만 년 그렇게 그 자리에 머물러 있었던 것 같았다.

아름다웠다. 이 아름다움을 어떻게 표현할 수 있을까? 조화로웠다. 이 조화로움을 어떻게 드러낼 수 있을까? 그저 마음 깊은 곳에서 감동이 잔물결처럼 일었다.

'이렇게 무더운 여름 숲의 정경이 이토록 아름답고 조화로울 수 있다니'

걸음 재촉했다. 배너미평전 지나 지난밤 만났던 무너진 희양산성에 이르렀을 때 노을 지고 있었다. 무너진 산성에 앉아 지난밤 내려갔던 길을 바라보았다. 새로웠다. 지나지 않은 길 같았다.

이 지역은 다른 지역에 비해 산성이 많다. 신라, 백제, 고구려의 접경지역이어서 삼국시대부터 잦은 충돌과 전투가 있어왔기 때문이고, 남북을 가로막고 있는 소백산맥을 관통하는 유일한 지점이었기 때문이다. 군사요충지이며 중요 교통로였으니 산성을 많이 쌓았으리라는 것은 쉽게 짐작할 수 있는 일이다. 이 지역에는 마고산성, 노고산성, 근품산성, 작성산성, 조령산성, 고모산성, 고부산성, 희양산성 등이 있다. 희양산 주봉 뒤편 산기슭과 험한 계곡의 지형 사이에 있는 희양산성은 이미 오래전 무너져 지금은 길이 145미터, 높이 1~3미터, 폭 4미터만이 남아 있을 뿐이다. 북쪽은 큰 돌로 축성했고 원북2리 계곡의 산허리에는 이중으로 외성을 쌓았다. 이 성은 928년 견훤이 군사를 보내 축성했다고도 하고 신라의 경순왕이 축성했다고도 한다. 또한 신라가 망한 뒤 조국을 사랑하던 이들이 이 산성을 근거지로 항전했을 것이라는 이야기도 바람결에 전해온다.

정말 그런 일이 있었는지는 알 수 없는 일이다.

마음 스산했다. 한때 수많은 사람들의 꿈을 담았던 성, 그 꿈을 지키기 위해 피 흘리며 싸웠던 산성은 이제 무너져 바람만 지나고 있을 뿐이었다. 낙엽

이 바람에 휘날렸다. 바람을 따라 무너진 성벽 저편 숲 깊은 곳에 머물던 지난 세월들이 걸어 나오는 듯했다. 그 슬픔과 눈물들, 그 바람과 열망들, 그 소망과 열정들, 그 기쁨과 염원들, 그 절망과 주검들이 걸어 나오고 있는 것만 같았다. 낙엽과 함께 구르는 듯했다. 마음 아려왔다.

▲ 무너진 희양산성
ⓒ김남균

어둠 내리기 시작했다. 서둘러 산길을 내려왔다. 지난밤 내려왔던 길이었건만 길은 멀기만 했고 걸음은 느리기만 했다. 은티산장에 도착했을 때는 이미 밤이 깊어가고 있었다. 밤 9시였다. 겨우 손만 씻고 둘러앉아 식사를 했다. 사람 좋은 산장 주인의 어머님께서 손수 만드셨다는 두부를 찬 삼아 식사를 했다. 한 잔 받아놓았던 소주는 그대로 남아 있었다.

씻고 나오자 밤하늘 별 가득하여 너른 마당으로 쏟아져 내리고 있었다. 어린 복슬강아지가 잠이 안 오는지 마당 가로지르며 재롱 떨었다. 마당 한편에 지어놓은 작은 방에 홀로 들어앉으니 마당으로 쏟아지던 별이 방으로 들어왔다. 불을 밝히지도 않았는데 방은 환해졌다. 마음도 환해졌다. 산행일기를 쓰겠다고 배를 깔고 누우니 이미 잠결이었다.

별 가득한 밤이었다.

지나온 산길이 마음에 가득한 밤이었다.

그저 모든 것이 그립기만 한 밤이었다.

조령산
마음에
담고

#산행 스무사흘째 날

눈을 뜨니 새벽 3시 50분이었다. 일어났다. 몸은 여전히 천근만근 무거웠다. 움직일 때마다 마디마디에서 소리가 나는 듯했다. 방문을 열었다. 아직 아침은 오지 않았다. 마당은 깊은 어둠 속에 있었다. 드리운 밤의 끝자락이 남아 있었다. 마당으로 내려섰다. 지난밤 만났던 귀여운 복슬강아지들도 제 집에서 단잠을 자고 있는지 보이지 않았다.

    하늘엔 수많은 별들 반짝였다. 마치 꿈을 꾸는 듯 어린 시절로 돌아간 듯했다. 지금의 부천인 소사와 서울 답십리에 살던 어린 시절의 하늘은 언제나 별 쏟아지고 은하수 흘렀다. 나는 밤이 되면 미군부대 옆 강둑이나 커다란 콘크리트 배수관 위에 앉아 흐르며 쏟아지는 밤 별들을 바라보았다. 어렸지만 살아가느라 힘들어 마음에 쌓였던 아픔들을 흐르는 별빛에 씻어내곤 했다. 황홀하고 행복했다. 어렸던 날들의 그 밤, 그 강둑, 그 배수관 위에 앉아 있는 것만 같았다.

가볍게 몸을 풀었다. 인기척에 궁금해진 강아지가 조그만 마당까지 갖춘 제 집 문 밖으로 고개 내밀어 나를 바라보았다. 아직 잠에 취한 얼굴이었다. 귀여웠다. 또 한 마리는 마루 밑에서 얼굴을 내밀었다. 외박을 한 모양이었다. 꼬리 흔들며 내게 다가왔다. 머리를 쓰다듬었다. 안아주었다. 따스한 느낌이 손바닥으로 전해졌다. 생명이란 이렇게 좋은 것이다. 내려놓으니 아직 잠이 남아 있는 듯 제 집으로 들어갔다.

마당 한쪽에 있는 수돗가에서 세면을 했다. 가슴 속까지 시원했다. 정신이 들었다. 방으로 들어와 산행준비를 시작했다. 발가락에 밴드를 붙였다. 발갛게 달아오른 놈도 있었고 발톱 밑이 터져 피 흘러 새까맣게 변한 놈도 있었다. 이미 발톱 빠진 발가락도 있었다. 하나하나 꼼꼼히 밴드를 붙였다. 물을 받고 이온음료를 챙겼다. 배낭 점검을 마치고 아침식사를 했다.

아침이 밝아오고 있었다. 산행을 위해 배낭을 메고 마당에 내려서니 복슬강아지 두 마리가 마루에 앉아 졸고 있었다. 마치 바람 시원한 여름날 오후 같았다. 산행 떠나지 않고 그 곁에 누워 오수를 즐겨야 할 것 같았다.

맑은 물 탓에 생각난 이름들

차에 올랐다. 산으로 갔다. 조령산의 남쪽 들머리인 이화령에서 산으로 들어가 조령산(鳥嶺山. 1025미터)을 넘고 신선암봉(937미터)과 형제3봉을 지나 조령3관문으로 내려설 예정이었다. 옛날에는 공정산(公正山)이라는 운치 없는 이름으로도 불렸던 조령산은 산림이 울창하고 크고 작은 암벽지대가 많아 산행길이 험했다. 지리산과 덕유산 지나고 대야산과 희양산 지나며 김남균 대장은 힘들어 하는 내게 조령산이 가장 힘들다고 말하곤 했다.

조령산으로 들어갔다. 깊은 듯 말이 없는 산을 천천히 걸었다. 4일째 산행이었다. 온몸에 힘이 없었다. 조금이라도 체력을 보존하기 위해 천천히 걸었다. 김 대장은 따라오며 말없이 나를 지켜보고 있었다. 너덜길이 나왔다. 조심스레 발걸음 옮겼다. 다리는 풀렸고 발목에도 힘이 들어가지 않았다. 길은 울창한 숲에 밀려난 듯 산허리에 가까스로 매달려 있었다. 온몸이 땀에 젖었다. 걸음은 점점 느려지고 있었다. 그렇게 얼마나 걸었을까. 조령샘을 만났다. 맑은 물에 목 축이고 나니 마음 또한 맑아지는 것 같았다.

맑은 물 탓이었을까. 이번 주 산행 중 동행들에게 지어주었던 우리말 이름이 생각났다. 지난 산행을 통해 느끼고 알게 된 동행들에 대한 느낌을 담아 우리말 이름을 지어주고 싶었다. 몇 사람의 이름을 지어주었다. 조령샘의 맑은 물을 마시며 '맑은 물'과 나누던 이야기가 떠올랐다.

'맑은 물'은 김명옥 구성작가의 이름이다. 김 작가는 맑은 물이라는 이름을 부담스러워했다. 자신은 맑지 않다고도 말했다. 나는 맑지 않으니 맑아지라고 지어주는 이름이라고 했다. 마음 맑게 하여 제 마음을 모든 이들에게 보이라고 했다. 먼저 마음 드러내야 온전하게 소통할 수 있다고 했다. 마음 깊이 묻어 있는 삶의 묵은 때를 깨끗이 씻어내고 맑은 눈으로 세상을 바라보라고 말했다. 생명을 지닌 모든 것들과 소통하게 되기 바란다고 말했다. 그녀는 내 말을 듣는 내내 맑은 눈으로 숲을 바라보고 있었다.

다큐멘터리 '백두대간 공존의 숲'의 감독인 전영갑의 우리말 이름은 '깊은 강'이었다. 소리 없이 멀리 흐르는 깊은 강처럼 그는 어떤 상황에서도 불평이 없었다. 언제나 해맑게 웃으며 산행을 즐겼고 이야기를 나눌 때면 마음속에 감춰두었던 생각들을 드러내 우리를 놀라게 했다. 때로 그의 마음은 심연과 같았다. 그 깊은 마음에서 무엇이 나올지 아무도 알 수 없었다. 그는 소리 없이 멀리 흐르는 '깊은 강'이었다.

▲ 산장지기와 함께

사진가 이호상에게는 '너머 숲'이라는 우리말 이름을 지어주었다.

"호상 씨 우리말 이름은 '너머 숲'이야."

"너머 숲이요?"

어떤 의미에서 그렇게 지었는지 궁금하다는 표정으로 나를 쳐다보았다.

"호상 씨의 시선은 늘 숲 너머를 향해 있잖아. 보이지 않는 곳을 향해 있잖아. 이 숲에 머물고 있으면서도 다음 숲을 보려 하고 이 산에 들어 있으면서도 마음은 늘 다음 산으로 이어져 있지. 그뿐 아니라 사진가로서도 카메라 앵

글을 들이댈 때마다 보이는 것을 넘어 보이지 않는 것을 바라보아야 하니 호상 씨는 '너머 숲'이야."

신범섭 촬영감독은 '먼저 눕는 풀'이었다. 그는 늘 말이 없다. 조용했다. 누군가 우스갯소리를 하더라도 크게 웃지 않았다. 그는 모나지 않아 누구하고도 잘 지내고 품어주었다. 품어주려고 애쓰지 않아도 늘 품어주었다. 다른 이들의 바람을 먼저 느끼고 있었기 때문이었다. 다른 이들의 바람을 느끼고 그것이 자신이 할 수 있는 일이라면 언제든지 먼저 해주었다. 그는 참으로 풀이었다. '먼저 눕는 풀'이었다.

등산 안내인 김남균 대장에게는 '빈 산'이라는 이름을 선물했다. 많은 사람들에게 산길 열어주는 일을 하니 산길만 열어주지 말고 마음길도 함께 열어주라는 뜻이었다. 산 오르고 산 타는 사람이 아니라 산으로 들어가는 사람이 되기를 소망한다는 뜻이었다. 산길 걸으며 세상에서 묻혀온 제 이야기에 취해 떠벌이지 않고 마음 비워 산의 소리를 듣게 되기를 바라는 마음이었다. 찬 듯 비어 있는 산처럼 고요히 머물며 모든 것을 받아들일 수 있는 산꾼이 되기를 소망하는 이름이었다.

모두들 제 이름을 마음에 들어 했다. 고마운 일이었다.

두고 온 조령산

한 대장이 내게 다가왔다.

"선생님, 아무래도 너무 체력이 떨어져서 산행을 중지하는 것이 좋겠습니다. 지금 체력으로는 조령산을 넘는 것이 쉽지 않습니다. 암벽구간이 많아 힘듭니다. 안전이 제일입니다. 지금으로서는 무리니 그렇게 하시죠?"

모두들 걱정스러웠던지 다행스러워 하는 눈치였다. 연일 계속된 산행으로 모두들 지쳐 있었다. 나 역시 산행을 계속하는 것이 불가능할 정도로 지쳐 있었다. 그러나 산행을 이어가고 싶은 마음이 간절했다. 이래저래 내가 문제였다. 마음을 접었다. 제안을 받아들였다.

지나온 길을 따라 산을 내려갔다. 조령산 마음에 담고 내려가는 산길 아득했다.

차를 타고 은티산장으로 향했다. 마을 입구에 서 내렸다. 하늘 맑았고 햇살 눈부셨다. 길가에 기품 있게 늘어선 늙은 소나무들 위로 햇살 부서져 내렸다. 소나무들은 햇살 받아 빛났다. 마을을 지키는 듯 길손들을 반기는 듯 서 있는 장승 곁에 커다란 마을 유래비가 서 있었다. 신 감독은 마을 유래비 앞에 나를 세워놓고 촬영을 했다.

은티마을은 여느 산골마을처럼 계곡을 중심으로 발달해 있었다. 그 형세

▲ 마을 유래비 앞에서

가 여성의 성기와 같은 여근곡^(女根谷)이어서 이 기를 죽이기 위해 마을 초입 가겟집 노목 아래 남근석^(男根石)을 세워놓았다고 한다. 음양의 조화를 이루어 마을의 풍성함과 무사안녕을 도모하고자 하는 바람이었다. 아들을 많이 낳고자 하는 바람이었다. 매년 섣달 20일 동구제^(洞口祭)를 지낸다. 남근석에 대한 제의이다.

▲ 단잠에 빠진 강아지들

은티마을은 아늑하고 평온했다. 산자락 드리운 골짜기에 들어선 낮은 집들은 안온했고 잘 닦여 있는 길들은 나무들과 어울려 편안했다. 이르게 마감한 산행 탓인지 한 대장과 전 감독은 마을 초입 가게 앞에서 막걸리를 마시고 있었다. '한잔하시라'는 권유를 남겨두고 산장으로 향했다. 산장으로 들어서니 새벽에 만났던 강아지들이 꼬리를 흔들며 반겼다. 반가웠다. 보듬어 안고 볼 부비니 나를 제 어미로 알았는지 가슴으로 파고들었다. 살가웠다.

모두들 조금씩 들떠 있는 것 같았다. 예기치 않게 찾아온 남은 시간들을 어떻게 보내야 할지 고민에 빠진 듯했다. 놀러가자는 말들이 오고가는 듯했다. 쌍추계곡으로 가자는 말이 나왔다. 산에만 있었으니 계곡을 흐르는 찬물에 몸 담그고 싶었던 모양이었다.

모두들 모이기를 기다리며 산장 마루에 앉았다. 방 안에서는 산장주인의 노모가 바느질 하고 있었고 복슬강아지는 따라와 발치에 앉았다.

햇살이 드리워 볕이 따가웠다.
두고 온 조령산이 마음에 남아 그리웠다.

▲ 조령산
내려오는 길

이화령 에서 하늘재 까지

(2008년 7월 23일~7월 24일)

이 환경에서 하늘 재 까지

조령산은 길을 열고

\# 산행 스무나흘째 날

조령산으로 들어갔다. 다시 찾아온 우리가 반가웠는지 여기저기서 새들의 노랫소리가 들려왔다. 새들의 노랫소리는 숲을 감아 돌다가 마음으로 들어오기도 하고 하늘로 오르기도 했다. 어제 내린 비 탓이었을까. 하늘은 시리도록 맑았고 숲에서는 향기가 났다. 나무가 뿜어내는 향기와 젖은 낙엽 냄새가 어우러져 그윽하고 싱그러웠다. 세월 깊은 오랜 숲의 묵직하고 퀴퀴한 냄새가 나지 않았다. 싱그럽고 맑은 기운 가득했다. 숲은 눈길 닿는 곳마다 깊고 울창했다. 때로 원시림을 지나는 것 같기도 했다. 처음 오르는 길이 아니었건만 낯선 길 가는 듯 새로웠다. 다시 보는 너덜길도 반가웠고 산허리에 가까스로 매달린 좁은 길도 살가웠다. 다시 조령샘에 올랐다. 목 축였다. 눈부시고 가슴 시리도록 맑은 물이었다. 가쁜 숨으로 눌려있던 가슴이 트였다.

'물은 산의 영혼이 아닐까? 수천, 수만 년 변함없이 깊고 맑은 모습으로 산을 지나는 이들의 마음 씻어주고 몸 위로해주던 산의 또 다른 모습이 아닐까?

정기가 아닐까?'

　조령샘의 맑은 물에 마음 적시며 산행 즐길 수 있기 바랐다. 조령산(鳥嶺山, 1025미터)은 충청북도 괴산 연풍면과 경상북도 문경시 문경읍 경계선상에 위치해 있다. 어떤 이유에서인지는 모르겠으나 예전에는 공정산(公正山)이라는 운치 없는 이름으로 불리기도 했다. 산림 울창하고 암벽지대 많은 조령산은 기묘한 모양의 바위와 절묘한 봉우리 그리고 노송 등이 어울려 눈길 닿는 곳마다 한 폭의 그림인 천하절경의 명산이다. 주위에 신선봉(967미터)과 주흘산(1106미터)을 거느리고 있으며 북쪽으로는 월악산, 문수봉, 소백산 등으로 이어지고 남쪽은 속리산으로 이어진다.

　소백산맥 줄기에 우뚝 솟은 천하 명산 조령산은 우리가 산으로 드는 것을 쉬 허락하지 않았다. 지난주 금요일에는 탈진 때문에 산행을 조령샘에서 멈추

▲ 숲은 길을 열고

어야 했고 어제는 자동차 고장으로 산으로 들어서지 못했다. 백두대간 산행 중 가장 험한 구간이라는 조령산을 넘는다는 긴장감과 기대감으로 설레었지만 산길은 열리지 않았다.

산은 오늘에야 비로소 길을 열어주었다. 산으로 들어서는 것을 허락해주었다. 세 번 만이었다.

'마음과 몸이 준비된 후에야 산으로 들어올 수 있다는 가르침이 아니었을까?'

산은 우리를 받아주었다. 마음 편안해졌다.

햇살 비쳤다. 올려다보니 무성한 나뭇잎 사이로 푸른 하늘이 보였다. 새털 닮은 구름들이 점점했다.

작은 비석과 노란 원추리

정상을 향했다. 풀숲에 노란 원추리 아름답게 피어 산 오르는 이들을 위로했다. 숲은 깊었다. 살아 있는 나무들, 죽어 쓰러진 나무들로 가득했다. 어제 만난 조령의 숲이 생각났다. 숲은 깊고 울창하여 생명 가득했다. 흙으로 돌아가는 생명들 또한 많았다. 바람에 꺾이고 부러진 나무들 위로 숲의 분해자인 버섯이 빠르게 자리를 잡아가고 있었다. 흙으로 돌아가고 있었다. 병들어 죽어가는 나무들도 있었다. 암에 걸린 나무들도 있었다. 그 나무들은 죽어가고 있지만 그럼으로써 숲을 이롭게 하고 있었다. 숲을 풍성하고 아름답게 만들고 있었다. 병든 나무에 꼬인 벌레들을 잡아먹기 위해 새들이 모여들기 때문이다. 병든 나무에게는 슬픈 이야기지만 숲으로 보면 좋은 일이다. 이처럼 숲에는 새로운 생명과 주검들이 어우러져 있다. 언제나 한 생명의 주검은 언제나 다른 생명의 탄생으로 이어지며 숲을 풍성하게 만들고 있다.

▲ 함께 살아가는 숲

삶과 죽음이 하나인 곳이 숲이다. 서로 다른 삶과 죽음의 모습을 지니고 있기에 서로를 살리고 있는 곳이 숲이다. 서로 다른 삶을 살아가기에 모두가 하나인 곳이 바로 숲이다. 서로 다른 생명의 모습을 지니고 있기에 모두를 살릴 수 있는 곳이 숲이다. 때로 서로가 살아가는 근거가 되고 이유가 되고 목적이 되기도 하는 곳이 숲이다. 사람 사는 세상과는 달리 어떠한 이유로도 서로를 해치지 않고 함께 살아가는 곳이 바로 숲이다.

정상에 오르자 백두대간 조령산이라고 쓴 표지석이 눈에 들어왔다. 바위에 앉으니 나뭇가지 아래로 첩첩한 산줄기 아득했다. 산줄기와 산줄기들이 품은 골에는 운무 피어오르고 있었다. 올올이 피어올라 구름 되어 흐르고 있었다. 하늘에 구름 가득했다.

어제 비가 내린 탓인지 유달리 운무 가득했다. 운무를 타고 나무도 바위도 산도 모두 하늘로 오르는 듯했다.

'비 내린 탓만은 아니리라. 산 깊으니 골 깊으리라. 골 깊으니 바람 거세고

운무 또한 가득하리라.'

정상 한편에 나무로 만든 작은 비석이 세워져 있었다. 이 산에서 산에 마음 빼앗겨 산악인이 된 후 1999년 4월 히말라야 안나푸르나에서 불꽃같은 짧은 생을 마감한 여성 산악인 지현옥의 추모비였다. 그녀는 에베레스트 등정과 가셔브룸2봉(8035미터) 무산소 단독등반 등 여성으로서는 믿지 못할 기록을 남겼다. 전문 산악인으로서의 그녀의 삶은 죽음에 대한 두려움을 이겨내고 정상에 오른 것보다 여성 산악인에 대한 편견과 차별을 극복하는 데 더 많은 노력과 수고를 기울여야 했다. 슬픈 현실이다. 지현옥은 1993년 한국 여성 에베레스트 원정대 대장으로 뽑혔다. 그녀는 숱한 차별과 좌절을 이겨내고 세계 최고봉 등정에 성공했다. 후배 여성 산악인들이 자신처럼 차별받지 않고 활동할 수 있는 길을 열어준 것이다. 산이 준비된 이들에게 길을 열어주듯이. 훗날 지현옥은 당시의 심경을 밝혔다.

"에베레스트는 또 다른 나를 발견하는 시험무대였다. 온몸 갈기갈기 찢을 것 같던 육체적 고통을 첫 원정에서 체

▲ 지현옥 추모비
ⓒ김남균

험했다면 에베레스트에서는 넘을 수 없는 편견을 넘어가야만 했다. 여성 등반

가를 바라보는 사회적 시선 앞에서 좌절의 고통과 서러움을 이겨내고서야 에베레스트로 가는 길은 열렸다. 그런 사회적 냉소와 질시에 비하면 시체가 나뒹구는 에베레스트 사우스콜의 죽음의 공기도 견딜 만했다. 여자끼리만의 오기로 뭉쳐진 팀을 이끌었고 나는 그 모든 고통으로부터 자신을 견뎌내게 하는 데 성공했다."

▲ 원추리

'얼마나 마음의 상처가 깊었을까? 얼마나 자신과 함께 했던 대원들이 자랑스러웠을까?'

그녀의 영혼을 위해 기도했다.

끝나지 않는 길을 따라 산을 내려왔다. 절벽 위쪽에 노란 원추리 피어 위태했다. 제 몸을 던져서라도 지나는 이들을 위로하기 위함이었을까. '근심을 잊게 하는 풀'이라는 원추리가 곳곳에 피어 있었다. 봄철에는 어린 싹을 따고 여름철에는 꽃을 따서 김치를 담가 먹거나 나물로 무쳐 먹는다는 원추리였다. 한방에서는 약재로도 쓰이는 꽃이다. 이래저래 말 그대로 근심을 잊게 해주는 풀이다. 이구화가 쓴 '연수서'에는 원추리에 대해 이렇게 쓰여 있다.

"원추리의 어린 싹을 나물로 먹으면 홀연히 술에 취한 것 같은 마음이 황홀하게 된다. 그러므로 이를 망우초라고 한다."

망우초(忘憂草)라는 한자 이름도 그럴 듯하지만 '넘나물'이라는 우리말 이름이 더 정겹다.

"산은 참 별것도 다 가르쳐준다"

멀리 거대한 암봉이 보였다. 신선암봉(神仙巖峰, 937미터)이었다. 우리를 따라오듯 길 따라 흐르는 구름과 함께 걷다 보니 신선암봉의 너른 바위가 우리를 반가이 품어주었다. 말 그대로 구름 타고 온 신선이 머물렀을 것 같은 암봉이었다.

바위에 앉으니 그대로 신선이 된 듯했다. 눈앞은 기암괴석들과 깊은 골들 어우러져 기묘하고 장엄했으며 골마다 피어오르는 운무와 어우러져 신비했다. 황홀했다. 그대로 선경이었다. 신선이라고 어찌 이런 광경을 쉽게 지나칠 수 있었겠는가. 나처럼 머물러 마음 내려놓고 있었을 것이다.

형제삼봉을 향했다. 밧줄에 매달리고 바위 부여잡으며 암벽을 내리고 오르기를 거듭했다. 거대한 암릉 오르며 지친 몸 쉬느라 잠시 돌아보니 지나온 길 보이지 않았고 산줄기 첩첩했다. 가까이 있던 하늘은 저 멀리 물러나 아득했다. 거대한 암릉을 오르자 커다란 바위 위에 소나무들 뿌리 내려 살아가고 있었다. 바위들은 그 단단한 가슴 열어 여린 씨앗을 받아들이고 품어 큰 나무로 키워내고 있었다.

▲ 생명을 받아들이다

'나도 저 바위들처럼 생명들을 받아내어 품어줄 수 있을까? 수많은 생명을 품어 안을 수 있을까?'

형제삼봉을 지나기 전 점심식사를 하고 산길을 이어가다 무너진 성터에서 잠시 쉬고 나니 조령 3관문이 지척이었다.

3관문인 조령관에 내려섰다. 하늘에는 그 많던 구름이 사라져 푸르기만 했다. 조령 (650미터)이었다. 문경새재라고 부르는 새재이다. 선조 25년(1592년) 임진왜란 당시 가토 기요마사와 고니시 유키나가의 진격을 막기 위해 내려왔던 조선의 장수 신립이 이곳을 지키지 않아 온 나라가 전란에 휩싸이게 되는 슬픈 역사의 현장이다. 신립은 천혜의 요새인 새재를 지키지 않고 충주 탄금대로 물러나 배수진을 치고 왜적을 막았으나 전멸하고 말았다. 자신이 거느린 기마병을 믿고 택한 전술이지만 상황에 맞는 전술 선택이 아니었다. 그가 선택한 지형은 저습지였고 전날 비까지 내려 온통 진흙탕이었기 때문이다. 말도 보병도 자유롭게

움직일 수 없었으니 왜적의 조총에 일방적으로 당한 것은 당연한 결과였다.

윤제학은 그의 책 '산은 사람을 기른다'에서 신립의 이해할 수 없는 전술과 관련한 전설을 전하고 있다.

선조의 명을 받고 내려온 신립은 새재를 지키려고 했는데 꿈에 한 처녀가 나타나 탄금대에 배수진을 칠 것을 호소했다. 신립은 그 처녀의 말대로 했다가 전멸했다는 것이다. 그 처녀는 일찍이 주흘산의 요귀로부터 신립이 구해준 처녀였는데 자신의 연정을 신립이 받아들이지 않자 원한을 품고 스스로 목숨을 끊어 원귀가 되었다고 한다.

윤제학은 이 전설을 소개한 후에 재미있는 촌평을 달아놓았다.

"어쩌면 처녀귀신은 삼척동자라도 당연히 구사했어야 할 전술을 포기한 신립(지배자)에 대한 민중들의 원망과 비웃음의 상징이 아닐까. 모름지기 우두머리가 된 사람이라면 마땅히 여럿의 목소리에 귀 기울일 일이다. 산은 참 별것도 다 가르쳐준다."

참으로 통찰력 있는 해석이다. 그러나 한 나라의 존망을 결정하다시피 한 전쟁에서 도저히 믿을 수 없는 처녀귀신 이야기를 만들어낸 민초들의 마음에서는 윤제학의 해석과는 또 다른 마음을 엿볼 수 있다. 원망과 비웃음보다는 도저히 이해할 수 없는 선택을 했던 신립의 행동을 억지로라도 이해하기 위한 슬픈 노력이 아니었을까? 그렇게 해서라도, 억지로라도 이해하지 않으면 그들의 처지가 너무 슬프고 비참했을 것이니 말이다.

"선생님, 이리 오시지요."

한 대장이 약수를 내밀었다. 조선 숙종 34년(1708년) 성을 쌓을 때 발견되었다는 조령약수였다. 이 고개를 넘었을 수많은 사람들의 목을 적시고 마음을 적셔주었을 물이다. 사시사철 마르는 법도 없고 많이 마시면 장수를 한다고 하여 백수영천(百壽靈泉)이라고 불렀다는 약수이다. 맛나게 마셨다. 조령산 넘으며 흘린 땀방울이 모두 씻겨 나가는 듯했다.

3관문으로 들어가니 숲 사이로 길이 나 있었다. 도로를 따라 내려갔다. 숙소인 조령산 휴양림 식당으로 향했다. 숲은 우거졌고 계곡에서는 맑은 물이 흘러내렸다. 스틱을 씻고 손을 씻었다. 흐르는 물에 씻은 탓이었을까, 몸은 차가워지고 마음은 맑아졌다. 종일 불어오지 않던 바람이 계곡을 타고 흘러내렸다. 물길을 타고 바람 흐를 때마다 찬 기운이 몸을 지났다.

지나온 조령산이 그곳에 있는 듯 흐르는 물길을 오래도록 바라보았.

나뭇가지 흔들리고 나뭇잎 출렁거리는 오후였다.

하늘재 에 서다

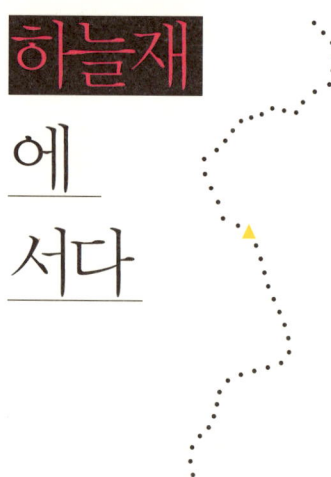

\# 산행 스물닷새째 날

　조령산의 새벽은 상쾌했다. 민박집 앞 너른 마당에는 창에서 흘러나오는 불빛 어른거렸다. 어둠은 숲에 머물고 있었고 나무들은 깨어나려는 듯 요란했다. 바람 세차게 불었다. 나뭇잎들은 서로 부딪히며 '파라락 파라락' 소리를 냈다.
　'수백 년 전에도 저 나무들은 저렇게 소리를 냈겠지. 저 소리를 벗 삼아 잠들었던 이들은 얼마나 많았을까? 조선 시대의 새재는 한양에서 부산 동래까지 이어진 영남대로 가운데 가장 큰 고개였으니 많은 사람들이 이 고개를 지나기 위해 머물렀으리라. 새도 날아서 넘기 힘들어 쉬어간다는 험하고 높은 고개이니 사람들 또한 이 고개에서 잠들었으리라.'
　수백 년 세월을 넘어온 숲과 머물었던 이들이 살갑게 느껴졌다. 어둠 곁에 앉았다. 계곡 물 흐르는 소리가 요란했다. 그러나 새벽의 정적 속으로 빨려 들어간 듯 숲은 고요했다. 물 흐르는 소리, 바람 지나는 소리, 나뭇잎 부딪히는 소리들이 어우러진 숲은 깊은 정적 속에 있어 소리가 사라진 듯했다. 깊은 적

▲ 숲은 수많은 이야기를 전하고

막만이 머물고 있었다.

　일찍 잠든 밤도 아니었건만 새벽이 내게만 서둘러 찾아온 듯 이르게 눈이 떠졌다. 코고는 소리가 멀리서 들려오는듯 울려났다. 잠든 이들 놓아두고 마당으로 나온 길이었다.

　하늘길인 백두대간을 걷기 시작한 지 두 달이 지나고 있었다. 대간길의 절반을 넘어서고 있었다. 몸은 조금씩 산행에 적응하고 있었고 산길 지나는 마음은 즐거웠지만 때로 이 길을 따라 어디로 가고 있는지 알 수 없었다. 왜 걷고 있는지 알 수 없었다.

　'그저 이 땅의 등줄기라는 백두대간을 걸어보는 것인가? 다큐멘터리 '백두대간 공존의 숲' 촬영을 위해 힘듦을 이겨내며 견디고 있는 것인가? 총칼에 의해 끊어진 하늘길을 이어보고 싶은 염원에 마음 기울여 걷고 있는 것인가?

아니면 산 지나고 숲 지나며 마음을 씻다 보면 어리석은 제 뜻에 매몰되어 잃어버린 삶을 되찾을 수 있을지도 모른다는 기대감 때문일까? 잃어버린 제 자신을 찾을 수 있을지도 모른다는 기대감 때문에 걷고 있는 것일까? 그도 아니면 다시 사랑할 수 있는지 알고 싶은 것일까?'

알 수 없는 일이다. 그저 길을 따라 걸을 뿐 알 수 있는 것도 말할 수 있는 것도 없었다. 등 뒤에서 인기척이 느껴졌다. 돌아보니 불 밝혀 있었다. 모두들 일어나 산행준비를 하고 있는 것 같았다. 조령 3관문에서 하늘재까지의 산행이었다. 그러나 비법정탐방로가 있다는 이유로 하늘재에서 산행을 시작할 것이었다. 마음 편치 않았다.

또 다른 하늘길

하늘재는 백두대간을 지나는 이들 외에는 거의 행인이 없는 옛 고개이다. 경북 문경시 문경읍 관음리에서 충북 충주시 상모면 미륵리 사이를 이어주는 고개이다. 하늘과 맞닿아 있다 해서 하늘재라는 이름을 지니고 있다고 하기에는 525미터의 그리 높지 않은 고개이다. 하지만 하늘재는 우리나라에서 가장 오래된 고갯길이다. 최초로 뚫린 고갯길이다.

신라 제8대 왕 아달라가 재위 3년(156년) 북진을 위해 길을 열었다고 한다. 삼국사기에는 '겨릅산' '계립령'으로 기록되어 있고 고려사에는 '대원령(大院嶺)'이라는 이름으로 기록되어 있다. 또한 신증동국여지승람에는 '마골점(麻骨

岾)' '마골산(麻骨山)'이라는 이름이 보인다. 또한 한원령이라는 다른 이름으로 불리기도 했다.

하늘재라는 이름이 언제부터 사용되었는지는 정확하게 알 수 없으나 이 이름은 많은 함축된 의미를 안고 있다. 하늘재라는 이름에는 고단한 삶을 살아가던 민초들의 소망과 간절한 바람이 깃들어 있다. 이 고갯길은 민초들의 소망길이요 백두대간과는 또 다른 하늘길이었다. 고단한 현실 너머에 있는 관음세계와 미륵세계를 이어주는 통로요 들어가는 길이었기 때문이다. 관음세계와 미륵세계를 향한 그들의 소망이 담겨 있기 때문이다. 단지 이 고개의 동쪽에 있는 마을이 관음리이고 서쪽에 있는 마을이 미륵리이기 때문만은 아니다. 하늘재가 관음리와 미륵리를 이어주는 길이기 때문만은 아니다.

▲▲ 하늘재
ⓒ최창남
▲ 계립령 유허비
ⓒ최창남

하늘재가 민초들의 사랑을 받았던 이름이었다는 것은 관음리와 미륵리라는 마을 이름에서 쉽게 알 수 있다. 관음리와 미륵리가 있었기에 하늘재가 존재할 수 있었던 것이고 이 이름들 안에 살아가기 힘든 그들의 삶이 그대로 담겨 있다. 슬픔과 절망과 분노와 희망 등이 그대로 담겨 있다. 삶이 얼마나 고단했으면 마을 이름이 자비의 상징인 관음리가 되고 민초들을 구원하기 위해 오시는 미륵리가 되었는가 말이다.

'그들의 마음이 그러했으니 이 두 마을을 이어주는 이 고개는 당연히 하늘재가 되었으리라. 이 고개를 지나고 그 마을로 들어갈 때마다 고단한 세상을 하루 속히 떠나 하늘에 오르기를 염원했으리라. 등 따습고 배 불리 먹을 수 있는 날이 속히 오기를 고대했으리라.'

하늘재라는 이름에 담겨 있는 그들의 절망과 희망을 느끼며 마음이 슬프고 아팠다. 또한 이 고개는 마의태자 이야기를 빌려 민초들의 마음 한 자락을 다시 오늘 우리에게 전하고 있다.

하늘재에서 충주 방향으로 내려가면 '미륵사지'가 있다. 고려 초기에 세워진 사찰이다. 이 사찰에 부드러운 얼굴의 미륵석불이 세워져 있다. 이 석불은 우리나라에서는 보기 힘든 '북향석불'이다. 당시 민초들은 망국의 한을 품고 금강산으로 들어가던 마의태자와 덕주공주 남매가 이 석불을 세웠다고 믿었다고 한다. 석불은 마의태자의 자화상이고 북쪽을 향하고 있는 것은 덕주공주의 모습을 닮은 월악산 덕주사 마애불을 바라보기 위한 것이라고 한다.

그러나 아무래도 그랬을 것 같지 않다. 고려 초에 세워진 사찰에 마의태자가 지나며 석불을 세웠을 것 같지도 않고 쫓기는 길에 그런 여유가 있었을 것 같지도 않다. 그럼에도 불구하고 미륵 대불을 마의태자의 자화상으로 생각했던 것은 천 년 신라의 마지막 왕자인 마의태자에 대한 애틋한 마음 때문이 아니었을까? 마의태자는 끝까지 나라를 지키고 회복하기 위해 노력했다. 그런 그의 마음이 민초들에게 전해졌던 것이 아닐까? 그래서 소백산 줄기 지나면서도 망한 나라의 수도 경주 방향을 바라보며 울었다는 이야기가 지금까지 전해지고 있는 것이다. 마의태자가 눈물 흘렸다는 봉우리가 소백산 줄기의 국망봉(國望峰)이다. 가난한 삶을 살았던 이들의 소박하고 아름다운 마음이 전해진다.

　　수많은 이야기를 담고 있는 하늘재는 더 많은 이야기들을 들려주려는 듯 고요했다. 바람 불어왔다. 젖은 숲 사이로 불어온 바람에 나뭇잎 나부꼈다.

하늘재 마음에 품고 내려가는 길

월항삼봉(856미터)이라고도 불리는 탄항산에 이르렀을 때 바람은 더욱 세차게 불어왔다. 나뭇잎들은 펄럭였고 숲은 물결처럼 출렁였다. 갈망하는 듯 그리워하는 듯 외로운 듯 슬픈 듯했다. 옛날에는 봉화를 올리던 곳이라고 하여 산 남쪽 월항마을 사람들은 봉화봉이라고 불렀던 산이었으나 봉화의 흔적은 보이지 않았다. 그저 물기 머금어 젖은 숲이 햇살에 빛나고 있을 뿐이었다. 나뭇잎 하나하나 보석처럼 반짝이고 있었다. 소나무와 바위들도 빛나고 있었다.

　　남쪽으로 주흘산이 보였다. 산이 솟아오를 때 산 밑에 도읍을 정하리라 생각했다는 산이다. 솟아보니 서울의 삼각산이 먼저 솟아 있어서 삼각산을 등지고 앉았다는 재미있는 이야기가 전해진다. 조령산, 포암산, 월악산 등과 더불어 소백산줄기의 중심을 이루는 아름다운 산인 주흘산은 백두대간길에서 벗어나 있어 멀리 바라보는 것만으로 만족해야 했다.

어찌 모든 것에 욕심을 내랴. 남겨두는 것도 있어야 하는 법이다.

평천재를 지나 부봉(917미터) 갈림길에 이르렀을 때 빈산 김남균 대장은 부봉에 들르자고 말했다.

"부봉이 백두대간 줄기에서 벗어나 있지만 정말 아름다워요. 조망도 참 좋아요. 언제 다시 올지도 모르니 조금 힘들더라도 다녀오시지요?"

부봉은 문경새재 제2관문인 조곡관 뒤에 우뚝 솟아 있는 바위산

▲ 동암문에서 쉬다

으로 여섯 개의 봉우리로 이루어져 있고 물박달나무, 자란초, 미치광이풀, 냉초 등 희귀식물들이 많아 경치가 빼어난 산이다.

그러나 아무도 따라나서려고 하지 않았다. 아무에게서도 반응을 얻지 못하자 김 대장은 나를 바라보았다. 하지만 나 역시 따라나서고 싶지 않았다. 우리를 위해 산행을 권하는 김 대장의 마음이 고마웠지만 그저 산행을 빨리 마치고 쉬고 싶은 마음이었다. 여러 가지로 안쓰럽고 미안했다.

"김 대장님, 좋은 스승은 많은 것을 한꺼번에 가르치는 것이 아니에요. 마찬가지로 좋은 제자도 한꺼번에 많은 것을 배우려고 해서는 안 되고요. 그러니 부봉은 아쉽지만 나중을 위해 남겨놓고 오늘은 그냥 지나치시지요?"

김 대장은 고개를 끄덕였지만 부봉이 그리웠던지 홀로 길을 달리해 부봉으로 갔다. 우리는 잠시 더 쉰 후 길을 이어갔다. 동암문에 이르렀을 때 늘 곁에

있었던 듯 김 대장이 우리 뒤에 서 있었다. 산사람다운 빠른 발걸음이었다. 바라보고 웃으니 그도 웃었다.

　　암행어사 박문수가 이 산을 넘을 때 마패를 관문 위 봉우리에 걸어놓았다고 하여 마패봉(馬牌峰)이라고도 불리는 마역봉(馬驛峰, 927미터)에 올랐을 때 어두워져 있던 하늘에서 비 내리기 시작했다. 땀으로 찌든 몸이 시원했고 마음도 가벼워졌다.

　　다시 조령 제3관문으로 내려섰다. 12시 40분이었다. 이르게 끝난 산행이었다. 이번 주 산행을 생각하자 마음 한구석이 허전했다. 조금은 허무한 느낌이 들었다. 첫날인 화요일은 자동차 고장으로 늦게 내려와 산행을 하지 못했고 둘째 날인 수요일은 조령산을 넘은 후 오후 3시에 산행을 이르게 마쳤다. 그리고 마지막 날인 오늘은 더 이른 시간에 산행을 마쳤다. 정오 조금 지났을 뿐이었다. 이번주의 산행을 모두 마친 것이다. 이제 숙소로 돌아가 식사를 한 후 집으로 돌아가는 일만 남아 있었다. '이런 날도 있고 이런 산행도 있지' 하고 마음 편하게 생각하려고 했지만 쉽게 그리 되지 않았다. 마음 편치 않았다. 산행을 위해 준비한 사람들의 수고와 노력 등 많은 일들이 생각났다.

　　약수에 목 축여 어지러운 마음을 씻고 길을 따라 내려갔다. 제3관문을 지나 숙소로 가는 길에 산림청에서 세운 백두대간 조령이라고 쓴 거대한 표지석이 보였다. 표지석에는 조령의 유래가 자세히 쓰여 있었다.

　　"백두대간 조령산과 마패봉 사이를 넘는 이 고개는 옛 문헌에는 '초점(草岾)'으로, 신증동국여지승람에는 '조령(鳥嶺)'이라고 기록되어 있는데 그 어원은 풀$^{(억새)}$이 우거진 고개, 새도 날아서 넘기 힘든 고개에서 유래되었다고 한다. 또한 '하늘재$^{(麻骨嶺)}$'와 '이우릿재$^{(伊火峴)}$' 사이에 있다고 해서 '새$^{(사이)}$'재' 혹은 '새$^{(新)}$'로 된 고개라서 '새$^{(新)}$재'라고도 한다.

조령은 조선시대에는 영남과 한양을 잇는 중요한 길목으로서 영남대로라 불렸으며 군사적 요충지로서도 중요한 역할을 했다."

조령 혹은 새재라고 부르는 이 고개의 또 다른 이름은 문경새재이다. 이 고개는 영남의 선비들이 청운의 꿈을 품고 과거를 보기 위해 넘던 고개였다. 황간의 추풍령을 넘으면 추풍낙엽처럼 과거에 떨어지고 풍기의 죽령을 넘으면 대나무처럼 죽죽 미끄러진다 하여 문경새재를 넘는다는 속설이 있는 고개였다. '경사스런 소식을 듣는다'는 뜻을 지닌 문경$^{(聞慶)}$이란 지명에 기댄 속설이다.

'그렇게 해서라도 위로받고 싶었으리라.'

▲ 햇살 드리우다

내려가는 길에 산을 찾은 이들의 발길이 분주했다. 세상으로 내려가는 길은 산길과 달리 어수선하고 시끄러웠다. 산을 찾아온 이들도 마음 다스리지 못해 어수선했고 산길을 지나 집으로 가고 있는 이들도 마음 다스리지 못해 시끄러웠다.

'이렇게 산행을 이어가도 되는 것일까?'

여러 가지 생각들이 마음을 지나갔다.

빗방울이 조금씩 굵어지고 있었다. 식사를 하고 짐을 정리한 후 차에 오르는데 비가 쏟아지기 시작했다. 많은 비였다. 폭우였다. 끝났다던 장마는 아직 끝나지 않은 듯했다. 아직 한낮인데도 어두웠다.

바람 불었다. 나뭇잎 부딪히고 나뭇가지 흔들렸다. 물결 이는 듯 숲 일렁이고 출렁였다. 차창을 조금 여니 바람과 빗방울이 들이쳤다. 시원했다. 그제야 마음에 이는 많은 생각들을 조금이나마 내려놓을 수 있었다.

흔들리는 빗줄기만큼이나 마음 흔들린 산행이었다.

하늘재를 마음에 품어 애틋했던 산행이었다.

하늘재에서 저수령까지

(2008년 7월 29일~7월 31일)

하늘재에서 저수령까지

눈물샘에 마음 씻고

산행 스무엿새째 날

새벽이었다. 고요했다. 잠 못 이루던 지난밤 내내 요란하던 매미 소리는 들려오지 않았다. 하늘재 근처에 숙소를 구하지 못하여 다시 찾은 조령산의 여름밤은 깊었고 창밖은 어두웠다. 별 하나 보이지 않았다. 아직 지나지 않은 밤이 깊어 가야 할 길 아득히 느껴지는 새벽이었다.

하늘재에서 포암산과 대미산을 넘어 차갓재까지 가는 동으로 뻗은 약 18킬로미터의 산길이다. 지리산에서부터 북쪽으로 뻗어 오르던 백두대간은 속리산 지나며 동쪽으로 흐른다. 대미산과 황장산, 벌재와 저수령을 거쳐 도솔봉에 올랐다가 죽령을 넘어 비로봉과 국망봉에서 가슴 쓸어내리고 고치령과 마구령과 박달령을 건너 구룡산 마음에 품고 태백산에 이르기까지 백두대간은 동으로 흐르고 있다. 그러다 태백산에서 낙동정맥을 만난 후 마치 기다리고 있었다는 듯이 어깨를 나란히 하고 첩첩한 산줄기 풀어놓으며 장대한 산줄기를 북으로 뻗고 있다.

그렇게 동쪽으로 흐르는 산줄기에서 맞는 새벽은 지나온 길과 사뭇 달랐다. 해 뜨는 이른 새벽 숲은 눈부시고 맑았다. 물방울 달고 있는 나뭇잎들은 햇살을 받아 무지개를 품은 듯 영롱했다. 숲 사이 드리운 안개조차 반짝이며 뚜렷하게 모습을 드러냈다. 숲은 보여주지 않던 깊은 속을 보여주기라도 하려는 듯 길을 열어주었다. 눈길 닿는 곳마다 나뭇가지를 치우고 나뭇잎을 거두며 속살을 보여주었다. 모든 것을 있는 그대로 보여주었다.

▲ 생명을 품어 키우다

북으로 나 있는 산길은 달랐다. 북으로 흐르는 새벽 숲은 언제나 수많은 이야기를 감춘 듯 내밀한 이야기들을 품고 있는 듯 신비로웠다. 숲은 밝음과 어둠으로 가득 차 아스라하고 신비했다. 드러난 것은 분명하고 감추어져 있는 것은 도저히 알 수 없었다. 드러나지 않고 감추어져 있는 것들의 모호함과 불투명함 때문이었는지 드러난 것들조차도 때로 드러나지 않은 것처럼 모호하게 느껴지기도 했다. 북으로 흐르는 산줄기의 새벽 숲은 속살을 드러내지 않았다. 눈길은 언제나 모호함과 아스라함 그리고 신비로움에 막혀 돌아오고 길은 깊은 숲에 막혀 돌아올 뿐이었다. 그저 숲의 울림을 듣고 느끼며 숲의 깊이를 느낄 수 있을 뿐이었다.

간절한 이름

서둘러 산행준비를 마치고 하늘재로 향했다. 관음리와 미륵리를 이어주는 하늘재는 그저 평범한 고개였다. 특별할 것이라고는 전혀 없는 좁은 산길이 나 있을 뿐이었다. 특별한 것이 있다면 국립공원관리공단에서 세운 초소가 있다는 것과, 하늘재의 또 다른 이름인 계립령유허비가 세워져 있다는 것이었다. 계립령유허비에는 이 고개의 간단한 내력과 비를 세운 이유가 기술되어 있었다.

"……태초에 하늘이 열리고 사람들의 발길이 이어지면서 영남과 기호지방을 연결하는 중추적인 역할을 맞아 장구한 세월 동안 역사의 온갖 풍상과 애환을 고스란히 간직해온 이 고개가 계립령이다. 경북 문경시 문경읍 관음리와 충북 충주시 상모면 미륵리의 분수령을 이루고 있는 이 고개는 속칭 하늘재, 지릅재, 겨릅사, 대원령이라 부르기도 하며 신라가 북진을 위해 아달라왕 3년 (156년) 4월에 죽령과 조령 사이의 가장 낮은 곳에 길을 개척한 신라의 대로로서 죽령보다 2년 먼저 열렸다. …… 조선조 태종 1년 (1414년) 조령로(지금의 문경새재)가 개척되고 임진왜란과 정유재란, 병자호란을 거치면서 조령로가 험준한 지세로 군사적 요충지로 중요시되자 계립령로의 중요성은 상대적으로 점차 떨어지게 되어 그 역할을 조령로에 넘겨주게 되었다.

오랜 세월동안 묵묵히 애환을 간직해온 계립령의 역사적 의미를 되새겨 보고 고개를 넘은 길손들에게 지난 역사의 향취를 전하고 그 뜻을 기리고자 이곳에 유허비를 세운다."

사람들이 잊고 있는 세월은 아쉬웠던지 제 흔적을 그렇게 돌조각에 남기고 있었다.

바람 없는 맑은 날이었다. 나무 사이로 나 있는 계단을 따라 숲으로 들어갔다. 숲은 젖어 있었다. 어두웠다. 숲길을 헤쳐 나갔다. 조금 걷자 돌길이었다. 다듬어지지 않은 돌길이었다. 김 대장이 말을 건넸다.

"이 돌은 자연석이 아니라 성벽을 쌓았던 돌이래요. 무슨 성벽인지는 모르겠지만……"

▲ 작성산성의 무너진 성벽
ⓒ최창남

그냥 돌길이 아니라 무너진 성벽이었다. 의식하지 않고 걸으면 지나칠 수밖에 없는 무너지고 버려진 성벽이었다. 역사 속에 또렷이 기록되어 있는 작성산성(鵲城山城)이었다.

이는 문경군 동로면 황장산에서 충북 쪽으로 트인 험한 계곡 하류에 자연의 험준함을 이용해 쌓은 성벽이다. 누가 쌓았는지에 대해서는 정확한 기록이 없다. 다만 고려 공민왕이 전란을 피해 대지국사의 안내를 받아 황장산 부근에 머물렀을 때 작(鵲) 장군이 황장산에서 새 진지를 다듬고 성을 쌓았다는 전설이 전해올 뿐이다. 또한 그보다 훨씬 앞서 927년 견훤이 이 성을 지키다 고려 태조 왕건의 공격을 받은 뒤 성에 불을 지르고 달아났다는 이야기도 아울러 전해진다. 어쩌면 천 년의 세월을 건너온 유서 깊은 성일지도 모른다. 이 나라의 역사를 두 눈으로 지켜보고 수많은 이들의 꿈과 희망을 품어 안고 있었던 성이다. 그러나 이제는 세월과 함께 잊힌 성이다. 이제는 산길에 묻혀 발에 밟히고 차이는 돌멩이일 뿐이다. 세월의 흔적은 그렇게 산길에도 남아 제 이야기를 지나는 이들에게 전하고 있었다.

중복이었다. 아침부터 몹시 더웠다. 햇살이 정면에서 비쳐왔다. 몸은 벌써 뜨거워져 있었다. 하늘샘에 도착했다. 목을 축였다. 시원했다. 몸의 열기가 조금은 가라앉았다.

'샘의 이름도 하늘샘이라니……'

관음리와 미륵리, 하늘재와 하늘샘이라는 이름에 담겨 있는 애틋하고 애절한 소망이 느껴졌다. 마음 슬프고 아팠다.

▼ 원추리 꽃

'어쩌면 이렇게 간절한 이름이 있단 말인가……'

험하면서도 포근한 산

눈물 흘렸다. 흘린 눈물 마음에 씻고 포

암산(962미터)을 행했다. 길가에 노란 원추리꽃이 함초롬히 피어 가쁜 숨을 몰아쉬는 이들을 맞아주었다. 잠시 걸음 멈추고 숨 돌렸다. 마음 가라앉혔다. 순간 나뭇잎 사이로 햇살이 들어왔다. 숲으로 햇살이 스며들고 있었다. 볼 수 없었던 것들, 보이지 않던 것들이 보이기 시작했다. 나무와 숲 사이에 가득하던 안개의 결도 보이고 그 너머에 있는 나뭇잎이 파르르 떨며 울리는 울림도 보였다. 햇살이 수맥을 따라 흐르고 기공을 투과하는 듯했다. 수맥을 따라 흐르는 물줄기도 기공이 숨 쉬고 있는 모습도 보이는 듯했다. 숲은 모든 것을 드러내고 있었다. 마치 오랜 세월 마음에 담아두었던 이야기들을 토해내려는 듯이.

월악산국립공원의 가장 남쪽에 있는 포암산은 여러 개의 다른 이름을 지니고 있다. 거대한 바위가 우뚝 선 모습이 거대한 피륙을 펼쳐놓은 것같이 보인다고 하여 '베바우산'이라고 불리기도 했고 희고 우뚝 솟은 바위가 삼대 같다고

▲ 포암산을 지나다

하여 '마골산'이라 불리기도 했다. '작성산'이라는 이름으로 불리기도 했다.

산으로 오르는 길은 가팔랐다. 밧줄에 매달리고 스틱에 의지하며 암릉을 올랐다. 암릉에 매달린 내 곁으로 구름 지나고 운무 피어오르고 있었다. 허공을 밟고 오르는 것 같았다. 허공에 떠 있는 듯 구름에 실려 가는 듯했다.

아득한 마음 끌어안고 정상에 오르니 포암산이라고 쓴 표지석과 돌탑이 나를 맞아주었다. 뜨거웠고 바람 한 점 없었다. 무더웠다. 고추잠자리 한가로이 날고 있었다. 풀숲에 앉은 고추잠자리를 한동안 바라보았다. 무덥고 지친 중에도 어린 날처럼 마음 편안했다. 마치 어린날 개울가에 앉아 있는 듯했다. 고추잠자리, 밀잠자리, 말잠자리, 왕잠자리 잡으러 개울가를 뛰어다니던 유년 시절로 돌아간 것 같았다. 함께 뛰어다니던 친구들의 이름이나 얼굴이 생각나는 듯했다. 입가에 절로 웃음 번졌다. 마음 평온했다.

▲ 하늘을 보다
ⓒ최창남

포암산을 내려섰다. 내려가는 길은 오르는 길과 달리 부드러웠다. 흙길이었다. 마치 다른 산인 것 같았다. 김 대장은 하늘재에서 오르는 사람은 험한 산으로 기억하고 반대 방향에서 오르는 사람은 부드럽고 포근한 산으로 기억한다며 혼자 웃었다.

만수봉 갈림길 지나고 조릿대 우거진 숲길 지나니 구름 아래 첩첩이 늘어선 산이 우리를 기다리고 있었다. 나를 부르고 있었다. 참나무 가득한 숲은 뜨겁게 달궈진 듯 온몸이 타는 듯했다. 지친 몸 부축이고 달래느라 쉬었다. 점심 식사를 했다.

대미산을 향해 떠났다. 바위가 마치 꼭지처럼 생겼다고 하여 이름 붙여진 '꼭두바위봉(838미터)'을 지나 1062.4봉에서 내려서니 부리기재였다. 잠시 쉬었다. 모두들 힘들어 했다. 더위에 지쳐 있었다. 산행을 시작한 내내 나를 괴롭히던 오른쪽 허벅지와 무릎의 통증을 김명옥 작가에게 옮겨간 듯했다. 조금씩 아파오던 무릎의 통증이 이번 산행부터 심해져 있었다. 맑은 물 김명옥은 산행을 늦게 시작했다고 통증도 늦게 찾아온다며 쓴웃음을 지었다. 나도 따라 웃었다.

'크게 아름다운 산'의 눈물

오르는 듯 마는 듯 대미산(大美山, 1115미터)에 올랐다. 천고지가 넘는 높은 산을 오른다는 느낌이 전혀 들지 않을 정도로 산은 부드러웠다. '크게 아름다운 산'이라는 이름 때문인지 산은 부드럽고 너그러웠다.

대미산은 백두대간 상에 위치한 큰 산으로 문경지역 모든 산의 주맥이다. 조선 영·정조 때 발간된 문경현지(聞慶縣誌)에는 대미산을 문경제산지조(聞慶諸山之祖)라고 적고 있다. 대미산에서부터 문경구간의 백두대간이 시작된다는 의미이고 문경의 산들 중에서 가장 높은 산이라는 의미이기도 하다.

대미산은 발음은 같으나 뜻을 드러내는 한자표기는 자료에 다라 다르게 기록되어 있다. 산경표나 문경현지에는 '검은 눈썹의 산'이라는 의미의 '대미산(黛眉山)'으로 표기되어 있고 대동여지도에는 '두루 크다'는 의미의 '대미산(大渼山)'으로 기록되어 있다. 오늘날 우리가 '크게 아름다운 산'이라는 의미로 부르는 '대미산(大美山)'과는 다른 의미의 이름들이다. 오늘날 부르고 있는 '대미산'이라는 이름은 퇴계 이황 선생이 지은 것이라고 1926년 발간된 조선환여승람(朝鮮寰輿勝覽)은 전한다.

그러나 '크게 아름다운 산'이라는 이름과 달리 조망은 그다지 좋지 않았다. 정상은 억새만 무성할 뿐 그다지 아름답지 않았다. 대간길 벗어나 숲으로 들어가면 미처 만나지 못한 아름다움이 숨어 있을지도 모르는 일이다. 때로 우리의 삶이 그러하듯이.

▲ 눈물샘

뜨거운 날씨에 쫓겨 산을 내려와 샘으로 향했다. 내려선 산의 숲이 울창했다. 넝쿨들이 나무를 휘어감아 마치 원시림에 들어온 듯했고 설앵초 홀로 되어 낯설었다. 샘으로 내려갔다. 젖은 길은 매우 가파르고 미끄러웠다. 나뭇가지를 붙들고 스틱에 의지하며 내려갔다. 조심스레 내려가 길을 돌아보니 온통 꽃밭이었다. 노루오줌, 산꿩의다리, 동자꽃, 이질풀, 나리꽃 등 온갖 야생화들이 어울려 피어 있었다.

'샘이 있어서 이렇게 많은 꽃들이 필 수 있었을까? 눈물샘이 있어 이렇게 수많은 생명들이 아름답게 살아갈 수 있는 것일까?'

눈물샘에서 목 축이고 얼굴 씻었다. 물통에 물을 받아 머리에 부었다. 차가운 기운이 심장을 타고 핏줄을 지나 발끝까지 전해졌다. 큰 눈썹 아래 있는 샘이어서 '눈물샘'이라는 이름이 붙었다는 샘이다. 눈물샘이라는 이름이 잘 어울리는 듯했다.

'이 샘은 정말 이 산의 눈물이 아닐까? 어디 하나 모난 데 없이 두루 뭉실한 이 산이 생명 품어 안기 위해 흘린 눈물이 아닐까? 그 눈물로 인해 수많은 꽃들이 저토록 아름답게 피어 있는 것이 아닐까? 나도 저 꽃들처럼 다른 이들의 눈물로 인해 살아가고 있는 것은 아닐까? 내가 흘린 눈물들도 다른 이들을 살아가게 하고 있을까……?'

눈물샘에 머물며 쉬었다. 젖어 있는 숲은 깊었다. 산행을 다시 시작했다. 차갓재로 향했다. 그러나 산행은 곧 멈춰졌다. 지친 체력으로 차갓재까지 가기 어렵다고 판단한 한 대장의 결정이었다. 새목이재에서 마을로 내려섰다. 그러나 길은 쉬이 나오지 않았다. 알지 못하는 길을 찾아가고

▲ 산행을 마치고

길 아닌 길을 만들며 나아갔다. 내를 건너고 숲을 벗어나자 마을이 보였다. 길을 따라 내려가니 마을이었다. 소박한 아름다움이 있었다. 마을 곁으로 제법 큰 내가 흐르고 있었다. 산으로부터 흘러내리는 맑은 물이었다. 마음이 비칠 것 같았다. 배낭 내려놓고 나무 밑둥치에 기대어 앉았다.

'눈물샘에서 흘러나온 물도 함께 흐르고 있겠지…… 저렇게 흘러 지친 사람들의 마음을 씻어주겠지.'

그렇게 흐르고 흘러 제 마음 잃어버리고 사는 이들에게까지 흘러가기를 빌었다.

바람 선선하고 마을로 난 길 다정한 오후였다.

저녁이 오려는지 하늘 저편이 붉어지고 있었다.

황장산
으로
들어
가다

#산행 스무이레째 날

    눈을 뜨니 새벽 3시 30분이었다. 가볍게 세면을 하고 마당으로 나왔다. 산자락이라서 그런지 기온이 찼다. 7월 말 한여름을 지나고 있는데도 선뜩했다. 하늘을 바라보다 절로 탄성을 질렀다. 하늘은 별 무더기였다. 별 쏟아지고 있었다. 쏟아지는 별을 마음으로 다 받지 못해 이리저리 흘려보냈다.

    계곡물 소리 정겨웠다. 별빛에 기대어 계단을 내려가 물가에 서니 별은 그곳에도 쏟아져 내리고 있었다. 흐르는 물줄기에도 별 가득했다. 물줄기 바위에 부딪쳐 출렁이고 넘실거릴 때마다 별은 더욱 빛을 발하며 제 모습을 드러내고 있었다. 작은 물줄기 굽이칠 때마다 별도 함께 일렁였다. 그 빛 아련하여 마음도 함께 일렁이는 듯했다. 여러 해 전 써놓았던 시 '별이 저곳에 있다'가 생각났다.

    사람들이 이야기를 한다

    밤을 새워 별에 대해 이야기를 한다

담배 연기 자욱하고 지친 술잔이 일그러져 보인다

답답한 마음에 슬그머니 방을 빠져나와 밤길을 걷는다

동구 밖 미루나무 아래서 바라보니

하늘에 별 가득하다

가득한 별들 사이로 은하수 지난다

하늘에만 별 가득한 것이 아니다

몇 걸음 더 걸으니 달빛에 젖은 강물에도 별 가득하다

강물이 은빛으로 넘실댄다

얼마나 아름다운가

가슴 선뜩해지는 아름다움이 그곳에 있다

살아온 내 인생의 날들이 거기 있다

살아갈 내 삶의 날들이 거기서 나를 바라보고 있다

마음 깊어진다

잰 발걸음으로 돌아가

별이 저곳에 있다고 말한다

그러나 아무도 듣는 이들이 없다

모두들 별에 대해 이야기하느라 바쁘다

그들의 별은

담배 연기 속에서 떠오르고

술잔 속에서 저문다

나는 말없이 강가로 돌아와 강물을 들여다본다

별 가득 부서져 내린다

은빛이다

은빛으로 출렁이며 유유히 흐른다

별과 달만 흐르는 것이 아니다

나무도 흐르고 풀도 흐른다

나무들 풀들 사이로

내 모습도 보인다

나도 거기 있어 함께 흐른다

나도 흐른다

눈가에 눈물 고인다

눈물에도 별 어린다

별 가득하다

별이 그곳에도 있다

강가엔

그림자만 남아 있다

 언제나 별은 이곳에 있었지만 사람들의 별은 저곳에 있었다. 늘 그것이 마음 아팠다. 산은 늘 우리를 받아들이고 있었지만 우리는 산을 제멋대로 오르며 타고 넘었다. 산은 이리 가라고 산줄기 가지런히 뻗으며 길을 열고 있었지만 우리는 제멋대로 이리 갔다 저리 갔다 하고 있었다. 산행 기간 내내 늘 그것이 마음 아팠다. 백두산을 향해 오르던 산길을 돌려 지리산으로 내려가야 하는 산행이 서글펐다. 오늘 산행도 비법정탐방로가 있다는 이유로 어제 내려온 새목이재에서 시작하지 못하고 벌재에서 새목이재로 내려갈 예정이었다.

'이렇게 산행을 해도 되는 것인가? 이리 걷든 저리 걷든 대간길을 이어 걸었으니 되는 것인가? 백두대간을 걸었다는 것 외에 무슨 의미가 있을까? 어쩔 수 없는 일인가?'

산은 모든 생명을 품어 안은 채 모든 생명에게 열려 있건만 사람들은 사람들이 지나지 못하도록 산길을 막았다. 사람들로부터 숲을 지키기 위해서이다. 숲과 자연이 없으면 사람은 살 수 없으니 당연한 일이다. 그러나 사실 숲을 황폐화시키는 주범은 사람이 아니라 자본이다. 거대 자본이다. 그리고 그 자본으로부터 숲을 지킬 수 있는 것은 오직 사람뿐이다. 숲은 저 홀로 제 몸 돌보며 풍성하고 산은 저만치 물러서 우리를 바라보며 의연한데 사람들만 저희들끼리 모여 옳고 그르다며 아우성이다.

'붉은 언덕'에서 치마바위로

벌재(625미터)로 향했다. 벌재라는 이름이 주는 아담함과 소박함과 달리 벌재에는 제법 큰 도로가 나 있었다. 굵은 철망도 빼곡히 쳐 있었다. 초소도 있었다. 철망에 갇힌 것 같았다. 굵은 철망이 산을 둘러 빼곡히 쳐져 있는 것을 보는 것이 어

▲ 벌재

제 오늘 일이 아닌데 새삼스러웠다.

벌재라는 이름은 '붉은 재'에서 왔다고 한다. 벌재의 남쪽 마을이 문경시 동로면 적성리인데 이 이름에서 고개 이름을 따왔다는 주장이다. 적성리의 적 자가 '붉을 적(赤)'이어서 고개 이름이 '붉은 재'가 된 것을 이 고장 말로 '벌재'라 고 했다는 것이다. 그 사실성을 알 수는 없으나 그럴 듯해 보인다. '붉은 재'보 다는 '벌재'라는 이름이 살갑다. 그러나 길이 새로 열린 벌재는 살가움과는 거 리가 멀었다. 삭막했다.

산으로 들어갔다. 거의 직각으로 서 있는 벽처럼 느껴지는 산길이었다. 걸 어 오르지 못하고 산길에 붙어 올랐다. 마른 나무뿌리 부여잡으며 몸을 산길에 찰싹 붙였다. 그렇지 않으면 그대로 미끄러지고 떨어져 내릴 것만 같았다. 가쁜 숨 입 밖으로 몰아내며 산을 오르는 동안 머리는 그저 하얬다. 능선에 올라 겨우 숨을 돌리자 그제야 불어오는 바람결을 느낄 수 있었다. 숲을 바라보았다. 언제나처럼 새벽 숲은 물 머금은 안개가 그득했다. 바람이 허공을 움켜쥐듯 지났다. 그 기운에 놀란 나뭇잎들이 흔들렸다. 타다닥 타다닥 소리가 났다.

'바람이 없다면 산길이 얼마나 외로울까?'

고마운 마음이었다. 928고지를 지나 조망바위에 앉으니 멀리 치마바위가 보였다. 정상 일대에 있는 화강암 절벽이 치마를 펼친 것 같다 하여 생긴 이름이다. 정말 치마처럼 흰 바위에 검은색 줄이 그어져 있는 것 같았다. 주름치마처럼 보이기도 했다. 시샘을 하는 것인가. 구름이 치마바위를 부드럽게 어루만지며 지났고 하늘은 조금씩 어두워졌다.

'비가 오려나?'

서둘러 길을 나섰다. 하늘 어두워지고 바람 거세지더니 폐백이재에 이르렀을 때 빗방울이 떨어졌다. 귀신이 나온다고 하여 마을사람들은 혼자서는 이 길을 지나지 않는다는 고개이다. 곱게 차려입은 새색시가 시부모에게 폐백을

▲ 매달리다

드리는 광경을 떠올려 폐백이재라는 이름을 붙였다고 한다. 그러고 보니 치마바위라는 이름도, 폐백이재라는 이름도 모두 처녀와 관련이 있었다. 아무래도 전해지지 못한 처녀의 가슴 아픈 사연이라도 묻혀 있는 듯하다.

치마바위에 올랐다. 구름 지나고 있었다. 구름 속에 앉아 산줄기를 바라보

▲ 기다림을 보다

왔다. 김 대장은 황장산 구간은 늘 운무에 가려 있어 좀처럼 조망을 열어주지 않는다고 했지만 궂은 날씨에도 불구하고 산은 시야를 열어주었다. 구름 지나자 푸른 산줄기 눈에 가득했다. 만수봉, 포암산, 부봉, 주흘산, 조령으로 이어지는 백두대간길이 물길처럼 흐르고 있었다. 하늘엔 휘감아 도는 물길처럼 구름 꿈틀거리며 흐르고 있었고 골마다 피어오르는 운무는 불꽃처럼 타오르며 빨려 들어가듯 하늘로 올라 그대로 구름되어 흐르고 있었다.

'백두대간 남한구간 중간지점'

황장재(985미터)로 가는 길에 노란 원추리꽃 한 송이 피어 아름다웠다. 제법 굵어졌던 빗줄기는 황장재에 도착했을 때 그쳤다. 산행을 서둘렀다. 비 내리기 전에 암릉이 많은 황장산을 넘어야 했다. 칼날바위가 눈앞에 있었다. 마치 사진에서

나 보던 금강산을 닮은 듯 끝이 뾰족한 작은 봉우리들이 칼날처럼 서 있었다. 스틱을 접고 두 손으로 바위를 더듬어 잡으며 건넜다.

황장산(1077미터)에 올랐다. 지나는 구름 사이로 지나온 길 바라보니 대미산이 보였다. 고개를 돌려 바라보니 구름 사이로 문수봉과 운달산이 드문드문 했다. 동북으로 뻗은 산줄기 바라보니 가야 할 길 아득했다. 늘 가보고 싶었던 소백산(1439.5미터)이 거기 있어 나를 부르는 듯했다.

황장산은 문경시 동로면에 있는 산으로 조선 말기까지는 작성산(鵲城山)으로 불렸다. 이는 산경표에 기록되어 있는 이름으로 고려시대의 산성으로 보이는 작성산성에서 유래한 이름이다. 그러나 일제강점기에는 '일본 천황의 정원'이라고 하여 '황정산(皇廷山)'이라고 불렸다. 지금도 그렇게 부르는 이들도 있다고 한다.

또한 이 산은 '황장봉산(黃腸封山)'이라는 다른 이름도 가지고 있다. 조선조 숙종 6년(1680년) 이 일대를 나라에서 '봉산(封山)'한데서 비롯된 이름이다. 봉산이란 나라에서 궁정이나 선박 등에 필요한 목재를 얻기 위해 나무를 심고 가꾸기에 적당한 지역을 선정하여 국가가 직접 관리, 보호하는 산으로 지정하는 것을 의미한다. 이곳에는 황장목이 많았다고 한다. 황장목은 줄기의 고갱이 부근에 송진이 적절히 베어들어 속살이 누런 소나무를 말한다. 그 모양이 누런 창자와 같다 해서 붙여진 이름이다. 균열이 적고 단단해 임금의 관이나 대궐을 만드는 데 쓰였다. 대원군이 이 산의 황장목을 베어 경복궁을 지었다고 전해진다. 아쉽게도 지금의 황장산에는 황장목이 없다. 온통 참나무로 숲의 천이가 이루어졌기 때문이다.

멧등바위에 섰다. 아득했다. 밧줄 걸려 있었다. 위로되었다. 밧줄에 익숙해진 탓이다. 멧등바위를 오르는 이들이 있었다. 가까운 벗들이 부부 동반으로 온 듯 시끌벅적했다. 한 사람 한 사람 오르는 것을 기다렸다. 기다리며 지나는 구름 바라보았다.

▲ 백두대간 남한구간 중간지점 표지석

밧줄을 타고 내려와 점심식사를 한 후 차갓재로 향했다. 나무 울창해 햇살 들지 않는 고개에는 '백두대간 남한구간 중간지점'이라는 표지석이 백두대장군과 지리여장군을 좌우에 거느린 채 서 있었다. 앞면에는 중간지점을 나타내는 주소와 위치가 써 있었고 뒷면에는 끊어진 백두대간길이 이어지기를 바라는 마음이 시적 언어로 쓰여 있었다.

통일이여! 통일이여!

민족의 가슴을 멍들게 한 철조망이 걷히고

막혔던 혈관을 뚫고 끓는 피가 맑게 흐르는 날

대간길 마루금에 흩날리는 풋풋한 풀꽃 내음을 맘껏 호흡하며

물안개 피는 북녘 땅 삼재령에서

다시 한 번 힘찬 발걸음 내딛는

니 모습이 보고 싶다

2005년 7월 16일

문경 산들모임

    그 뜨거운 마음이 전해왔다. 총칼로 끊어진 이 땅이 다시 이어지기를 원하는 간절한 바람과, 이 땅의 등줄기 백두대간을 걷게 되기를 설레며 소망하는 마음이 그대로 느껴졌다. 고마운 일이다.

    새목이재를 향했다. 산행을 시작한 것이 어제 같은데 벌써 백두대간의 절반을 지나고 있었다. 마음으로 걸어온 길이었다. 몸으로 걷지 않고 마음으로 걸었기에 걸어올 수 있었던 길이었다. 마음길을 따라 걸었기에 걸어올 수 있었던 길이었다. 가야 할 길이 제법 남았는데 천둥이 치더니 굵은 빗방울이 떨어지기 시작했다. 하늘을 따라 숲은 어두워졌다. 우의를 꺼내 입고 하루 전 내려왔던 새목이재 길을 따라 내려갔다.

    마을에 이르자 비 그치고 햇살 비쳤다. 산길 내려온 우리를 만난 마을 주민

은 반가웠던지 집 안 깊숙이 숨겨두었던 오미자주를 권했다. 소박한 아름다움이 있는 마을답게 사람들도 소박하고 아름다운 마음을 지닌 것 같았다.

숙소로 돌아가는 길에 황장산 봉산 표석이 있는 동로면 명전리 옥수동마을에 들렸다. 푸른 산자락은 푸른 논을 풀어놓아 끝이 보이지 않았다. 온통 푸르렀다. 논 사이로 난 길을 따라 들어가니 길 곁에 봉산 표석이 보였다. 오랜 세월 말없이 그 자리 지켜 옛이야기를 전하고 있었다. 황장산에 대한 이야기를 전하고 있었다.

숲은 푸르고 논길 또한 아름다워 마음 가득 설렌 날이었다.

▲ 봉산 표지석
ⓒ최창남

산과 함께 걷다

#산행 스무여드레째 날

지난 두 달 남짓 산을 지나는 동안 나는 늘 기다렸다. 나를 괴롭히던 오른 허벅지의 근육통과 왼 무릎의 통증이 사라지기를 기다렸고 몸이 산행에 익숙해지기를 기다렸다. 무더운 날에는 바람 불어오기를 기다렸고 가슴 답답한 날에는 비 내리기를 기다렸다. 산의 이야기가 들려오지 않는 날에는 바람 불어 나뭇잎 몸 부비며 흔들리고 숲 출렁이기를 기다렸고 하고 싶은 말 가슴에 가득한 날에는 골마다 운무 피어올라 내 마음 데려가기를 기다렸다. 그뿐인가. 좁은 산길 지나는 이들을 마주칠 때면 먼저 지나가기를 기다렸고 밧줄에 의지해 암벽을 지날 때면 앞 선 이들이 완전히 지나기를 마음 졸이며 기다렸다. 어디 그뿐인가. 산길 걷는 내내 끝나지 않는 길 끝나기를 기다렸고 끝내는 걸을 수 없는 길을 끝내 걸을 수 있기를 소망하며 기다렸다. 기다린 것이 어디 그것뿐이랴. 살아가는 일에 쫓기고 젊은 날 세운 뜻에 내몰리어 잃어버린 제 삶이 회복되기를 기다렸다. 잃어버린 사랑이 회복되기를 기다렸다. 다시 내 삶을 기쁘고 즐겁게 헌신할 수 있게 되기를, 상처받은 내 영혼이 치유되기를 기다렸다. 마음의 소리를 온전히 들을 수 있기를 기다렸다.

산의 소리를 듣고 싶었다. 산이 내게 하는 말을 가슴으로 느끼고 싶었다. 그러나 많은 순간들 지나는 내내 듣지 못하고 느끼지 못했다. 그때마다 기다렸다. 마음 열고 천천히 걸으며 숲의 울림, 산의 소리가 들려오기를 기다렸다.

나는 산을 걷는 내내 기다렸다.

산은 내가 산을 걷는 내내 기다림을 가르쳐주었다. 기다림은 내게 많은 것을 가르쳐주었다. 풀과 나무, 나뭇잎과 바람, 골과 구름 그리고 벌레와 새들에 이르기까지 모든 것들이 제 모양대로 살아가는 모습을 하나씩하나씩 보여주었다. 모든 생명의 모습이 다르고 살아가는 방식이 다르고 뜻이 다르기 때문에 숲이 아름다워진다는 것을 알려주었다. 서로 다르기 때문에 함께 살아가야만 하고 또한 함께 살아갈 수 있다는 것을 느끼게 해주었다. 혼자 앞서 빨리 가려고 하지 말고 함께 천천히 가라고 가르쳐주었다. 즐겁고 기쁘게 살아가라고 말해주었다. 숲의 소리였다.

그렇게 산길 지나며 기다림을 배우는 동안 가까운 길 가더라도 먼 길 돌아가게 되는 것이 삶이라는 것을 새삼 알게 되었다. 부끄러운 일이다. 아이들도 아는 아주 간단한 삶의 지혜를 깨닫는 데 십 년, 이십 년, 삼십 년의 세월이 걸렸으니 말이다. 수십 년의 세월이 지난 후에야 제 삶의 의미를 깨달으니 말이다. 그러고 보면 삶은 어리석음에서 벗어나기 위해 주어진 시간인지도 모르겠다. 지혜 얻어 마음 새로워지고 영혼 깊어지기를 기다리는 시간인지도 모르겠다.

시간이 그저 흐른다고 하지만 그저 흐르는 시간은 없다. 그 의미를 깨닫지 못할 뿐이다.

▌발밑에 떨어진 나뭇잎 한 장

벌재(625미터)에서 다시 산행을 시작했다. 들목재와 문복대를 지나 저수령까지 가

▲ 옛 벌재
ⓒ최창남

는 짧은 거리였다. 짧은 산행 탓인지 마음 편안했다. 여유로웠다. 부슬부슬 안개비가 내렸다. 안개비가 우리를 감쌌다. 고개와 숲과 산을 덮었다. 고개 한편에 있는 정자 기둥에는 '이 기둥은 황장목으로 만들었습니다'라는 문구가 새겨진 작은 팻말이 부착되어 있었다. 다소 생경했다. 안개비 내리는 숲과 어울리지 않

왔다. 깊은 숲에 들어와 동화되지 못하고 있는 낯선 사람처럼 낯설었다.

옛 벌재로 갔다. 옛 벌재는 새로 난 벌재와는 달리 아늑하고 포근했다. 우거진 숲 사이로 나 있는 작은 고개는 마치 걸음과 걸음을 잇고 마음과 마음을 이어줄 것 같았다. 지나온 길과 가야 할 길을 이어줄 것 같았다. 가야 할 길과 갈 수 없는 길을 이어줄 것 같았다. 고개를 사이에 두고 마주한 숲은 서로 길을 내어 고개를 넘어 오갈 수 있었다. 그 길을 따라 숲으로 들어가면 수많은 숲의 이야기들이 가슴으로 젖어들 것 같았다.

"선생님, 이리 오시죠."

김 대장의 말이었다. 고개를 내려가니 백두대간 벌재 표지석이 놓여 있었다. 표지석에는 문경시 동로면 작성리라는 주소도 적혀 있었고 이 작은 고개가 백두산과 지리산을 이어주고 있다는 표식도 되어 있었다. 지금은 많은 사람들에게 잊힌 작은 고개지만 백두대간이 지나고 있는 고개이다. 이 작은 고개가 사라지면 백두대간길은 더 이상 이어지지 못하고 끊어지는 것이다. 소중한 고개라 생각하니 살가웠다. 피붙이처럼 정겨워졌.

숲으로 들어갔다. 숲은 울창했고 길은 편안했다. 부드러운 흙길이었다. 산행거리도 길지 않은 터에 길까지 부드러우니 마음 편안했다. 조금 내리던 비도 그쳐 있었다. 간간이 한두 방울 바람에 휘날릴 뿐이었다. 이름 없는 봉우리 지나며 마음 설레고 들떴다.

바람 세찼다. 숲의 모든 나뭇잎들이 일제히 술렁였다. 십 년, 이십 년, 삼십 년 만에 만나는 옛사랑을 그리워하며 설레는듯 출렁였다. 그 모습이 지난밤 나

눈 사랑에 볼 붉히며 손사래 치는 여인네 같기도 하고, '오랜 세월 기다렸다'고 '그러니 어서 오라'고 부르는 사랑하는 이의 손짓 같기도 했다. 이름 없는 산의 참나무숲은 나뭇잎 출렁이는 소리로 가득했다. 그 소리를 따라 걸었다. 나뭇잎들도 나무들도 숲도 산도 함께 걸었다.

▼ 숲을 지나다

세찬 바람에 떨어진 나뭇잎 흩날렸다. 나뭇잎 한 장 발 앞에 떨어졌다. 숲은 나뭇잎 한 장으로부터 시작되는 것이다. 나뭇잎 한 장의 의미를 이해할 수 있다면 숲의 의미를 이해할 수 있다. 나뭇잎 한 장의 삶과 죽음을 이해한다는 것은 숲의 삶과 죽음을 이해하는 것이다.

'언제쯤에야 나뭇잎 한 장의 의미를 온전히 알 수 있을까? 그것을 깨닫게 될 때쯤이면 몸은 죽어 땅에 묻혀 나뭇잎 한 장으로 돌아가겠지……'

바람에 흔들리는 나뭇잎을 보았다. 마음도 영혼도 나뭇잎을 따라 함께 흔들리고 있었다.

복을 불러오는 문

들목재에 들어섰다. 아침 7시 40분이었다. 들목재는 문복대라고 불리는 운봉산 자락에 깃든 동로면 석항리를 말하는 것이다. '들목'은 순우리말로 '들고 나는' 것을 의미한다. 바람이 들고 나고 사람이 들고 나는 곳이 바로 들목재이다. 들목재에 앉아 쉬었다. 들고 나는 것이 많아야 할 고개에 사람은 들고 나지 않고 바람만 들고 나다가 오랜만에 사람이 들어서 그런지 불던 바람도 불지 않았다. 들고 난다는 것은 참으로 좋은 일이다. 소통이 이루어지는 것이니 말이다. '들목'이라는 이름이 이 땅에 널리 퍼지기를 소망했다. 제대로 소통이 이루어지지 않아 병을 앓고 있는 이 사회에 소통이 이루어지기를 소망했다.

들목재를 떠나 문복대(1074미터)로 가는 길에 비 쏟아졌다. 참나무 가득한 숲 위로 비가 쏟아졌다. 무성한 참나무 잎들이 내리는 빗줄기를 막아서 산길 지나는 우리를 지켜주었다. 빗줄기는 점점 거세졌다. 우의를 입었다. 빗방울이 우비에 부딪치며 '탁탁 타다닥 탁탁 타다닥' 소리를 냈다.

문복대에 올랐다. 문복대는 경북 예천군과 문경시, 충북 단양군의 경계지점에 위치해 있는 산이다. 백두대간이 죽령, 도솔봉, 향적봉, 저수령을 지나 문경 지역으로 들어오면서 맨 처음 품은 큰 산이 바로 운봉산이다. '들목이'라는 아름다운 우리 말 이름을 가지고 있는 동로면 석항리 사람들은 이 산을 '문복대'라고 부르고 있다. 백두대간 산줄기가 소백산을 거쳐 예천군을 지나 문경 땅으로 들어오는 길목에 지켜 서서 복(福)을 불러오는 문(門)과 같은 산이라 하여 붙여진 이름이다. 백두대간이 지나는 것을 큰 복으로 여겼던 그들의 마음이 그대로 담겨 있는 이름이다. 백두대간을 복을 내려주어 생명을 영위하게 하는 하늘길이자 생명길로 여겼던 그들의 믿음과 바람이 그대로 전해진다.

비가 그치자 이내 더워졌다. 한 대장은 문복대 표지석 앞에 맥주와 사과를 내려놓고 복을 비는 듯했다. 비 그친 하늘에 가득하던 뭉게구름이 골로 내려와 온천지가 구름바다였다. 골마다 구름이 두텁게 드리워 솜을 펼쳐놓은 듯했고 바다 같기도 했다. 다소 흐린 날씨 탓이었을까. 골에 드리운 구름은 산 아래 들녘까지 내려 뻗은 듯 깊어 보였다. 장엄했다. 하늘길에 서서 발 아래로 두텁게 드리운 구름들을 바라보았다. 구름 위를 걷고 있으니 굳이 의미를 부여할 필요도 없이 백두대간은 이미 하늘길이었다.

길지 않은 산행이었지만 길은 길을 부르며 이어졌다. 장구재로 가는 길에 나리꽃 가득하여 아름다웠고 표지판 하나 변변하지 못한 장구재(860미터)는 외로웠다. 그러나 쓸쓸하지는 않은 듯했다. 외로운 이들 품어 안은 고요함이 기품 있게 서려 있었다. 풀숲 사이로 열린 고개는 아스라했다. 마치 그 고개에 서 있으면 오랜 날 기다렸던 그리운 이가 고개 너머에서 걸어올 것만 같았다. 잠시 고개에 서서 너머를 바라보았다. 그리움 밀려올 듯 눈가 붉어지고 가슴 시려와 이내 길을 재촉했다.

저수령(850미터)이었다. 경상북도 예천군 상리면 용두리와 충청북도 단양군 대강면 올산리의 경계에 있는 고개이다. 경북과 충북을 넘나드는 고개이다. 이 고개 이름이 저수령이 된 데에는 두 가지 이야기가 전해진다. 하나는 도로가 나기 전에는 길 험하고 숲 우거져 지나는 이들이 절로 머리를 숙여야 했기 때문

이라고 하고, 다른 하나는 저수령에서 은풍곡까지 피난길로 많이 이용되었는데 이 고개를 넘어 온 외적들은 모두 목이 잘려 죽었다고 하여 붙은 이름이라고 한다. 왜적의 목이 잘렸다는 의미를 담은 저수령이라는 이름은 통쾌하기는 하지만 아름다운 고개의 이름으로는 안 어울리는 것 같았다. 숲 우거지고 길 험하여 절로 고개를 숙였다는 의미의 저수령이라는 뜻이 아름답고 기품 서린 고개의 모습에 어울리는 듯했다. 산이란 본래 지나는 이들의 마음을 씻어내고 비워 겸허함을 가르치는 곳이니 말이다.

'언제나 겸허해질 수 있을까? 언제나 산길 지나며 절로 고개 숙여 마음 씻어낼 수 있을까?'

햇살 뜨거웠다. 스틱을 허리에 받쳐 들고 산허리를 따라 난 도로를 걸어 내려갔다. 아지랑이 이는지 앞서 가는 이들의 모습이 아른거렸다.

바람 한 점 없었다. 나뭇잎들은 바람 기다리며 그리워했고 나는 지나온 길 돌아보며 그리워했다.

산은 참으로 정직했다. 아픈 것은 아픔 그대로 품어 안게 했고 서러운 것은 서러움 그대로 흐르게 했다. 그리운 것은 그리움 그대로 그리워하게 했고 사랑하는 것은 사랑 그대로 사랑하게 했다.

산은 언제나 나와 함께 있었다. 함께 잠들고 함께 걸었다.

▲ 마음
씻어주는 숲

저수령에서 마구령까지

(2008년 8월 26일~8월 28일)

저수경에서 마구경까지

도솔봉에서 바라보다

#산행 스무아흐레째 날

다시 저수령을 찾았다. 오랜 벗을 만난 듯 정겨웠다. 다큐멘터리 '백두대간 공존의 숲' 촬영과 달콤한 휴식을 보낸 후 맞이하는 3주 만의 산행이었다. 산으로 들어가자 마음 편안해졌다. 절로 '나도 산꾼이 되어가나 보다'는 생각이 들었다. 여름의 끝에 찾은 숲은 달라져 있었다. 처서 지나 가을을 맞고 있는 숲의 햇살은 따가웠으나 대기는 차가웠다. 산으로 들어가며 몸이 선뜩하여 옷깃 여몄다. 나무들도 달라져 있었다. 나무들은 여름 내내 큰 비와 모진 태풍에도 떨어뜨리지 않던 나뭇잎들을 떨어뜨리며 혹독한 겨울을 이겨낼 준비를 하고 있었다. 우리가 떠나 있는 동안 숲은 그렇게 변하며 성숙해지고 있었다.

마음에 품어 늘 가보고 싶었던 소백산(小白山, 1439.5미터)을 향했다. 저수령부터는 소백산 줄기이다. 저수령부터 소백산 비로봉을 잇는 봉우리들은 마치 하나의 산인 듯 서로 부르며 다가서고 있다. 봉우리들은 소백산의 최고봉인 비로봉(毘盧峰, 1439.5미터)을 향해 있다.

비로(毘盧)는 '비로자나불(毘盧遮那佛)'의 줄임말로 '몸의 빛, 지혜의 빛이 법계에 두루 비치어 가득하다'는 뜻이다. 즉 '부처의 진신(眞身)'을 일컫는 말이다. 그러니 저수령에서 소백산으로 가는 산줄기의 봉우리들은 모두 부처님을 향해 가고 있는 것이다. 낮은 머리 고개인 저수령에서 고개 숙이고 산길로 들어서면 불 밝혀 길 인도하는 촛대봉(1081미터)을 만나게 되고 하룻길 애써 땀 흘리면 묘적봉(妙積峰, 1148미터)과 도솔봉(兜率峰, 1314미터)을 오르게 된다. '묘적'은 참선하여 삼매경의 오묘한 경지에 들어가는 것을 의미하는 것이고 '도솔'은 장차 부처가 될 보살이 사는 곳을 의미하는 것이니 산길은 그저 산을 지나는 길이 아니라 수행길이기도 하다. 불 밝혀 진리의 길로 인도하는 촛대봉을 지나 참선을 통해 삼매경에 든 후 도솔천에 들어가는 길인 것이다. 그렇게 도솔봉을 지나면 바로 사바세계에 내려오신 부처님을 상징하고 세속에 드러난 진리를 상징하는 연꽃이 봉우리를 틔운 연화봉(蓮花峰, 1394미터)이다. 그 연화봉에서 진리의 삶을 이루게 되면 바로 부처님을 만나게 된다. 부처님의 진신인 비로봉을 만나게 되는 것이다. 그러니 소백산 비로봉을 향해 가는 산행은 그것 자체가 수행이요 깨달음이라고 아니 할 수 없다.

하나의 산이고 하나의 산행이며 하나의 마음이다.

소백산 가는 길

숲으로 들어가자 마음 편안했다. 산 아래서는 간간이 불어오던 바람이 산으로

▲ 산줄기는
비로봉으로
흐르고

들어서자 행여 산행길 막아설까 염려한 탓인지 불어오지 않았다. 바람 없는데도 간간이 나뭇잎 떨어졌다. 이제 더 이상 광합성을 하지 않는 나뭇잎들을 나무가 스스로 떼어내고 있었다.

여름 지나고 가을 되면 나무들은 더 이상 성장하지 않는다. 열량의 생산과 소모가 같아진다. 나무들은 다시 성장할 수 있는 새로운 봄을 온전히 맞이하기 위해 혹독한 겨울을 견뎌낼 준비를 한다. 가을은 바로 그런 삶을 준비하는 계절이다.

산 아래 사람 사는 세상은 아직 여름이었지만 산은 이미 가을이었다. 가을이 조금씩 깊어가고 있었다. 숲에 깃드는 가을을 따라 걷다 보니 이내 촛대봉이고 투구봉(1080미터)이었다. 촛대봉과 달리 투구봉은 표지식도 없이 그저 소백산 투구봉이라고 투박하게 써 있을 뿐이었다. 앉아 쉬었다. 하늘은 맑고 푸르렀다.

지나는 구름은 산줄기에 간간이 걸려 노니다 가곤 했다.

"저기 구름 많은 곳 아래 삐쭉 삐죽 솟은 산이 보이시지요? 그곳이 바로 도솔봉입니다. 그 앞이 묘적봉이고요. 그리고 저기 보이는 송전탑 앞이 흙목재입니다."

한 대장은 가야 할 봉우리들을 짚어주고 있었다. 오늘 산행은 길었다. 저수령에서 죽령까지 가는 약 18.5킬로미터의 거리였다. 겨우 산길에 단련되었던 근육들은 3주의 휴식으로 풀려 있었다. 오랜만의 산행을 제대로 해낼지 염려되었다. 하지만 그리움 품었던 소백산으로 가는 길이어서인지 마음 가볍고 즐거웠다. 가을 느끼고 산 느끼며 산행을 즐겼다. 너무 제 기분에 취한 탓이었는지 잣나무숲에 시계를 풀어놓고 와 오늘 처음 산행에 합류한 송동일 조감독이 다녀오느라 고생했다. 모두들 잣나무숲으로 달려간 조감독을 기다리며 신고식 확실하게 치른다며 웃었다.

유두봉(1059미터)과 싸리재를 지났다. 산길에 짙은 분홍빛깔 엉겅퀴 피어 지나는 우리를 말끄러미 바라보았다. 좁은 길 곁으로는 신갈나무 무성했고 간간이 핀 구절초 흰 잎이 슬퍼 보였다.

흙목산(1033.5미터)에 올랐다. 나무와 풀로 둘러싸인 몇 평 정도의 좁은 공간인 정상에는 허술하게 생긴 바위 곁에 바람이라도 조금 세차게 불면 떨어질 것 같은 이정표가 서 있었다. 글씨도 지워져 알아 볼 수 없었다. 그것이 안돼 보였던지 산길 지나던 마음 고운 이가 싸인펜으로 백두대간 가는 방향을 표시해놓았다. 백두대간이라고 쓴 후 화살표를 그려놓았다. 잡풀 무성했다. 잡풀이라지만 아름다웠다. 백설처럼 흰 꽃 피어 아름다웠다. 참으로 민초들의 삶을 닮아 있었다. 보잘것없어 보이지만 청초하고 순결한 아름다움이 있었다. 결코 꺾이지 않는 생명력이 있었다. 위로되었다.

묘적봉 가는 길에 야생화 만발하여 마음 설렜다. 여린 물봉선 가득했다. 분홍빛, 노란빛, 흰빛깔의 물봉선 피어 발길 멈추게 했다. 물봉선 군락지를 지나자 백당나무꽃 만발하여 마음 빼앗더니 이내 만지면 찢어질 것만 같은 가녀린 이질풀 한 송이 외롭게 피어 나를 기다리고 있었다. 그 가녀린 모습이 참으로 애틋하여 한동안 이질풀 곁을 떠나지 못했다. 꽃에 취하고 마음에 취해 주저앉으니 나처럼 꽃에 취하고 마음에 취했는지 무당벌레 한 마리가 풀잎에 가만히 앉아 있었다. 마치 벗을 만난 듯 반가웠다. 정겨웠다. 그렇게 마음 빼앗긴 채 앉았다가 가야 할 길에 쫓겨 발걸음 떼니 흰 어수리꽃들 화려하게 피어 꽃을 두고 떠나는 내 마음 위로해주었다. 참선을 통해 삼매경의 오묘한 경지에 오른다는 묘적봉에 오르니 하늘 푸르렀다. 맑았다. 그러나 동으로 만들어놓은 표지판을 바위에 박아놓은 정상의 모습은 삼매경과는 어울리지 않았다. 정상 한편에 세워져 있는 돌탑을 쌓은 마음들만 아련할 뿐이었다. 은방울꽃 피고 구절초 피어 묘적봉의 허전한 마음을 채워주었다.

도솔천에 이르는 길

도솔봉으로 가는 동안 하늘은 조금씩 어두워지고 있었다. 숲이 어두워지자 바위틈에 핀 노란 양지꽃과 흰 구절초가 더욱 빛을 발하는 듯 눈부셨다. 마음 뺏긴 채 걸었다. 긴 나무계단이었다. 도솔봉으로 오르는 계단이었다. 올려다보았다. 계단은 도솔봉이 아니라 하늘을 향해 있었다. 그것은 도솔봉에 오르는 계단이 아니라 하늘에 이르는 계단이었다. 하늘계단이었다. 그 계단을 따라 올라가면 그대로 도솔천^(兜率天)에 이를 것 같았다. 석가도 현세에 태어나기 전 머물며 수행했다는 곳, 장차 부처가 될 보살이 산다는 곳, 미륵보살^(彌勒菩薩)의 정토^(淨土)인 곳이다.

하늘을 바라보니 도솔천에 드는 길은 고행길이라는 듯 검게 변하고 있었다. 계단 오르고 헬기장 지나 도솔봉 정상을 향했다. 가파르고 좁은 길 오르며 바위에 몸 부비고 나무뿌리 부여잡으며 올랐다. 가파르게 나 있는 돌계단을 어렴풋이 오르는데 나란히 핀 바위구절초 세 송이가 눈에 들어왔다. 부는 바람에 꽃대가 살랑살랑 흔들렸다. 어깨 나란히 하고 피어 있는 모습이 너무나 다정하고 아름다웠다. 두 송이는 다 자랐지만 나머지 한 송이는 아직 어린 꽃이었다. 한 가족 같았다. 그 모습이 그대로 가슴에 들어왔다.

▲ 바위구절초
ⓒ최창남

'나를 위로하느라 기다리고 있었던 것일까? 산행에 지친 내 마음을 위로하려고 기다리고 있었던 것일까? 마음길 따라 살아가지 못해 고단하고 지친 내 삶을 위로하려고 기다리고 있었던 것일까? 나를 기

다리고 있었던 것일까?'

도솔봉 정상에 올랐다. 저녁이 오고 있었다. 도솔봉은 그대로 도솔천인 듯 다른 세상을 보여주었다. 검은 구름 덮인 하늘 사이로 붉은 해 노을 드리우며 지고 있었고 그저 아득하기만 한 산줄기 위로 구름 지나고 있었다. 사위는 어두워지고 있었다. 그러나 어두움조차도 붉은 해 품어 신비롭게 빛나고 있었다.

바람 불었다. 점점 세차게 불어왔다. 도솔봉에 둘러앉아 간식을 먹으며 쉬었다.

지는 노을을 바라보았다. 노을은 시리도록 붉어 가슴이 타는 듯했다. 아름다웠다. 마음 그득 행복했다. 시리도록 붉어 가슴 태우는 깊은 아름다움과 함께 있다는 것만으로 행복했다. 산줄기 바라보았다. 오늘 저녁 내려서게 될 죽령도 내일 지나게 될 연화봉과 비로봉도 보였다. 그 너머에 국망봉도 있었다.

산줄기 끝없이 이어지며 우리를 부르고 있었다. 산줄기는 희망을 말하고 있는 듯 아득했고 사랑을 말하고 있는 듯 깊었다. 산줄기 위로 구름이 흘렀다. 어서 오라고 손짓하는 듯했다.

도솔봉에 마음 두고 내려오니 어둠이 짙어지고 있었다. 어둠 속으로 걸어 들어갔다. 길은 점점 험해지고 산행은 느려지기만 했다. 죽령을 4.3킬로미터 남겨두었을 때 어둠은 숨결처럼 다가왔다. 숲은 완전히 어둠에 잠겼다. 아무것도 보이지 않았다. 오직 헤드랜턴의 불빛만 보였다. 불빛에 의지해 삼형제봉을 힘겹게 넘었다.

도솔천의 세상인 도솔봉에서 속세로 나가는 길은 쉽지 않았다. 어둠 속에서 오르고 내리기를 수없이 거듭한 후에야 아흔아홉 구비의 험하고 힘든 고개로 유명한 죽령(竹嶺, 689미터)에 내려 설 수 있었다. 밤 깊어 있었다. 10시 50분이었다. 산행을 무사히 마쳤다는 안도감을 느낄 사이도 없이 지친 몸을 차에 실었다. 지나온 산길을 돌아볼 사이도 없이 차는 어둠 속으로 들어갔다.

쏟아지는 별 마음에 담지도 못하고 잠든 밤이었다. 마음 깊이 담아두었던 도솔천, 또 다른 세상으로 흘려보내지도 못하고 잠든 밤이었다.

그 밤 고요하고 적막했다.

▲ 도솔봉에 노을 지다

연화 세계를 만나다

#산행 서른날째1

 죽령에서 다시 산행을 시작했다. 탐방지원센터를 지나 연화봉(蓮花峰, 1394미터)으로 향했다. 연화봉으로 가는 초입은 시멘트로 도로를 놓아 산길 같지 않았다. 시멘트 길은 소백산 천문대까지 7킬로미터 정도였다. 한 대장은 이 길을 걷는 것이 너무 지루하다고 차를 타고 천문대까지 올라갈 수 있기를 원했다. 그러나 길은 막혀 있었다. 차는 올라갈 수 없었다. 다행이었다. 백두대간 처음 걷는 길을 시멘트 깔려 걷기 힘들고 지루하다고 차를 타고 올라갈 수는 없는 일이다.

 몇 발자국 걷기도 전에 슬그머니 웃음이 났다. 도로에는 동물 발자국이 일정한 간격을 두고 나 있었다. 시멘트가 미처 마르기 전에 지나간 자국이다. 발자국은 길을 따라 또렷하게 나 있었다. 마치 산길에 시멘트를 깔아놓는 사람들을 비웃는 듯했다.

 시멘트 길을 걷는다는 삭막함에서 잠시 벗어날 수 있었다. 가드레일 위로 다람쥐 한 마리 오가며 놀고 있었다. 산길 오르는 이들에게 얻어먹었던 경험 때

▲ 생명의 흔적

문인지 한동안 우리를 따라왔다. 귀여웠다.

바람 부는 꽃길을 따라

길 양옆으로 꽃 만발했다. 작은 꽃다발처럼 보이는 하얀 개당귀는 함초롬했고 어수리는 우아했다. 그뿐인가. 샛노랗게 핀 달맞이꽃은 가슴 떨리도록 아름다웠다. 구름이 내 몸을 부드럽게 감싸며 흘렀다. 둘러보니 구름 속을 걷고 있었다. 구름이 지나는 길에 들어선 것이었다. 구름은 구름대로 제 갈 길로 가도록 내버려두고 나는 내 길을 갔다. 길마다 야생화들 가득했다. 둥근이질풀 만발했다. 개당귀, 금마타리, 억새, 넓은잎잔꽃풀, 쑥부쟁이 피어 마치 천상의 꽃길에 들어선 듯했다.

'잠시도 쉬지 않고 생명은 저렇게 아름다운 꽃들을 피우는구나.'

그렇게 꽃길에 넋을 잃고 꽃에 취해 걷다 보니 제2연화봉(1357.3미터)이었다. 배낭을 내려놓고 전망대에 서니 골마다 피어오른 운무가 산을 덮어 눈 아래는 구름의 바다였다. 바람을 따라 구름은 빠르게 능선을 넘고 있었고 산은 지나는 구름이 흐르는 대로 흘려보내고 있었다.

길을 따라 걸었다. 산을 지나온 구름들도 저 홀로 흐르는 것이 외로웠던

지 따라왔다. 구름을 따라온 바람이 세찼다. 바람 속에서 구름비가 내렸다. 얼굴에 작은 빗방울들이 부딪쳤다. 구름과 함께 걸었다. 함께 걷고 있었지만 각자 제 갈 길로 가고 있었다. 구름은 하늘을 따라 흐르고 나는 구름 사이로 난 길을 따라 걸었다.

바람 잔잔해졌다. 노란 물봉선, 금마타리, 둥근이질풀, 은방울꽃, 초롱꽃, 구절초와 이름 모를 풀들이 흔들리고 있었다. 풀잎과 꽃들은 바람을 타고 노는 듯했고 바람은 풀잎과 꽃잎 사이를 지나며 흥겨운 듯했다. 함께 어울려 노는 듯했고 정을 나누는 듯했다. 민들레 홀씨 피어 있었다. 좀 더 세찬 바람 불어오기를 갈망하고 있는 듯 씨앗들을 그대로 품고 있었다.

'바람 불면 제 몸 바람에 띄워 보내 새로운 생명을 틔우게 되리라.'

새로운 생명을 품을 수 있다는 것은 놀라운 일이다. 신비로운 일이다. 내 삶도 새로운 생명을 틔울 수 있기 바랐다. 깊은 사랑과 다함없는 희망과 마르지 않는 열정으로 수많은 생명 품어 틔울 수 있기 바랐다. 아무리 어렵고 척박한 환경에 처해 있더라도 연꽃처럼 그렇게 아름답게 피어날 수 있기를 소망했다.

▲ 야생화 만발하고

소백산 천문대를 구경삼아 바라보다 평원 같은 초지를 지나니 연꽃처럼 핀 연화봉이었다. 연화봉에 올랐다. 너른 공간에 잘 다듬어진 표지석이 세워져 있었다.

'메마른 내 삶도 연꽃처럼 피어날 수 있을까?'

연꽃은 불교의 상징이다. 연꽃은 진흙이 깊으면 깊을수록 더욱 함초롬히 꽃을 피운다. 더러운 곳에서 피어나지만 그 더러움에 물들지 않고 항상 맑고 정갈한 자태를 지키는 꽃이다. 그러하기에 연꽃은 세속에 있으면서도 세상의 더러움에 물들지 않고 진리를 따라 살아가는 삶을 상징하는 꽃이 되었다. 연꽃의 의미가 어디 그뿐이랴. 물속에 떨어진 연꽃 씨는 오랜 세월 지나도 썩지 않고 그대로 있다가 인연이 닿으면 언젠가는 반드시 움터 꽃을 피운다. 이처럼 우리 마음속에 있는 부처의 심성도 아무리 힘들고 어렵더라도 썩지 않고 그대로 있다가 인연이 닿으면 부처로 꽃 피울 수 있는 것이다. 연꽃은 그런 꽃이다. 그러기에 불교의 상징이 되고 부처를 상징하는 꽃이 된 것이다.

'나도 연꽃처럼 세상의 더러움에 물들지 않고 제 삶 지켜 나갈 수 있을까? 연꽃처럼 제 삶 지켜 많은 이들에게 희망과 용기를 줄 수 있을까?'

구름 사이로 보이는 하늘은 옥빛이었다. 보랏빛 여린 붓꽃 피어 마음 떨렸고 바위틈에 자란 바위구절초 애절하여 마음 잔잔했다. 바위구절초 곁에 핀 쑥부쟁이 보며 마음 달래고 이질풀 보며 위로받았다. 여린 잎을 지니고도 꿋꿋하게 살아가고 있었다. 바람 불어 옷깃 펄럭였고 비 부슬부슬 내렸다. 안개비였다.

황홀한 연화장세계(蓮華藏世界)

연화봉에서 제1연화봉으로 가는 길에는 나무계단이 촘촘하게 깔려 있었다. 마가목도 층층나무도 소나무도 참나무도 있었다. 숲의 바닥에는 풀들이 자라 자유로웠고 곁으로 어린 관목들도 자라고 있었다. 숲의 빈자리마다 조릿대가 무성했고 쓰러진 나무들에는 녹조류가 가득했다. 숲은 생명으로 풍성했고 생태적으로도 조화로웠다. 둥근이질풀 군락지에 마음 빼앗겨 잠시 머물다 끝없이 펼쳐진 초지 사이로 난 나무계단을 올려 보았다. 구름 지나고 있었다. 계단의 끝은 보이지 않았다. 마치 구름 너머의 세계로 들어가는 듯 마음 아득했다.

둘러보자 백두대간 안내판이 보였다. '우리의 산줄기 백두대간'이라고 쓰여 있었다. 소백산 국립공원은 곳곳에 백두대간에 대한 안내판을 설치해놓고 있었다. 연화봉에 오르는 길에도 백두대간 안내판이 있었다. 안내판에는 백두대간은 백두산에서 지리산까지 이어지는 산줄기로서 국토 전체의 골격을 형성하고 있을 뿐 아니라 국토의 젖줄인 강물의 발원지이며 대륙과 이어진 야생동물과 식물의 생명통로이자 주요서식지라는 내용이 기술되어 있었다. 또한 백두대간의 총 길이가 1400킬로미터라는 것과 대간과 산맥의 차이에 대해서도 적어놓았다.

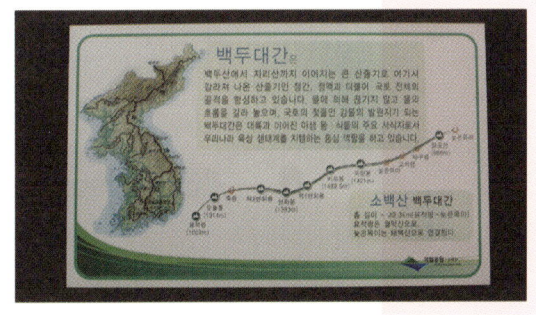

▲ 백두대간 안내판

"우리가 흔히 말하는 태백산맥, 소백산맥의 산맥이라는 말은 땅속의 지질의 형성연대나 생성방법을 추정해 그린 가상의 지질도이며 이는 일본에 의해서 왜곡된 역사다."

너무 간단하게 설명하는 바람에 오해를 살 만한 부분도 있어 보였다. 산맥에 대한 설명 등은 올바르나 '일본에 의해서 왜곡된 역사다'라고 말한 대목이 그렇다. 일제강점기의 총독부가 백두대간의 맥을 끊어 민족의 정기를 말살시키려는 정책을 썼다는 것은 이미 많이 알려진 사실이다. 애국심을 고취시키고 민족의 정기를 진작시킬 수 있는 백두대간이라는 개념을 총독부가 좋아하지 않았을 것이라는 것은 쉽게 짐작할 수 있다. 그러나 총독부가 조선의 자원침탈을 위한 목적으로 지리학자 고토분지로에게 조선의 지질을 연구하도록 했고 그 결과 산맥의 개념이 나왔다고 할지라도 '산맥은 없다'는 식의 논리는 좀 곤란해 보인다. 왜냐하면 아무리 고토분지로라고 할지라도 없는 산맥을 만들어 낼 수는 없기 때문이다. 산맥은 안내판에서 말하고 있듯이 지질의 형성연대나 생성방법을 추정해 나눈 개념일 뿐이다. 산맥이라는 이름으로 부르든 부르지 않든 간에 그러한 지질의 성질은 존재하는 것이다. 산맥은 그저 산맥일 뿐이다. 내가 말하고 싶은 것은 산맥이론은 일본에 의해 왜곡된 역사이니 폐기해야 한다고 말하기 전에 우리가 잃어버린 우리의 것을 먼저 찾아야 한다는 것이다. 백두대간을 찾아야 한다. 한반도의 골간을 이룬 백두대간의 의미와 정신 등을 회복해야 한다. 생명길이었던 그 하늘길을 우리 가슴에 되살려야 한다. 중요한 것은 이것이다. 백두대간은 백두대간이고 산맥은 산맥이라는 것이다.

　소백산 국립공원은 여러 가지로 잘 정비되어 있었다. 야생화에 대한 안내판도 공원 곳곳에 설치되어 있었고 탐방로도 잘 정비되어 있었다. 백두대간길 역시 잘 정비되어 있었고 안내판도 눈에 잘 띄는 곳에 세워져 있었다. 그런 노력 때문인지 숲과 초지는 아름답게 보존되고 있었다.

　소백산 국립공원은 백두대간길을 잘 정비하여 온전히 열어놓고 있었지만 숲이 훼손되고 있지는 않아 보였다. 오히려 백두대간길이나 탐방로 등을 잘

▲ 탐방로

정비하여 길을 열어놓음으로써 훼손되었던 초지와 숲이 복원되고 있었다. 다른 국립공원 등에서도 본받을 만해 보였다. 소백산 국립공원은 숲과 사람을 분리시키지도 않았고, 사람으로부터 숲을 폐쇄시키지도 않았다. 사람들이 숲과 함께 살아가며 숲을 즐기고 사랑하게 함으로써 숲을 소중히 지켜 나갈 수 있도록 하고 있었다. 그것이 소백산 국립공원이 보존상태도 좋고 더욱 아름답고 풍성한 숲을 지킬 수 있었던 이유로 보인다. 사람과 숲은 격리되어서는 안 된다. 왜냐하면 사람 또한 자연의 일부이며 자연이 품어 안아야 할 생명이기 때

문이다.

눈앞에 아고산지대가 만들어놓은 초지가 끝없이 펼쳐져 있었다. 초지는 부드러운 능선을 따라 펼쳐지고 있었다. 골을 지나 흐르던 구름이 우리를 따라 오르는 듯 계단을 오르고 있었다. 마치 구름 속에서 나온 듯 먼저 눕는 풀 신범섭 촬영감독과 안도현 군이 구름 속에서 걸어 나왔다. 마치 연꽃에서 태어난 세계인 청정과 광명이 충만한 땅, 불자들이 가장 살고 싶어 한다는 이상적인 세계인 연화장세계(蓮華藏世界)가 거기 있는 듯했다.

초지를 넘어 오는 구름을 바라보았다. 장엄했다. 아름다웠다. 지나는 비 조금 내렸다. 나는 그저 눈앞에 펼쳐지는 광경을 바라보고 있었다. 아무 말도 할 수 없었다. 말이 필요 없었다. 바라보는 것만으로 충분했다. 연화봉이 품은 아름다운 세상에 젖어 그저 황홀할 뿐이었다. 수많은 말들이 들려왔고 수많은 이야기들이 가슴에 담겼다. 구름을 따라 하늘을 바라보았다. 하늘 눈부시도록 푸르른 날이었다. 그리움 사무쳐 그리움 잊은 날이었다.

▲ 구름
속에서 나오다
ⓒ최창남

비로(毘盧)의 세계에 머물다

#산행 서른날째2

제1연화봉에서 바라본 소백산은 초지와 숲이 조화를 이룬 연화의 세계였다. 진창에 핀 한 송이 연꽃처럼 청초하고 정갈했으며 순결한 아름다움을 품고 있었다. 부드러운 능선을 따라 펼쳐진 초지는 별천지였다. 천상세계에 들어선 듯했다.

  소백산의 아고산대(해발고도 1300~1900미터)는 참으로 놀라운 비경을 눈앞에 펼쳐놓았다. 그것은 비움으로 이루어진 아름다움이었다. 모든 것을 비워 내려놓은 자기 비움의 아름다움이었다. 소백산의 봉우리들은 자신을 비웠으나 가볍지 않았다. 오히려 장엄했다. 연화봉에서부터 시작하여 비로봉, 국망봉, 상월봉을 거치는 소백산의 고원은 다른 산과 달리 큰 나무와 바위 등으로 채워져 있지 않았다. 그저 야생화 바람에 흔들리고 출렁이는 고원의 평야일 뿐이었다. 풀만 가득했다. 이름 모를 풀, 아무도 관심을 기울여주지 않는 풀들만 그 땅을 덮어 지키고 있었다. 보잘것없어 보이는 한 포기 풀들이 모여 만들어내는 연화세계는 조화롭고 평화로웠다. 그윽한 아름다움의 향기 가득했다. 마음 평온했다.

'어떻게 이토록 아름다운 세상을 만들어낼 수 있을까.'

자연의 조화요 신비로움이었다. 고도와 기후와 지질 등이 모두 조화를 이루어 만들어낸 연화장세계였다.

소백산의 지층을 구성하는 대부분의 화강암과 편마암은 오랫동안 수평침식 과정을 거쳤다. 그 과정에서 비슷한 표고를 가지고 있는 능선자락과 해발고도 1300미터 이상의 지대에 평탄한 지형을 형성했다. 아고산지대는 아한대 기후 특성을 지니고 있어 비나 눈이 자주 내리고 세찬 바람이 자주 분다. 기후의 영향으로 키 큰 나무는 잘 자라지 못하고 신갈나무나 철쭉 같은 바람과 추위를 잘 견디는 양생식물들이 자연과 균형을 이루며 살게 되었다. 또한 낮은 기온과 원활한 배수는 초본류가 잘 번식할 수 있게 만들어주었다. 그렇게 형성된 초지는 야생화가 만발할 수 있는 최적의 조건이었던 것이다.

부처의 산

비로봉을 향했다. 아름다운 참나무숲이 보였다. 숲의 초입에 연리목이 서 있었다. 두 그루 나무가 서로 몸 비벼 하나 되어 살아가고 있었다.

'연리목 같은 인연이 어디 있을까.'

낯모르는 이들 서로 만나 사랑하며 살아가는 것보다 더욱 대단한 인연이다.

김 대장이 말을 건넸다.

"저 꽃이 무슨 꽃이에요?"

흰 꽃 피어 있었다.

"잘 모르겠는데요. 쥐오줌풀 같기도 하고 개당귀 같기도 하고……"

산행이 지속되며 꽃에 대한 나의 자신감은 점점 옅어졌다. 이름을 잘못 알고 있는 꽃들이 너무 많았다. 내가 알고 있는 것이 틀리다는 것을 확인할 때마

▲ 비움의 아름다움

다 저 홀로 키운 자신감은 사립문 사이로 바람 빠져 나가듯 사라졌다. 꽃도 나무도 있는 그대로 보고 느끼고 싶었다. 머리와 가슴에 들어왔던 잘못된 지식들과 생각을 버리려고 애썼다. 입 열어 말하지 않고 느끼려고 마음 기울었다.

사라져가는 풀이라 희귀종으로 보호하고 있는 자주솜대가 숲 길가에 피

어 있었다. 노랗고 여린 잎 품어 안은 꽃이 너무 청순하고 아름다워 애처로웠다. 애처로움 달래 품고 구름 따라 산길 걸었다. 능선 따라 펼쳐진 초지 사이로 길이 나 있었다. 그 길의 어디쯤에 대피소가 있었다. 바라보았다. 초지 한가운데 자리한 대피소는 그림 같았다. 아름다운 별장을 찾아드는 것 같았다. 대피소는 아담했다. 마당에 이질풀 가득했다. 야생화들 만발했다. 야생화의 천국이라는 말이 실감났다. 대피소에서 점심을 먹었다. 창을 열고 내다보니 야생화 가득하여 천상의 세계에 온 듯했다.

▲ 비로봉에 서다

비로봉을 향했다. 비로봉을 향해 나 있는 나무계단을 올랐다. 계단 곁에 주목 군락지가 있었다. 수령 500년 된 3400여 그루의 나무들이 군락을 이루고 있었다. 완만하게 경사를 이루고 있던 계단은 급격하게 오르기 시작했다. 계단은 이 오름의 끝이 비로봉이라는 것을 아는지 하늘을 향하고 있었다.

마침내 비로봉(毘盧峰, 1439.5미터)이었다. 저수령에서 고개 숙이고 산으로 들어온 이후 촛대봉 지나고 묘적봉과 도솔봉 올랐다가 연화봉에서 꽃 핀 수행자의 삶이 부처를 만나는 봉우리였다. 비로봉은 부처를 의미하는 산이다. 비로(毘盧)란 범어의 '바이로차나(Vairocana)'의 음역이며 비로자나불(毘盧遮那佛)의 준말이다. 본래의 뜻은 '몸의 빛, 지혜의 빛이 법계에 두루 비치어 가득하다'는 것으로 '부처의 진신(眞身)'을 의미하는 말이다. 비로자나불은 법(法)이 세상에 몸을 입어(身) 드러난 법신불(法身佛)로 '공(空)의 인격화된 존재'이다. 그러하기에 비로자나불은 우주의 만물을 모두 간직하고 있는 존재로, 연화장세계의 교주로 받들어지는 것이다. 그러니 비로봉은 그 이름만으로도 부처의 산이다.

우리나라의 산에는 비로봉이라는 이름을 가진 봉우리들이 많다. 주로 큰 산의 가장 높은 봉우리들이 이 이름을 지니고 있다. 금강산 비로봉(1638미터), 오대산 비로봉(1563미터), 치악산 비로봉(1288미터), 속리산 비로봉(1057미터)과 소백산의 비로봉이다. 모두 부처의 산이다. 부처의 법을 드러내어 사방팔방으로 온누리에 퍼지게 하는 산이다. 그렇기에 이름이 '비로'일 수밖에 없는 것이다. 진리의 빛이 막힘없이 온 세상에 퍼지게 하는 산이니 말이다. 정상에는 표지석도 보이고 마음을 담아 쌓아놓은 돌탑도 보였다. 구름 걷히자 산 아래 사람 사는 마을과 저수지 등이 보였다. 첩첩이 이어져 있는 산줄기도 보였다.

국망봉과 늦은목이재

시리도록 파란 하늘 아래 야생화 넘실대는 능선 길을 따라 국망봉(國望峰, 1420.8미터)을 향했다. 구름 따라와 내 몸 쓰다듬으며 지났다.

종일 구름 속을 거닐고 있었다. 구름과 함께 걷고 함께 쉬었다. 내가 멈추면 구름도 멈추고 내가 앞서면 구름 뒤따라와 제 갈 길 가면서도 언제나 함께 했다. 나는 나대로 흐르고 구름은 구름대로 흐르면서도 구름과 나는 매순간 함께 걷고 함께 머물렀다.

이런 것이 바로 불가에서 말하는 도솔천세계이고 연화장세계가 아닐까. 모든 것이 각기 제 삶을 살아가면서도 조화를 이루는 세계 말이다. 각자 제 삶을 온전히 살아가는 것만으로도 조화로운 세계가 이루어지는 것 말이다. 그 어느 누구도 제 생명, 제 마음, 제 뜻 잃어버리거나 꺾이지 않고 살아가지만 다른 어느 누구도 해치지 않고 자연스럽게 살아가는 세계 말이다. 어려운 일만은 아니다. 제 마음 잃어버리지 않고 제 삶 온전히 살아내기만 하면 되는 것이다. 나무와 풀과 구름과 비와 바위와 계곡을 흐르는 물과 벌레들과 새들의 삶이 그러한 것처럼 …… 그들이 제 모습 그대로 지키며 제 삶 살아감으로써 아름답고 조화로운 숲을 이루듯이 말이다. 풍요로운 생명세상을 이루듯이 말이다.

까실쑥부쟁이와 구절초가 길 곁에 가득했다. 소백산에 많은 이질풀도, 억새와 금마타리도 바람 따라 구름 속에서 흔들렸다. 함께 흔들리며 꽃향기에 취하고 마음에 취해 걷다 보니 국망봉이었다. 신라의 마지막 왕자인 마의태자가 멀리 옛 도읍 경주를 바라보며 한없이 눈물 흘렸다는 곳이다. 왕건으로부터 신라를 회복하려다가 실패한 후 엄동설한에 베옷 한 벌만 입고 망국의 한을 달래며 개골산으로 들어가는 길이었다고 하니 그의 심정이 전해지는 듯했다.

'그 마음 얼마나 시렸을까? 그 몸 얼마나 춥고 괴로웠을까?'

산길에 핀 야생화들이 그의 마음을 조금이나마 위로해주었기를 바랐다. 하늘은 옥빛으로 깊어지고 하늘에 떠 있는 구름 몇 조각은 여유로웠다. 꽃잎 떨어진 쓸쓸한 철쭉숲을 지나 상월봉에 올랐다가 늦은목이재로 내려갔다. 지나온 길과 달리 깊은 숲이 거기 있었다. 숲길에 큰 신갈나무 쓰러져 길을 막고 있었다. 가지의 끝에만 잎 몇 개 달고 있을 뿐 죽어 있었다. 그 잎도 곧 떨어질 듯 보였다. 나무는 속이 다 파여 빈껍데기만 남은 듯했다. 몸을 돌려 나무 기둥 속을 들여다보았다.

"아~!"

놀라웠다. 죽은 나무의 몸 안에는 무수한 새로운 생명들이 자라고 있었다. 나무는 제 몸 비워 무수한 생명들을 품어 키우고 있었다. 잎 무성하여 또 다른 숲이 그 안에 있는 듯했다. 비로의 세계가 죽은 나무속에 있었다. 부처의 세계가 껍데기만 남은 나무속에서 이루어지고 있었다. 죽은 나무는 새로운 생명을 품어 키우는 생명의 그릇으로 다시 태어나 있었다. 가슴 설레어 발걸음 뗄 수 없었다.

▲ 생명을 품어 키우다
ⓒ최창남

늦은목이재를 지나 연화동 산거리에서 잠시 쉰 후 1031.6봉에 도착했을 때는 완전히 어두웠다. 이미 밤이 깊어가고 있었다. 시계를 보니 8시 28분이었다. 마당치(991미터)를 지나 고치령(770미터)에 내려섰을 때 자정이 다 되어가고 있었다. 11시 50분이었다. 15시간 30분의 긴 산행이었다. 산행을 시작한 이래 가장 오래 걸은 날이었다. 몸 무겁고 다리 뻐근했지만 마음은 가벼웠다. 가벼운 설렘과 흥분이 산행이 끝난 후까지 남아 있었다. 비로의 세계에 머물다 내려온 흥분이 가라앉지 않고 있었다. 보고 온 비로의 세계가 아직도 내 안에 있는 듯했다.

별빛 자비로운 밤이었다.

마음 스러진 밤이었다.

▲ 구름과 함께 걷다

고치령을 지나다

#산행 서른하루째

하늘 맑고 푸르렀다. 구름 한 점 없이 깨끗했다. 다시 찾은 고치령(古時嶺, 770미터)의 아침은 공기 신선하고 바람 선선했다. 햇살 포근했다. 풀잎들도 나뭇잎들도 나무들도 햇살을 받아 빛났다. 바람 불었다. 풀잎들도 나뭇잎들도 노래하는 듯했다. 싱그러웠다. 밝고 화사했다. 지난밤 깊고 깊었던 칠흑 같은 어둠의 흔적은 어디에서도 찾을 수 없었다. 마음 편안하여 절로 발걸음을 멈추게 했다. 사방을 둘러보았다.

    길 좁고 나무 울창하여 고개는 아늑했다. 길 옆 숲가에 장승 서성이며 고개 지나는 사람들을 바라보고 있었다. 한편에는 포도대장군(捕盜大將軍)과 단산대장군(丹山大將軍)이 소백지장(小白地將)을 모시고 있었고 다른 한편에는 태백천장(太白天將)을 다른 세 분의 장승들이 모시고 있었다. 태백천장을 모시고 있는 장승들 중 두 분의 모습이 특이했다. 재미있었다. 양백대장(兩白大將)과 항락(恒樂)장승이었다. 양백대장(兩白大將)은 깊은 의미를 담고 있는 듯 가벼운 미소를 띤 채 해학적인 표정을 짓고 있었고, 항락이라고 써 있는 장승은 무엇이 그리 즐거운지 파안대소하고 있었다. 세상의 온갖 희로애락을 초월한 것 같은 웃음이었다. 희로애락에 일희일비하여 마음 잃어버리지 말라고 말하고 있는 것 같았다. 마음 상하지 않도록 늘 지키라고 말하고 있는 것 같았다. 살아가는 동안 어떤 일을 만나더라도 기쁨과 즐거움을 잃어버리지 않도록 마음공부를 하라고 말하고 있는 것 같았다. 늘 기쁘고 즐거울 수 있도록 깊은 마음을 지니라고 말하고 있는 것 같았다.

바람 싱그럽고 마음 편안했다.

▲ 고치령
ⓒ최창남

소백산과의 이별

고치령은 소백산줄기와 태백산줄기 사이에 있는 고개이다. 고치령에서 소백산 줄기가 끝나고 태백산 줄기가 시작된다. 옛날부터 소백산과 태백산 사이는 양백지간(兩白之間)이라 하여 특별히 여겼다. 양백지간은 큰 난리를 피할 수 있는 십승지의 대명사로 여겨져 왔으며 또한 인재가 많이 나왔다. '인재는 소백과 태백 사이에서 구하라(求人種於兩白)'는 말이 생겨날 정도였으니 얼마나 인재가 많이 나왔는지 쉽게 짐작할 수 있다. 그럴 법도 한 일이다. 하늘(태백천장)과 땅(소백지장)을 품고 있는 땅이니 어찌 인재가 많지 않겠는가 말이다. 어쩌면 그런 이유로 양백대장장승은 의미 모를 깊은 미소를 짓고 있고 항락장승은 그리도 유쾌하게 웃고 있는지도 모르겠다.

고치령은 마구령, 죽령과 함께 소백산을 넘는 세 개의 고갯길 중 하나였다. 그러나 양남지방에서 서울로 들어가는 관문 역할을 했던 죽령과 달리 장돌뱅이나 인근 주민들이 넘나들던 소박한 고개이다. 수많은 민초들의 땀과 바람과 눈물과 한숨과 아픔이 묻어 있는 고개이다. 그러나 민초들의 슬픈 이야기만 지켜본 것만은 아니다. 단종과 금성대군 그리고 그들을 따르던 많은 이들의 죽음을 지켜본 슬픈 고개이기도 하다. 이 고갯길은 영월과 순흥을 잇는 가장 가까운 길이었다. 영월에는 단종이 유배되어 있었고 순흥에는 수양대군에 저항하던 금성대군이 유배되어 있었다. 그들은 고치령을 오고가며 연락을 주고받았다. 복위운동을 준비하던 중 거사가 발각되어 모두 죽음을 당했다. 단종과 금성대군뿐 아니라 고갯길을 넘나들던 이들 모두 죽음을 당한 것이다. 그것을 아파하여 민초들은 지금도 고치령에 산신각을 세우고 단종을 태백산의 산신으로, 금성대군을 소백산의 산신으로 모시고 있다.

바람 서늘했다. 오전 8시 20분 산행을 시작했다. 연화의 세계를 펼쳐 내 마음 품어 위로해주던 아름다운 소백산과 이별했다. 소백산은 조선조의 유명한 풍수지리가이며 실학자인 격암 남사고가 죽령을 지나다가 '사람 살리는 산'이라고 말하며 말에서 내려 절을 했다는 산이다. 산줄기 흐르는 곳마다 연화의 세계 열리고 비로의 빛이 비치니 '사람 살리는 산'이라 불린 것은 당연하다.

　　소백산 마음에 품고 숲으로 들어갔다. 평소와 달리 늦은 출발이었다. 지난밤 자정이 다 되어 내려온 때문이기도 했고 산행거리가 짧은 때문이기도 했다. 고치령에서 미내치를 지나고 1096.6봉에 올랐다가 마구령으로 내려서는 7.9킬로미터가 오늘의 산행길이었다. 짧은 산행이었다. 마음 느긋하고 상쾌했다. 몸도 가벼웠다. 몸은 어느 순간부터 산행에 적응되어 있었다. 산행을 시작한 이래 나를 끊임없이 괴롭히던 허벅지의 근육통과 무릎의 통증은 더 이상 찾아오지 않았다. 마치 한 번도 아픈 적이 없었던 것 같았다. 하루 종일 스틱에 몸 의지한 채 절룩거리며 걸었던 날들이 그저 꿈결 같았다. 지난 이틀 동안의 30시간 산행에도 아픈 곳이 없었다. 몸이 새로워지자 걷는 일에 내몰려 전에는 보지 못하던 것들을 볼 수 있었고 느낄 수 없던 것들을 느낄 수 있었다. 산도 숲도 나무도 풀도 바람도 구름 등 모든 것이 새로워졌다. 마음도 따라 새로워졌다.

▲ 숲은
생명을 키우고

　　숲으로 들어가는 길에 어린 나무들 늘어서 나를 반기는 듯했다. 지난밤 내내 숲이 품고 있던 서늘한 기운이 몰려왔다. 정신이 맑아졌다.

나뭇잎들 바람에 때로 한들거리고 때로 출렁였다. 숲으로 들어가자 참나무숲이었다. 신갈나무들 가득했다. 길 양옆으로 늘어선 모습이 누군가를 맞이하는 듯 보내는 듯했다. 풀잎마다 물방울들 매달려 있었다. 스틱으로 풀숲을 헤칠 때마다 물방울들이 튀었다. 햇살 받아 반짝였다. 아름다웠다.

향락장승이 그리운 산행

백두대간을 걸어온 지 벌써 10주가 지나고 있었다. 경남 산청군 중산리 지리산 천왕봉에서 시작한 산행이었다. 어느덧 대간길의 절반을 넘어 소백산을 지나고 있었다. 강원도가 지척이었다. 한 걸음 한 걸음 그 먼 길을 걸어온 것이다. 지나온 길 그대로 가슴에 남아 있었다. 때로 산길 걸어온 것이 아니라 저 홀로 마음길 걸어온 것 같은 생각이 들기도 했다. 때때로 꿈결 같았다.

하루에도 크고 작은 봉우리와 산을 수십 개씩 넘었으니 어림셈해도 1000개가 넘는 봉우리와 산을 넘어왔다. 제각기 다른 이름을 지니고 있는 그 수많은 봉우리들과 산은 모두 다른 모습으로 다른 장소에 머물러 있었지만 모두 하나의 산이고 하나의 산줄기였다. 지리산도, 덕유산도, 속리산도, 조령산도, 소백산도 모두 다른 이름을 지니고 있지만 하나의 산줄기요 하나의 산이었다. 산들은 결코 한자리에 머물러 있지 않았다. 하나 되어 흐르고, 흘러들어 하나 되고 있었다.

백두대간은 하나의 산줄기이고 하나의 산이었다. 지리산은 덕유산으로,

덕유산은 속리산으로, 속리산은 조령산으로, 조령산은 소백산으로 흘러들고 있었다. 태백산, 오대산, 설악산으로 흘러들고 있었다. 그렇게 흐르고 흘러 금강산과 두류산과 낭림산을 지나 백두산까지 흘러들고 있었다.

백두대간을 걷는 동안 나는 이 산줄기들처럼 그렇게 흘러들기 원했다. 내가 백두대간을 걷는 것이 아니라 산줄기에 몸을 실어 그저 함께 흘러갈 수 있기를 소망했다. 바람에 실리고 길에 실리고 산줄기에 실려 몸 맡긴 채 그저 흘러들기 바랐다. 더 이상 흘러들 수 없는 곳까지 그렇게 흘러갈 수 있기 바랐다.

'참으로 그렇게 흘러들 수 있을까?'

마음 간절하여 아득했다. 지나는 숲마다 나뭇잎 무성하고 숲 울창했다. 여름 깊어진 숲은 이미 푸르러질 대로 푸르러 짙었다. 가을이 왔음을 알고 가을을 준비하는 숲이다. 어쩌면 숲 짙어지고 깊어져 가을을 부르고 있는 것인지도 모르겠다.

여름이 가고 있음을 아쉬워하는 매미들의 울음소리 애절했다. 일주일밖에 허락되지 않은 짧은 생에서 남겨두고 갈 사랑을 찾지 못한 마음이 오죽하랴. 울음소리 구성지고 구슬펐다. 참나무 우거진 숲이었다. 신갈나무 사이로 간간이 굴참나무 보였다. 숲 바닥에는 둥굴레 가득했고 숲길에는 나뭇잎 사이로 들어온 햇살 가득했다. 햇살 따라 햇살 밟으며 걸었다.

미내치(820미터)에서 잠시 쉬었다. 이정표가 세워져 있었다. '마구령 4.8킬로미터'라고 적힌 곁에 가야 할 방향이 표시되어 있었다.

'삶의 길목 길목에도 이렇게 이정표가 세워져 있다면 얼마나 좋을까.'

지나온 세월을 따라가다 마음 접었다. 마구령을 향했다. 헬기장을 지났다. 산행 내내 보이지 않던 야생화들이 있었다. 붉은 엉겅퀴 슬프고 금마타리 웃음 짓게 했으며 억새는 그저 마음에 젖어들었다. 숲은 고요하고 정갈했다. 십승지의 대명사라는 양백지간의 숲이어서 그랬던 것일까. 숲은 풍성하면서도 깊고 정갈하고 고요했다.

마구령(馬駒嶺, 820미터)이었다. 경북 영주시 부석면 남대리와 임곡리를 남북으로 이어주는 고개다. 장사꾼들이 말을 몰고 다녔던 길이라고 하여 마구령이라 불렀다고 한다. 장사꾼들이 말을 몰고 장사를 다녔던 고개지만 이곳에도 단종과 금성대군의 가슴 아픈 이야기가 남겨져 있다.

마구령 북쪽의 남대리는 '정감록'에서 이르는 십승지 가운데 한 곳이자 남사고가 양백지간에 있다던 숨겨진 명당에 자리한 마을이다. 첩첩 산줄기에 둘

▼ 마을로 들어서다

러싸여 있으면서도 펑퍼짐한 너른 터가 있어 순흥으로 유배 왔던 금성대군이 이곳에서 단종 복위를 위하여 병사를 양성했다고 한다. 물론 그 이야기가 사실이라면 그 병사들의 대다수도 죽음을 당했을 것이다.

시계를 보니 12시 45분이었다. 4시간 25분의 짧은 산행이었지만 시작할 때와 달리 피로가 몰려왔다. 단종의 애절한 삶이 마음을 무겁게 한 것일까. 마음 무거웠다. 쉬고 싶었다. 잠시 앉아 쉬었다. 동료들은 제각기 하고 싶은 일들을 하고 있었다. 마구령 표지석에 기대어 사진을 찍기도 하고 막걸리 한잔에 산행의 피로를 씻어내기도 하고 있었다.

햇살 뜨거웠다.

바람 한 점 불지 않았다.

항락장승이 보고 싶었다.

▲ 하나로 이어진 산줄기

마구령에서 화방재까지

(2008년 9월 2일~9월 4일)

마구 겅에서 화방재까지

선달산 지나며

#산행 서른이틀째 날

여러 날 만에 다시 찾아온 마구령에는 비가 내리고 있었다. 지난밤부터 내리던 비다. 새벽녘에 잠시 그치더니 아침이 되자 다시 내렸다. 제법 많은 비였다. 우의를 입었다. 산행을 시작했다. 갈곶산(966미터)을 향했다. 갈곶산 지나고 선달산(先達山, 1236미터)을 넘어 구룡산(九龍山, 1345.7미터)에 이르면 태백산(太白山, 1567미터)이 하룻길이었다. 신라 일성왕 5년(138년) 그 까마득한 옛날에도 하늘에 제사 드리던 산이다.

예로부터 우리 민족은 하늘에 제사했다. 그리고 제사 드리는 산을 '밝은 산', 즉 '백산'(白山)이라고 불렀다. '밝은 산' 중에서도 가장 '밝은 산'이 바로 '크게 밝은 산'인 태백산(太白山)이었다. 그 산에 가고 싶었다. 하늘 가까이에서 하늘에 제사 드리던 곳을 눈으로 보고 싶었다. 제사 드리던 이들의 마음을 올올이 느껴보고 싶었다. 그 신성한 산의 기운을 온몸으로 느껴보고 싶었다. 그리하여 할 수만 있다면 내 영혼 하늘의 기운으로 씻어내고 싶었다. 내 마음 산의 밝은

▲ 산행준비

정기로 위로하고 싶었다. 지나온 날의 고단한 짐들을 다 내려놓고 싶었다. 허락한다면 삶의 의미를 새롭게 찾고 싶었다. 살아가게 될 삶에 대한 잃어버린 열정과 투지를 회복하고 싶었다. 다시 역사의 시간들과 투명하게 마주서고 싶었다.

마음길을 따라 살아가리

비 내리는 숲은 적막했다. 아무 소리도 들리지 않는 깊은 적막이었다. 새소리도, 짐승 지나며 풀숲 헤치는 소리도, 숲을 지나는 이들의 소리도 들리지 않았다. 오직 숲을 지나는 바람만이 그곳이 숲이라는 것을 깨닫게 해주었다. 숲길을 걷고 있다는 것을 깨닫게 해주었다. 바람 불어 나뭇잎 흔들렸다. 나뭇잎 소리는 때로 깊은 밤 먼 바다에서 들려오는 파도소리 같기도 하고 때로 비오는 도로 위를 지나는 자동차바퀴 소리 같기도 하고 때로는 수백수천의 말이 달리는 소리 같기도 했다.

여린 풀들이 바람에 나부끼고 있었다. 억새와 원추리와 금마타리도 비에 젖은 채 흔들리고 있었다. 제법 자란 참나무들도 굵은 가지를 흔들고 하늘을 향해 곧게 자란 금강소나무도 가지 흔들고 있었다. 비 내리는 탓일까. 처녀림을 지나는 것 같았다. 순결한 숲을 지나는 것 같았다. 뿌리를 흉하게 드러내며 쓰러져 죽은 나무조차도 순결해 보였다. 나무에게는 불행한 일이겠지만 다른 생명들에게는 새로운 삶을 시작하는 은총이다. 땅속에 묻혀 발아되지 못하고 있던 어린 씨앗들이나 햇빛을 받지 못하던 어린 풀들이나 관목들, 벌레들에게는 새로운 삶을 시작하는 설렘과 흥분의 시간이다. 숲에서는 죽음조차도 숲을 풍성하게 하는 아름다운 하나의 덕목일 뿐이다. 죽음조차도 순결하다.

갈곶산에 올랐다. 표지석도 없어 그냥 지나칠 뻔했다. 비가 그쳤다. 우의를 벗고 점심을 먹었다. 고기볶음과 우엉과 깻잎을 반찬으로 맛나게 먹었다. 산줄기들을 바라보았다. 남으로 산자락에 부석사 품어 안은 봉황산(鳳凰山, 819미터)이 보였다. 양백지간 깊은 산중이니 비로의 빛 비추고 연화의 세계 열리는 것 또한 당연한 일이다.

늦은목이재를 향해 가는 길에 뒤 따라오던 맑은 물 김명옥 작가가 말을 건넸다.

"선생님, 우리들 한글이름은 지어주시고 선생님 한글이름은 안 지으세요? 지으셨어요?"

"내 이름? 오래전부터 쓰던 이름이 있지. '마음길'이야. 마음길 따라 살고 싶어서 마음길이라고 지었지."

제 욕심 따라 살아가지 않고 마음길 따라 살아가고 싶었다. 제 신념이나 목표를 따라 살아가지 않고 마음길 따라 살아가고 싶었다. 욕심은 스스로를 망치고 신념은 다른 이들을 해치기 쉽기 때문이다. 그뿐인가. 목표라는 깃은 대체로 제 삶을 자유롭게 하지 못한다. 제한하고 구속시킨다.

나의 지나온 삶은 대체로 신념과 믿음이 만들어놓은 가치에 따라 해야 할 일을 하며 살아온 날들이었다. 해야 할 일을 하기 위해 노력하고 애쓰는 삶이었다. 그러나 이제는 해야 할 일을 하는 삶이 아니라 하고 싶은 일을 하는 삶을 살고 싶었다. 하고 싶은 일이 곧 해야 할 일이 되는 삶을 살아가고 싶었다. 내 마음길과 모두를 살리고 이롭게 하는 삶이 언제나 일치하는 삶을 살아가고 싶었다.

늦은목이재를 지나며 내처 선달산(先達山, 1236미터)을 향했다. 나무계단 촘촘히 놓여 있었다. 내리던 비 그쳐 있었지만 숲은 고요하고 적막했다. 바람 지나며 숲의 적막이 얼마나 깊은지를 알려주고 있을 뿐이었다. 물푸레나무 가득했다. 드문드문 거제수나무도 보였다. 나무 사이를 지나는 바람에 거제수나무의 벗겨진 껍질이 소리 없이 흔들리고 있었다.

선달산과 소수서원

선달산은 소백산과 태백산 사이에 솟아 있어 대간을 조망하기에 좋은 산이다. 정상에서는 동쪽으로 남대천과 어래산(御來山, 1064미터)이 보이고 서쪽으로는 박달령(朴達嶺, 1009미터)이 보인다. 또한 부드러운 구릉으로 이루어져 산행하기 수월하다. 선달산이라는 이름의 뜻은 분명치 않다. '신선이 놀았다'고 하여 선달산(仙達山)이라고도 하고 '먼저 올라야 한다'고 하여 선달산(先達山)이라고도 했다. 그러나 이런 해석은 선달산(先達山)이라는 이름의 의미를 온전히 짚어낸 것 같지 않다. '먼저 선(先)' '통달할 달(達)' '뫼 산(山)'을 쓰는 선달산은 글자 그대로 해석하면 '먼저 깨달아 안 산'이란 의미이다. 그런데 '선(先)'이 의미하는 것은 단순히 시간적 의미에서의 '먼저'가 아니라 '선험(先驗)적인 지식'을 말하는 것이 아닐까? 진리를 말하고 있는 것이 아닐까? 만일 그렇다면 선달산이란 이름은 '이 산이 선험적 지혜인 진리가 담겨 있는 산'이라는 의미를 지니게 된다. 지나친 해석일까?

선달산은 아주 부드러운 산이다. 걸으며 명상하기 좋은 산이다. 숲은 깊고 고즈넉하다. 산길은 흙길이고 오르막과 내리막도 심하지 않은 산이다. 누구나 그저 잠시 가쁜 숨을 내쉬면 한 재를 넘을 수 있는 산이다.

이 산은 경상북도 봉화군에 위치해 있다. 봉화군은 '인재는 소백과 태백 사이에서 구하라(求人種於兩白)'는 말이 있는 양백지간에 속한 땅이다. 그러니 인재 넘쳤던 양백지간의 봉화군 선비들이 이 산을 걸으며 마음을 닦지 않았을까. 더욱이 우리나라 최초의 서원인 소수서원이 그렇게 멀지 않은 영주시 순흥면 내죽리에 있으니 지나는 길에라도 서원에서 공부하던 이들이 때로 이 산을 찾지 않았을까. 이 산을 찾아 이 산을 걸으며 깨우침을 얻지 않았을까. 이 산에서 깨우침을 얻은 것이 고마워 선달산(先達山)이라는 이름을 붙여준 것은 아닐까.

▲ 선달산 표지석

선달산이라는 이름은 양백지간에 자리한 산 이름으로는 너무나 어울린다. 안성맞춤이다. 하늘에 제사를 지내던 태백산과, 땅에 머물러 비로의 빛을 비추어 연화의 세계를 펼쳐놓은 소백산 사이에 있는 산이니 선달산(先達山)이라는 이름을 충분히 가질만하다.

이런저런 생각들로 마음 분주한 중에 즐거웠다. 사실 소수서원과 선달산은 제법 멀리 떨어져 있어 산책을 나오기는 어렵다. 마음먹고 찾았거나 지나는 길에 들렸다면 그럴 수도 있는 일이지만 말이다. 알 수 없는 일이다.

선달산에 오르니 짚신나물이 군락을 이루고 있었다. 표지석 뒤로 산오이풀과 수리취, 엉겅퀴 등 온갖 야생화들이 피어 있었고 흰 구름 흘렀다. 하늘은 언제 비가 왔냐는 듯 파랗기만 했다. 선달산 아래로 흰 구름 두텁게 드리워 골마다 구름 가득했다.

바람 지나고 구름 지나는 곁으로 영주국유림관리소에서 세운 백두대간 안내판이 설치되어 있었다. '백두대간의 가치'에 대해 소개하고 있었다.

'백두대간은 지형, 기후, 토양, 수분 등 자연환경과 온갖 동식물이 어우러진 생태계, 그리고 사람이 함께 살아가는 공간 등 다양한 가치를 가지고 있다.

첫째, 생물종이 다양하고 풍부한 한반도의 핵심생태 축으로 대륙의 야생동식물이 우리나라로 들어오는 통로이자 서식지이다. 둘째, 천연림이 많이 분포하는 대표적인 산림지대로 여가와 휴양, 생태관광 및 교육 장소이다. 셋째, 민족정기의 상징이며 귀중한 문화유산의 터전이다. 넷째, 태산준령이 이어지는 한반도의 지붕으로 한강, 낙동강, 금강의 발원지이다.

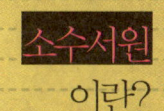

소수서원(紹修書院)은 경상북도 영주시 순흥면 내죽리에 있는 최초의 서원이다. 조선조 중종 38년인 1543년 풍기군수 주세붕이 세운 백운동서원(白雲洞書院)이 바로 소수서원이다. 건립 당시에는 백운동서원이었으나 후일 퇴계 이황이 풍기군수로 와 서원을 널리 알리고 권장하기 위해 조정에서 사액과 전토를 주도록 건의했다. 이에 명종은 1550년(명종 5년) 이를 권장하는 뜻에서 백운동서원에 '소수서원'이라고 친필로 쓴 편액글씨를 하사했다. 이로써 소수서원은 사액서원(賜額書院)이 되었다. 사액서원이란 편액을 하사받은 서원으로 나라로부터 서적과 학전(學田), 노비 등을 하사받으며 면세와 면역의 특권을 아울러 받은 서원을 말하는 것이다. 소수서원은 한국 최초의 사원인 동시에 사액서원의 시초이기도 하다.

백두대간은 백두산에서 시작해서 금강산, 설악산, 태백산, 소백산을 거쳐 지리산까지 이어지면서 국토의 골격을 형성하는 큰 산줄기이다. 산을 단절, 고립된 봉우리로 보지 않고 백두산을 민족의 성산, 국토의 뿌리로 하여 흐름을 가지고 이어지는 맥으로 이해하는 전통적인 산 인식체계이다.'

◆ 투구꽃과 어수리
ⓒ최창남

박달령(朴達嶺, 1009미터)을 향했다. 선달산에서 내려서는 길은 비 온 탓인지 미끄러웠다. 보이지 않던 투구꽃이 보였다. 이질풀 만발했다. 쇠물푸레나무 자주 눈에 띄었다. 숲은 점점 깊고 울창해 아름드리나무 가득했다.

숲이 환해졌다. 햇살이 제 몸 그대로 드러내며 투명하게 숲으로 들어서고 있었다. 햇살에도 질서가 있는 듯 햇빛은 저마다 줄지어 숲을 비추고 있었다. 숲은 점점 환한 빛으로 가득 차올랐다. 나뭇잎도 투명하게 빛났고 큰 나무에 가려졌던 여린 풀들도 반짝였다. 돌멩이 하나 흙 알갱이 하나까지도 빛나고 있었다. 숲은 순식간에 환한 빛으로 가득 차고 생명들은 감추어두었던 제 모습을 있는 그대로 드러내고 있었다. 생명 가득 차 넘실대고 있었다. 경이로웠다. 숨죽여 바라보았다.

박달령으로 내려섰다. 경상북도 봉화군과 강원도 영월군을 이어주는 고갯길이다. 고갯마루란 늘 이별과 기다림이 있는 곳이다. 사랑하는 사람과의 눈물 어린 이별이 있고 먼 길 떠났던 임 돌아오기를 기다리는 설렘이 있는 곳이다. 어디 이별과 기다림만 있는가. 희망도 있고 기쁨도 있었을 것이다. 그 옛날 부보상(負褓商)들이 많이 넘었다는 이 고개에 어찌 희망과 기쁨이 없었겠는가. 짐 꾸려 고개 넘으며 돈 벌어 가족들과 기쁨어린 재회를 나누려는 부보상들의 희망이 어려 있는 고개이다.

산령각이 보였다. 이 고개 넘으며 웃고 울었을 이들을 위해 마음 한 조각 남겨두고 싶었다. 바라보다 마음 그저 바람에 띄웠다.

모두들 나를 기다리고 있었다. 서벽리에 있는 송어 양식장 식당에서 저녁을 먹기로 한 날이었다. 차에 올랐다. 창을 여니 바람 선선했다.

바람 사이로 노을 빛 붉게 물들던 이른 저녁이었다.

▼ 마음 비추다

태백의 품으로 들어 서다

\# 산행 서른사흘째

이른 아침 숲은 싱그럽고 대기는 서늘했다. 마음 맑아지는 듯했다. 싱그러운 숲의 기운에 둘러싸인 박달령은 이 고개에 뿌린 수많은 민초들의 이별과 눈물을 아는지 모르는지 아늑했다. 옥돌봉 가는 길이라는 이정표 곁에 아담한 돌계단이 층층이 놓여 있었다. 백두대간 마루금을 이어가고 민족의 영산 태백산으로 들어서는 길이 아니라 잘 가꾸어놓은 뒤 뜰 정원으로 들어가는 길 같았다. 나무 푸르러 우거지고 햇살 눈부셨다. 나무 사이를 떠다니던 물안개 햇살에 부딪치며 반짝였다. 햇살을 따라 물안개 흐르고 있었다. 아름다웠다.

'저렇게 아름다운 것을……'

보이지 않는 것들을 너무나 많이 잃어버렸다. 보이지 않는다고 존재하지 않는 것은 아니다. 늘 우리 곁에 있다.

햇살 비추었다. 내 마음자락 물안개처럼 드러날까 저어하여 주위를 둘러보았다. 모두들 제 일에 분주했다. 산행준비를 하고 있었다. 몸을 푸는 이도 있

고 촬영장비를 점검하는 이도 있고 등산화 끈을 묶는 이도 있었다.

산령각(山靈閣)이 보였다. 요즘도 매년 4월 초파일에는 오전리마을 사람들이 고사를 지내고 있다. 산신에 대한 고사(告祀)는 오래전부터 인간이 자연에 대한 경외심과 공존을 표현하는 수단이자 토속신앙이었다. 특히 사람의 통행이 빈번한 고갯마루에 세워진 산령각은 마을 어귀에 세워졌던 성황당이나 사찰에 세워진 산신각과 달리 누구에게나 열려 있는 신앙 공간이었다. 고단한 삶으로 인해 등이 휘었던 이들, 원치 않는 이별로 눈물 흘리던 이들, 권세 있는 자들의 핍박에 내몰려 이 고개를 넘던 이들의 마음을 위로하고 품어주던 곳이었다. 또한 그들이 제 가족과 사랑하는 이들을 위해 고사 지내고 기도하던 열린 공간이었다. 그들의 마음으로 세워지고 눈물과 기도로 지켜진 마음자리였다.

그 마음이 고마워 나도 멀리에서나마 마음 자락 하나 내려놓고 산으로 들어갔다.

▌ '어디로 갈꺼나'

비 내린 아침 숲은 맑은 호수 같았다. 깨끗하고 싱그러웠다. 부는 바람에 나뭇잎 소리 없이 흔들렸고 햇살은 고요히 숲 사이를 흘렀다. 물박달나무, 일본잎갈나무, 물푸레나무가 보였다. 햇살이 숲 깊이 들어왔다. 숲은 밝아졌다. 나무도 투명해지려는 듯 빛났다. 산행을 시작한 지 얼마 되지도 않았는데 벌써 이마에 땀이 맺혔다. 땀을 닦았다.

"아휴, 어제 하루 빨지 않았다고 모자에서 냄새가 너무 나요."

땀을 훔치며 하는 내 말에 신범섭 촬영감독이 맞장구를 쳤다.

"그럼요, 땀으로 온갖 노폐물이 다 빠져 나오는데 냄새가 지독한 건 당연하지요."

지독해도 너무 지독했다. 도저히 냄새를 맡을 수 없을 정도였다. 어제는 우중산행을 한 탓에 땀을 별로 흘리지 않아 빨래를 하지 않았더니 냄새가 코를 찔렀다. 하기야 온갖 잡다한 것을 다 먹으니 냄새가 안 난다면 오히려 이상한 일이다.

햇살 비추니 새소리가 들렸다. 마음 설렜다.

지나는 산길은 신갈나무와 물푸레나무 가득했다. 이 산길은 1980년대 중반까지는 산불확산을 막기 위한 방화선이었다. 산불이 더 이상 옮겨 붙는 것을 막기 위해 나무들을 모조리 잘라낸 것이다. 밑둥치에서부터 잘려진 그 나무들에게서 다시 새싹이 돋아나 이루어진 숲이다. 맹아지로부터 형성된 숲이다. 맹아(萌芽)란 식물에 새로 튼 싹을 말하는 것이다. 건강하고 정상적인 상태에서는 자라지 않지만 환경 등의 변화로 스트레스를 받는 경우에는 싹을 틔운다. 밑둥치에서부터 잘려나가 생명의 위기를 느낀 나무가 껍질 속에 숨어 발아되지 않던 싹을 틔운 것이다. 살아남기 위한 노력이다. 생명의 신비이다.

'나무도 저렇게 살아가는 것을…… 하물며 사람이랴……'

옥돌봉(玉石山, 1222미터)에 올랐다. 신갈나무, 호랑버들, 물푸레나무, 딱총나무, 병꽃나무, 산딸기나무 어울려 자라고 진달래, 둥글레, 억새, 큰까치수염, 수리취 등이 정겨웠다. 옛날에는 금강소나무의 주산지였던 곳이다. 그러나 지금은 금강소나무뿐 아니라 소나무도 눈에 자주 띄지 않았다. 솔잎흑파리로 인해 자연스럽게 신갈나무로 숲의 천이가 이루어지고 있기 때문이다.

도래기재를 향했다. 철쭉 군락지를 지나고 수령이 550년이나 되어 보호수로 지정되어 있는 철쭉나무를 보았다. 울타리 쳐져 있었다. 나무는 작달막했다. 나뭇가지 비틀리고 굽어져 있었다. 그 모습이 힘들어 보였다. 외로워 보였다. 550년이라는 긴 세월을 살아왔으니 어찌 힘들고 외로운 때가 없었겠는가.

길을 이어갔다. 소나무와 신갈나무, 물박달나무 어우러진 숲이었다. 간간이 굴참나무도 보였다. 진달래 터널이라고 쓴 안내판이 달려 있었다. 진달래 터널이라고 하지만 산철쭉 가득한 듯했다. 나무계단 이어졌다. 계단을 따라 내려가자 도로가 보였다. 도래기재였다. 서벽리 북서쪽 2킬로미터 떨어진 거리에 있는 마을 이름이 고개의 이름이 되었다. 이 마을을 도역리(道驛里)라고 불렀다. 마을에 역(驛)이 있었기 때문이다. 이 이름이 이후 변음 되어 도래기재가 되었다.

고개는 햇살 가득해 눈부셨다. 터널 위로 생태통로가 있는 듯했다.

▲▲ 수령 550년 된 철쭉나무
▲ 도래기재

그늘 드리웠다. 터널 앞 인도에 배낭을 내려놓고 앉았다. 등을 기대니 시멘트벽에서 시원한 느낌이 전해져왔다. 눈 감았다. 지나온 길 아득하고 가야할 길 그리웠다. 지나온 삶 아득하고 살아갈 삶 또한 그리웠다.

'이 길 따라가면 내 삶 다시 만날 수 있을까?'

햇살 따가웠다. 노래 불렀다. 속으로 부르던 노랫가락이 차츰 입술 밖으로 새어 나왔다. '어디로 갈꺼나'였다. 오랜 날 마음에 두고 사랑하던 노래였다.

어디로 갈꺼나 어디로 갈꺼나
내님을 찾아서 어디로 갈꺼나
이 강을 건너도 내 쉴 곳은 아니오
저 산을 넘어도 머물 곳은 없어라
어디에 있을까 어디에 있을까
내님은 어디에 어디에 있을까

어디로 갈꺼나 어디로 갈꺼나
내님을 찾아서 어디로 갈꺼나
흰구름 따라 내일은 어디로
달빛을 좇아 내님을 찾아간다
어디에 있을까 어디에 있을까
내님은 어디에 어디에 있을까

태백줄기로 들어서다

구룡산(九龍山, 1345.7미터)을 향했다. 여기서부터는 온전히 태백산의 품이다. 태백의 품으로 들어섰다. 나무계단 가지런히 놓여 있었다. 계단을 밟고 올라섰다. 곁으로는 전나무숲 무성했고 계단 아래에는 자색 물봉선 무리를 이루고 있었다. 샛노란 달맞이꽃도 피어 있었다. 새소리 들려왔다. 매미 소리도 들려왔다. 애잔했다. 7일밖에 살지 못한다는 짧은 생 때문에 애잔했고 그 짧은 생이 지나기 전에 제 사랑을 찾아야 한다는 애틋함에 더욱 마음 애달팠다.

"여기서 잠시 촬영하겠습니다."

송동일 조감독의 말이 들려왔다. 하늘을 찌를 듯 쭉 뻗어 있는 금강소나무 한 그루 당당했다. 주목처럼 '살아서 천 년, 죽어서 천 년을 간다'는 나무다. 금강소나무는 나무에 윤기가 나며 줄기도 곧게 자란다. 나이테도 촘촘하다. 몸통이 굵고 재질까지 단단해 최고의 목조 건축자재로 쓰였다. 그래서 조선시대 이래 궁궐을 짓거나 임금의 관을 짜는 데 주로 쓰여왔다. 춘양목이라고도 불렸다. 일제강점기 때 우수한 금강소나무들이 춘양역에서 반출되었기 때문에 춘양목이라는 이름이 붙은 것이다.

하늘 향해 뻗어 있는 금강소나무 위로 에메랄드 빛 하늘 끝없었고 흰 구름 한가했다.

금강소나무에 몸 기대었다. 편안했다. 여러 해 전 이렇게 큰 나무에 기대어 앉았었다. 그때 처음으로 나무의 말을 들었다. 나무의 말이 들려왔다. 울림이었다. '왜 이제 왔느냐?'고 말했다. '오래 기다렸다'고 말했다. '수고했다'고 말했다. '애썼다'고도 말했다. '이제 네 삶을 살아가라'고도 말했다. 그 말, 그 울림들이 아직도 가슴 속에서 울려나고 있었다.

그 울림들이 가슴 속에서 채 사라지기도 전에 커다란 연리목을 만났다. 하나인 듯 서로에게 깊이 몸을 박고 있었다. 두 개의 서로 다른 나무가 서로에게 깊이 몸을 박고 있는 모습 때문에 많은 이들은 연리목을 보며 사랑하는 이들을 떠올렸다. 사랑을 느끼고 사랑을 말하곤 했다. 그러나 나는 연리목을 볼 때마다 때로 사랑에 앞서 아팠다. 연리목이란 깊은 상처를 서로 보듬어 안은 것이기 때문이다. 자신으로서는 어떻게 할 수 없는 깊은 상처를 서로 보듬어 안은 것이 연리목이다. 스치기만 해도 쏟아질 것만 같은 오랜 아픔의 상처들을 지닌 나무들이 서로를 끌어안은 것이다. 그 깊은 아픔과 상처가 만들어낸 사랑이 바로 연리의 사랑이다. 그래서 때로 사랑을 말하기에 앞서 마음 아팠다.

구룡산에 올랐다. 경북 봉화

▼ 금강소나무

군 춘양면과 강원 영월군 상동읍 사이에 있는 산이다. 태백산(太白山, 1657미터), 청옥산(靑玉山, 1277미터), 옥돌산(玉石山, 1177미터) 등과 함께 태백산령에서 소백산령이 갈라져 나가는 곳에 있다. 이 산에서 발원하는 하천들은 남북으로 흘러서 각각 낙동강과 남한강으로 흘러 들어간다. 아홉 마리 용이 승천한 산이라고 하여 구룡산이 되었다. 재미있는 전설을 전한다. 어느 아낙이 물동이를 이고 오다 용이 승천하는 것을 보고 "뱀 봐라" 하면서 꼬리를 잡아당겼다. 그러자 용이 떨어져 뱀이 되어버렸다는 것이다. 그 뱀이 어떤 뱀인지는 몰라도 아무래도 그랬을 것 같지 않다.

바람 선선하여 이마에 맺힌 땀을 씻어주었다. 짚신나물과 개망초꽃, 엉겅퀴 피어 지나는 이들의 마음 어루만져주었다. 시야가 넓었다. 산줄기 첩첩했다. 산줄기는 사방으로 이어져 있었다. 지나온 길 바라보았다. 옥돌봉과 선달산도 보이고 멀리 연화의 세계 소백산도 보였다. 동남쪽으로는 문수기맥이 시작하는 문수산이 보였다. 북동쪽을 바라보았다. 가야할 길이었다. 끝없는 산줄기 늘어서 소리 없는 몸짓으로 어서 오라고 부르고 있었다. 깃대배기봉과 부소봉이 보이고 태백산 천제단도 보였다. 수리봉과 창옥봉, 함백산도 보이고 그 곁의 중함백산도 보였다. 은대봉과 금대봉도 보이고 매봉산도 보였다. 한강의 발원지인 검용소가 있다는 대덕산도 보였다.

그렇게 산은 첩첩하여 그리움처럼 끊일 줄 몰랐고 내 마음은 그리움으로 가득했다.

곰넘이재에 도착했다. 태백산으로 천제를 지내러 가던 사람들이 넘던 고개이다. '신'이 있는 곳으로 넘어가는 고개라 하여 '곰(검신)님이'라고 불렀던 고개이다. '곰'은 '검'에서 나온 말로 '신'을 의미하는 말이다. 그러니 곰넘이재를 '곰 웅(熊)'을 써서 '웅현(熊峴)'이라고 쓴 것은 뜻이 아니라 소리만 빌려온 것으로 보인다. '웅현'의 우리말은 '곰재' 혹은 '검재'이니 곧 '신령'이다. 곰넘이재는 '신에게 나아가는 고개'였고 '신의 고개'였던 것이다. 그래서인가 쉬는 동안 마음 편안했다. 마치 이불 속에 누운 듯 포근하고 아늑했다.

곰넘이재에서 참새골 내려가는 길에 수십, 수백의 야생화 피어 아름다웠다. 산박하, 산괴불주머니, 수리취, 물봉선, 개당귀, 궁궁이, 어수리 가득하고 이름 모를 꽃 흐드러지게 피어 마치 형형색색의 눈꽃이 내리는 듯했다.

마음 절로 가벼워지고 영혼은 맑아졌다.

그대로 천국이었다.

▲ 곰넘이재에서 내려오다

태백산
에서 하늘을 보다

\# 산행 서른나흘째

산행준비를 마치고 마당으로 나오자 어둠 속으로 별빛 쏟아졌다. 마음 설렜다. 새벽하늘 바라보았다. 헤아릴 수 없이 많은 별들이 저마다 빛을 발하며 영롱했다. 어린 시절에도 별은 저렇게 빛나고 있었다. 어린 날에는 별빛 바라볼 때마다 이유를 알 수 없는 그리움에 젖어들곤 했다. 그날들이 그리웠다.

새벽 5시 33분, 산행을 시작했다. 곰넘이재로 향했다. 곰넘이재에서 다시 대간길 이어 태백산 넘어 화방재(花房嶺)까지 갈 예정이었다. 17.4킬로미터의 여정이다.

숲은 아직 깨어 나지 않았다. 고요했다. 깊은 고요함이었다. 발자국 소리만 들려왔다. 여명이 오고 있었다. 한 걸음 한 걸음 곰넘이재에 다가갈수록 조금씩 밝아졌다. 마치 신께 나아가는 거룩한 길인 곰넘이재에 드리우는 빛 같았다. 야생화 가득했다. 어제 저녁 내려오는 길에 미처 보지 못했던 꽃들이 보였다. 산괴불주머니, 모싯대, 흰여로, 단풍취, 오이풀, 어수리, 쥐오줌풀, 개당귀,

▲ 곰넘이재로 가다

궁궁이, 며느리밥풀꽃, 쪽 등 많은 야생화들이 신의 고개로 오르는 길을 장식하고 있었다.

아침 밝아왔다. 다시 찾은 곰넘이재에는 빛 가득했다. 나무도 풀도 대기도 빛나고 있었다.

한 많은 며느리밥풀꽃

태백산을 향했다. 가는 길은 넓었다. 방화선이었다. 불을 차단하기 위해 나무들을 베어낸 길이다. 덕분에 편안했다. 야생화 지천이었다. 산박하도 보이고 어수리도 보였다. 잠시 걸음 멈추고 마음 기울여 들여다보았다. 풀이 피운 꽃이라고 하기에는 너무나 아름다웠다.

풀들은 민초들을 닮았다. 이름 없이 살아가는 가난한 사람들을 닮았다. 풀들도 민초들도 모두 자신들이 몸 기대어 살아가는 공동체의 바탕이다. 풀이 없는 산은 상상할 수도 없다. 풀이 없다면 산은 무너지고 사라질 것이다. 비바람 불어올 때마다 흙은 비에 쓸리고 바람에 쓸려 끝내는 흔적도 남지 않게 될 것이다.

풀이 없는 산을 상상할 수 없듯이 민초들이 배제된 사회공동체 또한 상상할 수 없다. 그들이 없다면 모든 정치, 경제 활동은 중단될 것이다. 생산 자체가 없으니 애초에 공동체가 이루어질 수도 없다. 또한 민주주의적 가치들도 모두 무너져 내릴 것이다. 풀과 민초들은 자신들이 공동체의 진정한 주인이라는 점에서 닮았다. 그러나 올바른 평가를 받지 못하고 올바른 대접을 받지 못한다는 점에서도 닮았다. 함부로 베이고 내몰린다는 점에서도 닮았다. 그럼에도 불구하고, 희망 잃지 않고 아름다운 꽃을 피운다는 것 역시 닮았다.

바람 불어 꽃들 흔들렸다.

회백색의 어린 신갈나무 무리 지어 있고 조릿대 무성한 길을 지나 신선봉(1300미터)에 올랐다. 햇살은 맑은 나뭇잎에 부딪혀 흩어지고 바람은 시원했다. 깃대배기봉(1370미터)을

▲ 신성봉 표지판

향했다. 산은 참으로 정직하다. 올라온 만큼 반드시 내려가야 한다. 삶도 이와 같다. 오른 만큼 내려가야 하고, 얻은 만큼 베풀어야 한다. 정직하지 못한 삶도

있다. 얻기만 하고 베풀지는 않는 삶이다. 오르기만 하고 내려가려고 하지 않는 삶이다. 어리석은 일이다. 자신을 망치고 모두를 불행하게 하는 일이다.

바람 불었다. 숲에서 '사사삭 타타닥 사사삭 탁탁탁탁' 소리가 들려왔다. 돌아보니 조릿대 잎들이 바람에 흔들리며 부딪치고 있었다. 온 숲에 가득한 조릿대들이 노래하는 듯했다. 숲은 조릿대들의 노랫소리로 가득하고 내 마음은 걷는 내내 숲으로 가득했다. 각화지맥이 갈라져 나가는 차돌배기 삼거리를 지나니 숲은 점점 깊어졌다. 아름드리 참나무들이 숲을 이루고 있었다. 길은 편안하고 포근했다. 어린 자작나무도 보이고, 거제수나무, 물푸레나무, 당단풍나무, 미역줄나무도 보였다. 깃대배기봉 가는 길에 며느리밥풀꽃 많았다. 슬픈 며느리의 넋이 담긴 전설을 품고 있는 꽃이다.

효성이 지극한 아들을 며느리에게 빼앗겼다고 생각하는 심술궂은 시어머니가 있었다. 시어머니는 아들이 멀리 일을 나간 사이에 트집을 잡아 며느리를 쫓아내려고 했다. 그러나 효성이 지극한 며느리에게 트집을 잡을 수 없었다. 그러던 어느 날이었다. 며느리는 밥을 하다 뜸이 들었는지 확인하기 위해 솥뚜껑을 열고 밥알 몇 개를 입에 물었다. 그때 방안에 있던 시어머니는 솥뚜껑 여는 소리를 듣고 뛰어나와 '어른이 먹기도 전에 먼저 먹느냐!'며 몽둥이로 때렸다. 며느리는 맞아 쓰러졌고 끝내 죽었다. 며느리는 마을 앞 솔밭 우거진 길가에 묻혔다. 시간이 지나자 무덤가에 이름 모를 풀들이 자랐다. 여름이 되자 하얀 밥알을 물고 있는 깃 같은 꽃이 피었다. 사람들은 착한 며느리가 밥알을 씹어보다 죽었기 때문에 그 넋이 한이 되어 무덤가에 꽃으로 피어난 것이라 생각했다. 꽃도 며느리의 입술처럼 붉은 데다 하얀 밥알을 물고 있는 것 같은 모습이었기 때문이었다. 그래서 사람들은 이 꽃을 며느리밥풀꽃이라고 부르게 되었다.

자주색 며느리밥풀꽃은 입을 열어 금방이라도 무슨 말을 할 것만 같았다.

깃대배기봉에 올랐다. 생태학습장 쉼터에서 점심을 먹었다. 깊은 숲에 나뭇잎 떨어져 마치 가을 속에 앉아 있는 듯했다.

태백산 정상에 오르다

태백산을 향했다. 가는 길에 투구꽃 많았다. 군락을 이루고 있었다. 촛대승마도 보이고 산박하도, 짚신나물도 보였다. 백부자라 불리는 하얀색 투구꽃도 보였다. 간간이 보이던 이질풀도 군락을 이루고 있었다. 이정표가 보였다. '태백산 1.3킬로미터'라고 쓰인 이정표를 지나면서부터 급격히 길은 좁아지고 험해졌다. 나무에 가려 있던 시야가 열렸다.

구름 간간이 지나는 파란 하늘 아래 산줄기 장엄하고 골은 강처럼 굽이치며 흐르고 있었다. 멀리 태백산 천제단이 보였다. 바라보는 것만으로도 아득했다. 마치 하늘의 기운을 받고 있는 듯 하늘을 향해 입 벌리고 있었다. 그 하늘의 기운을 세상으로 흘려보내고 있는 듯 태백산 영봉(靈峰, 1560.6미터)의 능선은 부드럽게 흘러내리고 있었다. 나무 한 그루 품고 있지 않았다. 사람들 모여 있었다. 영봉을 향했다. 이질풀, 투구꽃, 까실쑥부쟁이 지천으로 피었고 마가목도 눈에 띄었다. 돌배나무를 지나 천제단으로 향했다. 태백산이었다. 마침내 민족의 영

백두대간의 맥이 크게 용트림하다

태백산은 백두산으로부터 낭림산, 두류산, 금강산, 설악산, 오대산 그리고 청옥산과 두타산을 지나며 뻗어 내려온 백두대간의 맥이 크게 용트림한 산이다. 다른 산들과 달리 태백산의 주능선 일대는 기암괴석으로 이루어져 있지 않다. 평평하다는 느낌이 들 정도의 부드러운 능선이다. 나무 한 그루 없고 커다란 바위 하나 없다. 그저 마른 풀만 바람에 흩날릴 뿐이다. 거대한 초지의 영봉 한 가운데 천제단(天祭檀)이 있다. 이곳에서 우리 민족은 예부터 하늘에 제사를 지냈다. 동국여지승람은 '태백산은 하늘에 제사를 올리던 산'이라고 기록하고 있다.

태백산은 민족의 이름이 된 산이다. 태백산(太白山)은 '크게 밝은 산'이라는 의미이다. '크게 밝은 산'의 순우리말은 '한밝뫼' 또는 '한밝달'이다. '한밝달'이 '한백달', '한배달'로 전음 되어 '한민족', '배달민족'같이 우리 민족을 상징하는 이름이 된 것이다. 예부터 우리 민족은 하늘에 제사를 지냈으며 제사 지내던 산을 '밝은 산(白山)'이라고 부르며 숭앙했다. '밝은 산' 중에서 가장 '크게 밝은 산'이 바로 태백산(太白山)인 것이다.

현재 태백산 정상부 영봉에는 자연석 녹니편마암으로 쌓은 천제단인 '천왕단(天王壇)'이 있다. 위쪽은 원형이고 아래쪽은 네모꼴이다. 이는 '하늘은 둥글고 땅은 모나다'는 천원지방(天圓地方)의 사상을 나타낸 구도이다. 또한 이곳 영봉 북쪽 상봉인 장군봉(將軍峰, 1566.7미터)에도 사각형으로 된 '장군단(將軍壇)'이라는 천제단이 있고 영봉 남쪽 아래쪽에도 '하단'이라 일컫는 천제단이 있다. 이 세 개의 제단을 통틀어 '천제단'이라고 한다. 천왕단은 하늘에, 장군단은 사람(장군)에, 하단은 땅에 제사를 지내던 곳이다.

천제단은 1991년 10월 23일 중요민속자료 제228호로 지정되었다. 만들어진 시기는 정확히 알 수 없으나 단군조선시내 구을 임금이 쌓았다고 전해진다. 천제단은 우리 민족의 역사 속에서 늘 함께 했던 것으로 보인다. 신라 초기에는 혁거세왕이 천제를 올렸고 그 후 일성왕(138년)도 친히 나와 천제를 올렸다는 기록이 있다. 또 기림이사금 3년(300년)에도 태백산에 망제를 지내니 낙랑, 대방의 두 나라가 항복하여 왔다고 기록이 남아 있다. 고려시대와 조선시대를 거치는 동안에도 방백수령(方伯守令)과 백성들이 천제를 지냈다. 구한말에는 쓰러져 가는 나라를 구하고자 우국지사들이 천제를 올렸다. 의병장 신돌석 장군은 백마를 잡아 천제를 올렸다. 일제강점기 때에는 독립군들이 천제를 올렸던 성스런 제단이 바로 이곳이다.

산 태백산 정상에 올랐다.

　　　천왕단에 올라섰다. 둘러보았다. 제단 가운데 '한배검'이라고 투박한 글씨로 쓰여 있었다. 제단 위로 바람 지나고 햇살 가득했다. 하늘을 올려 보았다. 흰 구름 지나는 하늘은 눈부시게 파랬다. 가슴 시리도록 푸르렀다.

　　　'나도 저렇게 푸르게 살 수 있을까? 나도 저렇게 시린 가슴 다 들여다보이도록 살 수 있을까? 나도 저렇게 소리 없이 머물며 눈부신 삶을 살아갈 수 있을까? 나도 저렇게 슬픈 역사를 지켜보면서도 마음 푸르게 살아갈 수 있을까?'

　　　천왕단을 내려섰다. 모두들 제 일에 분주한 듯했다. 촬영을 하고 사진을 찍고 있었다. 그들 뒤에 눈부시도록 청명한 하늘이 있었다. 하늘이 참 아름다웠다. 저녁 햇살 일렁이는 바다 같기도 하고 호수 같기도 했다. 능선의 끝자락에 앉았다. 하늘가에 앉은 듯했다. 파란 하늘이 가까웠다. 하늘 아래 첩첩한 산줄기 외로웠다.

　　　장군봉을 지나자 '살아 천 년, 죽어 천 년'이라는 주목들이 즐비했다. 주목 군락지였다. 잎 떨어져 텅 빈 나뭇가지들은 제각기 다른 모양을 지니고 있었다. 제각기 살아온 제 삶의 모습들을 닮은 듯했다. 어떤 가지들은 하늘을 향해 제 몸 비틀었고 또 어떤 가지들은 땅을 향해 가지를 꺾고 있었다. 또 다른 가지들은 서로 깊숙이 엉켜 어느 나무의 가지인지 구별할 수 없었다. 줄기 한가운데에 커다란 구멍이 나 있는 나무들도 있었다. 그들도 사는 것이 고단했던 모양이었다. 나무를 올려다보았다.

　　　빈 가지 사이로 푸른 하늘이 보였다. 눈부셨다. 스스로 가지를 비운 듯했

다. 너무 아름다웠다.

화방재(花房嶺, 939미터)로 내려섰다. 봄이면 고갯마루 부근이 진달래와 철쭉으로 붉게 타올라 꽃방석 같다 하여 붙여진 이름이라고 한다. 그러나 이곳 주민들은 '어평재'라고 부른다. '어평'이라는 마을이름에서 유래한 것이다. '어평'이란 이름은 단종과 관련이 있다. 죽어 태백산의 산신이 된 단종대왕의 혼령이 "이제부터 내 땅(御坪)이다"라고 해서 '어평리'라는 이름이 붙었다고 한다. 아무래도 단종에 대한 애틋함을 오늘날까지도 품고 있는 마을사람들을 위해서라도 '화방재'보다는 '어평재'라 부르는 것이 좋아 보인다.

어평재의 하늘도 눈부시고 가슴 시리도록 푸르렀다.

차를 기다렸다. 한참 기다려서야 왔다. 이번 주의 산행을 마치고 집으로 돌아가는 날이었다. 모두들 샤워를 하지 못한 채 차에 올랐다. 집으로 향했다.

창을 여니 푸른 하늘 붉게 물들고 있었다.

태백산의 하늘이 보고 싶었다.

그리웠다.

▲ 산행을 마치고

화방재에서 댓재까지

(2008년 9월 9일~9월 11일)

환방제에서 닷제까지

산줄기
저 홀로
흐르고

#산행 서른닷새째 날

지난 5월 20일 시작한 산행이 9월이 되었는데도 끝나지 않고 있었다. 가야 할 길이 많이 남아 있었다. 백두대간 남한구간 도상거리 약 690킬로미터, 실제거리 약 1000킬로미터의 3분의 2를 걸어왔다. 강원도 땅으로 들어왔다. 하루에 높고 낮은 산과 봉우리와 고개를 30~40개씩 넘었다. 수많은 산과 봉우리를 지났음에도 나는 산에 대해 아는 것이 별로 없었다. 달라진 것이 있다면 이전과 달리 산을 사랑하게 되었다는 것뿐이었다.

지난 5월 이후 산은 늘 가까이 있는 듯 멀리 있었고 멀리 있는 듯 가까이 있었다. 때로 산길을 걸으면서도 산을 느낄 수 없었고 때로 산을 떠나 있으면서도 산을 느낄 수 있었다. 때로 산이 그리워 산으로 들어서면 산은 멀리 물러나 내게 곁을 허락하지 않았고 때로 산을 나와 사람 사는 세상으로 들어서면 산은 다가와 곁에 머물렀다.

산에 대해 알 수 있는 것이 거의 없었다. 산에 대해 더 이상 생각하거나 이해하려고 하지 않았다. 산이 나를 받아들여주었듯이 나도 산을 받아들였을 뿐이다. 멀리 떨어져 있거나 곁에 머물러 있거나 그저 느끼고 받아들였다. 그리워하고 사랑했다. 그것이 내가 할 수 있는 전부였다. 이 산행이 끝나는 날까지 그렇게 그리워하고 사랑하며 산들과 함께 남은 길을 지날 수 있기를 바랐다.

새로운 한 주가 시작되었다. 산행을 위해 지난 목요일 내려온 화방재^(939미터)를 다시 찾았다. 날씨 맑았다. 화방재에서 비단봉까지 가는 16.3킬로미터의 산행이었다. 화방재에서 만항재를 지나 함백산^(咸白山, 1572.9미터), 은대봉^(1442.3미터), 금대봉^(1418.1미터)으로 이어지는 산길이었다. 해발 1400미터가 넘는 하늘 가까이 나 있는 하늘길이었다. 야생화 가득하여 야생화 천국이라고 불리는 산길이었고 낙동강과 한강과 오십천을 품어 흐르게 한 산줄기였다. 그 산길, 그 산줄기, 그 하늘길을 몸으로 느끼며 걷고 싶었다.

하늘의 은총을 입은 산

어평재 민박집 앞에서 산행준비를 마치고 함백산으로 향했다. 함백산은 오대산^(1563미터), 설악산^(1708미터), 태백산^(1567미터) 등과 함께 태백산령에 속하는 고봉이다. '함백^(咸白)'은 '태백^(太白)'과 마찬가지로 '크게 밝다'는 뜻이다. 이름에서 알 수 있듯이 함백산도 태백산과 같이 신령한 산으로 받아들여졌을 것이다.

'태백산은 하늘에 제사를 드리는 산이었고 함백산은 하늘의 은총을 입는 산이 아니었을까.'

산으로 들어서는 모든 이들은 야생화 천국을 이룬 이 산에서 마음의 위로를 받았을 것이다. 산길 지나며 삶의 고단함 잊어버리고 새로운 희망 품었을 것이다. 그러니 이 산을 '크게 밝은 산'이요 이 땅에 이루어진 천상세계라고 생각했다고 해서 이상한 일이 아니다. 어디 그뿐인가. 산줄기는 금대봉으로 이어지며 한강과 낙동강과 오십천을 품어 흐르게 하고 있으니 하늘의 은총을 입은 산줄기라고 생각하는 것이 어쩌면 당연했을 것이다.

　도로를 가로 질러 마을로 들어섰다. 왼편 길로 접어들자 숲이었다. 아침 9시가 다 되었는데도 풀잎들은 젖어 있었다. 바짓단은 이내 젖었다. 가파른 길 숨 가쁘게 오르니 편안한 길이 이어졌다. 야생화 많았다. 노란 짚신나물, 마타리, 금마타리, 기린초, 개망초, 모싯대와 씀바귀도 있었고 미나리아재비도 보였다. 모두들 아름다웠다. 저마다 제 삶 열심히 살아가고 있었다. 숲은 이미 가을이었다.

　둘러보니 지나온 길 낯설었고 가야할 길 친근했다. 산은 때로 낯설게 때로 친근하게 길을 열어주었다. 수리봉 (1214미터)에 올랐다. 나는 언제나 산이 열어주는 길을 따라 걸었다. 수리봉을 떠나 함백산으로 향했다. 길에 어린 참나무 숲을 이루었고 조릿대 군락을 이루고 있었다. 가는 길에 씀바귀 흰 꽃을 피워 나를 바라보았다. 알 수 없는 국가시설물 곁 작은 공터에 야생화 가득했다. 엉겅퀴, 산오이풀, 달맞이꽃, 어수리, 궁궁이, 미나리아재비, 민들레, 금매화, 이질풀, 개망초 만발했다.

　남한 땅에서 여섯 번째로 높은 함백산 줄기가 태백산으로 흘러내리면서 잠시 쉬었다 간다는 만항재(1330미터)에 도착했다. 우리도 산줄기 따라 쉬었다. 만항재는 정선, 태백, 영월의 경계에 위치한 고개로 불과 20~30년 전만 해도 석탄을 나르던 고개이다. 날아갈 듯 날씬하게 만들어진 만항재 표지석이 시대의 변천을 말없이 말해주고 있었다.

지나는 산길마다 야생화 피어 있었다. 창옥봉 지나 함백산을 올랐다. 끊임없이 가파른 돌계단이 이어지고 있었다. 길을 따라 투구꽃과 구별하기 어려운 한라돌쩌귀 지천으로 피어나 갈 길을 일러주었다. 함백산에 올랐다. 외롭게 서 있는 함백산 표지석 뒤로 지나는 이들이 쌓아 올린 작은 돌탑들이 보였다. 정상은 '크게 밝은 산'이라는 이름에 걸맞은 아름다움과 위용을 갖추고 있지 못했다. 초라했다. 날파리 가득했고 지저분했다. 날파리에 쫓겨 서둘러 내려와야 했다. 내려오는 길에 마음 담아 쌓아올린 돌탑들이 여기저기 있었고 쑥부쟁이 피어 정겨웠다.

▲ 함백산 표지석

주목을 보호하기 위해 도립공원에서 설치했다는 철조망을 따라 대간길은 이어지고 있었다. 철조망 너머로 주목들 보였다. 모두들 하늘을 향해 있었다.

'절실히 하고 싶은 말이 있는 것일까?'

조금 걸어 내려가자 이정표가 나왔다. 두문동과 함백산을 나누는 이정표였다. 두문동으로 가는 길은 왼편으로 들어선 새로 난 길이었다. 한 대장과 나는 원래 대간길이었던 오른쪽 길로 들어섰다. 대간길이었음에도 불구하고 사람 지나지 않아 그 길은 이미 길이 아니었다. 풀 우거져 이미 숲이었다. 헤쳐 나가기 힘들었다. 길이라고 해도 사람 지나지 않으면 잡풀 우거져 길 아니게 되는 것은 너무나 당연한 일이다.

큰 돌배나무 아래 돌로 만들어진 쉼터에서 점심식사를 한 후 은대봉을 향했다. 은대봉은 함백산의 봉우리인 상함백산, 중함백산(1505미터), 하함백산(1527.9미터), 창옥봉(1380미터) 중 상함백산을 말한다. 서기 636년 신라 선덕여왕 5년

▲ 은대봉 가는 길

지장율사가 함백산 북서쪽 사면에 정암사를 세울 때 조성된 금탑, 은탑으로부터 금대봉, 은대봉이라는 이름이 생겨났다고 전해진다. 두문봉(싸리재)을 통해 금대봉과 이어진다.

이곳에서 낙동강이 시작되었다. 낙동강의 첫 물방울은 은대봉의 너덜샘이

다. 이전에는 은대봉의 은대샘에서 태백시 화전동 쪽으로 흘러내리는 황지천으로 알려졌었으나 조사 결과 황지보다 상류에 있는 너덜샘으로 밝혀졌다. 그래서 전문가들이나 향토사학자들은 너덜샘은 낙동강의 발원샘, 황지는 낙동강의 발원지로 구분해서 부르고 있다고 한다. 황지의 옛 이름은 '하늘 못'인 '천황(天潢)'이었다. 하늘의 연못으로부터 낙동강이 흐른 것이다.

중함백산 지나고 제2쉼터 지나 은대봉에 오르니 날개미들이 달려들었다. 쫓겨 내려왔다. 지천으로 피어난 마타리꽃이 우리를 보고 웃는 것 같았다. 쫓겨 내려온 길을 걸어 두문동재로 향했다. 고사목들 많았다. 저마다 하늘을 향해 무엇인가를 구하는 듯 원망하는 듯 절규하는 듯했다. 두문동에서 죽은 이들의 넋일까? 슬픈 역사가 서려 있는 땅이다.

신이 사는 곳

두문동(杜門洞)은 본래 북녘 땅 개풍군의 지명이다. 개성 송악산 서쪽 자락 만수산과 빈봉산에 각각 두 곳의 두문동이 있었다. '개풍군지'는 만수산의 서두문동에는 고려의 문신 72인이 은둔했고 빈봉산의 동두문동에는 무신 48인이 숨어 살았다고 전한다. 이들을 출사시키려고 회유하던 조선의 태조는 끝내 뜻을 이루지 못하자 그 두 곳의 두문동에 불을 질렀다고 한다. 많은 이들이 그렇게 불에 타 죽고 살아남은 일곱 충신이 흘러간 곳이 바로 정선의 고한 땅이었다. 그들 또한 변함없이 두문불출했으니 이름 역시 두문동이다. 오늘 이 시대를 살아가는 현대인들은 어리석은 일이라고 할지 모르겠으나 생명을 버리면서까지 자신의 신념과 믿음과 가치를 지키고자 했던 고귀한 정신이 살아 있는 땅이다.

두문동재에 내려서니 도로가에 '백두대간 두문동재'라는 표지석 있어 그곳이 충절의 땅 두문동임을 말해주고 있었다.

금대봉을 향했다. 이 이름은 그 옛날 정암사를 세울 당시 모셨던 금탑에서 나온 것이라는 주장이 있지만 아무래도 그랬을 것 같지 않다. 금대봉이라는 이름은 깊은 뜻을 지니고 있다. '금'은 '검'이고 '검'은 '신(神)'을 의미하는 말이다. 그러므로 '금대'는 곧 '검대'와 같은 말이다. '검대'는 말 그대로 '신이 사는 곳'이라는 뜻이다. 이름 풀이에서 알 수 있듯이 금대봉은 '신(神)이 사는 대(臺)'라는 뜻이다.

한강의 발원지인 검룡소가 있고 야생화 온 산에 흐드러져 산 아래에서는 볼 수 없는 천상의 화원을 이루었으니 옛사람들이 이곳을 '신이 사는 곳'이라고 생각했던 것은 당연하지 않았을까.

우리나라 제일의 야생화 군락지인 금대봉은 자연생태계 보호지역인 동시에 식물유전자 보호구역이다. 천연기념물인 하늘다람쥐가 서식하고 꼬리치레도롱뇽의 집단서식지도 있는 곳이다. 또한 모데미풀, 한계령풀, 대성쓴풀, 가시오갈피 등 희귀식물도 많이 자라고 있다.

숲으로 들어갈 수 없었다. 숲은 잘 보전되어 있었다. 우리나라 제일의 야생화 군락지를 보지 못해 아쉬웠다. 그러나 백두대간 이어가는 길은 열려 있었다. 산림청에서 대간길을 열어놓은 것이다. 열려 있는 길을 바라보았다. 사람과 자연이 함께 살아갈 때에만 사람도 자연도 지킬 수 있다는 것을 말하고 있는 것 같아 고마운 마음이 되었다. 나도 자연의 일부로 받아들여진 것 같아 마음 설렜다. 거절당하는 것, 배척당하는 것은 참으로 슬픈 일이다.

금대봉에 올라서니 '양강발원봉'이라는 표지목이 서 있었다. 참으로 볼품없었다. 마음 안타깝고 슬펐다. 한강과 낙동강이 발원하는 봉우리가 너무나 푸대접을 받고 있는 것 같아 마음 아팠다.

▲▲ 금대봉 표지석
▲ 양강발원봉
표지목 ⓒ최창남

'한강과 낙동강이 이 땅에서 얼마나 소중한 강이란 말인가. 우리 민족에게 있어 얼마나 의미 깊은 강이란 말인가. 한강에 기대어 사는 이들이 얼마며 낙동강에 의지해 사는 이들 또한 얼마나 많은가. 이 두 강의 발원봉을 이렇게 버려진 듯 내버려두어도 되는 일인가. 어이없는 일이다.'

그뿐인가. 옛사람들이 '신이 머물던 산'이라며 경외하던 산은 보잘것없어 보였다. 자연생태계를 보호한다 하고 식물 유전자를 보호한다고 하지만 산 자체에 대한 경외심은 없어 보였다. 생태계를 보호하는 일은 산과 자연에 대한 경외심으로부터 시작되는 것이다. 생태계를 보호한다고 하지만 인간 중심의 보호일 뿐이다. 인간의 관점에서 생태계를 바라보는 것이다. 생태운동이 아니라 환경운동이다. 인간이 살아가는 환경을 위해 생태계를 보호하는 것이다. 참된 의미의 생태운동이란 인간도 생태계의 한 구성원으로 살아가는 것이다. 다른 모든 생명들과의 조화가 생태운동의 출발점이 되는 것이다. 참된 생태운동은 자연에 대한 경외심으로부터 출발하는 것이다.

쑤아밭령에서 잠시 쉰 후 비단봉에 올랐을 때 어둠은 깊어졌다. 비단봉을 내려오니 고랭지 채소밭이었다. 이미 수확을 마친 채소밭을 가로질렀다. 길은 멀리 보이고 어둠은 깊었다.

멀리 불빛이 보였다. 우리를 기다리고 있던 차의 불빛이었다. 반가웠다.

지나온 길 돌아보니 산이 따라온 듯 가까웠다.

어둠 속에서 산줄기 저 홀로 흐르고 있었다.

차창에 몸 기대었다.

멀리 하루 일을 마친 농가의 불빛이 보였다.

▲ 숲에서 웃다

세 개의 강 흐르다

산행 서른엿새째

산행준비를 하고 나오자 길가에 민들레 홀씨 다소곳했다. 바람 기다린 밤이었건만 불어오지 않았다. 아직 어둠 남아 있는 신새벽이었다. 민들레 제 몸 나누어 살아가라고 바람 불어오기를 기도했다.

해 뜨자 하늘 파랬다. 구름 한 점 없었다. 에메랄드빛이었다. 매봉산 풍력발전단지 들어선 산자락의 하늘도 푸르렀다. 능선 따라 거대한 풍력발전기 늘어서 있었다. 사람이 날아갈 정도로 바람이 거세다는 능선에는 바람 한 점 없었다. 산자락에는 고랭지 채소밭 끝이 없었다. 무성한 숲 잘리고 깎여 민둥산이 되어 있었다. 먹고사는 일의 고달픔을 알면서도 가슴 아팠다. 결국은 자연도 인간도 황폐화되는 일이다.

맵시 있게 만들어놓은 간판이 보였다. '하늘 다음 태백, 바람의 언덕'이라고 써 있었다. 매봉산 풍력발전단지(1272미터)였다. 풍력발전기 있고 다른 한편에 다양한 모양의 풍향계들이 줄지어 서 있었다. 주황색의 별 모양을 한 것도 있고,

파란색 별과 하트 모양을 한 것도 있다. 붉은색 그믐달 모양, 연두색 초승달 모양도 있었다. 바람 한 점 없어 모두들 허공에 박혀 있는 듯했다. 마치 장난감 같았다.

건너편 산은 스키장을 만드느라 온통 깎여 나가고 있었다. 이 땅의 살점이 떨어져 나가고 있는 것이다. 가슴 아팠다.

하늘의 봉우리

숲으로 들어갔다. 소나무와 전나무 많았다. 참나무 간간이 보였다. 조록싸리 보이고 엉겅퀴, 씀바귀, 쑥부쟁이도 보이고 연보라 빛 모싯대 몇 송이 부끄러운 듯 고개 숙이고 있었다.

매봉산에 올랐다. 옛날 어느 땐가 강릉 일대에 해일이 일어 산봉우리에 매 한 마리만 앉을 수 있는 곳을 제외하고는 모두 침수되었다고 한다. 그 후 이 봉우리의 이름이 매봉산이 된 것이다. 원래 이름은

천의봉이다. '하늘의 봉우리'라는 뜻이다. 이는 하늘에서 떨어진 빗물이 한강과 낙동강, 오십천으로 흘러들도록 물줄기를 만들어주는 산이기 때문이었던 것으로 보인다. 또한 백두대간 상에 있는 매봉산은 또 하나의 산줄기를 흘려보낸다. 지리산부터 매봉산까지 이어온 백두대간 산줄기와 달리 매봉산은 부산 몰운대까지 산줄기를 흘려보낸다. 바로 낙동정맥이다. 지리산에서 매봉산에 이르는 백두대간 산줄기와 매봉산에서 몰운대에 이르는 낙동정맥 산줄기 사이에 낙동강 흐르고 영남지방이 자리하고 있다. 두 산줄기가 만들어준 터전에서 수많은 사람들이 몸 기대어 살아가고 있는 것이다.

'강줄기와 산줄기를 품어 흐르게 하는 것은 하늘이라는 옛사람들의 고백이 '천의봉'이라는 이름에 담겨 있었던 것은 아닐까?'

비록 지금은 천의봉이라는 이름의 원래 의미와는 아무런 관련이 없는 매봉산으로 불리고 있지만 말이다. 산경표에는 이 산의 이름이 '수다산(水多山)'으로 기록되어 있다. 이 산줄기에서 세 개의 강줄기 흘러내리고 있으니 물이 많은 산임에 틀림없다.

봉우리 한편에 '백두대간 구성

▲▲ 천의봉 표지석
▲ 매봉산 표지석
ⓒ최창남

체계도'라고 쓰인 안내판이 있었다. 백두대간의 의미에 대한 간결한 설명이 담겨 있었다.

"백두대간은 우리 민족 고유의 지리 인식체계이며 …… 산의 흐름을 파악하고 인간의 생활권 형성에 미친 영향을 고려한 인간과 자연의 조화를 이루는 산지 인식체계이다."

매봉산에 올라 내려다보니 사방을 에워싼 산세로 인해 '천년병화 불입지지(千年兵禍 不入之地)'의 이상향으로 여겨지던 태백시는 구름에 덮여 보이지 않았다. 골마다 구름의 바다였다. 구름 위로 지나온 길이 보였다. 구름 위로 산줄기 흘러 이곳까지 이어지고 있었다. 구름 위를 걸어온 것이다. 말 그대로 하늘길이었다. 소백산, 태백산, 화방재, 창옥봉, 함백산, 중함백 그리고 은대봉과 금대봉도 보였다.

매봉산 내려와 끝이 보이지 않는 고랭지 채소밭을 지났다. 길가에 민들레 홀씨 바람에 날리고 자색 물봉선 예쁘게 피어 있었다. 민들레나 물봉선이나 씨앗을 퍼뜨려야 하지만 그 방법은 사뭇 다르다. 민들레는 바람 기다리며 '나를 흔들어주세요'라고 말하지만 물봉선은 꽃말의 의미 그대로 '나를 건드리지 마세요'라고 말한다. 건드리기만 하면 '톡!' 하고 터지니 건드리지 말라는 것이다. 민들레는 바람에 자신을 맡기는 자연스러움과 초연함이 의젓했고 물봉선은 제 자존심이 지키려 애쓰는 마음이 사랑스러웠다. 물봉선 군락지인 듯 흰물봉선, 분홍물봉선, 노랑물봉선 등 피어 아름다웠다. 마음 설렜다.

고랭지 채소밭 지나고 헬기장 지나 삼수령으로 향했다. 숲으로 들어갔다.

◆ 낙동정맥에서
갈래 치다

햇살 가득했다. 숲 사이로 난 길을 내려가자 표지석이 보였다. "낙동정맥에서 갈래 치다"라고 적혀 있었다. 피재라고도 부르는 삼수령은 아직 더 내려가야 했지만 이곳에서 강줄기는 갈라지고 있었다. 이곳으로 떨어지는 물줄기는 각각 낙동강과 한강과 삼척의 오십천으로 흘러 들어 들을 풍성하게 하고 수많은 생명 품어 살아가게 하는 것이다.

낙동정맥은 낙동강의 동쪽을 따르는 산줄기로 동해안 지방의 담장이다. 이곳 매봉산에서 시작하여 태백 백병산(1295미터), 통고산(1067미터), 울진 백암산(1004미터), 청송 주왕산(720미터), 경주 단석산(829미터), 울산 가지산(1240미터), 신불산(1290미터), 부산 금정산(802미터)을 지나고 백양산(642미터)을 넘어 다대포의 몰운대까지 장장 370킬로미터를 흐르는 산줄기이다.

난리를 피해 오는 고개를 지나

숲을 나서자 도로 곁에 삼수령 목장이 있었다. 맵시 있게 만들어놓은 간판이 눈에 띄었다. 도로를 따라 내려가니 삼수령(三水嶺, 920미터)이었다. '피재'라는 이름으로도 불린다. 삼척 지방 백성들이 난리를 피해 이상향으로 알려진 태백 황지로 들어가기 위해 이곳을 넘었던 데서 기인한 이름이다. 난리를 '피해 오는 고개'라는 뜻이다.

　삼수령은 이름 그대로 세 강(三江)의 발원지이다. 고갯마루에 떨어진 빗물이 북쪽으로 흐르면 한강을 이루어 황해로 들어가고 동쪽으로 흐르면 삼척의 젖줄 오십천을 이루어 동해로 들어가고 남쪽으로 흐르면 낙동강을 이루어 남해로 흐른다. 그러니 삼수령은 이 세 강의 발원지이며 분수령인 것이다.

　삼수령 표지석 뒤쪽에 조성된 공원으로 들어가 쉬었다. 공원에는 내린 빗물이 한강과 낙동강과 오십천으로 흘러 들어가는 것을 상징한 조형물이 세워져 있었다. 바람 불어 시원했다.

　건의령(巾衣嶺, 820미터)을 향했다. 가는 길에 이제는 농사를 짓지 않는 고랭지 채소밭을 보았다. 밭에는 풀 자라고 나무들 자라고 있었다. 숲이 복원되고 있었다. 자연은 스스로 제 상처를 치유하고 복원하고 있었다. 자연치유력과 복원력을 지니고 있는 자연을 치유력과 복원력도 가지지 못한 사람들이 보존하겠다고 나서는 것이 조금은 낯간지러웠다. 때로 보존을 하겠다면서 오히려 망치고 있는 것은 아닌지 염려되기도 했다. 그대로 놓아두면 자연은 제 스스로 자신의 세계를 온전히 만들고 보존해 가는데 말이다.

　새목이재(鳥項, 850미터)를 지나고 건의령에 도착했다. 남한강 상류의 상사미마을 주민들이 삼척시 도계읍 방면으로 갈 때 이용하던 고갯길이다. 고려 마지막 왕인 공양왕이 삼척 육백산 기슭의 궁터에 유배와 있을 때의 일이다. 고려의 충신들이 그를 배알하고 돌아오면서 이 고갯마루에 이르러 복건과 관복을 벗어 걸어놓으며 다시는 벼슬길에 나아가지 않겠다고 했다고 한다. '복건과 관복을 벗어 건 고개'라는 의미로 건의령(巾衣嶺)이라고 부르게 된 것이다. 5만 분의 1 지형도나 고갯마루 안내판에는 한의령(寒衣嶺)으로 기록되어 있다. 오류인 것으로 보인다. 대동여지도에도 건의령으로 기록되어 있고 마을사람들도 건의령으로 부르고 있다.

태백의 깊고 장대한 산줄기에 남아 있는 두문동이나 건의령의 가슴 아픈 이야기들이 걷는 내내 마음에 남아 있었다.

푯대봉(1009.2미터)을 넘고 서방만 얻으면 죽어 아홉 서방을 모셨다는 기구한 여인의 전설이 서려 있는 구부시령(九夫侍嶺)을 지나니 덕항산(德項山, 1072.5미터)이었다. 원래 이름은 '덕메기(산)'이었다고 한다. "저 너머에 화전하기 좋은 더기(고원)가 있는 뫼"라는 뜻이라고 한다. 그것이 '덕목이'로 변하고 덕항산으로 표기된 것으로 보인다. 화전민들의 고단한 삶이 그대로 전해지는 이름이다. 화전민들의 고단한 삶을 위로라도 하려는 듯 덕항산은 수려한 산세를 자랑한다. 경동지괴(傾動地傀)의 표본을 이루는 곳으로 동쪽은 깎아지른 석회암 사면, 서쪽은 1000미터 전후의 고위평탄면을 이룬다. 석회암 사면에는 환선굴, 바람굴, 관음굴 같은 동굴들과 촛대봉, 사다리바위, 나한봉, 수리봉, 금강봉, 미륵봉 같은 기암들이 즐비하다. 골짜기는 거의 언제나 안개 차 있고 그 사이로 언뜻언뜻 험산과 기암이 드러나는 환상적인 풍경을 품고 있다고 한다. 머물러 바라보지 못해 끝내 아쉬웠다.

환선봉(幻仙峰, 1081미터)에 오르니 바람 불었다. 환선봉에서 내려오니 낙엽송 가득했고 쑥부쟁이 만발했다. 자암재에 도착했다. 굵은 참나무들 많았다. 하늘은 아직 푸르렀으나 숲은 어스름 속으로 잠겨들고 있었다. 어스름은 나무 사이로 스며들고 있었다. 어스름이 하늘로부터 내리지 않고 땅에서부터 오르는 것 같았다.

어스름 깃드는 숲에 서서 내려가는 길을 바라보았다. 참나무 가득하고 조릿대 무성했다. 조릿대 헤치며 내려갔다. '사사삭 사사삭!' 조릿대 몸에 스치며 소리가 났다. 그 소리 정겨웠다.

자암재에서 내려서자 이미 숲 밖 차 지나는 길에도 어스름 드리워 있었다. 어스름 깊어가는 저녁 숲가에서 개망초꽃 무리지어 하얗게 빛나고 있었다. 그 모습 순박해 아름다웠지만 외로워 보였다.

▲ 많은 이야기가 담긴 숲

돌아보니 내려온 길 어둠 속에 가려 보이지 않았다.

댓재로 내려서다

산행 서른이레째

아침 햇살 눈부셨다. 하얀 개망초 푸른 풀 사이에 피어 아름다웠다. 부끄러운 듯 고개 숙이고 있는 달맞이 노란 꽃 애잔했다.

'이제 꽃잎을 닫아 아름다운 모습을 감추겠지.'

밤 내내 활짝 피어 달을 바라보는 달맞이꽃은 아침이 되면 꽃잎 오므려 제 모습 감추는 꽃이다. 자신의 아름다운 모습을 제가 사랑하는 달에게만 보이고 싶은 마음 때문일까, 그래서인지 꽃말 또한 '말없는 사랑, 기다림'이다. 달만을 사랑했던 어느 요정의 애절한 사연이 담겨 있는 꽃이다. 이름 그대로 밤이 되면 활짝 피어 '달을 맞는 꽃'이다.

아름다운 사랑이다. 제가 사랑하는 임에게만 제 모습 보이려고 뭇 사람 지나는 낮 시간에는 제 몸 감추는 꽃이다. 언제나 변치 않는 깊은 사랑으로 임을 볼 수 있기만을 기다리는 꽃이다. 꽃말 그대로 말없는 사랑이요, 깊은 기다림이다.

'그런 사랑을 할 수 있을까? 나도 달맞이꽃과 같은 사랑을 할 수 있을까?'

돌아보자 함초롬히 핀 달맞이꽃 가슴에 젖어들었다.

▲ 달맞이꽃

▍산길은 마음으로 지나야 하듯……

자암재로 올라섰다. 오늘 산행은 자암재에서 시작하여 큰재 지나고 황장산 넘은 후 댓재로 내려서는 약 8킬로미터 조금 넘는 거리였다.

즐거운 마음으로 가볍게 산행을 시작했다. 햇살이 나뭇잎 사이로 들어왔다. 풀들도 눈부셨고 떨어진 나뭇잎 위를 지나는 다리 긴 거미의 등도 반짝거렸다. 푸른 숲은 햇살 가득해 은빛으로 빛나고 향기 은은했다. 잔바람 불어왔다. 나뭇잎 가볍게 흔들렸다. 속닥이는 듯 수런거리는 듯 이리저리 흔들렸다.

연리목을 다시 만났다. 큰 소나무 두 그루 밑둥치가 붙어 있었다. 서로 다른 뿌리와 몸을 지닌 채 성장했지만 이제 한 뿌리로 살아가게 된 나무이다. 밑둥치는 붙어 있었으나 기둥부터는 떨어져 있었다. 한 뿌리에서 살아가지만 두 개의 마음 두 개의 몸으로 살아가는 나무이다.

연리목은 두 개의 나무가 함께 살아가는 특성 때문에 사랑을 상징하는 나무가 되었다. 원래는 다른 두 개의 몸이었지만 이제는 하나의 몸이 되어 살아가는 모습 때문에 일심동체의 상징으로 여겨진다. 그러나 사람이 나무와 같을 수는 없는 일이다. 나무는 원래 두 개의 나무였을지라도 종내는 하나의 나무로 살아갈 수 있지만 사람은 그럴 수 없다. 사랑하여 결혼을 하고 부부가 된다고 하더라도 이심이체일 뿐이다. 두 사람이 어떻게 한마음 한 몸이 될 수 있단 말인가. 누군가 어떤 필요에 의해 만들어낸 이야기일 뿐이다. 아무리 사랑하는 사람이라고 할지라도 이심이체로 살아가는 것이다. 이심이체로서 서로 존중하고 배려하며 살아가는 것이다. 마음의 적당한 간격을 유지하고 서로의 공간을 받

▲ 고랭지 채소밭

아들이며 함께 살아가는 것이다. 서로 떨어져 있는 기둥들이 하나의 집을 이루고 있는 것처럼 말이다.

햇살 부서지는 아침 숲은 지나는 길손에게 많은 것을 보여주고 있었다.

얼마 지나지 않아 고랭지 채소밭이 보였다. 산은 깎이고 패이고 잘리어 온통 밭이었다. 이편 산도 건너편 산도 모두 밭이었다. 산은 이미 벌거숭이였다. 여느 밭은 배추 풍성하고 여느 밭은 수확을 이미 끝내 황량했다. 지나는 산

▲ 밭길 지나다

길마다 숲이 사라지고 있는 곳이 많았다. 돌을 캐기 위해 나무를 베고 산을 파헤쳤고 석회를 얻겠다고 산을 통째로 무너뜨리기도 했고 농사를 짓는다고 숲을 갈아엎기도 했다. 숲이 사라져가고 있었다. 이 땅의 등줄기이며 이 땅의 산소 공장인 백두대간의 숲이 여기저기서 사라져가고 있었다. 산이 황량해진다는 것은 이 땅이 황량해지는 것이다. 우리의 마음과 삶이 황량해지는 것이다. 안타까운 일이다.

수확이 끝난 채소밭 곁 길가에 노란 민들레 피어 반가웠고 바람에 훌씨 날린 민들레 정겨웠다.

백두대간은 이 땅이 생겨난 그때부터 있었다. 백두대간이라는 이름으로 불리지 않았을 뿐이다. 오랜 세월 지나고 1800년경 백두대간이라는 이름으로 불리기 시작했을 때에도, 일제강점기를 맞아 다시 그 이름을 잃어버렸을 때에도, 불과 20~30년 전부터 사람들이 다시 백두대간을 찾고 걷기 시작했을 때에도 백두대간은 변함없이 이 땅에 있었다. 사람들이 잊고 있을 때에도 이 자리에 의연하게 머물러 숲을 키우고 강을 품어 흐르게 하고 있었다. 그렇게 하여 수많

은 생명들 깃들어 살게 했다. 백두대간은 늘 이 땅에 우리 곁에 있었다.

백두대간이 제 이름을 잃고 여러 개로 찢기어 저마다 다른 이름을 가진 산맥이라고 불리게 되었을 때에도 사라진 것이 아니었다. 또한 백두대간 잊혀 산길 걷는 이들이 없었을 때에도 무너진 것은 아니었다.

무너진 것은 백두대간이 아니라 우리의 마음이었다. 우리의 정신이었다. 수천 년 이 땅, 이 산줄기에 몸 붙이고 살아온 우리의 영혼이었다. 오늘날 백두대간의 산이 파헤쳐지고 산줄기가 무너지고 있다는 것은 우리의 마음과 정신이 무너지고 있다는 명백한 증거이다. 나는 전문산악인도 아니고 산을 오래 다닌 사람도 아니지만 산을 사랑하게 된 사람으로서 산을 지나는 동안 때로 알 수 없는 것들이 많았다.

산을 사랑하고 백두대간을 사랑한다는 수많은 사람들이 왜 백두대간을 지키기 위해 제 마음을 먼저 지키지 않는지 알 수 없었다. 백두대간을 지켜야 한다고 주장하는 전문산악인들이 산을 잘 모르는 이 시대와 사람들을 탓하기 전에 먼저 자신들의 삶을 내어놓지 않는지 알 수 없었다. 산이 전문산악인들을 받아들이고 품어주었듯이 이제 그들이 처음 산길을 가는 이들을 받아들이고 품어주어야 함에도 왜 제 권위만 내세우는지 알 수 없었다. 산이 들려주는 이야기를 겸허하게 들으려고 하지 않고 왜 제 말만 하는지 참으로 알 수 없었다.

산길은 마음으로 지나야 하듯이 산을 지키는 것 또한 마음으로 지켜야만 하는 것이다.

마음 씻어낼 수 있기를……

큰재를 지나 황장산으로 향했다. 좁은 산길에 분홍물봉선 가득했다. 발걸음 뗄 때마다 몸에 부딪쳐 꽃잎 떨어졌다. '날 건드리지 마세요' '날 건드리지 마세요'라는 물봉선의 말소리가 들려오는 듯했다. 떨어지는 꽃잎 허공에 휘날리며 아름다웠다. 조금 전까지만 해도 데데하던 밭길 지나던 발길이 호사를 누리고 있었다. 산길은 그대로 꽃길이었다.

황장산(黃腸山, 975미터)으로 오르는 길은 숲 사이로 겨우 나 있었다. 지날 때마다 나뭇가지들이 얼굴을 때리고 할퀴었다. 허리를 찌르고 가로 막았다. 가는 발걸음 더디게 했다. 조록싸리, 국수나무, 물푸레나무 보였다. 소나무와 참나무 제각기 숲을 이루고 있었다. 지나는 길에 억새 우거져 발걸음 멈추었다. 잠시 마음 내려놓고 쉬었다.

황장산에 올랐다. 올려다본 하늘은 눈부시게 파랬다.

댓재로 내려섰다. 산경표에는 죽현(竹峴), 대동여지도에는 죽령(竹嶺)으로 표기되어 있다. 가장 작은 대나무인 조릿대가 많다고 하여 죽현 또는 죽치령(竹峙嶺)으로 부르는 이 고개는 강릉 지방과 원주 지방을 연결하는 고개이다. 이 고개를 걸어 넘었던 수많은 사람들의 애환이 어려 있는 고개이다. 지금은 1984년 10월 도로가 개통되어 많은 차량들이 왕래하는 번다한 고개가 되었다.

도로로 내려섰다. 고개에 세워진 댓재 안내판이 보였다. 지난밤 잠들었던 댓재휴게소도 보였다. 조금 걸어 내려가자 다음 산행에 지나게 될 두타산 안내판이 보였다. 두타산 정상까지 6.1킬로미터라고 쓰여 있었다. '세속의 모든 번뇌를 버리고 부처님의 가르침을 따라 수행한다'는 의미를 지닌 산이다.

'참으로 저 산을 지나며 오랜 세월 묻혀온 마음의 묵은 때를 씻어낼 수 있을까? 터지고 아물고 터지고 아물며 마를 날 없었던 깊은 상처를 씻어낼 수 있을까? 미움 없이 더 깊이 사랑할 수 있을까?'

간절히 바라는 마음 되었다. 두타산 지나며 마음 씻어낼 수 있기를 소망했다. 가야할 길 바라보았다. 두타산으로 접어드는 길은 아늑하고 편안해 보였다. 낮 시간이었음에도 차분했다. 열기 느껴지지 않았다. 들어서고 싶었다.

산 그리워 산행 날이 기다려졌다.

햇살 뜨거운 정오였다.

▲ 댓재

댓재에서 삽당령까지

(2008년 9월 17일~9월 19일)

옛재에서 삼돈골까지

#산행 서른여드레째 날

황장산에서 흘러내린 백두대간은 댓재에 머물러 있었다. 우리는 댓재에서 백두대간과 반가운 해후를 했다. 추석을 보낸 산자락은 이미 가을이었다. 하늘 깊고 날씨 맑았다. 햇살 따갑고 바람 시원했다. 촉촉이 젖어 있는 대기는 상쾌했다. 가야 할 길을 바라보았다. 두타산이 거기 있었다. 산으로 들어가는 길에 보도블록 깔려 있었다. 두타(頭陀)라는 이름과는 어울리지 않아 보였다. 불교에서 쓰이는 용어인 두타(頭陀)는 '세속의 모든 번뇌를 버리고 불도의 가르침을 따라 마음과 몸을 닦는 것'을 의미한다. 세속의 모든 번뇌를 씻기 위한 수행 길에 들어서며 보도블록이 깔린 길을 지나야 한다는 현실에 마음 편치 않았다. 산으로 들어갔다.

관동의 군계일학

두타산은 동해시와 삼척시 경계에 위치하며 동해시 삼화동에서 서남쪽으로 약

10.2킬로미터 떨어져 있는 산이다. 태백준령의 주봉을 이루고 있으며 북쪽으로 무릉계곡, 동쪽으로 고천계곡, 남쪽으로 태백산군, 서쪽으로는 중봉산 12당골을 품고 있다. 4킬로미터 떨어져 있는 청옥산(靑玉山, 1403.7미터)을 포함하여 두타산이라고 부르기도 한다.

세속의 모든 번뇌를 버리고 부처의 가르침에 따라 수행을 한다는 의미의 이름을 지닌 이 산은 그 형상도 부처가 누워 있는 모양을 하고 있다고 한다. 그런 탓일까. 이 산은 삼척시의 영적인 뿌리가 되는 산이며 신앙의 대상이기도 한 산이다. 예로부터 가뭄이 심하면 이 산에서 기우제를 지냈다고 한다.

이 산은 무릉계곡, 조선시대 석축산성인 두타산성, 둥글게 패인 바위 위에 크고 작은 50개의 구멍이 있는 오십정(또는 쉰우물)을 비롯하여 많은 명승고적지를 지니고 있다. 또한 빼어난 아름다움도 지니고 있어 옛 선인들은 이 산을 가리켜 '금강산에 버금가는 관동의 군계일학'이라고 칭송했다.

가을은 이미 숲에 머물러 있었다. 짙푸르기만 하던 숲은 어느새 말개지고 있었다. 여름 내내 빛을 머금기만 하던 나뭇잎들도 담아두었던 빛을 내보내며 옅게 빛나고 있었다. 바람 불었다. 나뭇잎 바람에 살랑이며 은빛으로 빛났고 숲은 맑은 눈빛을 지닌 사슴처럼 말갛게 나를 바라보는 듯했다.

조금 걸어 올라가자 두타산신을 모셨다는 산신각이 보였다. 마음 한 조각 내려놓고 잔돌 발에 차이는 산길로 들어섰다. 신갈나무숲을 이룬 길가에 쑥부쟁이 무리지어 피어 있었다. 숲으로 들어갈수록 소나무들 보이지 않았다. 어린 참나무들과 물푸레나무로 가득했다. 숲의 천이가 완전히 이루어져 있었다. 햇

▲ 산신각
ⓒ최창남

댓등을 지나고 이름 없는 봉우리를 지났다. 바라본 하늘은 아름다웠다. 깊고 푸르렀다. 산줄기 또한 아득하여 눈길을 어디에 두어야 할지 알 수 없었다. 김 대장이 말을 건넸다.

"청옥, 두타가 산이 너무나 빼어나서 주변의 좋은 산들이 빛을 보지 못해요."

나는 산을 다니기를 즐겨하지 않던 사람이었지만 청옥산과 두타산은 알고 있었다. 그 빼어난 아름다움은 산에 대해서 무지몽매했던 나 같은 사람에게도 들려왔다. 나는 오래전부터 이 산들을 보고 싶었다. 그 아름다움들과 맞닥뜨리고 싶었다.

"지나치게 빼어난 것은 좋지 않아요. 청옥, 두타의 빼어난 아름다움이 주변 산들의 아름다움을 가린다면 좋은 일이라고 할 수는 없어요. 나 아닌 것들을 배려할 수 없잖아요. 수행의 산인 두타산이 저 홀로 아름다워 다른 산들을 배려하지 못한다면 이미 수행이 아니지요. 수행이란 저 홀로 피어난 아름다움을 감추고 한걸음 물러나 있는 것이지요. 할 수 있는 것을 하지 않을 수 있는 것이에요."

꼭 대답이라고 할 수 없는, 혼잣말에 가까운 대답이었다. 길을 이었다. 통골재 지나고 키 작은 참나무와 어깨를 나란히 할 정도로 무성하게 자란 조릿대 늘어선 길을 지났다. 두타산으로 오르는 길에는 야생화도 눈에 띄지 않았고 가

▲ 두타산

파른 돌계단만 이어졌다. 아름답지 않았다. 야생화도 보이지 않은 산길은 여느 산보다 아름답지 않았다. 재미없는 산길이었고 다소 지루한 산행이었다.

두타산 정상에 올라섰다. 다른 산들과 달리 넓었다. 마당 같았다. 한가운데 묘지가 있었다. 한편으로 표지석과 안내판이 있었다. 조망이 시원하게 뜨여 있었다. 바라보았다. 첩첩히 늘어선 백두대간 산줄기는 서북으로 흐르며 하늘에 닿을 듯했고 동북으로 흐르며 신라 파사왕 23년^(102년)에 축조된 것으로 알려진 두타산성과 '쉰 개의 우물이 있는 산'이라는 쉰움산^(688미터)을 품어 안은 산줄기

는 동해로 빠져들고 있었다. 산줄기 내린 끝에 바다 있어 물결 출렁이고 있었다. 속이 비칠 듯 푸르렀다.

나무 그늘에 앉아 점심식사를 한 후 청옥산(靑玉山, 1403.7미터)으로 향했다.

무심한 극락세계

청옥산은 동해시 삼화동과 삼척시 하장면의 경계에 있는 산으로 두타산, 고적대(高積臺, 1353.9미터)와 함께 '해동삼봉(海東三峰)'으로 불리는 산이다. 청옥이 발견되었다고 해서 청옥산이라는 이름을 얻었다고 전해진다. '청옥'은 불교와 밀접한 관련이 있는 보석이다. 청옥은 아미타경에 나오는 극락을 상징하는 일곱 가지 보석 중 하나이다. 일곱 가지 보석은 금, 은, 수정, 적진주, 마노, 호박 그리고 청옥이다. 그러니 청옥산은 곧 극락이다. 이 땅에 있는 극락의 세상이다. 이 극락의 세계로 들어가는 문이 바로 두타산이요 두타행이다. 다시 말하면 두타산 지나며 부처의 가르침대로 마음과 몸을 닦은 수행자들이 들어가는 산이 바로 극락의 세계인 청옥산이었던 것이다.

산의 형세도 이와 같아 두타는 울툭불툭하나 날렵한 골산(骨山)이고 청옥은 완만하여 듬직한 육산(肉山)이다. 하기야 수행자가 가는 고행의 길이 완만할 리 없고 극락세상을 상징하는 산이 울툭불툭할 리 없다. 두타는 두타답고 청옥은 청옥다운 모양을 하고 있다. 두타의 길은 청옥이 있음으로 완성되고 청옥의 문은 두타의 길로 인해 열리는 것이다. 그러므로 두타와 청옥은 하나이다. 하나의 길이고 하나의 산이며 하나의 세계이다.

두타산에서 내려와 박달령 지나고 문바위재 지나니 청옥산이었다.

김 대장에게 웃으며 말을 건넸다.

"두타와 청옥이 아름답다고 하더니 하나도 아름답지 않네. 경치도 별로고 야생화도 거의 보이지 않고 …… 산길 지나는 재미가 없잖아요."

"두타와 청옥의 비경은 계곡에 있어요. 또 명승고적지도 많고요."

"어쨌든 백두대간 마루금이 지나는 길은 너무 무심한 것 같아요. 아무것도 없잖아요."

웃으며 나눈 이야기였지만 정말 그랬다. 두타와 청옥은 무심했다. 산길 지나는 이들에게 마음 드러내지 않고 속살 보여주지 않았다. 비경 드러내어 지나는 길손들의 마음을 내려놓게 하지도 않았고 야생화 만발하게 피어 지친 심신을 위로해주지도 않았다. 그저 알아서 흘러가라는 듯 무심하기만 했다. 무심함으로 비어 있었다. 보여줄 것도 나누어줄 것도 아무것도 없다는 듯했다. 수행도 깨달음도 오직 그대들 자신의 몫이라고 말하는 것 같았다. 산길은 때로

▲▲ 능선을 따라오다
▲ 연칠성령

아무것도 쥐고 있지 않은 부처의 손 같기도 했다. 빈 손바닥 같기도 했다. 한량 없는 자비와 보시가 오가지만 결코 머물지 않는 무심의 세계 같았다. 무심의 세계가 거기 있었다. 무심의 아름다움이 거기 있었다. 부처의 빈 손바닥에 있고 청옥과 두타에 있었다. 우리가 지나는 산길에 있었다. 마음 설레고 기뻤다. 눈물 날 것 같았다.

산길 둘러보았다. 야생화 한 송이도 피어 있지 않은 산길이 살갑게 느껴졌다. 다정했다. 웃음이 났다. 울다가 웃었다. 행여 김 대장이 알까 저어되어 발걸음 재게 놀렸다. 자꾸만 눈물 흐르고 웃음 나왔.

가을 햇살 쨍쨍했다. 숲으로 햇살 드리웠다. 햇살 드리운 숲에 운무 스며들고 있었다. 기묘하고 신비했다. 운무는 숲으로 햇살 속으로 스며들었다. 햇살에 부딪혀도 사라지지 않았다.

'무심한 산이 마음의 한 자락을 보여주는 것인가?'

험준한 일곱 산등성이 일곱 별처럼 연이어 있다 하여 이름 붙은 연칠성령(連七星嶺, 1184미터)을 지났다. 고적대(高積臺, 1353.9미터)로 향했다. 골마다 운무 일어 산자락을 타넘고 있었다. 잠시 전까지 비어 있던 골들은 그대로 구름 바다였다.

지나는 길 바위 곁에 구절초 몇 송이 피어 발걸음 멈추게 했다. 고적대로 오르는 길은 두타와 청옥을 지나왔으니 이제 산과 하나가 되어야 한다는 듯 좁고 가팔랐다. 솜씨 좋은 장인이 겹겹이 쌓아올린 것 같은 바위 길 오르며 산과 하나 된 듯했다. 나무뿌리와 밧줄도 나를 산과 하나 되게 했다.

고적대에 오르니 바람 세차고 골에 머물던 구름은 살같이 산자락을 타고 오르고 있었다. 아름다웠다. 장관이었다.

'별천지란 이런 것이 아닐까. 두타와 청옥을 지나왔으니 이제 도솔천과 같은 세계를 보여주는 것인가?'

절벽 바위에 걸터앉아 망연히 지나는 구름 바라보았다. 구름 흘려보내는 산줄기 바라보았다. 산줄기는 골을 품어 바람을 불러오고 세찬 바람은 구름을 밀어내고 있었다. 구름은 산줄기를 밀어내려는 듯 세찬 바람에도 능선을 넘지 않고 있었다.

'이곳에서 수행했다는 신라의 고승 의상대사도 이런 비경을 보았을까?'

갈미봉$^{(葛味峰, 1260미터)}$으로 가는 길에 해 기울었다. 나뭇잎 사이로 붉은 해 걸리었다. 나뭇잎 사이로 붉은 햇살 비추었다. 찬란했다. 나뭇잎도 숲도 산길도 모두 붉어졌다. 붉은 숲이었다. 아름다웠다. 신비로웠다.

아무것도 보여주지 않던 산줄기는 두타와 청옥 지나며 속살을 드러내고 있었다.

붉은 숲 어둠에 잠겼을 때 갈미봉을 지났다.

이기령$^{(耳基嶺, 810미터)}$으로 내려섰다. 밤 깊어 있었다. 밤 9시가 지나고 있었다. 어둠 속에서 가야 할 길 바라보았다. 해동삼봉을 넘어온 백두대간은 이기령에서 잠시 몸을 낮춘 후 상월산$^{(970.3미터)}$을 향하고 있었다.

가야 할 길을 따라 바라보니 산줄기는 하늘에 닿아 있었다.

하늘에 별 쏟아지고 있었다.

아름다운 밤이었다.

백두대간은 허리가 잘리고

\# 산행 서른아흐레째

산행준비를 마치고 마당으로 나오니 남은 별 새벽하늘에 반짝이고 있었다. 이 별을 아쉬워하는 듯했다. 마당 한쪽에 코스모스 피어 한들거렸고 뒤편에는 장작으로 쓰려고 잘라놓은 장작들이 널려 있었다. 빛바랜 천 조각처럼 어둠은 엷어지고 아침은 산 너머에서부터 희부옇게 밝아오고 있었다.

백봉령에서 끊어진 길

이기령(耳基嶺, 810미터)으로 향했다. 동해 곤로동과 정선 부수베리를 잇는 고개이다. 이기령으로 오르는 비포장 길은 매우 거칠고 꼬불거렸다. 계곡을 바라보았다. 맑은 물 흘러 아름다웠다. 조금 더 올라가자 깊고 넓어진 계곡에 운무 가득했다. 차창을 열고 깊이 호흡했다. 새벽 숲의 신선한 공기가 가슴 깊숙이 젖어 들었다. 산길이 아니라 구름길을 가는 듯했다. 어제 밤에는 보지 못했던 아름다움이었다.

이기령에 도착했다. 야영장이 보였다. 하늘을 찌를 듯 줄지어 선 낙엽송 숲 자락에 야생화 흐드러지게 피어 있었다. 청옥, 두타 지나며 누리지 못한 호사를 누리는 듯했다. 상월봉 향해 들어가는 숲길은 아늑했다. 이정표 외에도 지친 몸 쉴 나무 의자가 있었다. 정선국유림관리소에서 세워놓은 백두대간 안내판도 있었다. 백두대간에 대한 소개와 유래를 소개한 후 가치에 대해 정리해놓았다. 우리 민족의 상징이며 생태계의 중심축이고 또한 문화적 특성을 구획하는 울타리라는 내용이었다. 자신이 몸 기대어 살아가는 땅을 올바로 인식한다는 것은 매우 중요한 일이다. 고마운 마음이었다.

날씨 쌀쌀했다. 상월산(970.3미터)을 향했다. 낙엽송 가득하고 조릿대 군락을 이루고 있었다. 바람 불었다. 지나는 길마다 저마다 그리움 품은 듯 풀잎 흔들리고 있었다. 그 모습 바라보며 내 마음도 흔들렸다. 헬기장 지나는 길에 야생화 만발했다. 엉겅퀴 무리지어 피어 있고 빛바랜 금마타리와 억새가 물결일 듯 출렁이고 있었다. 구절초와 쑥부쟁이도 무리지어 가득했다. 두타와 청옥이 '실컷 봐라!' 하며 나를 보고 웃을 것만 같았다.

▲ 생명 움트다

상월산에 올랐다. 고사목 여러 그루 있었다. 하늘은 구름 한 점 없이 파랬다. 에메랄드빛이었다. 뿌리를 드러낸 채 말라 죽은 큰 소나무 밑둥치에 구절초 세 송이 함초롬히 피어 있었다. 예뻤다. 마음 따스해졌다. 정겨웠다. 미소 짓게 했다.

'그래, 삶이란 아무리 힘들더라도 언제나 살 만한 것이다.'

구름 한 점 없는 눈부시도록 파란 하늘에 마음 한 자락 풀어놓고 상월산을 내려오니 이내 원방재$^{(690미터)}$였다. 여름 내내 깊어진 숲은 울창했으나 햇살은 나뭇잎 사이로 드리워 길을 일러주었다. 잠시 머물러 살펴보니 오래전 나무로 만들어놓았던 이정표가 조릿대 무리 속에 방치되어 있었다. 한때는 많은 이들에게 길을 알려주었으나 이제는 저 홀로 남겨져 쓸쓸했다. 붙여놓았던 글씨

▲ 카르스트 지형

들은 떨어져 흔적만 남아 있었다. 지나온 세월이 버려진 이정표에도 남아 삶의 소중함을 말없이 일러주고 있었다.

1022봉을 지나 백봉령으로 향했다. 키 높이까지 자란 조릿대 빽빽하여 몸

에 걸리고 얼굴 찔렸다. 산줄기 987.2미터, 863미터, 832미터 봉우리로 차츰 몸을 낮추어가자 이내 백봉령이었다.

백봉령(白鳳嶺, 780미터)은 삼척에서 소금이 넘어오는 소중한 길목으로 정선 사람들에게는 매우 소중했던 고개다. 국립지리원에서 발행한 지형도에는 '엎드릴 복(伏)'을 써서 백복령(白伏嶺)이라고 되어 있다. 그러나 이 이름은 원래 이름이 아니다. 일제에 의해 바뀐 이름이다. 옛 기록을 살펴보면 '대동여지도'에는 백복령(白福嶺)으로, '택리지'에는 백봉령(白鳳嶺)으로 기록되어 있다. '흰 봉황'이라는 뜻이다. 또한 산경표에는 '일백 백(百)'을 써서 백복령(百福嶺)으로 기록되어 있다. 그 외에도 '증보문헌비고'에는 백복령(百福嶺)과 백복령(百複嶺)을 혼용하면서 희복현(希福峴)이라는 다른 이름도 전하고 있다. '복을 바라는 고개'라는 뜻이다. 이렇듯 백봉령은 여러 개의 이름을 지니고 있다.

대부분의 이름이 상서롭거나 복을 바라는 의미의 이름이지만 현재 공식적으로 쓰고 있는 이름인 백복령(白伏嶺)은 그 뜻이 사뭇 다르다. '백기를 들고 항복하는 고개'라는 정도의 의미로 해석할 수 있지 않을까. 국립지리원이 아직도 이 고개의 이름을 백복령(白伏嶺)으로 쓰고 있다면 마땅히 바로 잡아야 할 일이다. 한 가지 다행한 것은 현지의 이정표에는 모두 백봉령으로 쓰여 있다는 사실이다. 백봉령이라는 이름은 '하얀 봉황의 고개'이니 그 뜻도 좋다. 또한 많은 사람들이 부르는 이름이기도 하다. 이 글에서는 현지의 이정표와 사람들의 뜻을 따라 이 고개를 백봉령(白鳳嶺)으로 표기했다.

백봉령이었다. 대간길 이어가려 했으나 그리하지 못했다. 백두대간은 백봉령을 지나 자병산(紫屛山, 872.5미터)으로 굽이치며 돌았으나 지금은 길이 사라져 버리고 없었다. 유실되어 있었다. 끊어져 있었다.

허리 잘린 대간길을 이어가다

백봉령으로 들어서자 자병산에서 석회석 광산을 운영하고 있는 한라시멘트에서 설치해놓은 '접근금지'라고 쓴 경고문과 함께 안내판이 설치되어 있었다.

> '여기는 석회석 광산구역입니다.
> 발파 시 돌이 나는 등 위험 요소가 있으니
> 출입자는 당사 직원의 안내를 받으시기 바랍니다.'

안내판에는 간단한 약도도 그려져 있었다. 자병산은 직진 방향이었다. 숲을 헤치고 들어가니 눈앞에 자병산이 보였다. 그 모습 참혹했다. 완전히 파헤쳐져 있었다. 산의 머리는 무너져 있었다. 산은 흰 내장을 그대로 드러낸 채 계속 파헤쳐지고 있었다. 석회석을 캐고 운반하기 위해 차가 지나도록 만들어놓은 간이도로는 멀리서 보니 마치 밧줄 같고 그물 같았다. 산을 꽁꽁 동여맨 듯했다. 자줏빛 병풍을 드리운 것 같이 아름다운 산이라 하여 자병산(紫屛山)이라는 아름다운 이름을 지니고 있던 산은 그곳에 더 이상 존재하지 않았다.

자병산은 해발고도가 1000미터도 안 되는 산이지만 빼어난 자연경관과 생태적으로 풍부한 동식물상을 자랑하던 곳이다. 삵과 고슴도치, 수달 등 멸종위기에 처한 동물들도 살고, 백리향, 만병초, 금강애기나리, 한계령풀, 돌마타리 같은 희귀식물들도 뿌리내려 살아가는 곳이었다. 더구나 자병산은 석회암지대라서 다른 산에서는 볼 수 없는 생태학적 특수성을 지니고 있던 산이다. 생태계는 파괴되었다. 그리고 모든 것이 사라지고 있었다.

'어떻게 이럴 수 있단 말인가. 어떻게 자연생태계에서 한 생명으로서의 위치밖에 지니지 못한 인간이 이럴 수 있단 말인가. 산을 보호하고 숲을 지키기 위해 사람이 지나지 못하게 해야 한다고 주장하며 길을 막고 있는 사람들이 어떻게 이럴 수 있단 말인가. 이런 처참하고 참담한 모습을 봐야 산을 사랑하고 숲을 지켜야 한다는 것을 깨닫지 않았겠는가 말이다.'

가슴 아팠다. 눈물 흘렸다. 단 한 번의 단절도 없이 흘러 내려왔다는 백두대간은 끊어져 있었다. 백두산 장군봉에서 지리산 천왕봉까지 1400킬로미터를 이어온 백두대간은 이곳 자병산에서 그 허리가 끊어져 있었다. 이 땅의 허리가 잘라졌지만 아파하는 이들이 많지 않다는 사실이 더욱 아프게 했다. 절망하게 했다.

한민족 모두가 반만 년 몸 기대어 살아온 땅을 있게 한 백두대간, 열 개의 큰 강을 품어 흐르게 함으로 생명 이루고 마을 이루어 오순도순 살게 해준 산줄기, 대륙과 맞닿아 있어 삼면이 바다인 이 땅에서 생명의 통로 역할을 하는 산줄기인 백두대간의 허리가 잘려져 있었다. 백두대간은 더 이상 단절 없이 흐르는 산줄기가 아니었다. 석회석을 캐기 위해 자병산을 파헤치고 철도에 깔 자갈

을 얻기 위해 금산을 절단 내어 곳곳이 끊어져 있었다.

무너진 산자락 바라보았다. 마음 아팠다. 부끄러웠다.

끊어진 백두대간길을 작은 내를 건너 이어갔다. 산자분수령의 원리는 더 이상 통용되지 않았다. 물이 산길을 가로막고 있었다. 물길 건너 작은 골짜기 벗어났다. 도로가 나왔다. 도로 지나 생계령 가는 길목에서 샘을 만났다. 물을 마셨다. 폐부 깊숙한 곳까지 맑고 찬 물이 흘러들었다. 정신 들었다. 빈 물병에 물 채우고 다시 산길 이어갔다. 오르막길이었다. 야생화 가득했다. 수리취, 금마타리, 개망초, 기린초 흐드러지게 피어 마음 위로해주었다. 바람 불자 흔들렸다.

'우린 이곳에서도 잘 자라고 있어요. 그러니 너무 마음 아파하지 말아요.'

이렇게 말하며 나를 위로하고 있는 것 같았다. 눈물 왈칵 쏟아졌다. 어린 참나무들이 눈앞에서 흔들리고 있었다. 눈물 훔치며 걸었다. 넓은 길이 나왔다. 굵은 신갈나무 늘어서 있었다. 답답한 가슴이 조금 트이는 것 같았다. 마음 편안했다. 눕고 싶었다.

생계령(生溪嶺, 640미터)에 도착했다. 산계리와 임계면을 잇는 고개이다. 옥계면 산계리 사람들이 정선 임계장을 보기 위해 넘나들었던 고개로 산계령이라는 다른 이름으로 불리기도 한다. 이 고개에는 도토리나무가 많았다고 한다. 먹을 것이 부족하던 시절 사람들은 생계를 위해 이 고개에서 도토리 열매를 채취했다. 생계령은 거기서 나온 이름이다. 슬픈 이름이다. 가슴 저미는 이름이다.

어둠 깊어지고 있었다.

숲가에 앉아 깊어지는 어둠 바라보았다. 모든 것들이 어둠 속으로 잠겨들고 있었다.

그렇게 어둠 속에 한동안 앉아 있었다.

▲ 백두대간은
내를 건너
이어지고

석병산에
올라 그리워 하다

\# 산행 마흔 째

지난 이틀 동안의 산행은 많은 생각을 하게 했다. 무릉도원과 비견할 만한 아름다운 계곡인 무릉계(武陵溪)를 품고 있는 두타산과 청옥산의 마루금은 정작 무심했다. 볼 만한 것도 없었고 내세울 만한 것도 없었다. 두타와 청옥은 경북 문경의 조령산 구간과 더불어 백두대간을 지나는 이들에게 아름다움으로 인해 감춰진 진주로 회자되는 산이다. 부드럽고 편안한 구간과, 빚은 듯이 아담한 암릉이 조화를 이루고 있다는 이유에서이다. 그러나 그 아름다움은 조령산과 같은 비경이 빚어내는 아름다움이 아니라 드러내 보이지 않는 무심이 빚어내는 아름다움이었다. 마음 내려놓고 가진 것들을 베푼 무심의 아름다움이었다. 소금강이라 불리는 무릉계곡과 무릉반석(武陵盤石)뿐 아니라 태암, 미륵암, 반학대, 능암, 쌍현암, 용추폭포 같은 빼어난 경치를 골짜기와 산자락에 풀어 놓고 정작 두타와 청옥의 마루금은 청빈하다고 할 수밖에 없을 정도로 조촐했다. 야생화조차도 변변히 품지 않고 있었다. 그 산길 걸으며 마음 비운 고승의 모습을 보는 듯했다.

그렇게 무심이 빚어내는 아름다움에 취해 걸었다. 깊은 골 흐르는 구름을 따라, 걷고 청명한 가을 하늘 흐르는 구름에 실려 가듯 걸었다. 걷다 보니 자병산이 눈앞에 있었다. 절로 걸음이 멈추어졌다. 더 이상 걸을 수 없었다. 길이 끊어져 있었다. 바라보고 있으면서도 믿을 수 없었다. 산은 파헤쳐지고 무너져 있었다. 백두에서 지리까지 끊이지 않고 이어져 흐르던 하늘길은 끊어져 있었다. 사람들의 욕심 탓이었다. 생명의 가치보다 재화의 가치를 우선시하는 천박한 자본주의적 가치관의 당연한 결과였다. 가슴 아팠다.

백두대간은 하늘길이다. 백두대간은 하늘이 만들어준 길인 동시에 사람들의 마음이 품어낸 하늘길이다. 사람들의 마음속으로 흐르는 하늘길이다.

백두대간은 하늘과 땅과 사람이 만나는 공간이며 소통의 장소였다. 하늘

▼ 하늘과 땅과 사람이 만나다

은 이 산줄기를 통해 들을 베풀고 강을 흐르게 하여 사람들이 살아갈 수 있도록 했고 사람들은 이 산줄기를 통해 하늘의 지혜를 얻었을 뿐 아니라 생존을 위한 재화도 얻었다. 그뿐인가. 이어진 하나의 산자락에 함께 몸 기대고 살아가고 있다는 것만으로도 사람들은 동질감을 느끼며 살아왔다. 그런 백두대간이 끊어졌다는 것은 소통이 끊어졌다는 것을 의미하는 것이다. 하늘과 땅과 사람 간의 소통이 끊어지고 사람과 사람 간의 소통도 끊어졌으며 사람과 함께 살아가야 할 모든 생명들과의 소통도 끊어졌음을 의미하는 것이다. 단절이다. 무너진 자병산은 소통 끊어져 단절된 우리 사회의 모습이었다. 우리의 자화상이었다. 그래서 더욱 아팠다.

산은 자신을 비우며 사람을 살리고 있는데 사람은 탐욕으로 산을 베고 허물고 있었다. 마음 참담했다.

잠 못 이뤄 마음 뒤척인 밤은 깊었다. 별 총총한 긴 밤이었다.

짝을 잃고 외로운 석병산

길고 깊었던 밤 지나고 아침이 왔다. 마음 뒤척여 무거워진 몸 추슬러 산행준비를 했다. 생계령으로 향했다. 고뱅이재 지나고 석병산과 두리봉에 올랐다가 삽당령에서 내려서는 약 13킬로미터의 거리였다. 바람 선선했다. 선선한 바람이 뒤척여 흐트러진 마음을 추슬러주었다.

숲으로 들어가 얼마 지나지 않아 강릉 서대굴 안내판이 보였다.

강원도 기념물 제36호인 이 굴은 '범록굴'이라는 다른 이름도 지니고 있다. 산계리 석병산 중복 벼랑에 있어 생계령에서는 제법 멀리 떨어져 있었다. 석회암 동굴이다. 약 250미터까지는 탐사되었으나 그 이상은 확인되지 않았다. 동굴은 세로로 땅속 깊이 뻗어 있다. 동굴 안에는 작은 공간들이 발달해 있고 고드름처럼 생긴 종유석과 동굴 바닥에서 돌출되어 올라온 석순, 종유석과 석순이 만나 기둥을 이룬 석주, 그리고 꽃모양의 석화 등이 둘러싸고 있어 매우 아름답다고 한다. 동굴 안이 위험하여 접근하기 어렵기 때문에 사람들에 의한 피해가 없이 잘 보존되어 있다고 한다.

'동굴 안이 위험하여 접근하기 어렵기 때문에 사람들에 의한 피해가 없이 잘 보존되어 있다'는 말이 마음에 남았다. 때론 '위험한 것도 도움이 될 때가 있구나' 하는 생각이 들었다.

산길에 고사목 쓰러져 길을 막았고 수리취는 바람에 한들거렸다. 산길 지나며 암벽 사이로 바라보니 눈부시게 파란 하늘에 새털구름 흐르고 산줄기는 멀리 물러나 있었다. 조릿대 숲길을 지났다. 철쭉과 조록싸리 많았다. 931 암봉에 오르니 멀리 대관령이 보였다. 대관령이 품에 안길 듯했다. 경상남도 산청군 중산리에서 첫걸음을 뗀 것이 어제 같은데 벌써 강원도의 산줄기를 지나고 있었다. 한 걸음 한 걸음 걸어 이곳까지 온 것이다. 한 걸음 한 걸음 정직

▲ 길을 막은 고사목
©최창남

한 발걸음이었다. 제 발로 이 땅을 느끼며 걸어온 길이다. 몸으로 무엇인가 할 수 있다는 것은 참으로 좋은 일이다. 정직하다는 것을 배우고 깨달을 수 있으니 말이다.

어수리와 구절초, 쑥부쟁이, 붉은 엉겅퀴 핀 산길 지나 촘촘히 가지 뻗은 숲길 지나고 나니 바람 시원했다. 강릉 산계리와 정선 임계리를 동서로 잇는 고개인 고뱅이재였다. 헬기장을 지나 석병산을 향했다.

석병산(石屛山, 1055미터)은 강원도 강릉시 옥계면과 정선군 임계면 경계에 위치해 있다. 깎아지른 듯 솟아 있는 기암괴석의 바위들이 마치 산을 병풍처럼 감싸고 있어 석병(石屛)이라는 이름을 가지게 되었다. 백두대간의 웅장함과 화

▲ 석병산에 올라

려함을 함께 갖춘 산으로 정상에 서면 강릉시가 한눈에 들어온다. 날씨 맑은 날에는 멀리 동해의 수평선이 보인다. 황홀한 광경이다. 주위에 만덕봉(萬德峰, 1035미터), 대화실산(大花實山, 1010미터), 노추산(魯都山, 1322미터) 등이 있고 주수천(珠樹川)의 지류와 임계천의 지류가 발원한다.

석병산은 석회암으로 형성되어 석화동굴, 서대굴 등 곳곳에 동굴들이 산

재해 있다. '일월봉'이라는 다른 이름으로도 불린다.

    석병산 정상에 올랐다. 거대한 바위는 칼로 잘린 듯 겹겹이 쌓여 있었고 망치에 부서진 듯 울뚝불뚝했다. 눈앞 발길 아래는 천길 벼랑이었다. 석병산이라고 쓰여 있는 표지석이 외로웠다. 하늘 파랬다. 그리움 일었다. 뒤돌아보았다. 자병산이 거기 있는 듯했다. 아직도 자병산 거기 있어 석병산과 마주보며 서로의 아름다움을 때로 자랑하고 때로 시샘하고 있는 듯했다. 회색빛 돌로 병풍을 두른 석병산과 자줏빛 돌로 병풍을 두른 자병산이 형제처럼 마주서서 서로를 바라보며 그 아름다움에 감탄하고 있는 듯했다. 서로를 자랑 삼으며 기뻐하는 듯했다. 그 자병산이 그리웠다. 끊긴 산줄기 그리웠다.

    석병산과 자병산은 그 이름에서도 쉽게 알 수 있듯이 짝을 맞춘 이름을 지닌 산이다. 동남쪽으로 마주보고 서서 산길 지나는 이들을 위로했을 것이다.

    제 짝을 잃고 홀로 남은 석병산에 올라 쓸쓸했다. 제 짝을 잃고 외로운 석병산에 올라 그리워했다. 바위틈에 바위구절초 피어 있었다. 그들도 외로워보였다.

마음조차 낯선 오후

그런 내 맘을 알기라도 한 것인지 한 대장이 일월문을 보러가자고 채근했다. 지난밤 마음 뒤척인 탓인지 몸 무거웠지만 일월문을 향했다. '일월봉'이라는 석병산의 다른 이름에서 따온 이름이다. 일월봉 아래에 있다. 아마도 일월봉으로 들어가는 문이라는 의미에서 지은 이름인 것 같았다.

일월문으로 가는 길은 좁고 가파른 내리막길이었다. 조심스럽게 길을 내려갔다. 얼마 내려가지 않아 일월문이 보였다. 일월봉 우측의 거대한 바위에 커다란 구멍이 뚫려 있었다. 그 구멍으로 숲이 보였다. 온 세상이 다 들어 있는 듯

▲ 일월문

했다. 그 문으로 들어가면 참으로 다른 세계로 들어갈 수 있을 것 같았다. 신비롭고 아름다웠다.

밤이 되어 건너편에서 떠오른 달빛이 일월문을 비추면 장관이라고 전한다. 참으로 그럴 것 같았다. 생각만으로도 황홀했다. 깊은 밤 달 떠올라 일월문 안으로 들어온다면 그보다 더 황홀하고 아름다운 광경이 있을까. 가슴 시리도록 아름다울 것 같았다. 생각만으로도 가슴 설레었다.

끝없이 이어질 것 같던 조릿대숲을 지나 두리봉(斗里峰, 1033미터)에 올랐다. 두

루뭉술해서 두리봉이라 불리게 된 봉우리는 말 그대로 두루뭉술했다. 부드럽고 완만했다. 마당 같았다. 탁자들도 여럿 놓여 있었다. 작은 나무판으로 조악하게 만들어져 나뭇가지에 걸려 있는 표지판도 두루뭉술한 봉우리의 모습 때문인지 정겨웠다.

산을 내려가자 다시 조릿대숲이 이어졌다. 삽당령(揷唐嶺. 680미터)으로 내려섰다. 삽당령은 강릉시 왕산면 목계리와 송현리의 분수령으로 강릉을 적시고 동해로 흘러드는 강릉 남대천, 남한강 상류인 골지천으로 몸을 섞는 송현천의 발원지이기도 하다. 이 고개를 넘을 때 길이 험하여 지팡이를 짚고 넘은 후 지팡이를 길에 꽂아놓고 갔다고 한다. 그래서 '꽂을 삽(揷)'자를 써 삽당령이 되었다고 한다.

모두들 이번 주간의 산행을 마쳤다는 생각 때문인지 다소 들떠 있는 듯했다. 막걸리 오가고 말소리 커져 있었다. 맑고 푸르른 오후였다. 삽당령의 넓은 도로에는 지나는 차 거의 없었다. 경찰관들이 나와 간간이 지나는 트럭 운전사들에게 안전운행에 대한 전단지를 나누어주고 있을 뿐이었다. 그저 모든 것이 낯설게 느껴졌다. 영화의 한 장면을 보고 있는 듯했다.

햇살 눈부셨다.

마음조차도 낯선 오후였다.

삽당령
에서
닭목재
까지

(2008년 9월 23일)

삼림경에서 닭목재까지

산행 마흔하루째 날

날씨 흐렸다. 이른 새벽 서울을 떠나 삽당령으로 가는 내내 하늘은 낮게 드리웠고 대기는 축축했다. 비 내릴 모양이었다. 삽당령에 도착했을 때 하늘 저편에서 먹구름이 몰려오고 있었다. 하늘을 바라보았다. 촬영 때문에 모두들 걱정스런 표정이었다.

"촬영 안 하면 되지 뭐. 비오는 날 숲은 너무 멋지잖아. 즐기면서 갑시다."

나는 모두가 들을 수 있도록 큰 소리로 말했다. 산행을 시작했다. 아침 10시였다.

비오는 숲 소리

강릉과 정선을 잇는 이 고개는 조선시대에는 제법 큰 고개였다. 오지 마을인 임계 주민들은 강릉에서 소금, 해산물과 곡식 등을 구입한 후 이 고개를 넘어왔다. 삽당령이라는 이름은 이런 내력에서 나온 것이다. 장을 본 물건을 지고 지팡이에 의지해 고개를 넘은 후 지팡이를 버려두거나 땅에 꽂아놓고 내려가는 이들이 있었던 모양이다. 이런 사정으로 '꽂을 삽(揷)'을 써서 삽당령(揷唐嶺)이라는 이름을 얻게 되었다는 것이다. 그러나 아무리 생각해도 지게를 지고 고개를 내려가는데 지팡이를 버려두고 갔을 것 같지는 않다. 지게를 지고 내려가는 길이 오르는 것보다 훨씬 힘들 것인데 말이다. 다른 사연이 있는 것은 아닐까? 알 수 없는 일이다.

숲으로 들어가는 길 초입에 이정표 세워져 있었다. 오늘의 목적지인 닭목령이 쓰여 있었다. 정겨웠다. 이정표가 가리키는 방향을 바라보았다. 작은 숲길이 있었다. 산길은 편안해 보였다. 나무와 풀 우거진 산길에 키 낮은 이정표 홀로 서서 가야 할 길을 말없이 알려주고 있었다. 숲으로 들어갔다. 들미재(810미

▲ 산행을 시작하다

터)로 향했다. 들미골과 용수골을 넘나들던 고개로 농기구나 그릇 등을 만들 때 쓰이는 들미나무가 많아 들미재라는 이름을 얻은 고개이다.

숲은 이미 젖어 있었다. 손을 뻗어 움켜쥐면 물이 뚝뚝 떨어질 것 같았다. 나뭇잎도 나무도 모두 물기를 가득 머금고 있었다. 몸도 비에 젖은 듯 구덕구덕했다. 비에 젖은 숲은 바람 불어 흔들리고 출렁였다. 출렁이는 숲에 몸을 맡기고 걷다 보니 수령이 수백 년은 되어 보이는 굵은 소나무들이 울창한 숲을 이루고 있었다. 들미재였다.

비 내리기 시작했다. 빗줄기 굵어졌다. 빗방울 떨어지며 지열에 의해 그대로 기화되었다. 안개 되고 구름이 되어 피어오르고 있었다. 아지랑이 같기도 하고 구름 같기도 했다. 숲은 순식간에 운무 가득하여 조금 전과는 전혀 다른 세계가 눈앞에 펼쳐졌다. 지나온 삶으로 들어선 듯 왈칵 그리움 몰려왔다. 앞서가는 이들의 모습이 아른거렸다. 숲을 지나면서도 숲은 멀리 있는 듯 아스라했다. 배낭 커버를 씌우고 우의를 꺼내 입었다. 우의에 부딪히는 빗방울 소리가 어린 날 뒤뜰 장독대에 떨어지던 소리와 닮았다.

비 내리는 숲의 운치에 마음 뺏긴 채 산길 걸었다. 978.8미터 봉우리를 넘으니 바로 석두봉(石頭峰, 982미터)이었다. 정상 부분이 바위로 이루어져 있어 마치 머리에 바위를 올려놓고 있는 것 같다 하여 붙은 이름이다. 슬며시 웃음 짓게 만드는 재미있는 이름과 달리 석두봉은 그냥 지나치기 쉽다. 나뭇가지 한편에 슬그머니 걸려 있는 자그마한 표지판 외에는 정상임을 알 수 있는 것이 없을 뿐 아니라 오지여서 잘 알려지지도 않은 산이기 때문이다.

빗줄기 점점 굵어지고 있었다. 가을비라고 할 수 없을 정도로 많이 내렸다. 장맛비 같았다. 식사를 위해 참나무숲으로 들어갔다. 수령이 오래된 참나무 아래 둘러앉아 식사를 했다. 도시락을 열자 기다렸다는 듯이 빗물이 쏟아져 들어갔다. 빗물에 밥 말아 먹고 반찬은 씻어 먹는 형국이었다.

"이런 재미를 언제 또 누릴 수 있겠어?"

"맞아요."

우리는 호기를 부리며 밥을 먹었다. 커피까지 마시고 후식으로 참외도 나눠 먹었다. 빗줄기는 더욱 굵어졌다.

비 내리는 숲은 언제나 고요했다. 새들도 제 집에서 숨 죽여 비를 피하고 있었다. 깊은 적막이 숲을 감싸고 있었다. 아무 소리도 들리지 않았다. 오직 빗소리와 바람소리만 들려왔다. 운무 가득한 숲에서 들리는 빗소리는 바람과 어울리며 수십수백 가지의 소리를 만들어내었다. 마치 수백 명의 합창단과 교향악단이 연주를 하는 것 같았다. 빗줄기 떨어지는 소리는 수백수천의 소리를 만들어내고 있었다. 나뭇잎과 나뭇가지에 떨어지는 소리가 다르고 줄기에 부딪히는 소리가 달랐다. 굵은 참나무에 부딪히는 소리와 조록싸리에 부딪히는 소리가 다르고 돌계단에 떨어지는 소리와 흙길에 떨어지는 소리가 달랐다. 풀잎에 부딪히는 소리와 꽃잎에 부딪히는 소리가 다르고 빗물 고인 웅덩이에 떨어지는 소리와 움푹 파인 바위 구멍에 떨어지는 소리가 달랐다. 모자에 부딪히는 소리와 우의에 부딪히는 소리 또한 달랐다. 그 모든 소리들이 때론 순차적으로 때론 동시에 울려나며 숲을 수많은 울림으로 채웠다. 그 빗줄기가 바람을 만나면 우르르 몰려가며 말 달리는 듯도 했고 북소리를 내기도 했다. 때론 거문고를 타고 가야금을 타는 듯도 했다.

그 소리에 취해 숲길을 걷는지 마음길을 걷는지 알 수 없었다. 비 내리는 숲길은 거대한 연주회장 같았다. 비 오는 날의 산행은 길 미끄럽고 몸 구덕구덕하여 조심스럽고 힘들었지만 빗줄기와 바람과 숲이 어울려 만들어내는 울림 속에서 나는 행복했다.

"촬영을 못해서 어떻게 해요?"

신범섭 촬영감독의 말이었다.

"촬영은 잊어먹어요. 산행을 즐기세요. 우중 산행의 묘미를 즐기세요."

나의 대답에 신 감독은 사람 좋은 웃음을 웃었다.

▲ 숲을 나서다

비 내리는 화란봉

조릿대숲을 지나 화란봉 가는 길에 두릅나무와 옻나무 등이 비를 맞고 서 있

▲ 소나무

었다. 산길은 오르막으로 이어져 봉우리에 닿아 있었다. 조릿대숲 지나며 봉우리 넘고 넘으니 굵은 참나무 숲을 이루고 있었다. 소나무와 잣나무도 많았다. 화란봉(花蘭峰, 1069.1미터)에 올랐다. 화란봉이라고 쓰여 있는 나무 표지판이 나무기둥에 달려 있었다.

강원도 강릉시 왕산면에 위치한 산이다. 화란봉은 이름 그대로 부챗살처럼 펼쳐진 화관이 정상을 중심으로 겹겹이 에워싼 형국이 마치 꽃잎 같다고 해서 얻은 지명이다. 산행 기점인 벌마을에는 용수골이 있는데 재미있는 전설을 전한다. 오랜 옛날에 이무기가 하늘로 오르다 힘이 부쳐 떨어진 곳이라는 것이다. 지금도 그때 흔적이 용수골 너럭바위에 남아 있다고 한다. 그 시대를 살아왔던 이들의 삶이 담겨 있는 듯했다.

비 내리는 화란봉은 기암괴석을 품어 신비로웠다. 수령이 수백 년은 넘어 보이는 아름드리 소나무가 웅장했고 뿌리 드러내고 줄기 굽은 소나무들은 오묘했다. 숲은 아름다우면서도 장엄했고 장엄하면서도 부드러웠다. 신비했다. 절로 마음 바로잡고 옷깃 여미게 했다.

정상에서 내려와 전망대에 서니 수백 년 된 큰 소나무들이 가지를 협곡 쪽으로 내려 뻗은 채 우람한 모습으로 서 있었다. 가지 부러진 나무들도 있고 불

탄 나무들도 있었지만 그 하나하나의 모습이 조화를 이루어 깊은 숲은 신비로웠다. 마음 여몄다. 운무로 가득 찬 골짜기는 바람 불 때마다 바다처럼 일렁였다. 빗줄기가 조금씩 잦아들고 있었다.

닭목령(706미터)에 내려섰다. 종일 내리던 비가 그쳤다.

풍수지리에 의하면 닭의 목에 해당하는 지역이기에 '닭목이'라는 지명을 얻게 되었다는 이 고개에는 지나는 이들 보이지 않았다. 백두대간을 종주하는 이들만이 지날 뿐 이제는 잊혀가는 고개가 되어 있었다.

숙소로 들어갔다. 푸른고원 민박집이었다. 샤워를 한 후 저녁식사를 했다. 2층의 주인장 댁 식탁에서 식사를 했다. 산행 중 처음 먹는 가정집 식탁이었다. 배추와 가지무침, 김치, 제육볶음, 생선구이 등 진수성찬이었다. 행복한 저녁식사였다.

저녁이 오고 밤이 깊어가자 그쳤던 비가 다시 내리기 시작했다. 창밖으로 들려오는 빗소리가 멀리서 들려오는 듯했다. 마음 적셨다. 마당으로 나갔다. 빗줄기 굵어져 있었다. 바람 선뜩했다.

▲ 푸른고원 민박집

처마 밑 의자에 앉으니 어둠 속에서 산줄기 보였다. 산은 하루의 고단함을 씻으려는 듯 몸을 뉘여 잠들어 있었다.

산줄기를 타고 바람이 내려왔는지 빗줄기가 처마 밑으로 들어왔다. 시원했다. 비 내리는 밤 깊었다. 빗소리 요란한 밤이었다.

닭목재
에서
구룡령
까지

(2008년 9월 30일~10월 2일)

달무재에서 구엄곶까지

대관령을 지나다

\# 산행 마흔이틀째 날

아직은 새벽이 오지 않은 시간이었다. 깊은 밤이었다. 눈을 뜨니 2시 50분이었다. 일어나 커튼을 걷으니 도시의 불빛이 은은했다. 산행준비를 마치고 길을 떠나니 새벽 4시였다. 아침은 아직 오지 않았고 어둠은 두텁게 드리워 있었다. 차는 어둠 속으로 들어갔다. 어둠 저편에 산이 있었다. 아직은 가야 할 길이 있었다. 만나야 할 무엇이 있었다.

　차는 닭목재를 향했다. 비로 인해 마치지 못한 산행을 이어갈 예정이었다. 짙은 안개가 산과 도로를 덮고 있었다. 안개로 인해 눈앞이 보이지 않았다. 차는 안개 속으로 나아갔다. 나아가는 만큼 길은 열렸다. 길은 이어져 있었다.

　멀리 산 능선을 따라 붉은 기운이 깃들고 있었다. 일출의 장엄함이 능선을 붉게 물들이며 내려오고 있었다. 하늘이 저편으로부터 붉어졌다. 아름다웠다.

　'어떻게 자연은 스스로 저토록 아름다운 것들을 품을 수 있을까? 저 아름다움의 비결이 무엇일까? 자연스러움일까?'

'자연(自然)스러움'이란 말 그대로 '스스로 그러한 것, 스스로 그렇게 되어지는 것'을 말한다.

자연이 저토록 아름다운 풍경을 만들어내는 것은 '스스로 그렇게 되어지는 세계'이기 때문에 그런 것이 아닐까? 아무리 훌륭한 예술가라고 하더라도 저토록 아름다움 풍경을 만들어내지 못하는 것은 무엇인가 만들어내기 위해 인위적으로 노력하기 때문이 아닐까? 자연스러움과 자연스럽지 못함의 차이가 자연과 사람의 차이를 만드는 것은 아닐까? 그 차이만큼 달라지는 것이 아닐까?

▲ 닭목령

마음에 이는 여러 가지 생각들을 따라가다 보니 차는 닭목재로 들어가고 있었다. 구름 많으나 화창한 날씨였다. 농기계 보관창고 곁에 천하대장군과 지하대장군이 서서 고개 지나는 이들을 바라보고 있었다.

▍자연과 문명

산행을 시작했다. 고루포기산 방향으로 들어가는 길은 동네 뒷산을 오르는 길처럼 완만하고 편안했다. 길은 한가로웠다. 엉겅퀴와 쑥부쟁이, 구절초와 개망초 피어 산길 아름다웠다. 날 밝아 꽃잎 오므리고 있는 노란 달맞이꽃도 피어 가슴 설렜다. 바람 불었다. 숲에서 젖은 낙엽 냄새가 났다. 오래도록 쌓인 낙엽들이 썩고 있었다. 흙으로 돌아가고 있었다. 숲으로 더 들어가니 수령이 수백 년은 되어 보이는 소나무들 곁에 어린 참나무들 어느새 자라고 있었다. 숲의 천이가 이루어지고 있었다.

'더 많은 날들이 지난 어느 날 이 숲에는 소나무 사라지고 참나무만 가득하리라.'

숲은 그렇게 잠시도 쉬지 않고 자연스럽게 변해가고 있다. 생명이란 그렇게 잠시도 쉬지 않고 변화하는 것이다. 맹덕목장을 지났다. 과거에는 소와 염소 등을 키웠으나 지금은 키우지 않는다는 목장에는 가지런히 일구어놓은 밭고랑만 보였다. 목장을 돌아 들어간 숲에는 고사목들 많았다. 하늘을 향해 두 팔 들어 올려 호소하는 듯했다. 고사목 위로 하늘 파랬다. 숲은 이미 가을이 깊어가고 있었다. 단풍든 나뭇잎들 떨어져 산길을 울긋불긋 수놓고 있었다. 왕산 제1쉼터, 제2쉼터를 지나 산자락에 서니 멀리 누운 산줄기에 풍력발전소가 들어서 있었다. 파란 하늘과 하얀 발전기의 모습을 멀리서 보니 조화를 이룬 듯했다. 자연과 문명도 멀리서 바라보니 조화를 이룰 수 있을 것 같기도 했다.

고루포기산(1238.3미터)에 올랐다. 강원 평창군 도암면 수하리와 강릉시 왕산면 고루포기 마을 사이에 위치해 있는 태백산령의 지맥인 해안 산령에 딸려 있는 산이다. 주변의 발왕산, 제왕산, 능경봉의 명성에 가려 찾는 이들이 많지 않았다. 그러나 최근 들어 백두대간 종주를 하는 이들 많아지며 발걸음 잦아졌다. 겨울철에는 유난히 눈이 많이 쌓여 선자령(1168미터)과 더불어 겨울산행지로서 사랑받고 있다.

정상에는 알루미늄과 철재로 만든 벤치가 하나 놓여 있었고 고루포기산이라고 쓴 작은 푯말이 나무기둥에 걸려 있었다. 1000미터도 넘는 높은 산이건만 뒷산처럼 편안했다. 산길 이어갔다. 전망대를 만들려고 목재를 쌓아놓은 곳에서 점심식사를 했다. 풍력발전소가 더욱 가까이 보였다. 자연 속에 들어선 인위적인 설비들이 생경스러웠다. 가까이서 보니 자연과 문명은 아무래도 어울리지 않아 보였다. 확실히 자연이란 가까이 보면 볼수록 아름답지만 문명이란 멀리 떨어져 보면 볼수록 아

▲▲ 고루포기산 정상
▲ 자연이 만든 길

름답다. 문명이란 신기루인가보다.

산길을 걷는 것은 자연을 가까이서 보는 일이다. 자연과 함께 머물러 자연

스러워지는 일이다. 문명 속에서 살아오며 인위적으로 만들어진 마음의 생각과 습성들을 씻어내는 일이다. 나는 백두대간 걷는 내내 내 영혼이 다시 자유로워지기를 원했다. 끊어진 길 이어져 자유롭게 백두대간 따라 백두산까지 갈 수 있는 날이 오기 원했다. 이 땅이 입은 상처가 회복되기 원했다.

발걸음 멈추고 바라보았다. 살아 있으나 속이 텅 비어 있는 나무 안에서 새 생명이 자라고 있었다. 생명이란 저렇게 자유로운 것이다. 생명의 경이로움에 고개 숙여 경의를 표했다.

대관령을 지나며

차분하게 산길 이어갔다. 어느새 영동고속도로가 뚫려 있는 횡계치 지나니 사람들이 쌓아놓은 행운의 돌탑이 보였다. 돌멩이 하나 올려놓고 길을 나서니 옥잠화, 비비추, 산수국 피어 마음 씻어주었다.

능경봉(陵京峰, 1123.2미터)에 올랐다. 해는 구름 속에 있었으나 하늘은 맑았다. 멀리 바다 보이고 대관령의 초원이 보였다. 초원은 바다 같고 바다는 초원 같았다. 첩첩한 산줄기 그림 같이 늘어서 고요했다. 모든 것이 보이는 그대로, 있는 그대로 자연스러웠다. 그 느낌을 뭐라고 말할 수 있을까. 그저 마음 편안했다.

능경봉은 평창군 대관령면 횡계리 및 강릉시 왕산면 왕산리에 걸쳐 있다. 오르기가 다소 힘들기 때문에 찾는 이 적어 오히려 자연이 그대로 보존되었다. 백두대간이 동해를 끼고 설악산과 오대산, 황병산을 일으키고, 대관령에서 몸을 낮췄다가 다시 솟아오른 산이다. 눈이 많으나 산행거리가 짧아 눈 덮인 겨울 산을 즐길 수 있는 산으로 알려져 있다.

능경봉을 내려섰다. 참나무 몇 그루 서로 엉켜 살아가고 있었다. 서로 다른 몸을 지니고 태어났으나 서로 한 몸으로 살아가며 삶을 나누고 있었다. 서로 뿌리로부터 얻은 물과 영양소를 나누며 서로 해치지 않고 공존하고 있었다. 공존의 삶이다. 나무는 서로 소통하며 공존의 삶을 살아가지만 사람들은 대체로 그렇지 못하다.

이 산줄기에는 가슴 아픈 역사의 기억이 남아 있다. 대관령(大關嶺, 865미터) 가는 길 동쪽에 자리한 제왕산(帝王山, 840.7미터)에 남아 있는 이야기이다. 제왕산은 고려 말 우왕이 쫓겨온 곳이다. 우왕은 공민왕의 시녀 반야에게서 얻은 아들로 알려져 있다. 공민왕이 죽은 후 10세에 왕위에 올랐으나 공민왕의 자식이 아니라 신돈의 자식이라는 이성계의 주장에 몰려 왕위에서 쫓겨났다. 강화로 유배되었다가 강릉으로 옮겨진 후 이성계에 의해 1389년 살해되었다. 쫓겨난 왕의 최후가 대개 그런 것이라고 하지만 슬픈 이야기이다. 권력이란 원래 그런 것이라는 말로 모든 것이 이해될 수 있을까.

우왕이 마지막으로 머물렀던 곳이 바로 지금의 제왕산이다. 그곳에는 당시에 쌓았다는 제왕산성이 남아 지나간 역사의 아픈 기억들을 소리 없이 말해주고 있다.

'나무들처럼 몸 부비며 함께 살아갈 수 없을까? 그 어떤 신념이나 사상보다 생명을 더욱 소중히 여길 수는 없을까? 숲의 모든 생명들이 제각기 제 삶을

살아감으로서 풍성한 숲을 이루듯이 사람들도 제각기 제 삶을 살아감으로 다양하고 풍부한 사회를 이룰 수 없을까?'

▲ 풍력 발전기와 억새
ⓒ최창남

모두들 제각기 살아가라는 듯 산은 말이 없었다. 대관령으로 향했다. 대관령 가는 길가에 억새 피어 아름다웠다. 바람 불어 억새 흔들릴 때마다 마음도 흔들렸다. 발걸음 멈추었다. 길을 넘어서자 대관령이었다. 곳곳에 풍력발전기가 세워져 있었다. 거대했다. 곁을 지날 때마다 그 규모에 압도되곤 했다. 낯설고 생경했다. 그 생경함 때문이었는지 아흔아홉 험준한 고개를 오르내리며 대굴대굴 굴러 '대굴령'이라 했다는 대관령의 정겨움을 느낄 수 없었다.

대관령은 강원 강릉시와 평창군의 경계에 있는 고개로 서울과 영동을 잇는 관문이다. 대관령을 경계로 동쪽은 오십천이 강릉을 지나 동해로 흐르며 서쪽은 남한강의 지류인 송천이 된다. 이 일대는 황병산, 선자령, 발왕산 등에 둘러싸인 분지이다. 영서지방과 영동지방을 넘나드는 큰 관문이라 하여 대관령이라 불렸다는 이야기도 전한다.

대관령을 가로질러 선자령(仙子嶺, 1157미터)으로 들어가는 산길 초입에 있는 통신중계소로 향했다. 1950년대 말에 구축한 군사시설인 벙커를 철거한 자리에는 억새 무성하여 지나간 시대의 아픔을 잊게 했다. 통신중계소가 보였다. 오늘 산행의 목적지였다. 산행을 마쳤다.

저녁 오고 있었다. 하늘 어두워지고 산은 고요히 말이 없었다.

달맞이꽃 제 사랑을 마중하기 위해 꽃잎 활짝 펴고 있었다.

'기다릴 제 사랑이 있다는 것은 얼마나 행복한 일인가.'

노을 붉었다. 노을은 산줄기 붉게 물들이며 내려오고 있었다.

선자령 가는 길을 바라보았다. 길은 가깝고 산은 멀리 있었다.

멀리 있는 산줄기에도 붉은 노을 깃들고 있었다.

아름다웠다.

▲ 선자령 가는 길

안개
속에서 산을 만나다

#산행 마흔사흘째

산은 어둠 속에 있었다. 우리는 어둠 속으로 들어갔다. 길은 나무들 사이로 비집고 들어가 있었다. 헤드랜턴 불빛이 길을 열어주었다. 풀잎들 스치고 바람 차가웠다. 새벽 산행은 언제나 상쾌했다. 어둠에 잠긴 산길을 지날 때는 어둠에 모든 것을 맡길 수 있어 편안해서 좋았고 동 트기 전 새벽 어스름의 아스라함을 느낄 수 있어서 좋았고 동틀 때의 장중한 아름다움이 숲으로 스며드는 것을 볼 수 있어 좋았다. 햇살 받은 풀잎들 바람결에 출렁여 반짝이고 나뭇잎 수런거리며 몸 뒤집는 것을 볼 때마다 가슴 설렜다. 순간순간이 아름답고 충만했다. 바람 불고 있었다.

대피소 낙서에 담긴 염원

새봉(1060미터)이었다. 전망대에 올라 강릉시를 내려다보았다. 검은 구름이 하늘에 가득했다. 구름 사이로 도시의 불빛이 가물가물 보였다. 아름다웠다. 멀리 떨어져 보는 도시의 불빛은 언제나 아름다웠다. 멀리서 보는 도시의 불빛은 아스라한 별빛같았다. 그 별빛 아래 사람들이 살고 있었다.

어슴푸레 아침이 오고 있었다. 산길에 억새 가득하고 민들레, 엉겅퀴 피어 한가로웠다. 능선에 풍력발전기들 서 있었다. 거대한 날개가 돌아가고 있었다. 안개 짙었다. 가까이서도 보이지 않았다. 거대한 날개가 돌아가는 소리만 '쉬익 성' 하고 들려올 뿐이었다. 모든 것이 희뿌옇고 희미했다. 거대한 풍력발전기도 나무도 산길도 억새도 산길을 지나는 이들도 모두 희미했다. 마치 환상 속에 있는 듯, 꿈길을 걷는 듯했다.

부슬부슬 비가 내리기 시작했다. 빗줄기 조금씩 굵어지고 있었다. 안개 속에서 비 내렸다. 선자령(仙子嶺, 1157미터)에 도착했다. 안개 깊어 표지석 외에 아무것도 보이지 않았다. 선자령이란 이름에는 선녀의 전설이 깃들어 있다. 너무나 아름다운 계곡에 마음을 빼앗긴 선녀들이 자식들과 함께 내려와 목욕을 하고 하늘로 올라갔다고 하여 선자령(仙子嶺)이라는 이름이 붙었다고 한다. 예전에는 대관산, 보현산, 만월산이란 이름으로 불렸다. 선자령이 높은 산임에도 불구하고 고개처럼 '령(嶺)'으로 불리고 있는 것은 지형이 완만하고 다른 길과 만나는 지점이라는 특성을 가지고 있기 때문에 그렇게 불리게 된 것으로 보인다.

산이 머물러 마음을 닦는 곳이라면 고개란 떠나며 마음을 풀어놓는 곳이다. 만남의 설렘과 별리의 아픔 등을 남기며 새로운 길로 들어서는 길이다. 그렇게 선자령에 마음 풀어놓고 길 이어갔다. 안개 깊어 길이 보이지 않았다. 아

무엇도 보이지 않는 길을 따라 걸었다. 짙은 안개 속으로 들어갔다. 깊은 심연으로 들어가는 듯했다. 세찬 바람 불어 안개를 잠시 거둬갈 때면 숲 보이고 길 드러나곤 했다. 넓은 길 오른편에는 신갈나무 가득했고 왼편으로는 작은 소나무 빼곡히 심어 있었다. 풍력발전기를 세우느라 숲을 베어 초지를 만든 후 일부 구간에 작은 소나무들을 심은 것 같았다.

길가에 곤신봉(1127미터) 표지석이 외롭게 서 있었다. 풀잎 가녀린 몸은 바람에 일렁이며 곤신봉을 위로하는 듯했다. 길은 곤신봉 정상을 가로지르고 있었다. 산봉우리의 정상에 서 있다는 느낌이 들지 않았다. 오르막이라 할 것도 없이 걸어온 길 때문이기도 했고 초지가 펼쳐 있기 때문이기도 했다. 곤신봉 정상은 초지를 품고 있었다. 초지를 바라보았다. 죽어 부러진 나무 한 그루 깊은 안개 속에 서 있었다. 바라보았다. 수많은 이야기들을 들려줄 것 같았다.

동해전망대에 이르렀으나 안개로 인해 아무것도 보이지 않았다. 전망대 옆에 긴급대피소가 있었다. 커다란 물탱크처럼 보이는 것으로 만든 대피소였다. 흰 페인트칠 되어 있었다. 창문도 있었다. 창문 위에 붉은 페인트로 '긴급대피소'라고 적혀 있었다. 웃음이 났다. 재미있었다. 나무로 울타리도 쳐 놓았다. 그럴 듯했다. 대피소 들어가는 입구 쪽에는 솟대까지 세워져 있었다. 솟대를 보고 나니 왜소하게만 느껴졌던 긴급대피소가 사랑채 같

▲ 안개 속에 서 있는 나무 한 그루
ⓒ최창남

고 몸 기대고 마음 편히 쉴 수 있는 안방 같았다. 마음 편안해졌다.

솟대는 정월 대보름에 동제(洞祭)를 올릴 때 마을의 안녕과 풍년을 염원하며 마을 입구에 세웠던 마을의 수호신이다. 솟대 위의 새는 대개 오리를 세웠으나 이외에도 기러기나 갈매기 등을 세우기도 했다. 물을 상징하는 물새들을 장대 위에 세움으로써 마을의 안녕과 풍년을 보장하는 수호신으로 삼은 것이다. 대피소 안으로 들어가니 사면이 모두 낙서로 가득했다. 대개 '000사랑해!' '000야, 행복하자!' 등의 내용이었다. 그 낙서 하나하나에 사람들의 간절한 소망과 염원이 담겨 있었다. 솟대가 그 소망과 간절한 염원들을 이루어주길 바랐다.

▲▲ 긴급 대피소
▲ 대피소 안에서

또다시 출입금지 지역을 지나다

긴급대피소에서 간식 먹으며 충분히 쉰 후 산행을 이어갔다. 매봉(鷹峰, 1173미터)을 지났다. 매봉에서부터 노인봉까지 비법정탐방로였다. 백두대간은 그 길로 지나고 있었다. 오대산 국립공원에서 세운 출입금지 안내판이 보였다.

'여기는 오대산 국립공원의 출입금지 지역입니다. 백두대간 마루금인 이 지역은 핵심 생태 축이자 자연생태계의 보고로 작은 인위적인 간섭에도 민감한 야생동·식물의 마지막 도피처로 멸종위기 2급인 삵, 담비, 무산쇠족제비, 노랑무늬붓꽃이 살고 있습니다.

백두대간 종주 과연 국토 사랑의 올바른 방법일까요? 이곳만은 자연에게 양보합시다.'

참으로 마음 편치 않았다. 마치 백두대간을 지나는 이들이 생태계를 파괴하는 주범인 것처럼 느끼도록 써놓았다. 마음 씁쓸했다. 백두대간을 지나는 이들은 모두 산을 사랑하고 숲을 지키고 생태계 보호를 위해 협력하고 수고할 수 있는 사람들인데 생태계 파괴의 주범인 것처럼 느끼도록 묘사되어 있었다.

출입금지지역을 만들어놓은 뜻을 이해하지 못하는 것은 아니지만 참으로 한국의 숲은 이들 때문에 파괴되고 있는 것이 아니다. 나는 전문산악인도 아니고 산을 다녀본 적도 별로 없는 사람이지만 백두대간을 종주하며 분명히 알게 된 것이 있다. 금산 무너지고 자병산 무너진 것은 백두대간을 지나는 사람들 때문이 아니다. 백두대간 지나는 금산의 돌을 캐서 철도의 자갈로 쓰고 석회석을 얻기 위해 자병산을 무너뜨린 이들은 백두대간을 지나는 이들이 아니다.

앞에서도 말했지만 나는 국립공원 관리공단의 숲과 생태계를 지키기 위한 노력을 적극적으로 지지한다. 다만 홀로 하지 말고 산악인들과 힘을 합해 함께 하기 바란다. 자병산이 더 이상 무너지지 않도록, 금산이 더 이상 깎이지 않도록 하기 위해 산악인들과 국민들과 힘을 합해 정부가 이 문제를 해결할 수 있도록 제안하고 설득하기 바란다. 국립공원 관리공단이 이러한 노력을 적극적으로 해나간다면 백두대간 지나는 이들은 적극적으로 지지하고 참여할 것이라고 믿는다.

한반도는 백두대간이 솟아오르며 이룬 땅이다. 백두대간이 솟아오르며 들을 만들고 강을 품어 흐르게 함으로 모든 생명들이 살아갈 수 있도록 해준 생명의 바탕이다. 그러하기에 옛 사람들은 백두대간 마루금을 하늘길이라고 믿었던 것이다. 백두대간은 단지 산길이 아니라 우리 민족의 신앙이며 정신이며 삶의 바탕인 것이다. 그러므로 마땅히 백두대간을 국민 모두에게 돌려주어야 한다. 그러면 우리 민족의 정체성도 확립되고 숲과 생태계에 대한 인식도 더욱 깊어질 것이라고 믿어 의심치 않는다. 백두대간을 국민들에게 돌려주면 숲이 파괴되고 생태계가 보존되지 않을 것이라고 생각하는 것은 너무 소극적인 생각이다. 탐방로가 잘 정비되어 있다면 그 길을 벗어나 산행을 할 등산인은 없을 것이기 때문이다.

▼ 안개 속 나무 세 그루
ⓒ최창남

안개는 여전히 짙었다. 끝나지 않는 안개의 숲을 지나는 것 같았다. 안개 속에 나무 세 그루 나란히 서 있었다. 가까운 듯 먼 듯 아스라하기만 했다. 소황병산(小黃柄山, 1430미터)을 지났다. 산봉우리라고 할 것도 없이 끝없이 초지 이어져 있었다. 바람 불어 안개를 밀어낼 때마다 초지는 이어져 있었다. 초지 사이로 한 사람 지날 만한 길이 나 있었다. 길에도

▲ 안개 속을 걷다

풀이 자라 잘 구분이 되지 않았지만 분명히 길이 있었다. 길을 따라 갔다. 길가에 구절초 가득했다. 안개에 취했던 탓일까. 걸으면서 졸았다.

　　노인봉대피소(1297미터)에 도착했다. 노인봉(老人峰, 1338미터)에 올랐다. 노인봉은 대간길에서 조금 벗어나 있었다. 노인봉은 오대산 국립공원의 권역에 속해 있다. 강원도 강릉시와 평창군의 경계를 이루고 있는 산으로 유명한 소금강계곡을 산자락에 거느리고 있다. 정상에 화강암 봉우리가 솟아 있다. 그 모습을 멀리서 바라보면 백발노인처럼 보여 노인봉이라는 이름을 갖게 되었다고 한다.

　　노인봉에 오르자 안개가 조금 걷혔다. 하루 종일 안개 속을 지나며 촬영을 제대로 하지 못한 촬영팀은 촬영을 하느라고 분주했다.

　　진고개를 향했다. 안개는 거의 걷혀 있었다. 진고개 가는 길은 아름다웠다. 두 세 사람은 나란히 서서 지날 수 있는 너른 길 아래엔 완만한 경사를 지닌 골짜기가 있었다. 풀로 덮인 골짜기였다. 초지였다. 구름 지나고 있었다. 풀 덮인 골짜기와 숲과 구름과 산과 길이 자연스럽게 조화를 이루고 있었다. 산길 지나는 것이 아니라 산의 일부가 된 듯했다. 마음 한없이 편안했다. 조금 더 걸어가자 돌길이 나왔다. 돌길 내려가자 '여기는 진고개 정상입니다'라고 쓴 안내판이 보였다. 비만 오면 땅이 질어져 진고개라 불렀다는 고개에는 도로가 놓여 있었다. 이제 더 이상 진고개가 아니었다.

"모두들 수고하셨습니다."

"수고하셨습니다."

서로를 격려하고 위로 했다. 잠시 그쳤던 비가 다시 내리기 시작했다. 모두들 온몸이 젖어 있었다. 서둘러 차를 타고 숙소로 향했다.

씻고 부엌으로 가다 보니 헛간 우리에 눈 맑은 소 두 마리 나를 바라보고 있었다. 나도 바라보니 고개를 흔들며 인사를 하는 듯했다. 눈인사 나누고 헛간 옆 부엌을 들여다보니 김 대장이 사람 좋은 웃음을 웃으며 아궁이에 젖은 등산화를 말리고 있었다. 마른장작 타는 냄새가 구수했다. 아궁이에서 연기가 오르고 있었다.

▼ 등산화를 말리는 김 대장
ⓒ최창남

집에 있는 듯 마음 편안한 저녁이었다.

오대산의
품에
들다

#산행 마흔나흘째

산행준비를 마치고 차에서 내리니 새벽하늘에 별 총총했다. 영롱히 빛나며 진고개를 비추고 있었다. 유난히 빛나는 별들 있었다.

'저 별들 중에 항성도 있겠지……'

항성은 행성과 달리 스스로 빛을 발하는 별이다. 태양과 같은 붙박이 별이다. 나는 밤하늘의 별을 보는 것을 즐겨하던 유년 시절부터 항성처럼 스스로 빛나기를 소망했다. 항성의 중력에 이끌려 주위를 맴돌 수밖에 없는 행성처럼 항성의 빛을 받아 빛나고 싶지 않았다. 아무리 작은 빛이라도 내 마음의 빛, 내 영혼의 빛을 지닐 수 있길 바랐다. 행성이라고 보잘것없는 별은 아닌데도 다른 별의 빛을 받아 빛나는 것이 싫었던 모양이다.

이런 생각은 어른이 되어서도 지속되었던 것 같다. 그런 생각은 대체로 나를 강하게 만들어주었다. 그러나 때로는 몹시 힘들게 했다. 사람들은 누구나 정도의 차이는 있겠지만 항성과 같은 빛을 지니고 있다. 스스로 깨닫지 못하고 있을 뿐이다. 있는 것을 보지 못하면서 찾으려고 했으니 하지 않아도 되는 갈등과 번민의 날들을 보낼 수밖에 없었다. 그런 날들로 인해 때로 나의 젊은 날들은 힘들고 고달팠다. 생각해보면 그런 번민과 고통의 시간들조차도 새벽하늘의 별처럼 아름다웠다. 아름다웠던 날들이었다.

낙엽 한 장의 사랑

동대산으로 올라갔다. 여기서부터 온전하게 오대산(伍臺山, 1563.4미터)의 품이었다.

오대산이라는 이름은 신라시대 지장율사가 지은 이름으로 전해진다. 당나라 유학 당시 공부했던 중국 산서성 청량산의 다른 이름이 바로 오대산이다. 지장율사가 귀국하여 전국을 순례하던 중 백두대간에 자리한 이 산을 보고 오대산이라고 이름 지었다고 한다. 오대(伍臺)는 비로봉(毘盧峰, 1563미터), 호령봉(虎嶺峰, 1560미터), 상왕봉(象王峰, 1493미터), 두로봉(頭爐峰, 1421미터), 동대산(東臺山, 1433미터) 등 다섯 봉우리를 말하는 것이다. 제1봉은 비로봉이다. 비로란 비로자나불을 의미한다. '부처의 진신(眞身)'을 의미하는 말이다. 연화장세계에 살면서 그의 몸은 법계에 두루 차서 큰 광명을 내비추어 중생을 제도하는 부처이다. 그러니 비로봉은 부처의 산이다. 오대산은 부처를 중심에 모신 불교신앙의 성지이다. 오대산 외에도 비로봉이라는 이름을 가진 봉우리들이 우리나라의 산에는 많다. 금강산 비로봉, 치악산 비로봉, 속리산 비로봉과 소백산 비로봉 등이다. 모두 부처의 산이다. 문수보살이 일만의 권속을 거느리고 살고 있는 부처의 땅이며 부처의 법을 온누리에 비추는 산이다. 그런 까닭이었을까. 오대산은 주봉인 비로봉을 비롯해서 다섯 개의 연봉이 연꽃처럼 피어오른 것과 같은 모양이라고 한다. 오대산은 1975년 국립공원으로 지정되었다.

진고개에서 동대산(東臺山, 1434미터)으로 오르는 길은 한 번의 내리막도 없었다. 간간이 불어오는 바람에 숨을 가다듬으며 올랐다. 아침 오고 있었다. 햇살은 깊고 울창한 숲을 뚫고 들어오지 못한 채 나뭇가지에 걸려 있었다. 나뭇잎 사이로 햇살 빛나고 있었다. 숲은 점점 깊어지고 있었다. 동대산에 올랐다. 연곡천과 평창강을 품어 흐르게 하는 산으로 태백산령의 줄기를 이루는 오대산령에 속한 산이다.

해 떠오르고 있었다. 산줄기마다 능선을 따라 붉은 기운 서려 마치 오로라처럼 빛나고 있었다. 빛으로 마음 그득했다. 차돌백이(1200미터)로 향했다. 숲은 깊고 울창했다. 나무들은 세월의 흔적을 감고 있는 듯 가지들은 굵었고 껍질은 두꺼웠다. 우람한 나무들이 몸 구부리고 가지 뒤틀려 살아가고 있었다. 세찬 바람에 쓸리고 눈에 눌린 때문이다. 원시림 같았다.

산길에는 나뭇잎 떨어져 수북했다. 숲은 이미 깊은 가을이었다. 발바닥으로 낙엽의 느낌이 전해졌다. 푹신하고 따스했다.

산길 덮은 낙엽들은 한겨울 혹한의 찬바람으로부터 나무뿌리는 물론 흙 속에 사는 미생물들이 얼어 죽지 않도록 지켜준다. 그 미생물들로 인해 흙은 봄과 함께 새로운 생명들을 품어 자라게 한다. 그러니 떨어진 낙엽은 새로운 생명을 준비하는 전령사이며 새로운 생명을 품어 안은 대지의 일부이다. 겨울 지나

고 봄 되어 하늘과 땅의 온도가 같아지는 날이 오면, 하늘과 땅의 마음이 같아지는 날이 오면, 하늘과 땅이 서로 만나 사랑하게 되는 날이 오면 언 땅 녹고 물 흘러 식물들은 제각기 싹 틔우고 잎 내며 꽃 피우는 것이다.

낙엽 한 장의 사랑이라고 할까. 낙엽 한 장의 소중함이 가슴으로 전해진다. 사랑이란 다른 것들을 받아들이는 것이다. 나와 다른 것을 받아들일 줄 모르는 것은 이미 사랑이 아니다. 그것은 단지 소유욕이고 탐욕이고 아집일 뿐이다. 아무리 사랑이라고 말한다고 하더라도.

나뭇잎 수북이 쌓인 길 곁에 산목련과 물박달나무 있었다. 거대한 신갈나무들도 많이 보였다. 소나무들은 보이지 않았다. 오래된 숲이다. 소나무에서 참나무로 숲의 천이가 진행된 지 오래된 숲이다. 깊고 울창한 숲으로 인해 햇볕이 잘 들지 않는 숲에는 살아 있는 나무들에게도 이끼가 잔뜩 올라 있었다.

커다란 흰 돌들이 보였다.

"선생님, 저 돌들이 부싯돌이에요. 들 수만 있으면 한손에 하나씩 들고 탁탁 치면 불꽃이 일지요. 제일 큰 부싯돌이에요. 그래서 살아 있는 돌이라고 해서 산돌이라고도 부릅니다."

▲ 차돌백이

김 대장의 말이었다. 둘러보니 산 경사면에 산돌이 많았다. 아주 자그마한 산돌 하나만 가지고 있으면 언제든지 불을 얻을 수 있을 것이라는 생각에 홀로 웃었다.

산길에 연리목 여러 그루 보였다. 단풍나무 노랗게 물들어 있었다. 1260미터 봉우리를 지나고 신선목이^(1120미터)를 지나니 나무들 붉게 물들어 숲은 온통 불타는 듯했다. 산봉우리가 노인의 머리처럼 생겼다고 해서 그대로 이름이 된 두로봉^(頭老峰, 1422미터)에 오르니 나뭇가지 사이로 보이는 산줄기들이 하늘을 닮아 파랬다.

구룡령 가는 길에 날아온 소식

예부터 신 돌배가 많았다는 신배령^(新梨嶺, 1173미터)에서 지친 몸을 쉬었다. 점심식사를 했다. 자리에 앉자마자 누군가 말했다.

"문자 받으셨어요? 최진실이 자살했대요."

이미 모두들 알고 있는 듯했다. 믿겨지지 않았다. 개인적으로 어려운 일들이 있었지만 누구보다도 열심히 살려고 했던 유명 배우가 자살했다는 사실은 너무나 충격적이었다.

'너무 오랜 세월을 늘 사람들 속에 있었기 때문이리라.'

홀로 있어 보아야 진정으로 함께 있을 수 있다. 홀로 있어 보지 못한 사람은 함께 살아가는 삶의 의미와 즐거움을 온전히 깨닫기 어렵다. 함께 살아가는 삶의 의미와 즐거움을 온전히 깨닫지 못하면 함께 있어도 늘 홀로 있는 듯 외로롭다. 그래서 홀로 있는 시간을 견디지 못하게 된다. 참으로 마음 아팠다. 그 영혼이 조금이라도 위로받기를 기도했다.

예기치 못한 죽음을 전해 들은 탓일까. 불현듯 오래전 이 땅에 살았던 다른 죽음이 떠올랐다. 차기석이다. 차기석은 동학지도자였다. 강릉, 양양, 원주, 횡성, 홍천 등 5읍의 대접주였다. 그는 홍천 서석을 중심으로 수천 명의 농민군을 모아 활동했으며 풍암리 전투에서는 800여 명의 사상자를 내면서도 굴하지 않고 내면 쪽으로 후퇴하여 끝까지 항전했다. 이 전투로 인해 이 지역은 강원도 농민항쟁 최후의 전투지가 되었던 것이다. 그는 토벌군에 의해 생포되어 강릉 땅에서 효수당했다.

시대도 역사도 삶도 전혀 다른 두 사람의 죽음을 대하며 마음 무거웠다. 마음 돌리려 애썼다. 바람 잔잔하게 불어왔다. 하얀 어수리 소담스럽게 피어 바람에 흔들렸다. 나를 위로하는 듯했다.

지나는 산길마다 산줄기 아련했다. 산과 하늘이 맞닿는 곳은 하얗게 빛나고 있었다. 하늘은 파랬고 산은 검었다. 만월봉(滿月峰, 1280.9미터) 지나고 매가 엎드린 모양을 하고 있다는 응복산(鷹伏山, 1369.8미터) 지나니 마늘봉(1126.5미터)이 지척이었다. 응복산을 내려왔다. 돌계단 지나니 나무계단 이어져 있었다. 오늘의 목적지인 구룡령까지 6.7킬로미터 남았다는 이정표가 보였다. 마늘봉 지나 약수산(藥水山, 1306.2미터)에 올랐다. 산이 품고 있는 약수로 인해 약수산이라는 이름을 얻게 된 산이다. 약수산에서 발원하는 미천골에는 불바라기약수(미천약수)가 있고,

약수산과 갈전곡봉 사이 구룡령 계곡에는 갈천약수가 있다. 양양 주민들은 오색약수보다 이 약수를 더 인정한다고 한다.

구룡령(九龍嶺, 1013미터)을 향했다. 원래 지명은 장구목이다. 도로가 나기 전 강원도 홍천에서 속초로 넘어가던 고개이다. 일만 골짜기와 일천 봉우리가 120여 리 고갯길을 이룬 모습이 마치 아홉 마리 용이 지난 듯하다 하여 구룡령이라는 이름을 얻었다고 한다.

하지만 아쉽게도 우리가 지금 구룡령이라고 알고 있는 56번국도가 지나는 고개는 원래의 구룡령이 아니다. 이 도로는 일제 강점기 때 일본인들이 자원수탈 목적으로 원래의 구룡령 고개에서 1킬로미터가량 떨어진 곳에 개설한 비포장도로이다. 그 후 1994년 이 도로를 포장하여 오늘에 이르는 것이다. 일제 당시 일본인들이 지도에 원래 구룡령의 위치를 표기하지 않고 자신들이 만든 비포장도로를 구룡령으로 표기하면서 위치가 잘못 알려지기 시작한 것이다. 더욱이 1994년 이후에는 모든 지도와 행정 표기에서 구룡령의 위치가 현재의 고개로 표시되었으니 원래의 구룡령을 찾지 않는 것은 당연한 일이라 아니할 수 없다.

▲ 약수산 정상

구룡령 옛길은 최대한 경사를 뉘여 자연스럽게 만들어져 있어 노새에 짐 싣고 오르면서도 그저 숲길 걷는 듯 숲 느끼며 여유롭게 걸을 수 있는 길이다.

그 길 걸어보고 싶은 마음 간절했다. 마음 내려놓고 그 길 지나며 산과 함께 걷고 싶었다.

구룡령으로 가는 길에 고사목 줄지어 서 있었다. 고사목 위로 산줄기 보였다. 붉은 노을 깃들고 있었다. 구룡령으로 내려섰다. 폐쇄된 산림전시관이 있었다. 빈 건물 앞으로 바람 지났다. 쓰레기 날렸다. 황량했다. 다소 흉물스러웠다. 구룡령의 정취를 찾을 길 없었다.

구룡령 고개에도 노을빛 어리고 있었다.

모든 것이 붉게 물들고 있었다.

▲ 구룡령

늘재 2.

우복동천

시루봉 3.

우복동천

회란석 6.

우복동

조항산 3.

백두대간

청화산,
구룡령
에서
한계령
까지

(2008년 10월 7일~10월 9일)

청화산, 구병산에서 한계령까지

청화산은 맑은 기운을 품고

산행 마흔닷새째 날

청화산을 향했다. 오늘 아침 산행이 변경되었다. 원래 계획은 오대산으로 올라가 구룡령에서 조침령까지 가는 것이었다. 오대산 지역에 제법 많은 비가 내린다는 일기예보 때문이었다. 비가 오면 촬영을 할 수 없으니 어쩔 수 없는 일이다. 강원도로 가야 할 차는 충청도로 향했다. 우천으로 인한 어쩔 수 없는 변경이었지만 마음 편하지 않았다. 계획이 변경되었다는 단순한 사실 때문이 아니었다. 누더기처럼 이어진 우리의 백두대간 종주를 보는 것 같았기 때문이었다.

우리의 백두대간 종주는 누더기처럼 이어져 있었다. 지리산 천왕봉에서부터 진부령까지 가지런히 뻗어간 것이 아니라 천방지축 이리 왔다 저리 갔다 하며 겨우겨우 이어져 있었다. 백두대간은 오로지 올곧게 뻗어 올라 있는데 백두대간을 지나는 우리는 지리산에서 백두산을 향해 가고 있는지 백두산에서 지리산으로 내려오고 있는지 착각이 들 정도로 종횡무진이었다.

나는 늘 전문산악인들에게 묻고 싶었다. '참으로 이런 것을 진정한 백두대간 종주라고 말할 수 있는가'라고 말이다. 물론 이것은 그들만의 잘못은 아니다. 백두대간을 오랜 세월 잃어버리고 살아온 우리 모두의 잘못이다. 이 땅의 현실일 뿐이다. 제 땅을 있게 한 마음의 고향 백두대간을 제 나라 백성이 마음껏 걷지 못하는 현실이다. 걸으면 범법자가 되는 것이 우리의 현실이다. 그것이 무서워 이리저리 피해 산을 타는 내 모습이 때로 너무 참담하여 스스로 낯부끄러웠다. 가슴 너무나 아팠다.

늘재로 돌아오다

늘재(380미터)로 향했다. 늘재는 지리산 천왕봉에서 북으로 힘차게 뻗어가던 백두대간이 속리산 구간에서 깊은 산줄기와 온갖 기암괴석을 만들며 재주와 멋을 부린 후 내려앉아 숨을 돌리고 있는 곳이다. 백두대간은 이곳 늘재에서 다시 청화산(靑華山, 984미터)을 향해 치솟아 올라 조항산(953.6미터), 대야산(930.7미터), 장성봉(916.3미터), 희양산(999미터) 등으로 산줄기를 뻗어 나가고 있다.

날씨 맑고 싱그러웠다. 차창으로 바람 들어왔다. 상쾌했다.

'이번에는 길을 열어줄까?'

차창 밖에 늘어선 산줄기를 보다 이런저런 생각에 잠겼다. 지난 6월 말과 7월 초에 오르려고 했으나 두 번이나 길을 열어주지 않았던 산이다. 산길 열어주기를 기도했다.

▲ 청화산
ⓒ최창남

　청화산은 경상북도와 충청북도 3개 시군의 경계를 이루며 괴산군에 위치해 있다. 조릿대 군락과 소나무가 많아 겨울에도 푸르게 보인다. 전설에 의하면 수십 리 밖 어디에서 바라보아도 산 모양이 맑고 깨끗하며 항상 화려하고 푸르게 빛나는 아름다운 산이라 하여 청화산이라고 부르게 되었다고 한다. 조선시대의 훌륭한 인문지리 학자였던 이중환이 그의 저서 '택리지'에서 '금강산 남쪽에서는 으뜸가는 산수'라고 말했다고 하니 청화산과 이 일대의 아름다움을 짐작할 수 있다.

　청화산은 빼어난 경관뿐 아니라 풍수지리에서 말하는 복된 땅(福地)을 품고 있는 것으로도 유명하다. 전란, 질병, 기근 등의 삼재가 들지 않는 땅이다. 이른바 십승지(十勝地) 가운데 하나인 땅이다. 바로 청화산 아래 마을인 상주시 화북면 용유리가 그곳이다. 실제 그 마을은 소의 배속(牛腹洞)처럼 안온한 형상을 하고 있다. 시루봉, 청화산, 문장대, 천왕봉, 형제봉, 갈령, 도장산으로 이어지는 둥근 산줄기 안의 분지에서 바깥세상으로 트인 곳은 시루봉과 도장산 사이 용유리의 병천뿐이다. 참으로 우복동의 형세라 아니할 수 없다.

풍수지리에서 말하는 십승지나 우복동은 힘없어 이리저리 내몰리며 살아온 가난한 민초들의 간절한 염원이 담겨 있는 공간이다. 가진 것 없는 고단한 그들의 현실이 산을 보고 땅을 보게 만든 것이다. 산이나 땅은 변하지 않으니 말이다. 결코 배신하지 않으니 말이다. 그래서 그들은 산을 보고 땅을 찾아 십승지를 말하고 우복동을 꿈꾼 것이다. 전쟁, 질병, 기근 등의 삼재뿐 아니라 어떤 천재지변에도 피해 입지 않고 평화롭게 살 수 있는 안전한 땅, 복된 땅이다. 바로 그들의 이상향, 희망의 땅이었던 것이다.

늘재에 도착했다. 지난 초여름 찾았던 늘재는 그 모습이 달라져 있었다. 나뭇잎 떨어져 이미 가을 깊어가고 있었다. 변하지 않은 것도 있었다. 이곳이 낙동강과 한강의 분수령이라는 것을 알리는 안내판도 그대로였고 백두대간비도 그 자리에 있었다. 성황당과 성황당유래비도 여전히 제 자리에 있었다.

▲ 성황당
ⓒ최창남

뭉게구름 가득한 하늘은 맑았다. 푸르른 산은 깊어지고 깊은 산줄기는 뚜렷했다. 모든 것이 분명하게 제 빛을 드러내고 있었다. 보는 것만으로도 맑은 산이라는 것을 쉽게 알 수 있었다.

'참으로 조릿대 가득하고 소나무 많은 산이라서 이렇게 맑은 기운 가득한 것일까?'

청화산으로 들어가다

산으로 들어갔다. 산 오르는 길에 밧줄 매여 있고 나무 곁에는 돌탑이 차곡차곡 정성스레 쌓여 있었다. 나뭇잎 붉고 노랗게 물들어 울긋불긋했다. 산길에 나뭇잎 수북했다. 산허리를 지나자 많이 보이던 소나무들 드문드문했다. 참나무들 많이 보였다. 이곳에서도 소나무숲은 참나무숲으로 천이되고 있었다.

참으로 자연이란 잠시도 쉬지 않는다. 생명이란 잠시도 머물러 있지 않고 흐른다. 우리가 알지 못할 뿐이다.

바람 불어 날씨 선선했다. 가을 깊어가는 청화산은 가을의 청명함과 어울려 시린 듯 맑았다. 잠시 시야가 열린 바위에 올라 하늘을 보니 가슴 시리도록 맑고 산줄기 청청했다.

▲ 청화산 정상
ⓒ최창남

청화산에 올랐다. 커다란 바위 위에 서 있는 표지석은 단정한 모습이었다. 오목하게 파인 청화산이라는 글씨도 파란색 물감으로 칠해져 있었다. 맑고 푸른 산이라는 이름에 어울렸다. 전체적인 구도도 보기 좋았다. 표지석을 만들고 설치한 이들에게 고마운 마음 표했다.

산 내려오는 길에 단풍나무 붉게 물들어 타는 듯했다. 산길 전체가 울긋불긋하여 잔치 준비를 하고 있는 듯했다. 하기야 잔치가 별것이겠는가. 한세상 잘 살았으니 이제 떨어져 다시 흙으로 돌아가기 전에 몸단장 한 번 그럴 듯하게 하고 잔치를 벌이는 것이 무슨 허물이 되겠는가 말이다. 마음 가벼웠다. 앞선 이들 멀리 보내고 천천히 산행을 즐겼다. 조릿대 무성한 숲을 지나기도 하고 떨어진 낙엽을 주워 들고 바람에 날려보기도 했다. 쪼그리고 앉아 길에 떨어진 참나무 잎들을 세어보기도 했다.

마음 편안했다. 홀로 걷는 산길이 행복했다. 산길 걸으며 이런저런 마음의 생각들과 짐을 내려놓을 수 있었다. 마음 비울 수 있었다. 빈자리에 청화산의 맑은 기운이 지났다. 마음 상쾌하고 홀가분했다. 청화산이 들려주는 많은 이야기들이 빈 마음자리로 들어왔다. 비우려고 떠난 산행에서 더 많은 것을 얻어가는 것 같았다. 조금 저어되었으나 염려하지 않았다. 그저 산을 느끼고 걷는 것을 즐겼다. 산과 숲과 나무와 풀과 새와 바람과 구름과 하늘과 그들 모두와 함께하고 싶었다.

나는 산을 홀로 지나며 함께 있음의 소중함을 다시 조금씩 깨달아 가고 있었다.

청청하던 산줄기 파랗게 변해가는 것을 바라보다 내려선 산길 바위 곁에 구절초 한 송이 홀로 피어 있었다. 나를 보는 것 같아 반가운 마음이었다. 갓바위재를 지나 상궁마을을 향했다. 보이지 않던 굴참나무가 무리지어 자라고 있었다. 길에는 밤송이 무수히 떨어져 있었다. 입 벌리고 있는 것도 있었다. 고개

기울여 들여다보니 밤 두 알 가지런히 담겨 있었다. 탐스러웠다.

내려선 상궁마을은 아늑하고 편안했다. 고요했다. 넓은 밭 사이로 집이 드문드문 보였다.

햇살 눈부시게 내리고 있었다.

구룡령으로 향했다.

그리움 가득해지는 오후였다.

▲▲ 굴찰나무
ⓒ최창남
▲ 밤송이
ⓒ최창남

조침령 지나며

\# 산행 마흔엿새째

눈을 뜨니 방 창으로 불빛 희미하게 비추었다. 밤을 지킨 외등 불빛이었다. 사위 고요했다. 빗소리 들려왔다. 어제 저녁부터 내리던 비였다.

지난 7월 남겨두었던 청화산 산행을 마치고 구룡령으로 올라와 민박집을 찾아 들었다. 식사를 마치고 앞으로의 산행 일정을 의논한 후 방으로 들어서니 밤 9시 30분이었다. 지난 5월 20일부터 시작한 백두대간 종주산행은 어느덧 그 끝을 보이고 있었다. 10월 16일, 다음 주 목요일에 진부령으로 내려서는 것이다. 지난 시간들을 생각했다. 지리산에 처음 오르던 날, 노고단까지 15시간 30분을 걸었던 날, 근육통으로 다리를 절며 걸었던 많은 날들, 밧줄에 의지해 넘었던 산길들, 너무나 깊은 아름다움에 마음 내려놓으며 눈물 흘렸던 순간들, 숨결 멎게 할 만큼 아름다웠던 야생화들, 산이 강을 품어 흘려보내고 있음을 깨달았던 순간들, 강과 산과 산줄기와 백두대간의 의미를 하나하나씩 새겼던 순간들…… 그 모두가 떠올랐다. 그 날들의 느낌들을 산행일기수첩에 기록했다.

백두대간은 하늘길이다. 이 땅 모든 생명들의 삶은 백두대간으로부터 시작되었다. 백두대간 솟아올라 수많은 산줄기 뻗어내며 들 이루고 10개의 큰 강 품어 흐르게 함으로 생명들은 살아갈 수 있었다. 백두대간 산줄기와 산이 품어 흘려보내는 강줄기는 삶의 터전이고 시작이었다. 옛사람들은 하늘로부터 생명을 받는다고 생각했다. 하늘이 생사를 주관한다고 믿었다. 그들에게 있어 모든 생명의 바탕인 백두대간은 하늘세상이었고 하늘로 가는 길이었다.

그 길을 걷는다는 것은 하늘로 오르는 것이요 하늘의 사람이 되어 이 땅에서 살아가는 것이었다. 백두대간이 품어 이 땅 구석구석으로 흘려보내고 있는 강줄기처럼 구석구석 스며들어 모두를 살리는 삶을 살아가는 것이었다. 물처럼 가장 낮은 곳으로 스며들어 모든 생명을 살리는 삶이었다. 그러므로 그들에게 있어 백두대간은 그저 산길이 아니라 마음을 닦는 길이었다. 그러하기에 마음으로 산을 오르고 걸었던 것이다. 산줄기의 오르고 내림을 느끼고 산의 소리를 들으며 자신의 마음을 돌아보곤 했다. 그리하여 한 번도 끊어지지 않은 채 구름 위를 흐르는 이 산길처럼 그들도 사람들 속으로 흘러들어갔다. 백두대간 그 장엄한 산줄기를 세상으로 흘려보낼 수 있었다.

이처럼 백두대간이 사람들의 마음으로 흘러들을 때에야 비로소 이 땅의 등줄기이며 생명의 고향인 백두대간은 우리 안에서, 우리 민족 안에서 되살아나게 될 것이다.

나 홀로 다른 모습으로 걷는 숲길

시계를 보니 새벽 4시였다. 간단히 스트레칭을 하고 산행준비를 했다. 아침식사를 위해 마당으로 나서니 빗줄기 가늘어져 있었다. 불빛 비추었다. 빗줄기 불빛 받아 반짝이고 운무 소리 없이 흐르고 있었다. 마치 불빛을 따라가는 듯했다. 다른 세상에 머물러 있는 것 같았다. 가볍게 식사를 하고 산으로 갔다. 산허리 굽이굽이 돌아드는 산길을 따라 올랐다. 구룡령이었다. 운무 가득했다. 어둠 속에 홀로 있던 표지석이 외로워 보였다.

계속되는 새벽 산행 탓이었을까. 어둠이 익숙했다. 산으로 들어갔다. 구룡령 옛길 정상이라는 이정표가 보였다. 옛길 안내판도 있었다. 이제는 많은 사람들에게서 잊힌 길이다. 그 길 걸으며 그 길 느껴보고 싶었다.

숲과 조화를 이루고 있는 구룡령 옛길에는 민초들의 삶의 흔적들이 남아 있다. 특히 일제강점기 때 숯을 구웠던 재탄장과 함께 철광의 흔적도 남아 있다. 철로 만들어진 농기구의 원재료를 이곳에서 생산했다. 지금도 철을 캐던 동굴이 그대로 남아 있다. 광산이 일제 강제 수탈의 현장이었던 점도 흔적을 통

▲▲ 구룡령 표지석
  ©최창남
▲ 구룡령 옛길 안내판
  ©최창남

해 확인된다.

또한 이 길에는 금강소나무 무리지어 살고 있다. 1980년대 말 경복궁 복원 과정에서 많은 금강소나무가 베어졌지만 아직도 우람한 금강소나무들이 하늘 찌를 듯 서 있다. 지금도 당시에 잘려나간 노송들의 그루터기가 그대로 남아 있다. 옛 지명도 그대로 남아 있다. 굵은 금강소나무 무리지어 사는 곳은 '솔반쟁이', 젊은 청년 죽은 터는 '묘반쟁이', 장례식의 하관 때 회다짐을 하기 위해 쓰던 횟가루를 생산한 곳은 '회돌반쟁이'라고 불렀다.

옛길 안내판은 옛길만 보여주고 있는 것이 아니라 지나온 길과 가야 할 길도 알려주었다. 지나온 약수산(藥水山, 1369.8미터)과 가야 할 갈전곡봉(葛田谷峰, 1204미터)을 보여주었다. 갈전곡봉은 '칡넝쿨 밭'이란 뜻이다. 강원 인제군 기린면과 양양군 서면의 경계에 있으며 소양강의 지류인 방대천을 비롯하여 계방천, 내린천 등의 발원지이다.

비에 젖은 숲은 고요했다. 비 그쳐 낙엽 밟는 소리만 들려왔다. 어둠 가시지 않은 숲길에 나무들 희끗희끗하고 검붉었다. 어린 조릿대들이 군락을 이룬 숲길에는 나뭇잎 떨어져 가을 깊었음을 말하고 있었다. 아침 오고 있었다. 숲은 희미하게 제 모습을 드러내고 있었다. 산줄기 넘어온 햇살이 산길 따라와 발길 닿는 곳마다 비추고 있었다. 꼭 우리의 발걸음이 빛을 몰고 오는 것 같았다. 갈전곡봉을 지났다. 단풍나무 붉게 물들어 숲은 눈길 닿는 곳마다 불타고 있었다. '조침령 17.5킬로미터'라고 쓴 이정표가 세워져 있었다. 긴 나무의자가 놓여 있었다. 낙엽 쌓여 있었다. 의자도 산길도 낙엽 쌓여 울긋불긋했다. 길도 의

▲ 나뭇잎 쌓이다
ⓒ최창남

자도 숲도 모두 노랗고 붉은 나뭇잎으로 덮여 있었다. 모두 하나 되어 있었다. 가을 깊어진 이 숲에서 낯선 것은 나뿐이었다. 나 홀로 다른 모습으로 숲길 지나고 있었다.

골짜기에서 운무 피어올랐다. 숲은 이내 운무로 가득 찼다. 그저 아득했다.

새도 자고 넘는 고개

이름 없는 봉우리를 지나고 왕승골을 지나니 연가리골 안부였다. 연가리골은 재앙을 피하려는 사람들이 모여 마을을 이룬 곳이다. 이제는 사람들 지나지만 1990년대 초만 해도 오지 중의 오지였던 곳이다. 연가리는 정감록이 적시한 최고의 피난처 중 하나였다.

"막힌 백두대간길이 언젠가는 열릴까요?"

걸어오는 내내 생각하고 있었던지 김남균 대장이 불쑥 말을 건넸다.

"물론 언젠가는 열리겠지요. '언제인가'가 중요한 것이지요. 막힌 길을 열려면 백두대간이 사람들 속으로 흘러들어가야 해요. 마음속에 백두대간이 있어야 해요. 지금처럼 원하는 사람들과 종주하는 것도 의미 있겠지만 더 중요한 것은 많은 국민들이 백두대간을 알아야 해요. 이 땅에서의 백두대간의 의미, 백두대간이 우리 민족에게 갖는 의미, 백두대간이 품어 흐르게 하는 강의 의미, 생태적 의미, 문화적 의미, 신앙적 의미, 역사적 의미 등을 다양한 노력을 통해 알려야 해요. 전문 산악인들의 역할이 중요하지요. 좀 안된 이야기지만 지금의 전문산악인들은 직업 이상의 의미를 갖지 못하는 경우가 많은 것 같아요. 그렇게 되면 백두대간길이 열리기는 어렵겠지요. 길이 열리는 것이 문제가 아니라 오랫동안 잃어버린 백두대간을 우리 안에서 되살리는 것 자체가 어려워지겠지요. 그저 산사람들만 지나는 산길로 끝나겠지요. 그러니 전문산악인들이 변화해야 해요. 백두대간을 알리는 노력을 해야지요. 세미나도 하고 자료도 만들고 책도 내야지요. 모든 노력을 기울여야지요. 그러면 틀림없이 막힌 길이 열릴 거예요. 믿음을 가지세요."

김 대장은 백두대간을 여러 차례 종주했지만 산을 타는 것이 직업은 아니었다. 소위 말하는 전문산악인이 아니었다. 그래서였을까, 고민이 더욱 많아진 얼굴이었다. 나는 김 대장을 바라보며 웃었다. 김 대장도 따라 웃었다. 멋쩍은 웃음이었다.

점심식사 마치고 가을 숲에 마음 뺏긴 채 걷다 보니 쇠나드리고개였다. 바람이 매우 세차 황소가 날아간다는 고개이다. 바람만 세찬 것이 아니라 계절에 맞추어 불기까지 한다고 한다. 봄에는 땅 메마르게 하는 흙바람 불고 여름에는 길 가로막는 비바람 불고 가을에는 억새 뒤흔드는 낙엽바람 불고 겨울에는 눈보라에 살 에는 칼바람이 분다고 하니 바람도 이만하면 장하다. 그러나 그것도 옛말인지 바람 한 점 불지 않았다. 가을 숲의 청청한 기운만이 숲을 돌아 나오며 우리를 감쌀 뿐이었다.

우리는 옛 조침령인 이 고개를 떠나 새로운 조침령으로 향했다.

◆ 조침령
©최창남

깊어진 가을 숲은 나뭇가지마다 노랗고 붉은 잎 뚝뚝 떨어뜨리며 한가로웠다. 지나는 바람에 가지 흔들릴 때마다 나뭇잎 우수수 떨어졌다. 떨어지는 나뭇잎 바람을 타고 날아오르기도 했다. 바람 많다던 쇠나드리고개에 불지 않던 바람이다. 나무계단 보였다. 긴 계단이었다. 계단을 내려서자 커다란 표지석이 보였다. 크고 굵은 글씨로 조침령(鳥寢嶺, 877미터)이라고 써 있었다.

강원도 양양군 서면 서림리와 인제군 기린면 진동리를 연결하는 고개로 소금을 지어 나르던 고개이다. 조침령이라는 이름은 여러 개의 다른 의미로 불리었다. 증보문헌비고에서는 '떨어질 조(阻)' '가라앉을 침(沈)'을 써서 험준하다는 뜻으로 조침령(阻沈嶺)이라 했고 산경표에는 조침령(曹枕嶺)이라고 기록되어 있다. 그러나 근래에는 '새도 자고 넘는 고개'라는 뜻으로 조침령(鳥寢嶺)이라고 쓰고 있다.

조침령도 구룡령과 마찬가지로 지금의 길이 본래의 옛길이 아니다. 본래의 옛길은 현재의 조침령보다 남서쪽에 위치한 쇠나드리고개였다. 별로 높지 않은 고개지만 소도 날아갈 정도로 바람 세찼으니 예전에는 새들도 머물러 쉰 후 고개를 넘지 않았을까 싶다. 지금의 조침령은 20여 년 전 군부대가 놓은 군사도로이다.

내려선 조침령은 시골의 뒷산처럼 아늑했다. 고갯길 넓어 마음 툭 트였다. 가슴 시원했다. 흙길의 감촉도 좋았다. '새도 자고 넘는 고개'라는 이름의 뜻도 정겨웠다. 마음 가득 편안함이 밀려왔다. 걸어 올라가니 조침령이라고 쓴 작은 표지석이 또 있었다. 오래전에 만들어놓은 것이다. 앞에 것과 달리 작고 아담했다. 정감이 갔다. 배낭을 내려놓고 앉았다. 모두들 편안해 보였다. 11시간의 산행을 마치고 내려온 사람들의 얼굴이 아니었다. 마치 그 자리에 그렇게 앉아 있기 위해 산을 지나온 것 같은 얼굴들이었다.

햇살 따스하고 바람 선선했다. 고갯길 걸었다. 산보 나온 듯 마음 가벼웠다. 나뭇가지 사이로 파란 하늘 보였다. 뭉게구름 피어오르고 있었다. 구름 아래로 첩첩한 산줄기 아득했다. 지나온 길 거기 있어 손짓하고 가야 할 길 거기 있어 웃고 있었다.

점봉산에 마음 내려놓고

#산행 마흔이레째

 아직 잠에서 깨어나지 않은 한계령의 새벽은 고요했다. 바람 찼다. 몸 시렸다. 고갯마루에 서서 바라보니 멀리 불빛 아른거렸다. 깊은 밤처럼 어둠 짙었다.
 어제 오후 내려온 조침령에서 산행을 시작해야 했지만 한계령으로 올라왔다. 비법정탐방로를 지나기 위해서였다. 종주산행을 하는 내내 산행코스 문제는 늘 나를 괴롭혔다. 한 대장은 상황에 따라 방향을 바꾸었지만 산줄기의 느낌을 이어가야 하는 나는 역방향으로 산행을 하는 것이 매우 혼란스럽고 힘들었다. 어느 한 사람의 잘못이 아니니 누구를 탓할 일이 아니다. 백두대간길이 온전히 열리기를 바랄 뿐이다.
 백두대간은 옛날부터 강원도의 동서 교통에 큰 장애였다. 이로 인해 영동과 영서 지방의 문화와 풍속, 기후와 인심, 산수와 역사 등은 달라졌다. 하지만 이 큰 산줄기도 곳곳에 고개를 만들어 사람들이 넘나들도록 했다. '령(嶺)'이란 한자를 풀이하면 '잇닿은 산의 능선'이니 그런 곳에 길이 되었던 것이다. 철령,

추치령, 오소령, 건봉령, 진부령, 대간령, 미시령, 한계령, 대관령 들이다.

바위를 부여잡고 망대암산에 오르다

한계령(寒溪嶺, 1004미터)은 강원도 인제군 북면, 기린면과 양양군 서면과의 경계에 있는 고개이다. 백두대간의 설악산과 점봉산(點鳳山, 1424미터) 사이의 안부(鞍部)에 있다. 봉우리와 봉우리 사이의 우묵한 지점을 안부라고 한 것은 그 모습이 말안장 같이 생겼기 때문이다. 인제와 양양을 연결하는 국도가 지난다. 옛날에는 소동라령(所東羅嶺) 또는 오색령(五色嶺)이라고 불렸다.

역사는 이곳에도 신라의 마지막 왕자인 마의태자의 흔적을 남기고 있다. '신라 김씨 대종원'의 기록은 '태자 일행이 서울을 떠난 것은 935년 10월 하순이고 한계에 닿은 것은 살을 에는 추위와 눈보라 몰아치는 혹독한 겨울이었다'고 전하고 있다. 망국의 마지막 태자에 대한 옛사람들의 애정은 놀라울 정도로 깊어 그가 왕건에게 쫓겨 망한 나라를 등지고 산으로 들어간 흔적을 곳곳에 전하고 있었다. 그가 하늘재를 넘으며 그의 누이 덕주공주를 생각했다는 이야기도 전하고 국망봉을 넘으면서는 망한 나라의 수도를 바라보며 눈물 흘렸다는 이야기도 전하고 있다. 그리고 이 깊은 땅 한계령에 이르러 살 부비고 살았다

▼ 바위 사이로 단풍지다
ⓒ최창남

는 이야기 또한 전하고 있다. 백두대간 곳곳에 그의 흔적이 남아 있었다.

'마의태자는 백두대간을 걸어 이곳 한계령까지 온 것이 아니었을까?'

그랬을지도 모르는 일이다. 1000년도 더 된 오랜 일을 알 길 없지만 다른 이들의 시선을 피해야 하는 몸이었으니 깊고 깊은 백두대간 산줄기 따라 흘러 갔을지도 모르는 일이다. 그 무거운 발걸음과 시린 마음이 느껴져 마음 아팠다.

철조망 곁의 소로를 지나 산으로 올라갔다. 산길은 마주 서 있는 듯 가팔랐다. 바람 세차 몸이 흔들렸다. 바람 불 때마다 나뭇가지 흔들려 몸 스치고 볼 때렸다. 세찬 바람에도 안개 깊었다. 밧줄을 의지하고 나무뿌리를 잡으며 산길 오르고 바위 넘었다. 숲에서 소리가 났다. 동물이었다. 매우 놀란 듯 갑작스레 움직이는 소리가 부산했다.

'놀랄 만도 하겠지'

새벽 산행을 할 때마다 동물들이나 나무들에게 늘 미안한 마음이었다. 숲의 주인은 숲에서 사는 생명들이다. 나무들이고 동물들이다. 사람은 손님일 뿐이다. 그런데 손님이 주인의 허락도 받지 않고 남의 집을 새벽에 찾아가는 것이니 어찌 주인이 놀라지 않겠는가. 가능하면 새벽 산행을 피해야 한다. 어쩔 수 없는 상황이라면 삼가고 조심하며 산에 들고 산을 지나야 할 것이다.

숲에 새벽 어스름 머물고 있었다. 산등성 너머로 아침 오고 있었다. 아스라한 새벽 어스름 조금씩 물러나고 있었다. 그 모습이 마치 깊은 신비를 안고 있는 숲의 또 다른 세계가 열리는 것 같았다. 나뭇잎 사이로 햇살 비추었다. 노랗게 물든 당단풍나무 더욱 노랗게 물들고, 붉게 물든 단풍나무 더욱 붉게 물들었다. 온통 붉게 물든 산길 한편에 구절초 하얗게 피어 애처로웠다. 햇살 드리운 깊은 가을 숲의 아침은 설렘과 신비함과 황홀함으로 가득했다. 이렇게 아름다운 산길을 막고 굳이 가지 못하게 하는 이들도 딱하고 가지 말라는 길을 굳이 가고 있는 나 같은 이들도 퍽이나 딱했다. 그저 이렇게 산길 걸으며 마음 씻으면 될 것을 …… 서로 못할 일이다.

망대암산(望對岩山, 1236미터)이 지척이었다. 멀리 설악산의 주능선이 보였다. 대청봉과 중청봉이 보였다. 구름이 대청과 중청 앞을 빠르게 지나고 있었다. 망대암산이란 이름은 위조주전을 만들던 주전골의 바위굴을 이 산에서 감시했기 때문에 붙은 이름이다. '바위를 바라본다'는 뜻이 그대로 망대암(望對岩)이란 이름이 된 것이다.

▼ 망대암산에 오르다
ⓒ최창남

바위 부여잡고 바위틈에 매달리며 망대암산에 올랐다. 주전골 바위굴은 보이지 않고 흐르는 구름만 보였다. 강 되어 흐르고 있었다. 구름의 강이다. 하늘을 흐르는 강이다. 바람 불어 나뭇잎 펄럭였다. 깃발처럼 나부꼈다. 깃발처럼 마음도 나부꼈다. 기암괴석으로 덮여 있는 정상은 거칠고 좁았다. 겨우 발 디디고 선 후에야 바람과 구름에 몸 맡길 수 있었다.

산을 내려오며 바라보니 끝청, 중청, 대청, 화채봉은 가지런했고 만물상은 우아했다.

하늘길에 자리한 언덕을 지나 조침령으로

마루금 지나며 점봉산 가는 길에 만난 나무들은 세찬 바람에 가지 뒤틀리고 굽어 있었다. 마치 우리를 반기는 듯도 했고 어서 가라고 손짓하며 밀어내는 듯도 했다. 물박달나무와 신갈나무 바람에 흔들렸고 주목나무 의연했다.

점봉산(點鳳山, 1424미터)에 올랐다. 한계령을 사이에 두고 설악산 대청봉과 마주보고 있는 산이다. 옛이름은 '덤붕산'이다. 마을 사람들은 아직도 이 이름으로 부르고 있다. '덤'은 '둥글다'는 뜻이다. 이것이 한자화하면서 '점봉'으로 변한 것이다. 정상은 너른 평지 같다. 멀리서 보면 부드럽고 둥근 모습이다. '덤붕산'이라는 이름이 잘 어울린다.

점봉산은 식물자원의 보고로서 생태적 가치가 매우 높다. 모데미풀, 한계령풀, 노랑무늬붓꽃, 금강초롱, 칼잎용담, 홀아비바람꽃 등 보호해야 할 희귀식물이 50여 종이 넘는다. 또한 참나물, 곰취, 곤드레, 고비, 참취 등 10여 가지 산나물들이 자생한다. 점봉산의 생태적 가치가 높은 또 다른 이유는 이곳이 한반도 자생식물의 남북방한계선이 맞닿는 곳이기 때문이다. 북에서 서식하는 바람꽃류가 설악산을 거쳐 이곳으로 내려오고 남에서 자라는 모데미풀이 올라오다 멈추는 곳도 이곳이다. 북에서 자라는 이노리나무와 남에서 자라는 서어나무를 함께 볼 수 있는 곳도 이곳이다. 북쪽의 식물들은 백두대간을 타고 내려오고 남쪽의 식물들은 백두대간을 타고 올라와 만나 한데 어우러져 사는 곳이 바로 점봉산인 것이다. 이곳에는 한반도 자생종의 20퍼센트에 해당하는 854종의 식물이 자라고 있다. 그렇기에 산림청은 이 산을 천연림보호구역으로 지정했고 유네스코는 1982년 설악산과 함께 생물권보전지역으로 지정한 것이다.

점봉산 정상은 다른 산들과 달리 제법 너른 평지를 갖추고 있었다. 하늘길에 자리한 언덕 같았다. 작은 바위들 줄지어 있고 풀들 바람에 휘날리고 있었다. 점봉산 표지석은 너른 들에 홀로 선 듯 외로워 보였다. 가슴으로 바람 맞으며 산줄기 바라보았다. 첩첩이 늘어선 산줄기 골마다 구름 흘러 산

▲ 붉은 잎 하늘을
물들이고
ⓒ최창남

인 듯 바다인 듯했다. 한 폭의 정물화였다. 오랜 동안 바라보았다. 무거운 짐을 내려놓은 듯 마음 가볍고 편안했다. 가슴 깊은 곳에 남아 있었던 다하지 못한 이야기들이 어느덧 사라진 듯했다. 마음 깊어지고 있었다.

'이렇게 아름다운 산줄기를 바라볼 수만 있다면, 이렇게 깊은 숲을 지날 수만 있다면 굳이 말하지 않아도 왜 숲을 지켜야 하고 산줄기를 살려야 하는지 누구나 알 수 있을 것을……'

점봉산의 아름다움을 가슴에 품은 채 단목령으로 향했다. 단풍 붉었다. 산길 지나며 올려다보니 붉은 단풍잎 햇살 받아 투명하게 빛나고 있었다. 높은 나무 위로 철새 무리지어 날듯 붉은 단풍잎 무리지어 흐르고 있었다. 숲은 바라보는 곳마다 붉고 노란 잎으로 뒤덮여 아름다웠다. 산을 지나는 것이 아니라 마음 씻어주는 하늘길을 지나는 것 같았다.

단목령(檀木嶺, 809미터)을 지났다. 박달나무가 많아 박달령이라고도 불린다. 양양군 서면 오색의 마산에서 인제군 기린면 진동리를 잇는 고개이다. 근동의 민초들은 이 고개를 넘어 마을을 잇고 삶을 이어갔던 것이다.

단목령 이정표 좌우에 '백두대장군'과 '백두여장군'이 서 있었다. 일반적으로 하나가 '백두대장군'이면 다른 하나는 '지리여장군'인데 이곳의 두 장군의 이름은 똑같이 '백두'였다. 하기야 백두이건 지리이건 하나의 산줄기이고 하나의 산이니 나누어 무엇 하랴. '백두'라 부르고 '지리'라 부르는 것도 사람들이 저희들끼리 나누고 구분지어 부르는 이름에 불과할 뿐이다.

길을 이었다. 지나는 길에 투구꽃 한 송이 피어 있었다. 오랜만에 만나는 얼굴이었다. 반가움에 손짓했다.

그렇게 산을 느끼고 숲을 받아들이며 걷는 중 북암령(北岩嶺, 925미터)을 지났다. 조침령은 도로공사 이후 옛길을 잃어버렸지만 북암령과 박달령(단목령)은 옛길을 그대로 간직하고 있다. 소중히 가꾸어야 할 우리의 자산이다. 또한 북암령은 세계적인 희귀식물인 한계령풀의 집단분포지이다. 매자나무과에 속하는 한계령풀은 설악산 일부 지역과 점봉산에서만 서식하는 희귀식물이다. 제철에 잠시 노란색 꽃을 피웠다가 이내 녹아 없어져 뿌리로서만 동정(同定)이 가능하다.

세계의 유명한 초본식물원들도 표본을 제대로 갖추지 못한 희귀식물이다. 1990년대 중반 식물학자들에 의해 북암령 일대에 대규모 군락지가 있음을 발견하고 당국에 천연기념물 지정이나 보호구역 설정을 건의했으나 아무런 조치가 따르지 않고 있다고 한다. 안타까운 일이다. 식물자원을 보호하기 위해 백두대간 산길을 막는 것보다 이런 문제를 해결하는 것이 훨씬 근본적이고 우선적인 문제라는 것을 알아야 할 것이다.

산길 편안했다. 마음 가벼이 산책을 즐기는 기분이었다. 산줄기 위로 노을 지고 있었다. 하늘 붉고 산등성이 또한 붉게 물들고 있었다. 붉은 기운이 산줄기를 타고 숲으로 들어오자 숲은 이내 어두워지기 시작했다. 숲에 남은 붉은 기운은 저녁 어스름과 어울려 숲은 아직 꺼지지 않은 불씨를 남긴 듯 은은했다. 어둠 속에서 기운을 다한 듯 빛은 아스라했다.

어둠 깊었다. 조침령으로 내려섰다. 어둠 속의 조침령은 새들도 잠들었는지 고요했다.

조금 떨어져 우리를 기다리는 차의 불빛이 보였다.
산길 지나온 가을 숲의 하루가 그렇게 저물고 있었다.

한계령에서 진부령까지

(2008년 10월 14일~10월 16일)

한계령에서 진부령까지

설악(雪嶽)에 들다

#산행 마흔여드레째

다시 한계령을 찾았다. 하늘은 그지없이 청청하고 바람 세찼다. 구름 지나고 있었다. 바람에 쓸린 듯 비스듬히 늘어선 산줄기는 멀리 있는 듯 가까이 있는 듯했다. 모든 것들이 있는 듯 없는 듯했다. 설악의 아름다움을 해치지 않도록 산과의 조화를 살려 지었다는 한계령휴게소는 산자락에 스며들어 있는 듯 없는 듯했고 한계령의 옛 이름을 써넣은 '옛 오색령' 표지석은 한쪽에 고요히 머물러 있는 듯 없는 듯했다. 눈길 닿는 이들만 보고 마음 닿는 이들만 들어오라고 말하는 것 같았다.

모든 것이 원래 그 자리에 있었다는 듯 자연스러웠다. 오랜 세월 그 자리에 머물러 있으며 산을 닮은 탓인지 산의 일부가 되어 있었다. 산의 고요함 속에 함께 머물고 있었다. 표지석으로 태어나고 집으로 만들어지기 전에는 그저 보잘것없어 보이는 목재일 뿐이고 돌멩이일 뿐이었던 것들이 저마다 생명을 지닌 채 머물러 있었다. 조화로움이었다.

산행준비를 마쳤다. 세월에 씻긴 듯 바람에 쏠린 듯 비스듬히 누운 산줄기 바라보았다. 구름 지나며 또 다른 세상을 보여주고 있었다. 아름다웠다. 보이지 않던 아름다운 세상이 거기 있어 내 곁에 머물고 있었다.

▲ 한계령 휴게소

한계령은 사람의 손길이 많이 닿았음에도 불구하고 자연의 조화로움을 잃어버리지 않고 있었다. 산자락에 스며든 휴게소, 사람의 탐욕을 비웃기라도 하듯 텅 비어 있는 너른 마당, 마당 한편에 무심히 서 있는 표지석, 아득하게 펼쳐진 산줄기 등 모든 것이 있어야 할 곳에 있었다. 제자리에 있었다.

조화로웠다. 조화롭지 못한 것은 사람뿐이었다. 자연의 경이로운 조화가 머물고 있는 이 고개도 사람 지날 때면 그대로 속세의 번다함으로 가득했다. 산을 좋아한다고 하면서도 산의 겸허함과 고요함을 닮지 못한 이들 때문이다. 함께 살아가는 조화의 즐거움을 알지 못하는 이들 때문이다. 그저 저 하나의 즐거움을 위해 산에 들어서기 때문이다. 그렇기에 산 지나며 조화 이루지 못하고 놀이공원 찾은 듯 저 홀로 요란한 것이다.

마침내 설악이었다. 지난 5월 20일 지리산 천왕봉에서부터 시작한 산행은 백두대간 남쪽 구간의 끝자락인 설악에 이르러 있었다. '신성하고 숭고한 산'이라는 뜻에서 예로부터 설산(雪山), 설봉산(雪峰山), 설화산(雪華山) 등으로 불렸고 서리

뫼$^{(霜嶽)}$라고 불린 금강산에 견주어 설뫼$^{(雪嶽)}$라는 아름다운 이름으로도 불렸다. 백두대간의 중심부에 있어 북쪽으로는 향로봉, 금강산과 마주하고 남쪽으로는 점봉산, 오대산과 마주하고 있다.

　산행 마지막 주였다. 많은 생각들이 마음에서 일어났다 사라지곤 했다. 지나온 길들, 저마다 달랐던 숲 냄새, 새소리, 흐르는 구름과 머물러 있는 뫼가 만들어내던 신비롭고 황홀했던 풍경들, 바람 흐르는 소리, 나뭇잎 부대끼는 소리, 나뭇잎 하나의 울림, 경이로웠던 숲의 조화로움, 무너져가는 산과 사라져가는 숲 그리고 즐겁고 고통스러웠던 순간들 등 수많은 느낌과 생각들이 마음을 채웠다.

　산행이 무사히 끝나기를 기도했다. 한계령에서 출발하여 끝청$^{(1604미터)}$과 중청$^{(中靑, 1676미터)}$, 대청$^{(大靑, 1709.7미터)}$에 올랐다가 소청산장$^{(小靑山莊)}$에서 설악의 첫 밤을 맞은 후 공룡능선을 따라 마등령$^{(馬等嶺, 1320미터)}$을 넘어 황철봉$^{(1381미터)}$ 너덜지대에서 가쁜 숨 몰아쉬고 미시령$^{(彌尸嶺, 826미터)}$으로 내려 둘째 밤을 보낼 예정이었다. 그리고 다음 날 산행의 마지막 날은 상봉$^{(1241미터)}$과 신선봉$^{(1204미터)}$, 대간령$^{(660미터)}$과 마산$^{(1052미터)}$을 넘어 진부령$^{(陣富嶺, 529미터)}$에서 산행을 끝낼 예정이었다. 그곳이 남쪽 구간의 끝이었다. 더 이상 가고 싶어도 갈 곳이 없었다. 군부대의 허락을 받아 들어갈 수 있는 향로봉$^{(香爐峰, 1296.3미터)}$이 있었지만 후일을 위해 남겨두기로 했다.

수많은 생명이 기대어 사는 고마운 산

휴게소 건물 사이로 돌계단 가지런했다. 마치 다른 세계로 들어가는 문 같았다. 돌계단 따라 산으로 들어갔다. 계단은 끝날 듯 끝날 듯 이어져 있었다. 불과 한두 주일 사이에 산에는 겨울이 와 있었다. 나뭇잎 떨어져 텅 빈 나뭇가지에는 이미 찬바람 머물고 있었다. 드문드문 보이는 붉은 단풍들이 오히려 생경했다. 산기슭이나 계곡에 아직 남아 있는 붉게 물든 숲은 철 지나 사람들 떠난 포구처럼 을씨년스럽기까지 했다. 낯설었다. 돌계단에 마른 낙엽들 쌓여 있었다. 산은 이미 겨울이었다.

▲ 돌계단을 오르다

산길 곁에 다람쥐 있었다. 두 손으로 도토리 쥐고 오물거리며 먹고 있었다. 발걸음 멈추고 바라보았다. 귀여웠다. 겨울 준비를 하는 중 잠시 허기를 달래고 있는 것 같았다. 다람쥐는 겨울이 오기 전 도토리를 모아 땅에 묻어두었다가 먹을 것이 귀한 겨울이 오면 하나씩 꺼내 먹는다. 그러나 때로 어치처럼 어느 곳에 도토리를 묻어두었는지 잊어 찾지 못하기도 한다. 어치나 다람쥐가 땅속 깊이 묻어두었다 찾지 못한 도토리들은 싹을 틔워 숲을 풍성하게 한다. 땅속 깊이 묻혀 뿌리를 깊이 내린 도토리는 세찬 비바람에도 쓰러지지 않고 오백 년, 천 년의 세월을 사는 큰 나무로 자라기도 한다. 다람쥐의 월동준비는 숲을 풍성하게 하는 자연의 은총이기도 하다.

자연에서는 어느 것 하나도 그저 일어나지 않는다. 의미 없는 일은 없다. 도토리 묻어놓은 것을 잊은 어치나 다람쥐로 인해 숲이 풍성해지는 것처럼 말이다. 자연은 어느 누구의 실수도 그대로 덮어두지 않는다. 그 속에서 생명을 틔운다.

설악산은 1970년 3월 국립공원으로 지정되었고 한국에서는 처음으로 1982년 8월 유네스코의 '생물권보존지역'으로 지정되었다. 온대 중부지방의 대표적 원시림 지역으로 다양한 동식물들이 살아가고 있다. 동물로는 사향노루, 산양, 곰, 하늘다람쥐, 여우, 수달 등 희귀종을 포함하여 총39종의 포유류와 62종의 조류 및 각종 파충류, 양서류, 어류, 곤충 등이 서식하는 것으로 알려져 있다. 식생분포도 다양하다. 대청봉 지역에 군락을 이루어 자라는 눈잣나무와 눈주목은 남한에서는 찾아보기 힘든 북방계 고산식물이다. 그밖에 소나무, 벚나무, 개박달나무, 신갈나무, 굴참나무, 떡갈나무, 눈측백, 금강초롱꽃, 금강분취 등 총882종의 관다발식물이 살아가고 있다. 이 가운데 65종이 특산식물이고 56종이 희귀식물이다.

수많은 생명들이 이 산에 몸 기대어 살아가고 있다. 고마운 산이다.

"선생님, 저기 움푹 파인 곳이 있지요? 저기가 비박골이에요. 정식 명칭은 아니지만 다들 그렇게 불러요. 저기서 비박을 하면 바람도 완전히 막아지고 짐승들 걱정할 필요도 없지요. 정말 아늑하고 좋아요."

빈 산 김남균 대장이 말한 곳을 바라보았다. 계단에서 조금 떨어진 곳 거대한 바위 아래 자락이 깊이 패여 있었다. 안락해 보였다. 눕고 싶은 마음 절로 들었다. 떨어진 낙엽들 가득했다. 수북했다. 낙엽들은 말라 비틀어져 있었다. 올해 떨어진 낙엽들도 있는 듯했고 한 두 해 전 혹은 여러 해 전에 떨어진 낙엽들도 있는 듯했다. 구멍 숭숭 뚫려 흙으로 돌아가고 있었다. 본래의 모습으로 돌아가고 있었다. 본래 제 것이 아닌 것들을 제 자리로 돌려보내고 있었다. 제 몸 속에 있던 물과 햇빛

과 바람과 탄소와 비와 구름과 이슬 등을 모두 돌려보내고 있었다. 원래 제 몸이 아니었던 것들이다. 외부로부터 온 것들이다.

'모두 제 왔던 곳으로 돌아가고 나면 나뭇잎은 그 형체를 잃고 사라지리라.'

본래 제 것이었던 것은 아무것도 없으니 당연한 일이다. 삶도 이와 같다. 나를 이루고 있는 것들이 모두 내 것 같지만 본래 내 것은 하나도 없다. 육신도 영혼도 마음도 모두 외부로부터 온 것이다. 그 모든 것들이 왔던 곳으로 돌아가는 날 우리는 삶을 마치게 되는 것이다. 그러니 삶이란 참으로 감사한 것이다. 다른 것들에게서, 남에게서 받은 선물이니 말이다. 그러니 가치 있게 살아야 하는 것이다. 제 것이 아닌 것으로 살아가면서 가치 있게 살지도 못한다면 얼마나 부끄럽고 부끄러운 일이겠는가 말이다.

바윗길 따라 오르는 설악

설악산이 바위산이라는 것을 알려주려는 듯 바윗길 이어지고 있었다. 바윗길 따라 오르다보니 끝청이 눈앞이었다. 멀리 공룡능선이 보이고 너덜지대로 유명한 황철봉도 보였다. 용의 이빨처럼 날카로운 암봉들이 듬성듬성 연이어 산세를 이루고 있다는 용아장성(龍牙長城)도 보였다. 험하고 날카로운 산세로 인해 1년 내내 출입이 금지된 곳이다. 그 위세가 날카로우면서도 장엄하고 당당했다.

전망대에 올라 잠시 쉬었다. 지나온 길 아득했다.

'저 산줄기를 다 걸어왔을까?'

그저 마음 내려놓고 쉬었다.

오른 산길 곁에 중청과 대청을 남겨 두고 소청으로 향했다. 소청으로 가는 길 아름다워 꿈길 걷는 듯했다. 한참 내려가자 소청대피소였다. 방을 배정받았다. 우리는 모두 한 방에 들었다. 6명이 정원이었다. 한 사람당 모포도 한 장씩 받았다. 한 사람당 숙박료가 7000원이고 모포 한 장 빌리는 가격이 2000원이었다. 6명이 들어가자 배낭을 놓기도 힘들었다. 겨우 몸 부대껴 누일 정도였다. 명색이 국립공원이고 세계적으로도 이름이 알려진 산의 숙박시설치고는 너무 초라했다. 찾는 이들 많아 그나마 이 방도 없어서 못 얻는 것이 현실이라고 하지만 현실을 핑계 삼아 덮어놓고 지낼 일만은 아니었다.

▲ 험하고 날카로운 산세

소청산장에서 점심식사를 한 후 대청봉(大靑峰, 1707.9미터)을 향했다. 봉우리가 푸르게 보인다 해서 예전에는 그저 청봉(靑峰)이라고 불리기도 했었고 봉정(鳳頂)이라는 다른 이름으로도 불렀다. 한라산(1950미터)과 지리산(1915미터)에 이어 세 번째로 높은 봉우리다. 기상 변화가 심하고 강한 바람과 낮은 온도 때문에 눈잣나무 군락이 융단처럼 낮게 자라고 있는 곳이다.

대청봉에 올랐다. 바람 세차 몸 가누기 힘들었다. 가슴 시리도록 하늘은 푸르고 산줄기는 낯가림을 하는 듯 멀리 떨어져 있었다. 부챗살처럼 퍼지고 있는 햇살이 산줄기를 따르는 듯했다. 바라보니 아득한 산줄기 더욱 아득했다.

상념들 떠올랐다. 원초적인 질문들이었다.

'왜 이 산행을 시작했는지, 그 많은 시간과 노력을 들여 산행을 한 보람이 있었는지, 이제 이 산행이 끝나면 어떻게 할 것인지……'

알 수 있는 것, 대답할 수 있는 것은 아무것도 없었다.

분명하게 알 수 있는 것도 있었다. 산은 언제나 나를 받아들여주었다는 것이다. 산행준비가 되어 있지 않은 채 산에 들어왔을 때에도 산은 언제나 길 열어주었고 쉴 곳 마련해주었다. 내 곁에 머물며 숲의 비밀을 알려주었다. 숲에서는 서로 다르다는 이유로 싸울 필요가 없다고 말이다. 서로 다르기에 숲이 풍성해진다고 말이다. 다른 것이 진정으로 아름다운 것이라고 말이다.

세찬 바람으로 몸에 한기가 들기 시작했다. 대청봉을 내려왔다. 내려오는 길목에 돌탑이 촘촘히 쌓여 울타리를 이루고 있었다.

'무엇을 저리도 많이 빌었을까?'

작은 돌멩이 하나하나에 담긴 마음의 소망들이 모두 이루어지기를 빌며 나도 작은 돌 하나 올려놓았다. 소청으로 내려가는 길에 멈추어 보니 화채봉, 칠성봉, 권금성 등이 눈앞에 있었다. 신선대도 보이고 멀리 울산바위도 보였다. 내일 지나게 될 마등령과 황철봉도 거기 있었다.

산장에 내려와 짐 정리를 했다. 웅성거림에 나가보니 설악의 산줄기 위로 해 지고 있었다. 노을 붉게 물들어 산줄기는 불타는 듯했고 산중은 그대로 붉은 바다였다. 산줄기도 일렁이고 출렁이며 붉은 빛 토해내고 있었다. 내 가슴도 함께 일렁이고 출렁였다. 해도, 붉게 물든 하늘도, 산줄기도, 나도 모두 함께 일렁이고 출렁였다.

　　가슴 붉게 타오른 저녁이었다.

　　어둠 깃들고 밤이 왔다.

　　기운 맑은 밤이었다.

　　달빛 고왔다.

▲ 설악산
뒤로 보이는
바다

황철봉을 그리워하다

#산행 마흔아흐레째

눈을 뜨니 새벽 3시 50분이었다. 어찌 잠들었는지 알 수 없는 밤이었다. 밤 9시에 산장 전체의 불이 꺼졌지만 한 칸 건너 방에 들은 이들은 잠들 줄 몰랐다. 너무나 큰 소리로 떠들어 합판으로 겨우 벽을 막아놓은 방으로는 도저히 감당할 수 없었다. 견디다 못한 옆방 친구들이 소리를 지르고 발로 차기도 했건만 개의치 않았다. 옆방 친구들처럼 나도 오래 잠들지 못했다. 몸 뒤척여 마음길 서성였다. 그렇게 밤 깊어갔다.

산행준비를 시작했다. 발가락마다 밴드를 감고 양말을 신었다. 발톱은 이미 다섯 개나 빠져 있었다. 발톱이 빠진 자리에 새 발톱이 자라고 있었다. 옆방에서 말소리가 들려왔다. 우리처럼 이른 산행을 준비하는 모양이었다. 산행준비를 하고 방을 나서자 불기 없는 통로에서 잠들어 있던 아주머니들이 방으로 들어왔다. 합판으로 겨우 막은 방이라고 하지만 난방이 되어 따뜻했다.

공룡능선을 따라 마등령으로

밖으로 나왔다. 산은 깊은 어둠에 잠겨 고요했고 어둠 지나온 바람은 찼다. 옷매무새 여미고 산행을 시작했다. 희운각대피소로 내려가 아침식사를 한 후 공룡능선을 따라 마등령으로 갈 예정이었다. 달빛 밝았다. 달빛 흐르는 길을 따라 나무계단 촘촘히 놓여 있었다. 지난밤 약수터로 내려갈 때 나뭇가지에 걸려 있던 그 달빛이었다. 간단히 세면하고 식수를 구하기 위해 내려간 약수터에는 달빛 가득했다. 흘러내리는 맑은 물줄기에도 달빛 어려 빛나고 있었다. 흐르는 물줄기에 달빛 어린 것인지 흐르는 달빛에 물줄기 어린 것인지 알 수 없었다.

맑은 달빛에 얼굴 씻고 맑은 물로 마음 씻은 밤이었다.

나무 길 위로 투명한 달빛 흘러내려 마치 은하수 길 걷는 듯했다.

대피소에 이르렀을 때 아침이 밝아오고 있었다. 날씨 춥고 바람 차가웠다. 대피소는 번다했다. 공사 중이어서 자재들 쌓여 있고 아침식사를 하는 이들도 제법 많았다. 맑은 물 흐르던 계곡은 지난해 큰 장마에 떠내려온 돌에 덮여 알 길 없었다. 서둘러 아침식사를 하고 따뜻한 커피를 한잔 마시니 그제야 산행준비를 마친 듯 몸이 가벼워졌다.

▲ 아침식사

'물 나눌 고개'라는 의미를 지닌 무너미고개(1060미터)를 넘었다. 산자분수령이 자연의 가르침이라는 것을 지나는 이들에게 알려주고 있는 고개였다. 이 고개로 떨어지는 빗물은 동해와 서해로 운명이 갈린다. 산줄기는 이렇게 내리는 빗줄기 품어 큰 강물로 흐르게 한다. 수많은 생명들 그 강줄기에 기대어 살아가라고 말이다. 생각해보면 산에 능선이 있고 고개가 있다는 것은 고마운 일이다. 때로 오르기는 어려울지라도 말이다.

　외설악과 내설악을 남북으로 가르는 공룡능선(恐龍稜線)을 따라 걸었다. 이 능선의 끝에 마등령(馬等嶺, 1320미터)이 있었다. 능선을 따라 가는 길마다 산줄기 첩첩하고 거대한 암봉들 솟아나 길 인도하고 있었다. 거대한 바위들이 만들어내는 장쾌함과 힘차게 뻗은 산줄기들이 만들어내는 장대함이 어울려 자아내는 산은 장엄함에 머물지 않고 아름답고 화려했다. 늘어선 거대한 바위 사이로 난 길을 따라 내려갔다. 1275미터 봉우리가 눈앞에 있었다.

　멀리서 바라보면 공룡이 힘차게 용솟음치는 것 같다 하여 공룡능선이라는 이름을 얻은 산길을 걸으며 나는 공룡이 힘차게 용솟음치는 모습은 물론 등 비

▲ 공룡능선

늘조차도 보지 못했다. 그저 깊은 내리막과 가파른 오르막만 있을 뿐이었다.

산길 걷는다고 항상 산을 잘 볼 수 있는 것은 아니다. 때로는 멀리서 바라봐야 숲을 느끼고 산을 볼 수 있다. 눈길로 산줄기 따라 걸으며 그 모습 마음에 새길 수 있다. 때로는 멀리 떨어져 바라보아야 진실을 알 수 있는 것이다. 산을 벗어나서야 비로소 산을 온전히 느낄 수 있는 것처럼 말이다. 멀리 떨어져 있어야 가까이 있을 수 있는 것처럼 말이다.

공룡능선에는 어제 지나온 산길과 달리 가을이 아직 남아 있었다. 붉게 물든 단풍 아름다웠고 숲은 붉은 마음을 품은 듯 생의 열정으로 가득 차 있었다. 봄의 싱그러움과 여름의 풍성함과 가을의 애틋함이 흘러넘치고 있었다. 수많은 삶의 이야기들로 가득했다.

이어지는 산줄기 바라보며 암릉 오르고 산길 따라 몸 부대끼다 보니 마등령이었다. 말의 등처럼 생겼다고 하여 붙여진 이름이다. 5만 분의 1 지도에는 마등령(馬等嶺)으로 표기되어 있으나 옛 기록에는 모두 마등령(麻登嶺)으로 표기되어 있다. '산이 너무 험준하여 손으로 기어서 올라야 오를 수 있다'는 데서 유래된 이름이다. 옛날에는 이 고개가 얼마나 험준했을지 짐작하고도 남음이 있다.

잠시 앉아 쉬었다. 바람 불어 고단함을 다소 씻어주었다.

산길 이었다. 비선대로 내려가는 길을 건너편에 남겨두고 상봉을 향했다. 마등령 상봉에 바람 많았다. 어린 시절 뛰어놀던 동네 뒷산처럼 상봉은 완만하고 부드러웠다. 그린 듯 이어진 산줄기 눈앞에 첩첩했다. 깊은 산중에 홀로 남겨진 듯 아득했다.

▲ 낙엽 수북한 산길

산길마다 낙엽 수북했다. 바싹 말라 오그라들어 있었다. 가지에도 마른 잎 달려 있었다. 낙엽을 방석 삼아 앉아 쉬었다. 식사를 했다. 빈 나뭇가지 사이로 보이는 하늘 저 홀로 파랬다. 시리도록 눈부셨다. 그 모습 바라보다 마음 다소 슬펐다.

황철봉을 향했다. 바위길인 너덜지대를 지나니 저항령(低項嶺)이었다. 북주능선에 있는 고개이다. 동쪽으로는 정고평(丁庫坪)에 닿아 있고 서쪽으로는 길골(路洞)을 거쳐 백담사에 이르러 있다. 늘목령이라고도 불린다. 저항령이나 늘목령 모두 노루목고개, 목우(牧牛)재와 마찬가지로 '길게 늘어진 고개'라는 의미이다.

너무나 힘들었다. 암릉과 크고 작은 돌들로 이루어진 가파른 산길은 바튼 숨 몰아쉬게 했다. 몸은 점점 무거워졌다. 지쳐갔다. 산길은 일어서 있는 듯했다. 미끄러지지 않고 떨어지지 않기 위해 스틱에 몸 의지하고 바위틈 부여잡으며 올랐다. 내 눈은 발 디딜 곳과 손잡을 곳만 찾고 있었다. 나무를 보고 숲을 느낄 수 없었다. 가까스로 고개에 올라서자 길게 늘어진 고개라는 이름의 또 다른 의미를 알 수 있을 것 같았다. 나는 말 그대로 지쳐 늘어졌다. 바위에 기대 앉아 물 들이키며 가쁜 숨결을 가다듬었다. 세찬 바람 불고 있었다. 몸이 날아갈 듯 세찼다.

황철봉이 보였다. 아득했다. 황철봉 정상 부근은 온통 다듬어지지 않은 바위들로 가득했다. 길이 없었다. 그저 조심스럽게 바위를 하나씩 건너가야 했다. 길이 있는 것이 아니라 가면 그곳이 곧 길이었다. 나는 황철봉에 길이 있다는 말을 듣고 정말 바위 사이로 길이 있는 줄 알았다. 너덜지대를 지나며 그것이 얼마나 나의 일방적인 생각이었는지 깨달을 수 있었다. 어리석은 생각이었다.

황철봉 너머 또 다른 황철봉

황철봉 정상에는 풀 한 포기, 나무 한 그루 없었다. 거대한 바위들만 있었다. 쏟아 부은 듯 무질서했다. 늦은 오후의 햇살을 받은 황철봉은 은빛으로 빛나고 있었다. 장엄하고 장중했다. 당당한 장수의 모습이었다. '어서 오라!'고 외치고 있는 것 같았다. 정상을 바라보았다. 결코 닿을 수 없을 것 같았다. 결코 끝나지 않을 것 같았다.

황철봉을 향했다. 바위와 바위를 타고 오르며 조심스레 나아갔다. 바위와 바위 사이 벌어진 틈에 빠지지 않으려고 조심했다. 크게 벌어진 틈은 바위산에 난 큰 구멍 같았다. 바닥이 보이지 않는 틈도 있었다. 무엇이 들어 있는지 알 수 없는 심연처럼 느껴지기도 했고 빠지면 결코 나올 수 없는 무저갱처럼 느껴지기도 했다. 바위틈에 간간이 키 작은 나무 자라고 꽃 피어 있기도 했다. 생명의 경이로움에 절로 발걸음 멈추었다. 경의를 표했다. 이름 모를 꽃과 나무에게 마음 기울여 감사했다.

　　황철봉에 올랐다. 풀도 나무도 없는 바위뿐인 산이다. 그러나 참으로 아름다웠다. 조금도 꾸며지지 않은 자연 그대로의 원시적인 아름다움이었다. 힘차고 장렬하면서도 고요함을 함께 지닌 아름다움이었다. 마치 사람 지나지 않는 고개처럼 아늑하고 평화로웠다. 바닥까지 들여다보이는 맑은 호수와 같은 평화로움과 안락함이었다. 순수한 아름다움이었다. 늦은 오후의 햇살을 받은 바위들은 은은했다. 은은하게 빛나고 있었다. 하얀 바위도, 잿빛의 바위도, 거무튀튀한 바위도 저마다 제 빛 품어 은은했다. '영롱히 빛나는 것은 속된 것이다'라고 말하는 듯했다. 저마다 제 빛 품은 바위들과 은은한 햇살 어울려 황철봉의 늦은 오후는 신비로웠다. 마음 사로잡았다.

　　바람 들어와 내 영혼 어루만졌다.

　　한 대장은 길을 서둘렀다. 해 떨어지기 전에 너덜지대를 완전히 통과해야 했기 때문이었다. 내가 밤길이 어둡다는 것을 잘 알고 있는 한 대장으로서는 당연했다.

　　산길 지나며 한 대장이 말을 건넸다.

　　"선생님, 우리가 지금 황철봉을 지나왔잖아요. 그런데 사실은 앞에도 황철봉이 또 있어요. 옛날 지도에는 우리가 가는 곳에 있는 봉우리를 황철봉이라고 표기했고 요즘 지도에는 조금 전 지나온 봉우리를 황철봉이라고 표기하고 있어요. 그런데 사실은 우리가 이제 만나게 될 앞에 있는 산이 조금 더 높을 뿐 아니라 주변의 모든 산들을 뻗어내고 있거든요. 이런 게 문제입니다. 정리가 안 되어 있어요. 정리되어야 하는데 말입니다."

"한 대장님 말씀이 맞는다면 어려울 것 별로 없을 것 같은데요. 지금 지도에 나와 있는 황철봉은 그대로 놓아두고 예전 지도에 나와 있다는 황철봉은 황철산이라고 부르면 어떨까요? 그 봉우리가 이 일대에서 가장 높고, 산줄기를 뻗은 종산의 역할을 하고 있다면 당연히 산으로 불러줘야 하지 않을까요? 봉우리는 산에 속한 것이니까요."

"그런 방법이 있겠네요."

고개를 끄덕였다.

너덜지대는 끝이 난듯하면 이어지고 끝이 난듯하면 이어져 있었다. 약속이나 한 것처럼 숲 지나면 너덜지대가 나오고 너덜지대 건너면 숲이 이어졌다. 다시 또 다른 황철봉을 넘었다.

어둠 내리고 있었다. 산은 깊은 어둠 속으로 들어가고 있었다. 헤드랜턴 불빛에 의지해서 산행을 이어갔다. 어둠 내린 숲은 괴괴했고 산길 지나는 우리는 잠잠했다.

▲ 황철봉을 향하다

미시령(彌矢嶺, 826미터)에 가까이 이르자 길이 좁아졌다. 조심스럽게 키 높이로 자란 풀과 나뭇가지를 헤치며 내려갔다. 미시령이 눈앞이었다. 미시령으로 내려서는 길은 철망이 있어 위태했다.

미시령으로 내려섰다. 차가운 바람이 고개를 휩쓸며 지났다. 황철봉을 넘었다는 안도감에 기분 좋은 피로감이 몰려왔다. 차는 불 밝힌 채 우리를 기다리고 있었다.

"수고하셨습니다."

남권우 프로듀서가 다가오며 말을 건넸다.

내려온 길 돌아보았다. 산은 어둠에 잠겨 있고 하늘에는 별 빛나고 있었다. 별빛 따라 지나온 산줄기 희미하게 모습을 드러내고 있었다.

'저 산줄기 따라 가면 황철봉이 있겠지……'

새소리 하나 들리지 않는 깊고 고요한 침묵이 그리웠다. 저마다 다른 모습의 크고 작은 바위들이 빚어내는 순수한 울림이 그리웠다. 홀로 지나는 이들 홀로 머물게 함으로 품어주던 밋밋한 바위산의 너그러움이 그리웠다. 가슴 깊이 젖어들던 순수함이 그리웠다.

황철봉 가슴 깊이 품은 밤이었다.

그 밤, 황철봉을 그리워했다.

길은 진부령에서 머물고

#산행 쉰 째

지난 몇 달간의 산행을 마감하는 날이었기 때문일까. 눈이 일찍 떠졌다. 제법 산행에 단련되어 있었음에도 불구하고 물 먹은 솜처럼 온몸 무거웠다. 지난 산행의 피로가 그대로 남아 있었다. 잠 못 이룬 소청산장의 밤을 보낸 후 공룡능선을 따라 마등령을 넘고 저항령을 지나 황철봉을 건너온 산행에 나는 완전히 지쳐 있었다. 몇 시간을 자고 났음에도 움직일 때마다 온몸이 뻐근하고 아팠다. 가볍게 몸을 풀자 뿌드득뿌드득 관절에서 소리가 났다. 녹슨 기계가 움직이는 듯했다. 절로 풀기 없는 웃음 일었다. 풀어놓았던 배낭을 꾸렸다. 약통, 밥그릇과 수저, 이온음료 두 병, 물 한 병, 간식과 도시락을 넣었다.

새벽하늘에 별 가득했다. 저마다 제 자리에서 빛나고 있었다. 어린 시절 바라보았던 별 자리들도 그 자리에서 빛나고 있었다. 제 자리를 지키며 살아간다는 것은 쉬운 일이 아니다. 참으로 장한 별들이었다.

"오늘이 마지막 날이네요. 괜찮으세요?"

김 대장이었는지 신 감독이었는지 누군가 지나며 내게 물었다. 그저 웃었다. 지난 5월 20일부터 시작된 백두대간 남쪽구간 산행을 끝내는 날이었지만 특별한 감회가 일어나지는 않았다. 언제나처럼 오늘 가야 할 길을 오늘 가는 것뿐이었다. 미시령에서 시작하여 상봉, 화암재, 신선봉, 대간령, 암봉과 마산을 지나 진부령으로 내려서는 약 14.5킬로미터 구간이었다. 지리산에서부터 속리산, 조령산, 소백산, 태백산, 두타산, 오대산을 지나 설악산까지 이어온 산줄기는 상봉에 닿아 진부령으로 이어지고 있었다. 산으로 향했다. 별 가득한 새벽이었다.

바람 가는 길 따라

산으로 들어갔다. 산은 어둠에 잠겨 있었다. 깊은 어둠이 산에 머물러 있었다. 하늘에 구름 흘렀다. 흐르는 구름 사이로 달빛 괴괴했다. 거무스름한 하늘 아래서 산줄기는 검게 빛나고 있었다. 저 너머에서 아침이 오겠지. 바람 세찼다. 새벽 어스름 속에서 마른 억새들이 파르르 몸 흔들며 춤추고 있었다. 환호하는 듯 절망하는 듯, 갈망하는 듯 절규하는 듯했다. 회오리바람 일듯 세찬 바람이 산줄기 타고 내려오며 몸을 감쌌다. 억새들은 바람을 타는 듯 비켜가는 듯, 즐기는 듯 저항하는 듯 온몸 흔들며 바람 따라 출렁이고 일렁였다.

'바람 따라 흐르고 있는가.'

그런지도 몰랐다. 나도 바람 따라 산길 흐를 수 있기를 바랐다. 몸은 부서

지듯 아팠다. 한 걸음 한 걸음 떼는 것
이 힘들었다. 산길마다 마른 낙엽 수북
했다. 지친 다리 달래느라 잠시 쉬며 만
져보니 부스스 부서져 내리는 놈도 있
었고 아직은 물기 머금은 싱싱한 놈도
있었다. 저마다 지나온 삶의 사연을 담
은 채 산길 지나고 있었다.

'이 낙엽들로 인해 이 산에 기대어
사는 생명들이 다시 봄을 맞을 수 있으
리라.'

고마운 일이었다. 불어오는 바람

▲▲ 새벽 어스름 속의
　　　동해
▲ 상봉 돌탑

에 낙엽 띄우니 바람을 타고 날아올랐다. 바라보니 그새 어디로 갔는지 보이지
않았다. 아침 오고 있었다. 숲길마다 붉은 햇살 드리워 젖은 낙엽들이 빛나고
있었다. 산길 이었다. 채 산길 돌아들기도 전에 해가 떠올랐다. 길 멈추고 바라
보았다. 구름 사이로 붉은 해 몸을 내밀었다. 검은 빛 머금은 구름 사이에서 해
는 붉은 빛 한껏 내뿜고 있었다. 장엄하고 찬란했다. 아침이 왔다. 산에서 맞는
마지막 날 아침이었다. 바람 불어 나뭇잎 흩날리는 아침이었다.

북설악에서 가장 높은 봉우리인 상봉(1241미터)에 올랐다. 북녘 바라보며 통
일을 염원하기 위해 쌓았다는 돌탑이 세워져 있었다. 돌탑 한가운데 상봉임을
알리는 표지석이 있었다. 첩첩한 산줄기 골마다 운무 가득하여 하늘은 구름의

바다를 이루고 있었다. 뫼들은 갈 곳 잃고 표류하는 작은 배 같기도 하고 외로운 섬 같기도 했다. 나는 산길 걷고 있는지 구름길 걷고 있는지 알 수 없었다. 하늘길 걷고 있는지 바다길 걷고 있는지 알 수 없었다.

해를 감싼 구름은 엷은 분홍빛을 띠고 있었고 햇살은 오로라처럼 구름을 타고 퍼지고 있었다. 황홀했다. 바람 불어 구름 지날 때마다 산줄기 몸을 일으켜 제가 품은 세상을 보여주었다. 산자락에 기댄 작은 마을이 있었다. 산허리를 타고 구불구불 이어진 도로도 보였다. 사람 사는 세상을 이어주고 있는 길이건만 다른 세상에 놓여 있는 길 같았다.

바람 가는 길 따라 신선봉(神仙峰, 1204미터)으로 향했다. 지나는 산줄기마다 구름 품어 구름길 걷는 듯했다. 돌아보면 구름이 따라와 있었다. 숲으로 들어가자 온몸 구겨놓은 듯 밑둥치를 끌어안은 듯한 나무가 보였다. 세찬 바람과 눈의 무게로 인해 하늘을 향해 자라지 못한 나무였다. 삶에 대한 갈망이었다. 생명의

▲ 신선봉
정상에서

모습이었다. 살아 있는 마지막 한 순간까지 결코 제 삶을 포기하지 않는 생명의 간절함과 열정이 눈앞에 있었다. 나도 그렇게 살아갈 수 있기를 기도했다. 간절함과 열정을 잃어버리지 않을 수 있기를 기도했다.

제 삶 온몸으로 끌어안은 나무를 품고 있는 숲을 지나자 다시 너덜지내가 시작되었다. 신선봉이 눈앞이었다. 신선봉 주변은 온통 바위였다. 하기야 신선이 되는 길이 어디 쉽겠는가. 바위와 바위를 건너뛰고 네 발로 기어오르며 신선봉에 오르니 그대로 탈진하여 몸을 조금도 움직일 수 없었다. 간식을 꺼내 먹고 이온음료를 마시고 난 후 겨우 몸 추슬러 돌아볼 수 있었다. 보이는 것은 그저 구름뿐이었다. 구름의 바다가 두텁게 드리워 있었다. 온 세상에 드리워져 있는 듯 끝이 보이지 않았다.

신선봉을 내려왔다. 구름의 바다를 향해 가는 듯했다.

너덜지대를 지나 숲으로 들어서니 숲을 물들인 붉은 단풍이 남아 있는 가을을 재촉하고 있었다. 헤어질 제 삶이 아쉬운지 단풍은 더욱 붉었다. 올려다보니 하늘도 온통 붉은 빛이었다. 바람 불어 붉은 단풍잎 흔들리자 푸른 하늘이 보였다. 붉은 빛 사이로 보이는 파란 하늘이 눈부셨다.

지나는 길마다 억새 가득하고 조릿대 군락을 이루고 있었다. 산길 지나는 이들마다 마음 담아 쌓아놓은 돌탑이 아름다웠다. 새이령이라는 다른 이름으로도 불리는 대간령(660미터)이었다. 옛날에는 진부령, 한계령과 함께 동서교통의 주요통로였던 고개이나 이제는 산 지나는 이들만 찾는 잊힌 고개가 되었다. 몸 풀어놓고 쉬었다. 바람 시원하고 몸 가벼웠다.

"선생님, 나무와 소통하는 법을 알려주신다고 하셨잖아요?"

7~8년쯤 되었을까. 나무의 울림을 듣게 된 사연을 들려준 후로 김남균 대장은 잊을 만하면 그 이야기를 꺼냈다.

"별 거 아니에요. 경험적 인식론에서 자유로울 수 있어야 하고 모든 존재하는 것들에는 자신만의 진동, 즉 울림이 있다는 것을 이해하면 돼요. 그다음에는 정말 간단해요. 마음을 비우면 돼요. 마음을 열면 돼요. 나무의 진동, 상대만의 고유한 울림을 느끼면 돼요. 그게 다에요. 마음을 열고 울림을 예민하게 느끼기 위해 도움이 되는 훈련 방법이 있기는 하지요. 김 대장이 아주 잘하는 것이에요. 걷는 것이지요. 걷는다는 것은 오감이 열리는 것을 의미하지요. 오감이 열린다는 것은 육체적인 장애나 생각의 지배로부터 마음이 자유로워지는 것을 의미하고요. 그렇게 자유로워지면 마음의 깊은 소리를 들을 수 있게 되지요. 자신만의 울림을 듣게 되는 것이지요. 자신이 진정으로 원하는 것이 무엇인지 알게 되지요. 제 마음의 깊은 소리를 들을 수 있게 되면 다른 사람의 울림도 자연히 들을 수 있게 되지요. 그 후에는 모든 것이 자연스럽게 이루어질 수 있어요. 마음 기울이면 나무의 울림도, 꽃들의 울림도 느낄 수 있고 들을 수 있어요. 그런데 걷는 것에도 종류가 있어요. 백두대간 종주하듯이 내쳐 달리는 걸음은 오감을 열 수 없어요. 발바닥으로 흙길을 느낄 수 있을 정도로 천천히 걸어야 하지요. 새소리, 바람 소리, 나무 소리 다 들리도록 마음으로 천천히 걷는 걸음이어야 하지요. 발로 걷지 말고 마음으로 걸으세요. 그러면 숲의 울림을 들을 수 있어요. 천천히 느리게 걸으세요."

금강산줄기로 접어들다

다시 너덜지대를 지났다. 백두대간 남한구간의 마지막 너덜지대였다. 병풍바위에 오르니 머무를 사이도 없이 세찬 바람이 등을 떠밀었다. 빈 가을 하늘이 높았다. 숲으로 들어가자 때 늦은 가을을 보내고 있는 듯 숲은 온통 붉었다. 이제야 가을을 보낼 준비가 되었다는 듯 단풍이 붉었다. 작은 새이령을 지나니 마산봉(1052미터)이었다.

흘리마을을 감싸고 있는 산이다. 말 등 형상을 하고 있다 하여 마산봉이라는 이름을 얻었다. 금강산의 끝줄기이다. 여기서부터는 금강산줄기인 것이다. 이 산줄기 붙들고 산 흐르는 데로 따라 흐르면 금강산이다. 갈 수 없는 땅이다.

배낭 내려놓고 쉬었다. 정상에 바위 하나 있었다. 금강산을 축소시켜놓은 것같이 뾰족했다. 오늘 산행의 마지막 봉우리였다. 백두대간 남쪽구간 산행의

▼ 흘리마을 뒤로 멀리 보이는 마산봉

마지막 봉우리였다. 내려서면 진부령이었다.

바위에 올랐다. 부는 바람에 몸 맡겼다. 지나온 길이 눈앞에 있는 듯 바라보았다. 바람 시원하고 하늘 푸른 날이었다.

모두들 바위에 올라 기념사진을 찍었다. 웃음이 잘 지어지지 않았다.

마산봉을 내려와 진부령(陳富嶺, 529미터)으로 향했다. 진부령으로 가는 길은 편안했다. 알프스스키장의 눈 없는 슬로프를 지나 낙엽송 늘어선 숲길을 지나니 이내 마을이었다. 길마다 억새 가득했다. 잔바람에 살랑살랑 흔들리며 산 지나온 이들을 반기는 듯했다. 마을로 들어섰다. 흘리였다. 길옆에 군부대가 보였다. 정문에 '강한 친구 향로봉대대 흘리소대'라고 써 있었다. 나라를 지킨다는 것은 고마운 일이다. 모두들 건강하기를 바랐다.

길가에 개망초 가득하고 민들레 홀씨 외롭게 피어 있었다. 코스모스 피어 한들거렸다. 길 벗어나 숲 지나자 진부령 표지석이 멀리 보였다. 돌계단이 놓여 있었다. 한 계단 한 계단 밟고 내려섰다. 드디어 진부령이었다.

▲ 진부령에서

진부령은 한계령, 미시령과 더불어 설악의 준령으로 손꼽히지만 다른 고개와 달리 높지도 않고 험하지도 않은 탓에 이런저런 가게들 모여들어 마을을 이루고 있었다. 백두대간의 고갯마루가 아니라 여느 작은 도시의 읍에 들어선 것 같았다. 장이라도 열리면 장터에 들어선 듯 착각을 할 정도로 번다한 마을이었다. 지금은 '흘3리'라고 부르는 이 마을은 예전에는 '조쟁이'라는 다른 이름으로 불렸다. 지난날 영동의 해산물과 영서의 곡물이 마주 올라와 '이른 아침부터 장이 선다'는 내력으로 인해 얻은 이름이라고 한다.

번다한 마을에 들어섰기 때문이었을까.

모두들 차분하지 못하고 들떠 있었다. 기념사진을 찍었다. 백두대간을 아홉 번째 종주했다는 한문희 대장은 진부령에만 내려서면 눈물 난다며 울음을 터뜨렸고 신 감독은 촬영하느라 분주했다.

나는 마음 허전하고 쓸쓸했다.

길은 더 이상 흐르지 못하고 진부령에 머물러 있었다.

백두산에서 지리산까지 흐르며 이 땅 품어 수많은 생명이 살아갈 터전을 만들어준 백두대간 하늘길은 그대로 이어져 있건만 길은 더 이상 이어져 있지 않았다.

'머무는 것은 떠나기 위함이니 이 길 흐를 날 있으리라. 흐르고 흘러 산줄기 시작된 백두산에 이를 날 있으리라.'

언젠가는 길이 이어지기를 기도했다. 언젠가는 길 이어져 이 길 따라 백두산에 이를 수 있기를 소망했다. 생명의 땅 백두대간이 끊어진 남과 북을 다시 이어줄 수 있기를 소망했다. 무너진 마음과 마음을 이어주기를 소망했다.

흘리마을에 저녁이 오고 있었다.

노을이 마음 적시어 아름다웠다.

한계경에서 진부령까지

▲ 홀리마을에서
 바라본 하늘

닫는글
백두대간, 하늘 길에 서다

　　지난 일 년 동안 우리 사회는 인간과 생명에 대한 존중심, 민주주의적 가치 그리고 역사적 진실들을 지키기 위해 용광로처럼 들끓었다. 우리 사회가 그렇게 들끓던 일 년 동안 나는 거의 산에 머물러 있었다. 산길을 걸은 시간은 5개월 채 못되었지만 산행을 준비하고 글을 쓰며 보낸 시간 내내 나는 산을 떠나지 못하고 있었다. 그저 몇 차례 광화문에 나가고 여의도에 나갔을 뿐이다.

　　나는 산길 걸으며 때로 들끓고 때로 착잡하고 때로 고요했다. 말해야 할 것을 말하지 못하게 하는 사회로 인해 들끓었고 말해야 할 것을 말하지 않고 있는 자신의 모습으로 인해 착잡했다. 산은 때로 들끓고 때로 착잡한 마음으로 들어온 나를 언제나 말없이 따스하게 품어주었다. 고요함으로 감싸주었다. 평온하게 했다. 마음 가라앉혀주었다. 고요한 마음으로 산길 걸을 수 있도록 해주었다. 볼 수 없고 들을 수 없고 느낄 수 없었던 것들을 볼 수 있고 들을 수 있고 느낄 수 있었다.

　　숲은 어느 생명 하나라도 소홀히 대하지 않았다. 아무리 보잘것없이 보이는 풀 한 포기일지라도, 죽어 썩어가고 있는 나무라고 할지라도 모두 존중받으며 제 자리에서 제 삶을 살아가고 있었다. 숲은 그 어떤 것들에도 소홀하지 않고 골고루 베풀고 품어주었다. 그뿐인가. 숲에서는 서로 다른 모습을 지니고 있다는 것 자체가 축복이었다. 나무도 바위도 시내도 나뭇잎도 바람도 구름도 비도 햇살도 다람쥐도 어치도 산수국도 어수리와 궁궁이 같은 풀들도 모두 서로 다르기 때문에 서로 어울려 숲을 이루며 살아가고 있었다. 서로 다른 모습의 생명들이 제각기 제 삶을 살아감으로 숲은 생명력 넘치는 풍성한 숲으로 변해가고 있었다. 서로의 삶을 조금도 해치지 않은 채 말이다.

나는 우리 사회가 숲처럼 보잘것없어 보이는 생명일지라도 존중하는 생명 존중의 사회, 인간 존중의 사회가 되기를 소망했다. 힘이 없다는 이유로, 가난하다는 이유로, 공부를 못한다는 이유로 무시당하지 않게 되기를 소망했다. 서로 다르다는 이유로 적대시하지 않게 되기를 소망했다. 서로 다르다는 것이 서로를 적대시해야 하는 요소가 아니라 우리 사회를 다양하고 풍성하게 만드는 요소라는 것을 깨닫게 되기를 소망했다.

2008년 5월 20일에 시작된 산행은 10월 16일이 되어서야 끝났다. 백두대간 남쪽구간을 종주하는 데 약 5개월의 시간이 걸렸다. 물론 매일 산행을 한 것은 아니다. 며칠 걷고 며칠 쉬는 방식으로 진행되었다. 혹서기는 쉬기도 했다.

하루에 크고 작은 봉우리들을 약 30~40개씩 넘었다. 산은 끊어지지 않고 이어져 있었고 길 또한 숲 사이로 바위 사이로 끊어질 듯 이어져 있었다. 산행의 초기에는 고된 산행으로 인해 산길이 끊어지기를 바라기도 했다. 그러나 산길은 결코 멈추어 서지 않았다. 수십, 수백, 수천의 산과 봉우리들은 모두 하나의 산줄기이고 하나의 산이었기 때문이다.

　　백두대간은 수많은 산과 봉우리의 집합체가 아니라 하나의 산이고 하나의 산줄기였다. 높은 산과 낮은 산도 하나이고 들어가고 나오는 것도 하나이고 오르고 내리는 것도 하나였다. 산과 골도 서로의 그림자일 뿐 하나의 모습이며 있음과 없음조차도 그저 하나의 생명이 이루어내는 서로 다른 모습일 뿐이었다. 삶과 죽음처럼 말이다. 그 하나하나의 산과 봉우리 들이 모여 백두대간이라는 한반도의 큰 산줄기를 이루고 있었다. 완성된 퍼즐 그림처럼 말이다. 산과 골, 나무와 풀, 계곡과 물줄기, 비와 구름, 바람 그리고 생명의 온기 있어 하나의 숲은 이루어지듯이 백두대간은 수많은 산과 봉우리 들로 이루어져 있었다.

　　나는 백두대간 지나며 백두대간에 대해 조금씩 알아갔다. 백두산 천지 장군봉에서부터 지리산 천왕봉까지 단 한 차례도 끊어지지 않고 이어진 큰 산줄기인 백두대간은 이 땅에서 수많은 생명들이 몸 기대어 살아갈 수 있도록 삶의 터전을 만들어준 산줄기이다. 한반도를 남과 북, 북과 남으로 크게 흐르며 수많은 산줄기를 뻗어내었을 뿐 아니라 열 개의 큰 강을 품어 흐르게 했다. 사람들은 말할 것도 없고 이 땅에 사는 모든 생명들은 백두대간에 큰 생명의 빚을 지고 있는 것이다. 만일 백두대간이 없었다면 산자락마다 오순도순 모여 마을 이루고 살던 산줄기들도, 강들도 흐르지 않았을지도 모른다. 백두대간이 솟아오르지 않았다면 어쩌면 이 땅 자체가 생겨나지 않았을지도 모르는 일이다.

　　이런 이유만으로도 백두대간은 매우 중요한 의미를 지닌다. 백두대간은 이 땅의 상징이다. 우리는 이 땅에서 살고 있다. 그러므로 백두대간이 이 땅에서 오천 년을 살아온 이 민족의 상징이 되었다거나 되어야 한다고 해서 조금도 이상할 것은 없다.

그렇기 때문에 일제 강점기의 총독부는 자원 수탈을 위한 목적뿐 아니라 민족정기를 말살하기 위한 차원에서도 백두내간이라는 개념을 지도에서 지웠을 뿐 아니라 사람들의 마음속에서도 지우려고 시도했던 것이다. 총독부의 그런 노력들은 매우 주효했던 것으로 보인다. 21세기인 지금도 백두대간을 이야기하면 총독부가 지질 조사를 통해 산맥 이론을 정립한 것이 무슨 잘못이냐며 거의 적대적으로 대하는 이들이 있다. 나는 그런 이들을 이해하기 어렵다. 산맥은 지질학적 개념이니 총독부가 어떤 의도로 산맥이론을 정립했든지 간에 산맥이론은 그것대로 유용하게 쓰면 될 것이다. 문제는 잃어버린 우리의 것을 되찾자는 것이다. 우리의 것을 되찾자는데 왜 그렇게 흥분하여 적대적인 행동을 취하는지 알 수 없다. 일제 강점기가 그리운 것이 아니라면 말이다. 잃어버린 우리의 것을 되찾자는 것은 당연한 일이다. 더 나아가 백두대간은 사람과 자연의 조화에 기초한 지리 인식체계로서 우리의 지역적 특성과 문화를 이해하는 데 가장 적합하고 올바른 지리 인식체계인데 어찌 되찾지 않을 수 있겠는가 말이다.

백두대간은 단지 자원을 품고 있는 재화를 얻기 위한 대상이 아니다. 보다 편안한 삶을 위해 파헤쳐야 하는 산이 아니다. 이 땅의 수많은 생명 품어 살아가게 한 생명의 터전이며 보고이다. 이 땅의 상징이며 이 민족의 정신이다. 그러하기에 백두대간은 이 땅에 몸 기대어 살아가고 있는 모든 생명들의 희망이었던 것이다.

　백두대간은 하늘 세상이었고 하늘길이었다. 백두산 천지 장군봉에서부터 지리산 천왕봉까지 이어진 이 길은 말 그대로 하늘길이다. 하늘의 못에서 흐르기 시작하여 하늘의 봉우리에서 끝나는 것이다. 어디 그뿐인가. 백두대간의 남쪽구간 시작점인 천왕봉에 오르려면 반드시 개천문이나 통천문으로 들어서야 했다. 하늘 문을 열고 들어서야 했던 것이다.

　백두대간은 한반도의 등줄기이며 생명을 품어 안은 땅이다. 골짜기를 품고 강줄기를 품어서만이 아니다. 백두대간은 삼면이 바다인 이 땅에서 대륙과 연결 되어 있는 유일한 통로이다. 이 길로 많은 생명들이 오고 감으로 우리나라의 생태계는 풍성해지고 있다. 백두대간은 말 그대로 생명의 통로인 셈이다.

　그러나 안타깝게도 생명의 터전이고 통로인 백두대간은 인간의 어리석음과 탐욕으로 인해 허물어지고 끊어져 있다. 이미 산의 절반이 헐려나간 금산은 지금도 철길에 사용할 자갈을 얻기 위해 파헤쳐지고 있고 석회석을 얻기 위해 파 들어간 자병산은 이미 다 무너져 속살을 그대로 드러내고 있다. 금산과 자병산이 무너지고 있다는 것은 지리산과 백두산이 무너지고 있다는 것과 조금도 다른 말이 아니다. 백두대간은 하나의 산줄기이고 하나의 산이기 때문이다. 하나라도 무너지면 백두대간 전체가 무너지는 것과 같다. 참으로 부끄러운 일이다. 우리의 자랑이 되어 우리 국민들에게뿐 아니라 전 세계의 모든 사람에게 알려야 할 산줄기가 우리들의 무관심 속에서 끊어지고 무너지고 있는 것이다.

　그 외에도 이런 저런 이유로 대간길은 막히고 끊어져 있다.

나는 이 모든 길이 완전히 열리고 또한 온전히 회복되기 바란다. 지금이라도 정부가 나서서 금산과 자병산이 더 이상 무너지지 않도록 취할 수 있는 모든 조치를 취하기 바란다. 백두대간 길을 정비하여 우리나라 국민이라면 누구나 갈 수 있도록 열어놓기 바란다. 그리하여 이 땅을 더욱 깊이 사랑하게 되고 자랑스러워할 수 있게 되기 바란다.

나는 지난 해 10월 16일 이른 저녁 백두대간 남쪽구간의 끝인 진부령으로 내려섰다. 더 이상 가려고 해도 갈 곳이 없었다. 길은 더 이상 나가지 못하고 진부령에서 머물고 있었다. 나는 길이 머물고 있는 진부령에 섰다. 백두대간 산줄기는 굽이굽이 뻗어 있었지만 더 이상 갈 수 있는 길이 없었다. 나는 그 길, 그 산줄기를 바라보며 오랜 날들 동안 식어 있던 내 가슴 속에 다시 순수한 열정이 이는 것을 느낄 수 있었다. 젊은 날처럼 다시 희망을 품고 있다는 것을 느끼게 되었다. 나는 다시 길을 흐르게 하고 싶었다. 진부령에서 머물고 있는 길을 다시 흐르게 하고 싶었다. 그리고 그 길 따라 백두대간 길 이어 향로봉 지나 백두산까지 가고 싶었다.

지금은 길 끊어져 남과 북으로 나 있는 길이 서로 다른 길이 되었지만 본래는 하나의 길이다. 지금은 체제가 다르다는 이유로 서로 총칼을 겨누고 있지만 원래는 하나의 민족이다. 결국은 서로가 서로를 눈물로 끌어안고 함께 살아가야 할 하나의 민족, 한 형제이다. 오천 년 동안 한 형제, 하나의 민족으로 살아온 것이다.

나는 길이 머문 진부령에서부터 백두산까지 산줄기 따라 흘러가고 싶다. 남과 북의 정부가 나서서 길을 열어주기만 한다면 이 땅, 이 산줄기, 내 이웃 형제들을 위해 끊어진 산줄기를 잇고 싶다. 무엇보다 산을 사랑하게 되고 이 땅을 사랑하게 된 나 자신을 위해서도 걷고 싶다. 더 나아가 온전히 이어진 백두대간을 우리의 후손들에게 물려주기 위해서라도 오랜 세월 끊어진 산길 이으며 걷고 싶다. 그리하여 한반도의 끊어진 허리를 다시 잇고 싶다. 남과 북의 끊어진 길을 잇고 싶다.

그런 날이 오기를 간절히 소망한다.

감사해야 할 분들이 참으로 많다. 가장 먼저 감사를 드려야 할 분들은 숲 지키고 산길 정비하느라 늘 수고하고 계신 국립공원 관리공단 및 산림청의 관계자들이다. 백두대간 산길을 열어주신 한문희 님, 우주환 님, 김남균 님과 산길에 함께해주신 모든 분들 그리고 직간접으로 도움을 주신 모든 분들께 감사의 마음 전한다. 백두대간 산길을 걷던 아름답고 가슴 벅차던 순간들을 많은 이들과 함께 나눌 수 있도록 허락해주신 프레시안에도 감사의 말 전한다. 더더욱 감사한 것은 이 글이 연재되는 동안 사랑해주신 모든 분들이다. 읽고 의견을 달고 때로는 메일도 보내주신 모든 분들에게 깊은 감사를 드린다.

산은 생명의 요람이다.

산이 우리 곁에 있다는 것은 축복이다.

백두대간 큰 산줄기 흐르며 이 땅을 이루었다는 것 또한 큰 축복이다.

그 땅에서 우리 민족이 오천 년 동안 살아왔다는 것 또한 말로 다할 수 없는 축복이다.

백두대간을 걷는 동안 참으로 행복했다.

저는 다리로 열 몇 시간 씩 걸어야 했던 고통스러웠던 시간들도

온몸 부서질 것 같던 괴로움에 잠 못 이루던 밤들도

빠진 발톱 아래서 부끄러운 듯 자라나던 새 발톱을 경이롭게 바라보던 순간들도

모두 잊지 못할 시간들이다.

감사하고 행복한 순간이었다.

걸을 수 있었던 모든 순간들에 감사한다.

걷는 동안 함께해주었던 풀포기, 야생화, 나무, 바람, 비, 구름 등 모든 것들에 감사한다.

숲의 은총, 생명의 숨결이 모두에게 함께하길 바란다.

2009년 1월 4일
내리는 눈 바라보며

배웅글

프레시안 연재를 시작하며

지난 5월 20일 이후 나는 늘 산에 머물렀다. 일주일에 3일 혹은 4일의 산행을 마치고 집으로 돌아와 세탁을 하는 등 다음 산행을 위한 준비로 분주할 때에도 내 몸은 산을 걷고 있었다. 며칠씩 계속되는 산행에 견디지 못한 몸이 퉁퉁 부어올라 아무것도 하지 못하고 누워 있기만 했던 고통스럽고 괴로웠던 순간에도 내 마음은 그저 산에 머물러 있었다. 몇 주씩 이어지는 산행의 누적된 피로를 이기지 못하여 다른 촬영일정을 핑계 삼아 산행을 멈추고 쉬었던 날들도 나는 산을 떠나지 못하고 있었다.

산이 나를 놓아주지 않았기 때문이기도 하고 내가 산을 떠나지 못했기 때문이기도 하다.

나의 산행은 고통의 연속이었다. 나는 백두대간으로 들어가기 전 많은 신체적인 훈련을 했다. 그러나 내 몸은 계속되는 산행을 견디지 못했다. 허벅지의 근육통은 끈질기게 계속되었고 무릎의 통증 역시 뼈 속으로 파고 들어가는 듯 점점 심해지기만 했다. 고통은 깊어지고 있었지만 길은 끝나지 않았다. 뗄 수 없는 다리를 스틱에 기댄 채 걷고 걸었지만 길은 결코 끝나지 않았다. 길은 늘 내 앞에 있었다. 내가 걷기를 멈출 뿐이었다. 내가 걷기를 끝낼 뿐이었다. 내가 가지 않을 뿐이었다. 길은 언제나 나를 기다리고 있었다.

언제나 그랬다.

길이 없는 것이 아니었다. 사람이 그 길을 걷지 않을 뿐이었다.

희망처럼 말이다. 희망이 존재하지 않아 희망을 품지 못하는 것이 아니라 희망을 품지 않아 희망이 존재하지 않는 것처럼 말이다. 길이란 걸을수록 살갑게 다가오는 것이다. 품을수록 깃드는 따스한 희망처럼 말이다.

이제 백두대간 산행의 반을 넘어 섰다.

긴 산행이었다. 그러나 언제나 지나온 길보다 가야 할 길이 더 길게 느껴지는 산행이었다. 지나온 시간보다 남은 시간이 더욱 많게 느껴지는 산행이었다. 산행의 반을 너머선 지금 이 순간에도 말이다. 허벅지와 무릎의 통증으로부터 자유로워진 이 순간에도 말이다.

지난 5월 20일 이후 산에 머물러 있는 내내 산은 내게 아무 말도 건네지 않았다. 그저 길 품은 채 거기 그렇게 있을 뿐이었다. 지나고 듣는 것은 오직 우리들 자신의 몫이라는 듯 구름 따라 흐르고 바람에 흔들리며 거기 그렇게 있을 뿐이었다.

산들은 아무 말도 하지 않았다.

일제에 의해 잃어버린 땅 백두대간도 내게 아무 말도 건네지 않았다.

백두대간이 품고 키운 그 아름다운 숲들 또한 그저 바람에 흔들리기만 할 뿐 말이 없었다. 말이 없었던 탓이었을까?

무섭도록 조용했던 그 깊은 침묵 때문이었을까?

그저 산을 지날 때에는 들려오지 않던 울림들이 느껴지곤 했었다. 마음 깊은 곳에서 울려나는 울림들도 있었다. 그 울림들이 때로 커지기도 했다.

그 울림들은 무엇일까?

깊은 산 고요한 숲을 지날 때마다 전해지던 내 마음의 울림은 무엇이었을까?

이 울림 때문일까?

산에서 내려와 있는 지금 이 순간도 산이 그립다.

사무치도록 그립다.

나는 백두대간의 반을 지난 이제야 이 이야기들을 서투르지만 아주 조금씩 털어놓을 수 있게 되었다. 지금에야 겨우 내 마음속에 울려나던 울림들의 의미를 조금이나마 알 수 있을 것 같기 때문이고 이제야 겨우 몸과 마음이 약간이나마 안정되었기 때문이다.

지난 6월 말경부터 연재될 계획이었던 이 글이 8월이 된 이제야 실리는 것은 오로지 백두대간을 가벼이 본 나의 오만함과 무지함으로부터 비롯된 것이다. 행여 이 글이 연재되기를 기다리신 분들이 계시다면 그분들과, 본의 아니게 독자와의 약속을 지키지 못한 프레시안 측에도 마음 깊이 송구한 마음 전한다.

2008년 8월 12일

백두대간
산행수첩

1. 천왕봉~정령치

월/일		날 씨		총 시 간	
경 유 지		시 각		메 모	
		발			
		착			
		발			
		착			
		발			
		착			
		발			
		착			
		발			
		착			
		발			
		착			

산행 메모

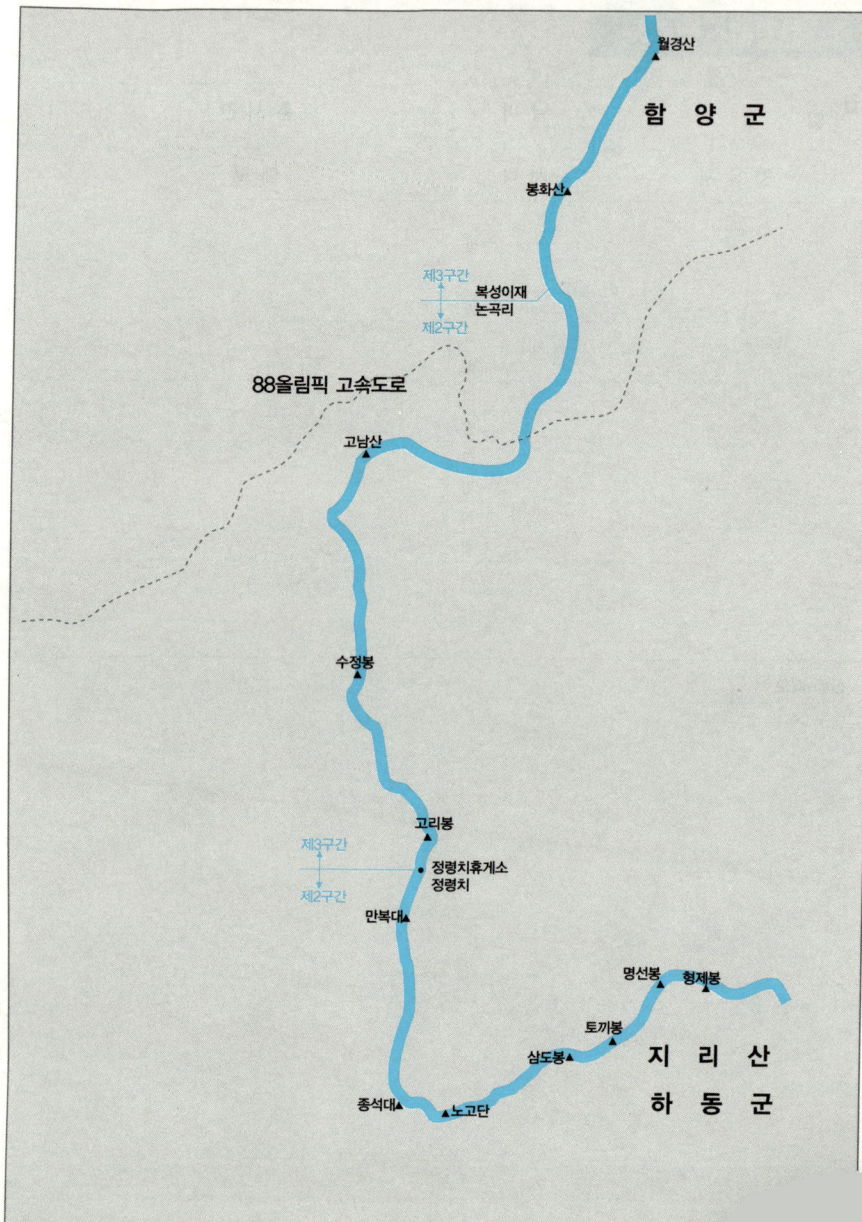

2. 정령치~복성이재

월/일		날 씨		총 시 간	
경 유 지		시 각		메 모	
		발			
		착			
		발			
		착			
		발			
		착			
		발			
		착			
		발			
		착			
		발			
		착			

산행 메모

3. 복성이재~육십령

월/일		날씨		총시간	
경유지	시각		메모		
	발				
	착				
	발				
	착				
	발				
	착				
	발				
	착				
	발				
	착				
	발				
	착				

산행 메모

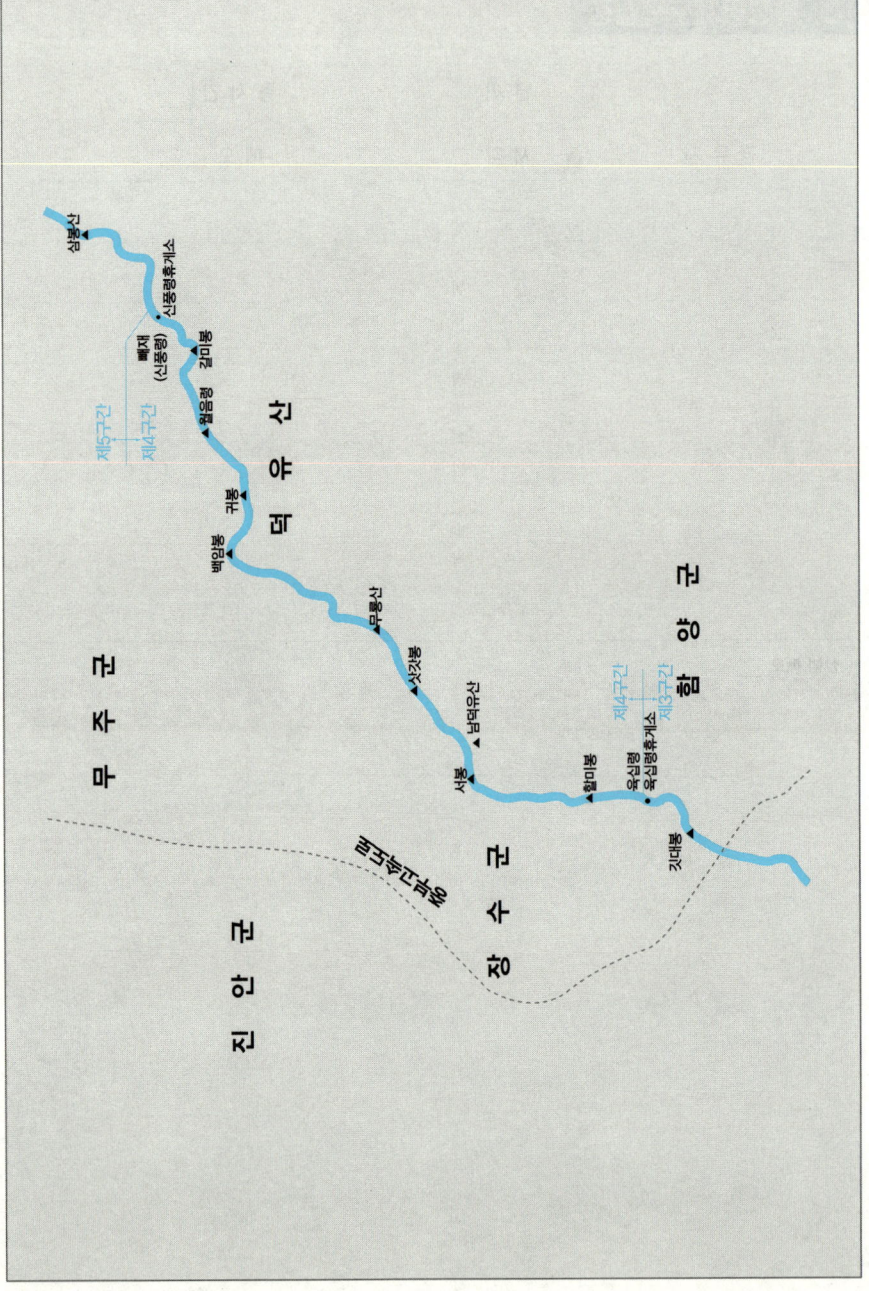

4. 육십령~빼재

월/일		날씨		총시간	
경유지		시각		메모	
		발			
		착			
		발			
		착			
		발			
		착			
		발			
		착			
		발			
		착			
		발			
		착			

산행 메모

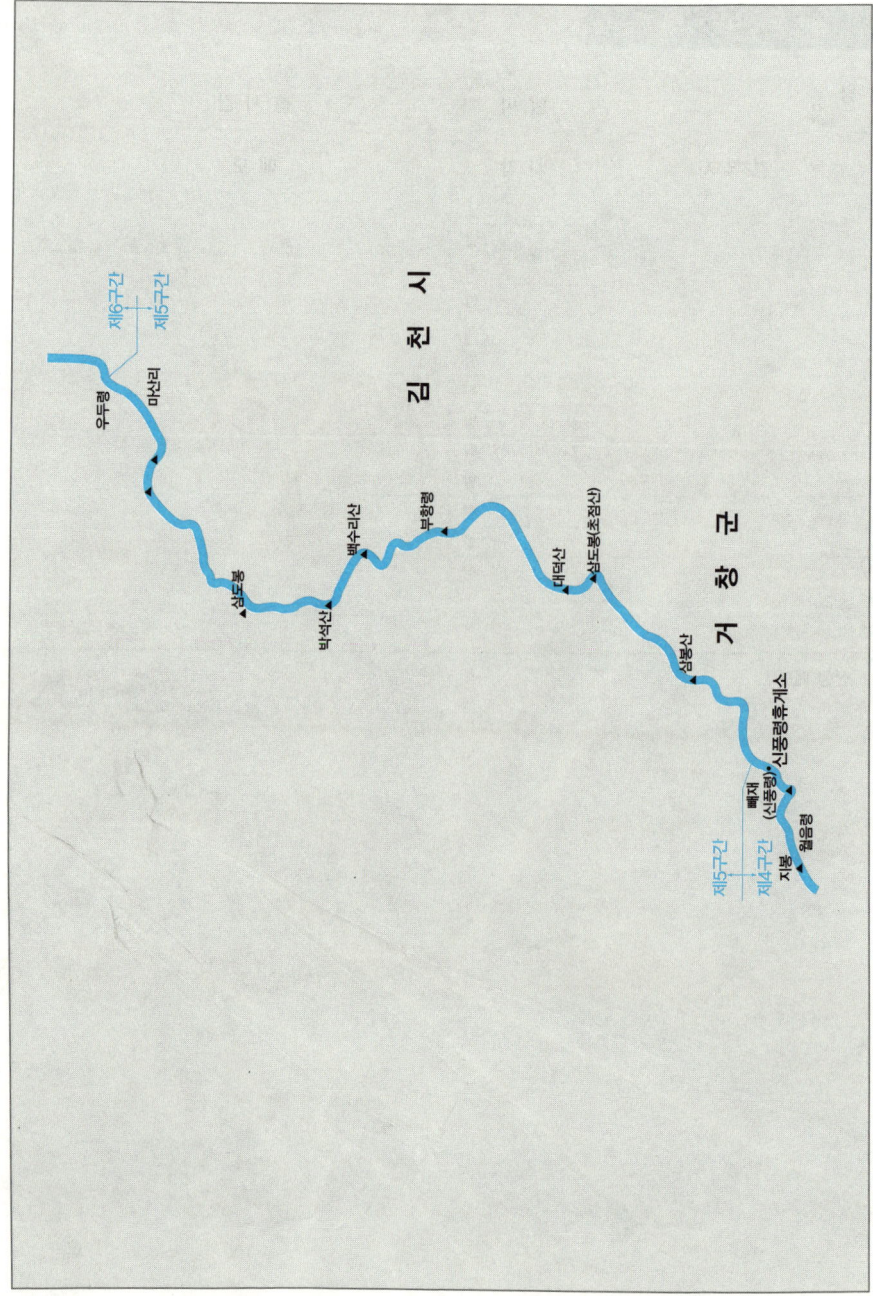

5. 빼재~우두령

월/일		날씨		총시간	
경유지	시각		메모		
	발				
	착				
	발				
	착				
	발				
	착				
	발				
	착				
	발				
	착				
	발				
	착				

산행 메모

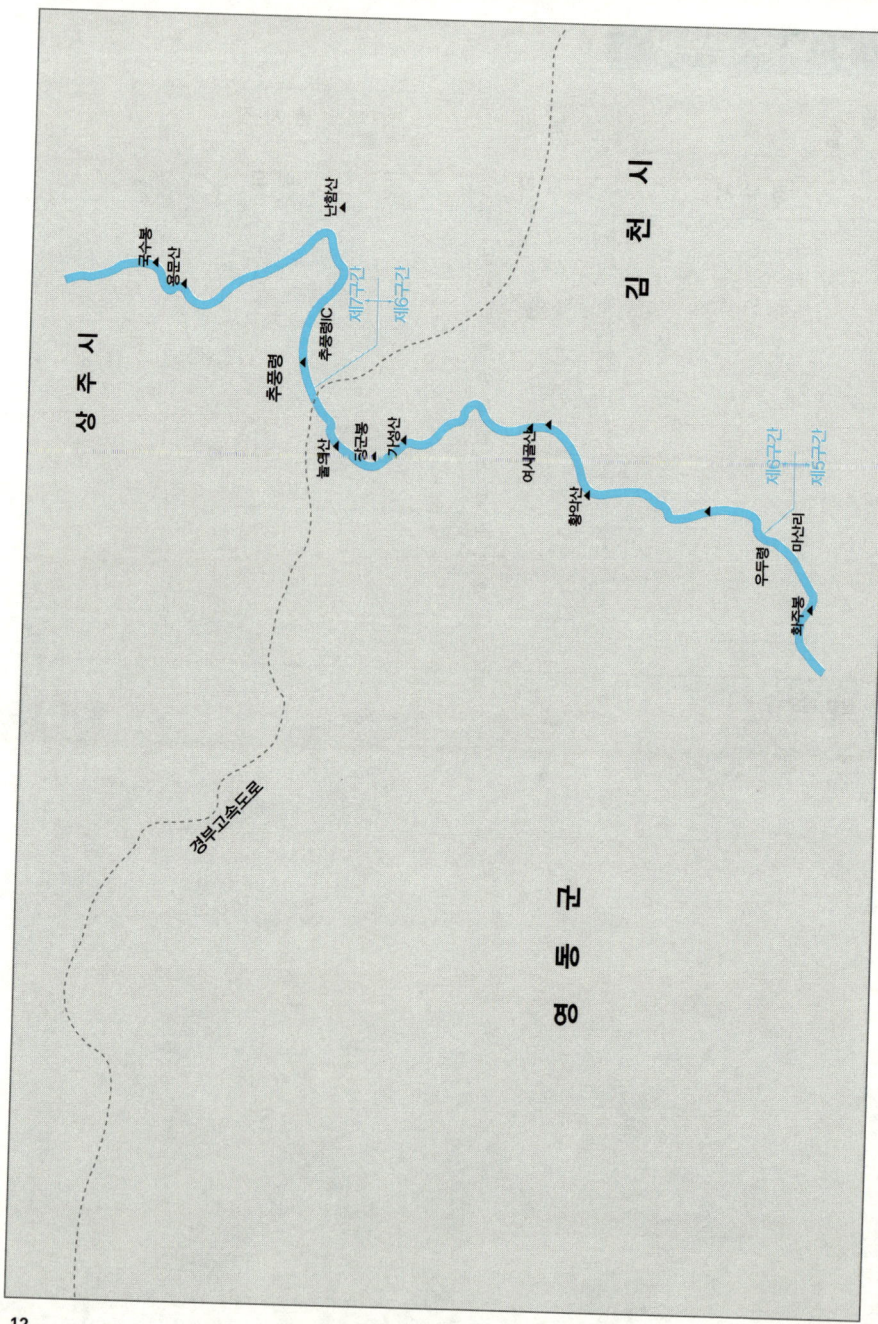

6. 우두령~추풍령

월/일		날씨		총시간	
경유지	시각		메모		
	발				
	착				
	발				
	착				
	발				
	착				
	발				
	착				
	발				
	착				
	발				
	착				

산행 메모

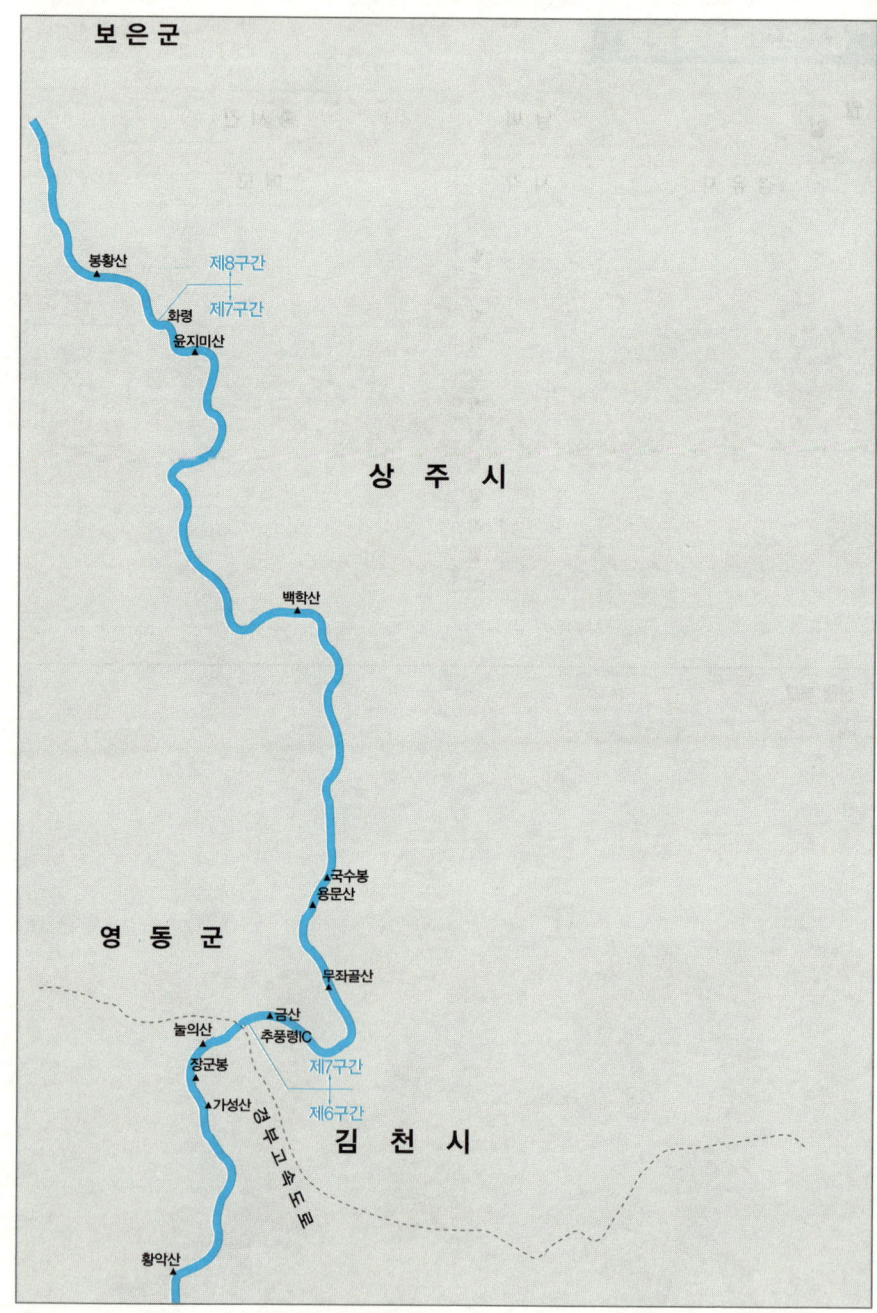

7. 추풍령~화령

월/일		날씨		총시간	
경유지		시각		메모	
		발			
		착			
		발			
		착			
		발			
		착			
		발			
		착			
		발			
		착			
		발			
		착			

산행 메모

8. 화령~늘재

월/일		날씨		총시간	

경유지	시각	메모
	발	
	착	
	발	
	착	
	발	
	착	
	발	
	착	
	발	
	착	
	발	
	착	

산행 메모

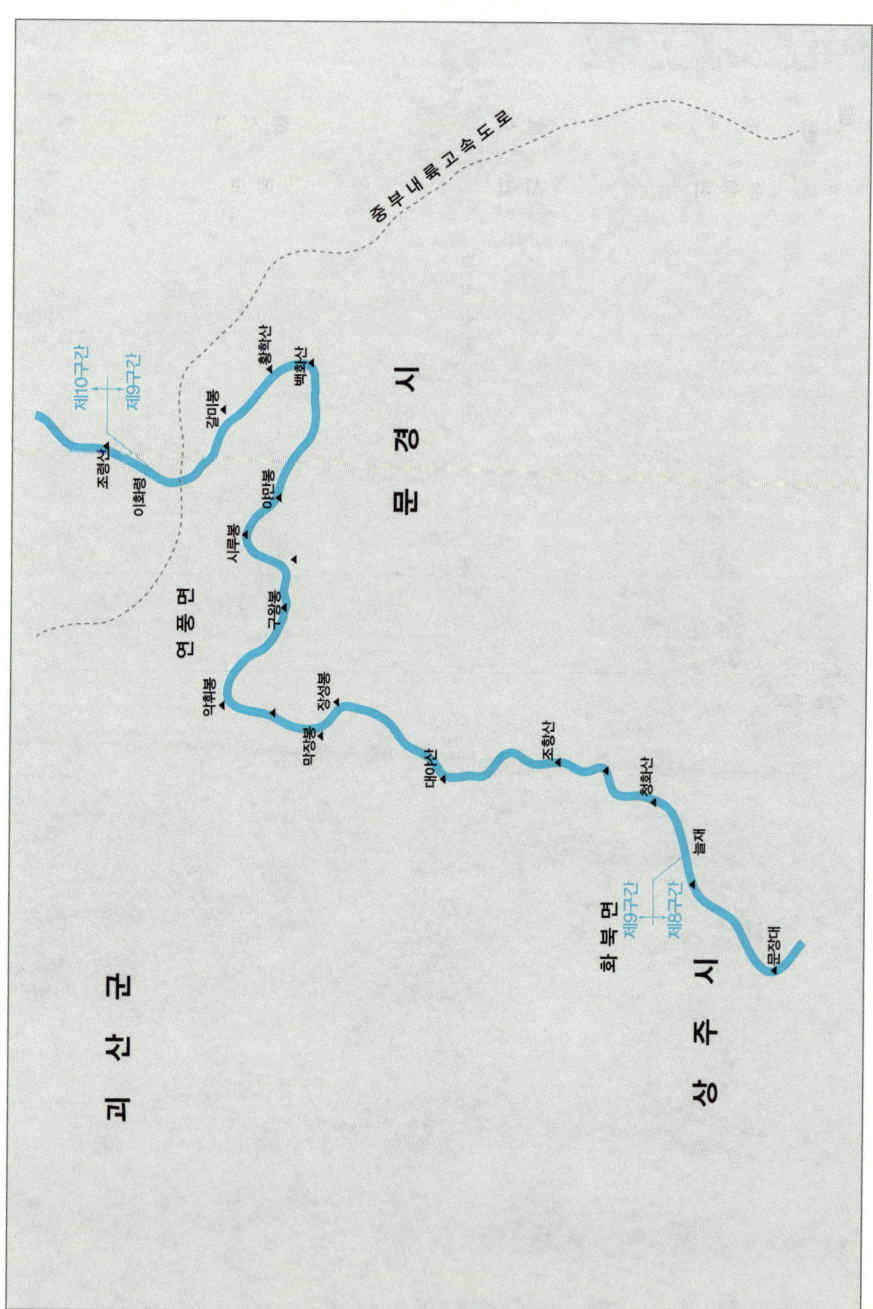

9. 늘재~이화령

월/일		날씨		총 시 간	
경 유 지		시 각		메 모	
		발			
		착			
		발			
		착			
		발			
		착			
		발			
		착			
		발			
		착			
		발			
		착			

산행 메모

10. 이화령~하늘재

월/일		날씨		총 시 간	
경 유 지		시 각	메 모		
		발			
		착			
		발			
		착			
		발			
		착			
		발			
		착			
		발			
		착			
		발			
		착			

산행 메모

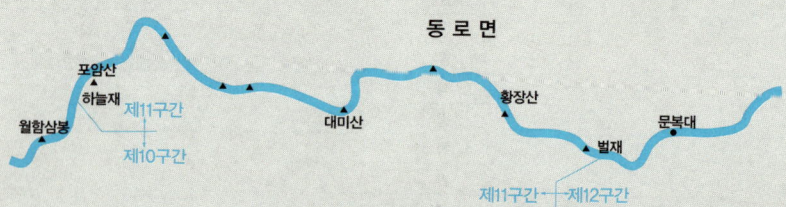

11. 하늘재~벌재

월/일		날씨		총 시 간	
경 유 지		시 각		메 모	
		발			
		착			
		발			
		착			
		발			
		착			
		발			
		착			
		발			
		착			
		발			
		착			

산행 메모

상단 지도

- 제2연화봉
- 죽령터널 / 죽령 — 제13구간 / 제12구간
- 도솔봉
- 묘적봉
- 풍기읍
- 영주시
- 단양군
- 중앙고속도로
- 솔봉
- 시루봉
- 벌재 / 문복대 — 제13구간 / 제12구간
- 상리면
- 문경시

하단 지도

- 단양군
- 고치령
- 산신각
- 마당치
- 제13구간 ┼ 제14구간
- 소백산
- 상월봉
- 늦은맥이고개
- 국망봉
- 비로봉
- 제1연호봉
- 천문관측소
- 제2연화봉
- 단양읍
- 단산면
- 순흥면
- 풍기읍
- 영주시
- 대강면
- 제13구간 / 제12구간
- 중앙고속도로
- 도솔봉
- 묘적봉

12. 벌재~죽령   13. 죽령~고치령

월/일		날씨		총시간	
경유지		시각		메모	
			발		
			착		
			발		
			착		
			발		
			착		
			발		
			착		
			발		
			착		
			발		
			착		

산행 메모

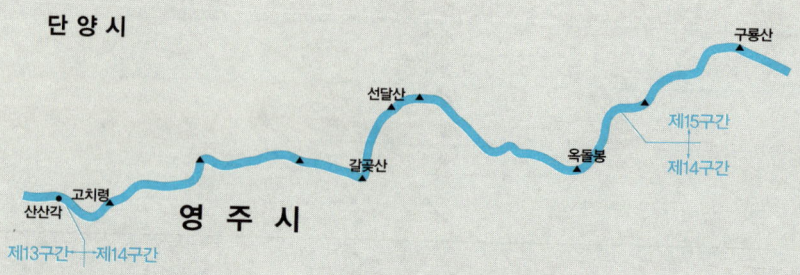

14. 고치령~도래기재

월/일		날씨		총 시간	
경 유 지		시 각		메 모	
		발			
		착			
		발			
		착			
		발			
		착			
		발			
		착			
		발			
		착			
		발			
		착			

산행 메모

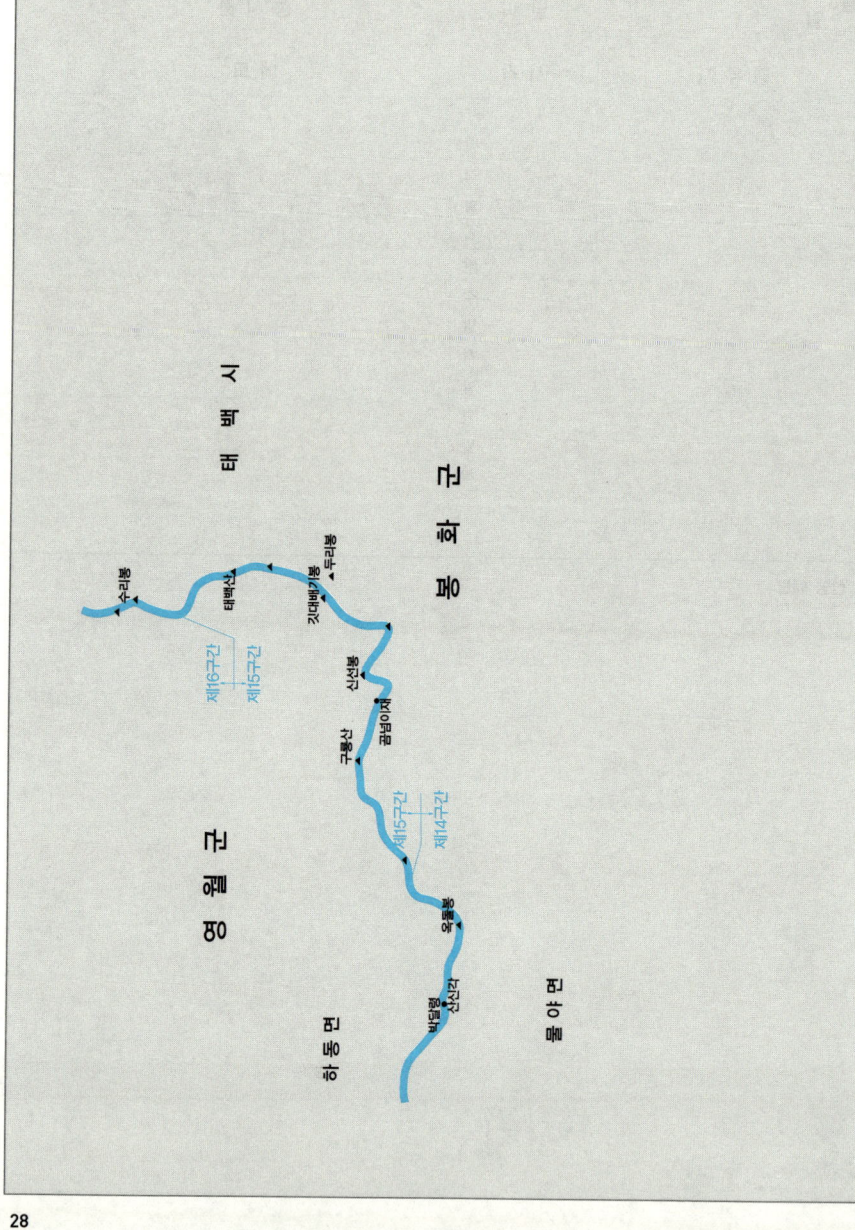

15. 도래기재~화방재

월/일		날씨		총 시 간	
경 유 지		시 각		메 모	
		발			
		착			
		발			
		착			
		발			
		착			
		발			
		착			
		발			
		착			
		발			
		착			

산행 메모

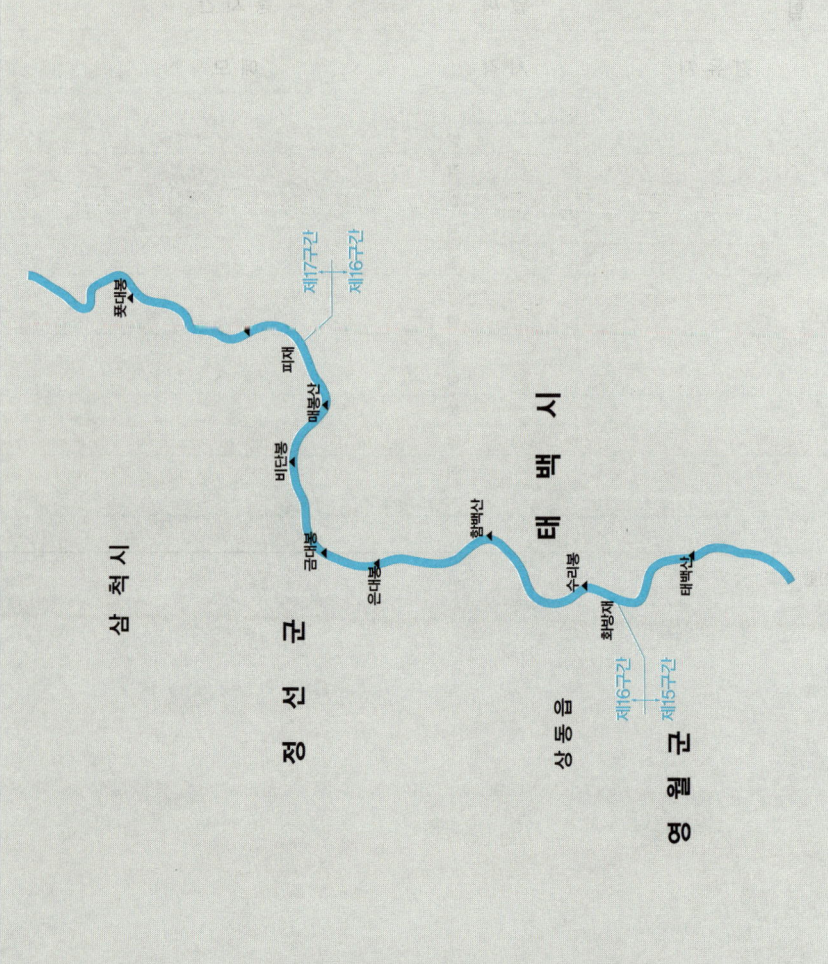

16. 화방재~피재

월/일		날씨		총시간	

경유지	시각	메모
	발	
	착	
	발	
	착	
	발	
	착	
	발	
	착	
	발	
	착	
	발	
	착	

산행 메모

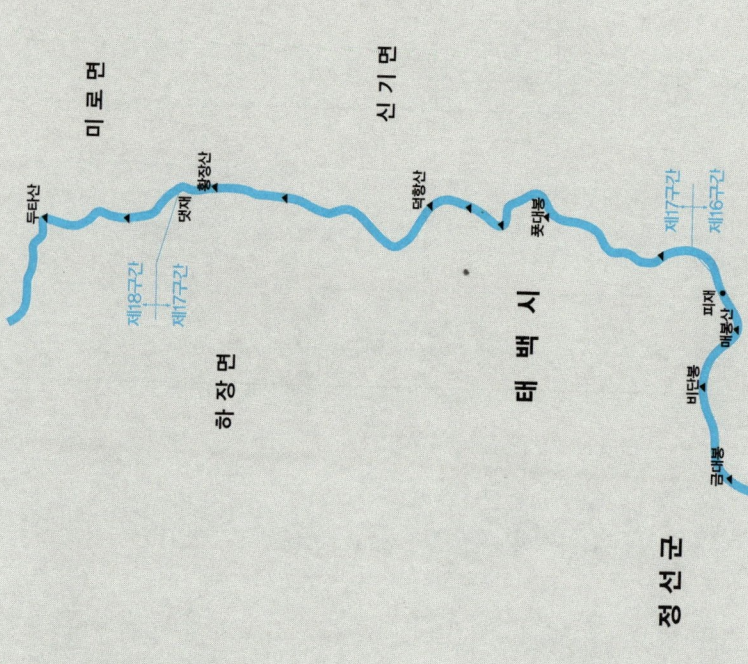

17. 피재~댓재

월/일		날 씨		총 시 간	

경 유 지	시 각	메 모
	발	
	착	
	발	
	착	
	발	
	착	
	발	
	착	
	발	
	착	
	발	
	착	

산행 메모

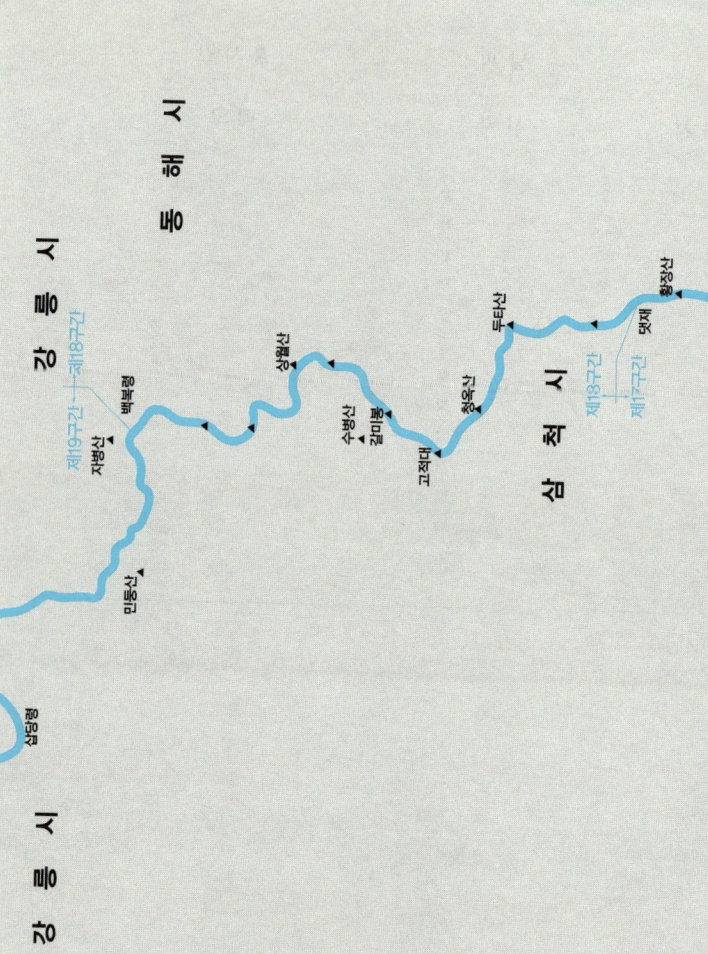

18. 피재~백복령

월/일		날씨		총시간	
경유지		시각		메모	
		발			
		착			
		발			
		착			
		발			
		착			
		발			
		착			
		발			
		착			
		발			
		착			

산행 메모

19. 백복령~대관령

월/일		날씨		총시간	
경유지		시각		메모	

경유지	시각	메모
	발	
	착	
	발	
	착	
	발	
	착	
	발	
	착	
	발	
	착	
	발	
	착	

산행 메모

20. 대관령~진고개

월/일		날씨		총시간	
경유지		시각		메모	
			발		
			착		
			발		
			착		
			발		
			착		
			발		
			착		
			발		
			착		
			발		
			착		

산행 메모

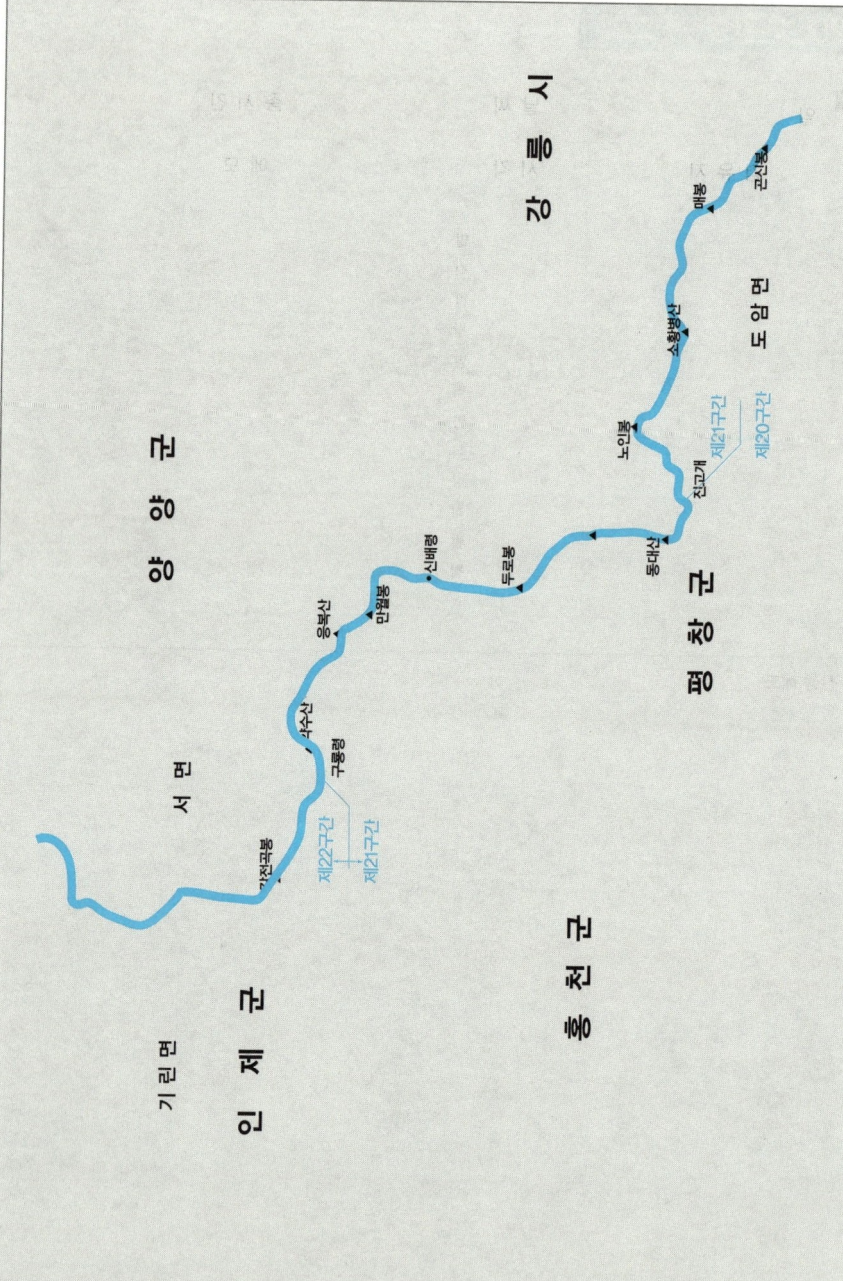

21. 진고개~구룡령

월/일		날 씨		총 시 간	
경 유 지		시 각		메 모	
		발			
		착			
		발			
		착			
		발			
		착			
		발			
		착			
		발			
		착			
		발			
		착			

산행 메모

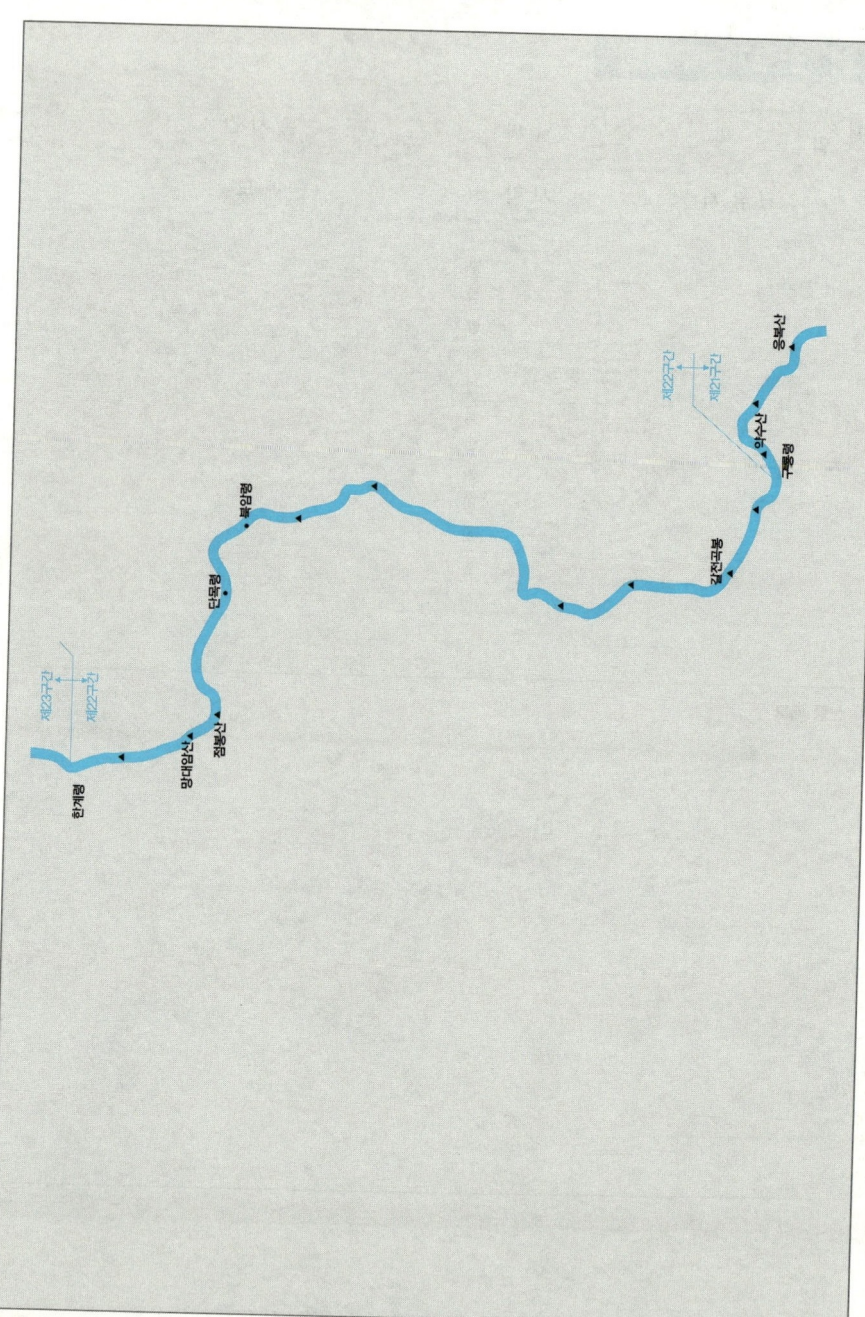

22. 구룡령~한계령

월/일		날 씨		총 시 간	
경 유 지		시 각		메 모	
		발			
		착			
		발			
		착			
		발			
		착			
		발			
		착			
		발			
		착			
		발			
		착			

산행 메모

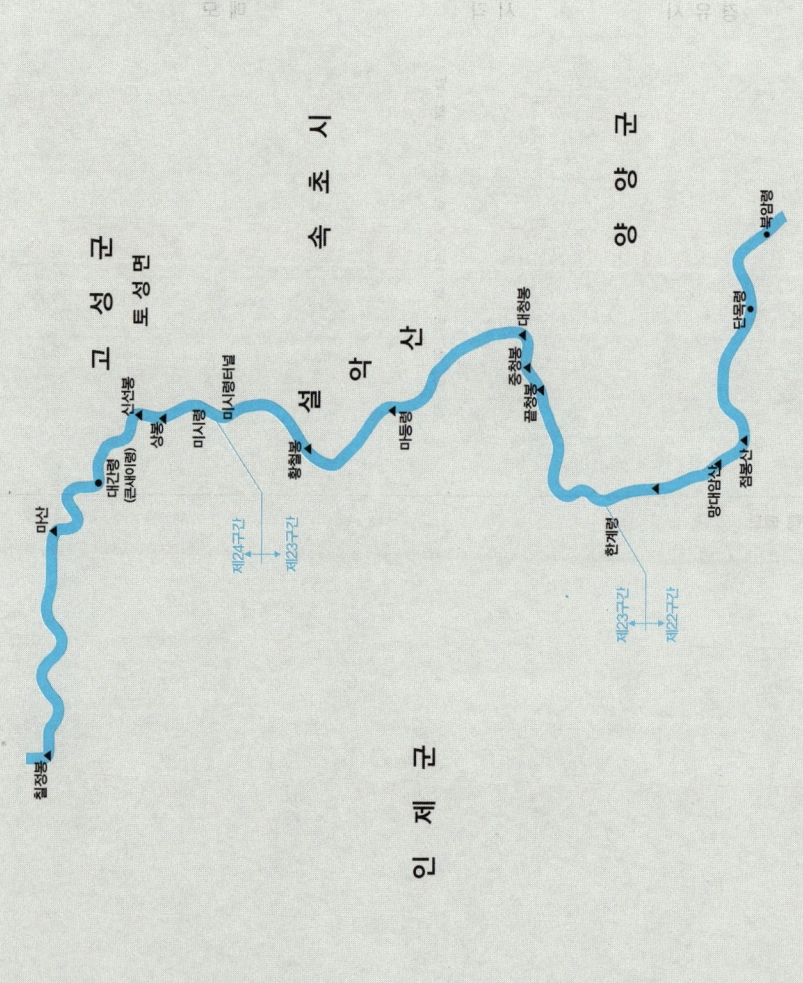

23. 한계령~미시령

월/일		날씨		총 시 간	
경 유 지		시 각		메 모	
		발			
		착			
		발			
		착			
		발			
		착			
		발			
		착			
		발			
		착			
		발			
		착			

산행 메모

24. 미시령~향로봉

월/일		날씨		총 시간	
경 유 지		시 각		메 모	
		발			
		착			
		발			
		착			
		발			
		착			
		발			
		착			
		발			
		착			
		발			
		착			

산행 메모